细说北京话

王子光　王　璟　编著

金盾出版社

内 容 提 要

本书汇集了两千多条具有方言土语特点的北京话词语，既有现时普遍使用的北京话，也有已不常见的老北京话，每条词语都有读音标注、词语含义解释、常见用途及例句等。特点突出，内容丰富，京味儿浓厚。为方便检索，依照汉语拼音顺序进行分类排列。本书有助于读者学习了解北京语言文化的特色，既传承历史文化，又帮助在现实生活中更好地理解、使用北京话。

图书在版编目(CIP)数据

细说北京话/王子光，王璟编著．—北京 ：金盾出版社，2017.3
ISBN 978-7-5186-0879-9

Ⅰ．①细… Ⅱ．①王…②王… Ⅲ．①北京话—研究 Ⅳ．①H172.1

中国版本图书馆 CIP 数据核字(2016)第 070934 号

金盾出版社出版、总发行
北京太平路 5 号(地铁万寿路站往南)
邮政编码：100036 电话：68214039 83219215
传真：68276683 网址：www.jdcbs.cn
封面印刷：北京精美彩色印刷有限公司
正文印刷：北京万友印刷有限公司
装订：北京万友印刷有限公司
各地新华书店经销
开本：880×1230 1/32 印张：19.625 字数：470 千字
2017 年 3 月第 1 版第 1 次印刷
印数：1～3 000 册 定价：59.00 元

前　　言

老北京人喜欢说北京话，新北京人听来则不懂或似懂非懂。这是因为构成北京话的语词灿若繁花、异常夺目，并有其特定含义的缘故。因而了解、掌握丰富多彩的北京话中的语词，则是新老北京人相互沟通的一把钥匙，是传承发展北京话语词的一种自然功能，是保存、发展老北京非物质文化遗产的重要手段。

本书汇集了两千多条老北京人常用的语词。这些，大多是传承下来的、具有北京方言土语特点的词语。其中有的已在现实生活之中少见，但其历史文化印迹仍在；有的则青春常在，活力依旧；有的则是跻身而入的新秀。反映出北京语言文化的特色和生命力。

本书在编写形式上，尽可能采用连缀解的方式，即将两个或两个以上的语词连缀起来，结合现实生活，天南地北，写人说事。如此，就使词书具有趣味性、可读性。由于编著者将本词书中所收语词上挂下连，反复运用，这就可使读者用最短时间获得最佳的阅读效果。不仅如此，对其中部分语词的解释，还特别引用了以《石头记》为主的一些经典作为例句。这样，既可使读者了解北京话口语中一些语词源远流长，价值之大，又起到学习经典增添阅读情趣的作用。

排序

本书所收语词，按汉语拼音字母顺序分类排列，而每个字母框架内的语词，为了连缀方便，不再细分次第。

注音

所收语词均用汉语拼音字母注音。北京话中很多语词要儿化。对于儿化音的注法，只在基本形式后加“r”，如“皮贼儿”，注作 pí zéir。轻声字注音不标调号，但在注音前加圆点儿，如“撂挑子”，注作 liào tiāo · zi。一般轻读，间或重读的字，注音上标调号，注音前再加圆点儿，如“抢白”，注作 qiǎng · bái。多音词的注音，以连写为原则，结合较松的，在中间加短横儿；有些组合词在中间加双斜线（//），表示中间可以插入其他成分。对于生活中人们长期以来把字音读走了样儿并约定俗成的，则在释义后对变音字加注，如，对“海了”的义项释义后说明：“海了”的“海”，口语中读一声；“摆划”的“摆”，口语中读二声……

字形

所收语词的用字，有的存在只求音同或音近的用字现象。如“糟蹋”亦作“遭塌”；“妖娥子”，又作“幺娥子”；“摆划”也作“摆活”之类。关于儿化音的儿字，只在有注音部分小写，其他不再小写。

释义

汉语语词多为一词多义。所收语词只取北京人常用的义项例解，其他略去。结合现实生活举例解说该语词时，则用一般工具书通用的“～”符号表示该词条；遇到同义或近义的，则在释义后注明，如，对“菜”的义项解释后加注：与“柴”同义、与“次”有义近处；举例时，对引用的经典语词，在引用前加“●”，在所引用的语词下加黑点儿。

其他

本词书对典型的雅与不雅之词，在该词条后均加注说明，如，在“借光”后加注“传统的文明用语”；在“您”后注明“京味儿色彩极浓的礼貌用词”；在“丫头养的”后注“典型的京骂语”。

例举中的人和事，或许难免巧合，实不得已，请勿为之伤神。

凡释义不妥及纰缪之处，尚望大家指正。

编　者

目　录

C

D

H

J

N

O

P

A

☺ 挨：āi

1. 缓，指时间向后推移。

如，风姐道：容儿，你黑上人家宝琴了，可是人家宝琴是有主儿的人了；再者说，你媳妇还没归天呢，你再娶的事只能往后～～再说，你们长把儿的怎么都这么没出息呢？婶子，您没说我琏二叔吧？敢情他吃得饱饱儿的，这是婶子最知底儿的。我是饿汉子……谁知秦可卿她要穷耗到几时才咽气呢？婶子让我～到什么时候呢？您快点儿给侄子划拉一个可心的吧！风姐笑道：你小子狗嘴里吐不出人话来……

2. 耗，多指无奈（或消极）地消磨时光。

如，●《石头记》卷十一，"秦可卿笑道，任凭他是神仙，治了病，治不了命，婶子，我知道这病，不过是挨日子的。"

风姐说：人怕有名，病怕没名儿，你得的是肾病，得吃一阵子药的，不是～时候的病。方才容儿还急得直点儿唉声叹气，让我想法儿给你请个名老中医呢！你甭总瞎想、说丧气话，好好的人，怎么会是～时候呢……

☺ 熬：áo

一点点儿地耗。指度过痛苦煎熬的时间。

如，●《石头记》卷八二，"宝玉道，我今日不是被老爷叫了念书去了么？心上倒像没有和你们见面的日子了，好容易熬了一天，这会子瞧见你们，竟如死而复生的一样……"●《石头记》卷五五，"赵姨娘道，你们请坐下，听我说，我这屋里熬油似的，熬了这么大年纪，又有你兄弟，这会子连袭人都不如了。李纨听说忙道：我和姨娘还不是一样的么？这年月得想开了，人不能比人，容哥儿媳妇活得滋润，可偏她不长命……”

☺ 腌不臜：ā · bu zā

1. 人的穿戴不干净，脏。

如，“妈吔，你瞅这主儿老辈子准是开黑店的！我说张九郎，现在是什么时代啦，卖吃的得讲究卫生，就您这一身～的，一上公交车就准有座儿！”“得，借您吉言，不过，我一出门儿就是平板儿，铁哥们儿都尊称我板儿爷您呐！”

2. 物、处所一类肮脏，不洁净。

如，“哎，这黄瓜摊儿也是你的？”“我夫人的，怎么，来上几斤您？”“怎么你这黄瓜上也～的呢？”“哎哟崴(wǎi)，我的哥哥，那上边不就沾点儿土吗？有的人卖的看上去倍儿干净，可是他头儿天晚上用什么水洗的，您知根儿知底儿吗哥哥？”“你这么一说，我买你这～的还倒放心。”“对喽，哥哥算是醒过味儿来喽！我这～是表面的，回去您一洗，心里干净，不犯疑！”“嗨，我说你这做小买卖儿的嘴可真够贫够甜的。”“说真的哥哥，我是靠您活着呐，嘴里～我吃谁去呀？再说了，眼下不正提倡文明用语呢吗？一张口儿就～也不合时宜啊……呦崴，哥们儿，你想通啦，我还不卖了呢，你瞅城管的老管又来了，说我什么把环境给弄得～，其实，我走时总要把这一块儿扫干净啊……我得赶紧颠儿，不然又得罚大洋 50，我还不从姥姥家赔到爪哇岛去，还赚个屁呀……”

☺ 熬头：āo · tou

1. 触及脏物后，心中恶心不快。

如，早清儿老板出去遛弯儿时，俩眼只顾瞅车祸了，踩了一泡狗屎，一咧嘴，心里一～，得，连鞋也甩了，光着脚丫子回来了！

2. 遇到了窝心事，心里烦闷。

如，哪知晚上他心里更～。这块地界儿原来是孙秃子收保护费，今儿晚上来了两辆金杯，下来十来个人，为首一个脸上有疤的自称“老叶”，说这块地界儿由他管了，先要八千；老板一看，来者不善，脸上虽说赔笑，他心里自然～……我劝老板：咱们好鞋不趟臭狗屎，挨点儿挌，破财免灾，回头再说……好说歹说给了那老叶五千，老板心里～，做了一宿噩梦！

☺ 挨刀儿的：āi // dāor·de

厌烦或气愤时的咒语。

如，哏，夫人憋不住了，数落老板道：你这～，心里熬头管屁用呢，你要么问孙秃子到底是怎么回事，要不就报警！这年头儿，屃蛋包怎么能在这地面儿上混呢？

在异常气愤时还常在“挨”后加“千”字。如，挨千刀儿的你，姑奶奶我真不想跟你这窝囊废一块儿挨欺负了！

遇到小辈儿常在“挨”前加“小”字。●《石头记》卷七五，“尤氏在外面，听了这话，悄悄地啐了一口骂道，你听听这一起没廉耻的小挨刀儿的，再灌丧了黄汤，还不知诌出些什么新样儿的来呢！”

☺ 挨排儿：āi // páir

1. 靠近，依从挨着，有序美观。

如，●宋，董嗣杲《庐山集》卷四《欲脱摧司东归》诗，“津津谁染鹅黄柳，想可挨排醉绿茵。”谁染？那还用说，时间呗！由青变黄，由黄变绿，一棵挨一棵，一排排儿的，多诱人的明媚春光！

2. 动作严谨有序，不落(là)空儿。

如，小桃红，得起早一点儿，别把大好的春光睡丢了，每天早晨先扫门外，扫地要一扫帚一扫帚～扫，不能接三片两，东一条帚西一扫帚，扫得像花板儿秃；最近，城管的经常沿街～查，有的还挺棱子，真认真，没人情面子还真挨挌；乾隆当年从北向南～微服，特别亲近草民，表现得很仁义，那是编剧故意让他做样子、玩儿花活给人瞧的，管阿哥懂得这个理儿，所以人家根本不扽乾隆爷那一套极端利己的所谓仁义之举！

☺ 碍眼儿：ài // Yǎnr

1. 碍事儿，使人感到不便。

如，"还有，上完酒、菜，你别站得离客人忒近了，让人感到～，不方便。""拉倒吧您，那天那个半大老头儿仰在那女孩儿怀里，女的搛菜喂他，您又不是没瞧见？前儿晚上，一对儿男女吃喝完了，女的说'抱抱'，那酒鬼一扭身，张开胳膊，您正好从旁边过，结果搂住您了……忘了呀，还～呢？傻呀您？"

2. 妨碍视觉。

如，门口上边那两个红灯笼得再向两边挪挪，它～，"粉红饭店"匾额那"粉"字给挡住了，"粉红"俩字一定要扎眼……

☺ 挨说：āi // shuō

挨数落，被批评。

如，小桃红对三德子说：得，～了吧，那天挂灯笼时我叫你往两边靠没？不听桃姐言，挨呲儿就得在眼前……德子说：干吗非得用什么"粉红""粉绿"这样的字眼儿招引顾客呀？真都邪门儿了！再说，他动不动就捋(luō)人，捋急了我，早晚我走人！桃红说：你呀，就是～的老凿凿！

☺ 挨捋：āi // luō

义同挨说、挨呲儿，比"挨说"的程度重。捋，批评，训斥、训诫。用于上对下。

如，桃红说：人家是老板嘛！捋你还是好的呢，再说，你本来就是个～的主呀！

☺ 碍手碍脚：ài shǒu ài jiǎo

即碍事儿。

如，●《石头记》卷十八，“王夫人并上房丫鬟等，皆不得空闲。宝钗说，咱们别在这里碍手碍脚。说着，同宝玉等往迎春房中来。”

三德子说，得啦，你瞧人家宝钗多有眼力见儿，什么时候学学钗姐，改改你那爱显摆的毛病，去刷碗去吧，别在这儿～的，我再挨呲儿你也不好受哇……

☺ 挨个儿：āi // gèr

一个挨着一个，表示顺次。

如，那摞碟子可能少了两个，昨儿晚上让一个酒鬼给敲半儿拉（lǎ）了，你～数一数。

☺ 腌臜：ā · za

1. 物、处所不洁净。

如，桃红，盆、碗、勺、碟儿里里外外都要干干净净，如果有客人说，你瞧这勺子背后怎么这么～，那墙旮旯儿多～！届时，我一定要较真儿！说话呢，不能颡梆子，不能噎人，不能像过去孙二娘那么粗野、逮愣话。

2. 脏，人的穿戴不整洁。

如，工作服要整洁，哪怕是刚上身儿的，只要蹭～了，就要马上换掉。你穿得挺～怎么去给客人上菜呢？谁不注意衣着卫生我就要让他走人！

与“腌不臜”同义。只是“腌臜”前可受“多、非常”等副词修饰，而“腌不臜”则不能。

☺ 爱人儿：ài rénr

爱，使……喜欢，使……爱。即：使人喜欢，使人爱。

如，听着：还有呢，门口儿那两盆君子兰开得正是～的时候，要注意，谨防三只手吃完饭顺手牵花儿，把它塞进车里，撒丫子蹽了……

☺ 爱人肉儿：ài rén ròur

特称使人爱的婴幼儿。

如，“桃红，听说你给龙爷生了个龙凤胎，什么时候把～抱到店里来，让我们见识见识龙种儿，也开开眼！”“狗屁种儿！爱新觉罗氏的～，跟您有屁关系，老板，您真是的，怎么也这么酸呢！”

☺ 挨瞪：āi // dèng

瞪，即瞪眼，怒视。多指言行惹人不待见而致。

如，三德子一听，脸儿马上沉下来了，嘴里嘟哝道：还开眼呢，牙都酸到肚子里去了，说话～也不觉照！和尚说：瞧，醋罐子又倒了不是？回头我跟老板把事儿挑明了……和你根本就挨不着边儿，天下还真有自愿背黑锅的。三德子说：该干吗干吗，一边儿去！你别找～，别找我跟你翻儿了，惹急了我，我概而不论！

☺ 挨不着边儿：āi · bu zháo biānr

1. 指言行跟某人某事没关系。

如，和尚说：说你脚小你倒扭起来了，桃红生儿育女碍你屁股疼了？跟你就～，还说别人酸呢，你敢觍着脸去做 DNA 么？

2. 指不能靠近某人某物。

如，和尚又说：你还甭气得愤愤儿的。你不就是爱跟桃红逗逗咳嗽、耍耍贫嘴吗？在行动上你跟她根本～，自作风情！多照儿遍你那张烧饼脸吧，还说别人不觉照呢！德子说：你有完没完？再说，我真跟你汆儿了，让你知道马王爷有几只眼！

☺ 安生：ān · shēng

1. 使生活安定。

如，三德子，小桃红，你们跟着乾隆去微服，一路上～吗？现在你们跳槽儿在我这儿干饭店服务工作，更不～。三教九流，五行八作的人，咱们都得打点好，而我又没乾隆爷的精湛武功和至高无上的淫威，碰上那吃地面儿的，有时故意玩儿假门假式的那一套折腾人，我们是很难～啊！

2. 使精神安宁。

如，所以，你们平时多留点儿神，遇到难摆划的刺儿头，你们利用老关系帮我通通天儿，我也就能睡～觉啦；真能使我～，我每月给你们开一千五百九十九，因为再多一点儿，你们就该上税啦！

☺ 熬夜儿：áo // yèr

1. 值夜班，打更。

如，今儿该三德子～了吧？告诉你，大老黑他们那帮子要挪咱们里院来熬灯油，你今个儿～要分外小心，有了动静儿，瞧着不兆头就赶紧按红扭儿通知他们……

2. 借指耍钱、守柩等不睡觉的营生儿。

如，吃主儿越来越少了，咱饭店又不够档次，没靠山。大老黑他们到咱们这儿来～是咱们的福，孔小妹一多，你们谁不咧着嘴、龇着牙儿乐呀，但要守口如瓶，若走漏风声，让警察知道咱们这儿接长不短儿有～的可就崴泥了……德子听了一抱肩儿，心说：这，这犯法呀……

B

☺ 抱肩儿：bào // jiānr

一种动作，两只胳膊在胸前交叉，两肩一般端齐。

如，周瑞家的说：宝姑娘，你瞧那男的～挨那儿一戳，老瞅着你嘿儿嘿儿的乐，准是看你穿的忒抱身儿了，他眼馋了……宝钗说：他一～还真看不出他的溜肩膀儿了。人无完人，人得会掩饰自个儿的不足……

☺ 抱身儿：bào shēnr

1. 形容衣服紧贴身儿。

如，周瑞家的又眉开眼笑地说，宝姑娘穿戴特喜欢～，可真够弄潮的，得领潮百十来年……

2. 表示否定时，则指衣服松垮肥大。

如，宝钗说，"咳，吃饭穿衣，各有所好。周嫂看傻大姐，人家就不穿～的，走起道儿呼噜呼噜的，能刮起三级风！""嘿，钗姐真会夸张……"

☺ 病根儿：bìng gēnr

1. 病没治好而留下的隐患。

如，●《石头记》卷七，"宝钗笑道，哪里话，只因我那种病又发了两天，所以且静养两日。周瑞家的道，正是呢，姑娘到底有什么病根儿，也该趁早请个大夫认真医治。小小的年纪倒作下个病根儿，也不是玩的。"

2. 指天生的痼疾。

如,●《石头记》卷七,“宝钗笑道,为这病根儿,也不知请了多少大夫……总不见一点儿效验。后来还亏了一个癞头和尚……他说我这是从胎里带来的一般热毒,幸而我先天结壮,还不相干。”

☺ 不抻茬儿:bù chēn chár

抻,是吭声、理睬、表态的意思。茬,指话茬儿或事情的茬口,即关键时刻。常比喻在事情关键时刻不言语不表态,实则是对事情另有看法的一种态度。

如,薛姨妈曾多次叫薛潘带宝钗去西缘医院找那名老中医好好看看,可是薛潘总～,一次,薛姨妈数落他:这病要是落在金桂儿身上,你早就搁在心上了,不要脸的你,还是哥哥呢!

“抻”后常加“这、那”。如,我不抻这(那)茬儿是因为香菱的男人在那儿当院长,我不愿碰到他!

☺ 闭了眼:bì · le yǎn

引申为“死”。

如,薛姨妈说:你是诚心气我,有一天我让你气～,你还不乐得屁颠儿屁颠儿的,你好当家啊……

☺ 报销:bào xiāo

引申为“死了,完儿了,没了”。

如,薛潘说:妈呀,您可别说这丧气话。您要～了,这个家不也就～了吗?我还上哪儿找亲妈去呀?那时,我想让您数落我,都只能是做梦了……

☺ 包圆儿:bāo // yuánr

1. 把吃的全部吃光。

如,老秦跟他老伴儿带着孙女去饭店吃饭,别人都撂下筷子了。

他说：你们不吃了就走人吧，剩下的这几样儿菜，我把它～了。老伴儿说：吃不了别硬塞，眼下不是提倡别浪费饭菜吗？打包哇！老秦说：还打什么包啊，我说能把它～了就能～，糟蹋不了，把心装在肚子里，走吧你们！

2. 指把货物全部买下。

如，他老伴儿走在路上碰到一个卖樱桃的，说：卖小海棠的，让人挑剩下的这堆小海棠儿我～，给你五块钱，卖不卖？卖樱桃的说：嘿，老太太，这是樱桃！呦，你瞧我这双瞎眼——怎么着，卖不卖？卖樱桃的说：老太太，这堆至少还得有十来斤，真敢还价儿您呐，像您这么～我得从这儿赔到喜马拉雅山那边的不丹去……

3. 指代一个群体全部被俘获或被消灭。

如，老秦一吃合适了就常跟人夸口：想当年，我带一个中队在鹅房驻防，一天黑下驻地愣被八路包围了，枪响得像炒豆儿，除我带两个护兵冲出包围外，其余的全让八路给～了，不过，据说愣没死一个，你说人家的政策邪性不？

☺ 抱团儿：bào tuánr

比喻齐心协力、团结一致。

如，八路战斗力强，强就强在人家～，不像国军一盘散沙。据说攻打我们中队的那部分八路，有的还穿带补丁的棉袄，可是在～的部队里，人家就不在乎吃穿好赖，上下齐心协力打仗，能不胜吗！

☺ 补丁：bǔ · ding

指缝补在破损的衣服上的布料。

如，那时的八路，不但战士穿带～的衣裳，排长、连长、武工队的官兵都有穿带～衣服的，其中，有些是军民鱼水情的佳作。你说，怎么会战斗力不强呢？

☺ 不是：bú shì

不对，过失，过错。

如，●《石头记》卷二九，"袭人道，这是我才多嘴的不是了。宝玉向林黛玉道，你只管剪，我横竖不戴他，也没什么。"又卷二二，"宝玉向湘云解释，我倒是为你为出不是来了。我要是有坏心，立刻化成灰……"

又如，"大婶儿，别听他发誓，他是见了女孩儿就走不动的人。你快往回颠儿，你家招弟儿在道儿上拉架拉出～来了。""拉架怎么会拉出～来呢，真新鲜了，我得赶紧瞅瞅去！"那个卖油桃儿的说："来，老太太，说句公道话，她向着那城管的拉偏手儿，这是不是她的～？""你抓挠的那个城管的，是我姑爷，我闺女怎么不拽你呢？打架亲兄弟，上场父子兵，这是上了论的了……"

☺ 不抻头儿：bù chēn tóur

不领头儿的意思，即说话做事不走在前头。

如，老太太说完，并没人～没收卖油桃的秤盘子。招弟儿说：妈，您甭多嘴儿，家走吧您。有人就喊：城管的打群架呀，水平真凹！

与"不抻茬儿"有义近之处。

☺ 倍儿：bèir

非常、极的意思。

如，那个美女作家长相有特点，细高个儿，俩腿～直，鼻梁子两侧有些黄雀子，让我看，～漂亮，她作品里的人物也大都二十出头儿。另外，据说她的演艺也～棒！再一起哄，就是三星儿人物喽！

在口语里，"倍"读一声，也作"啐儿"。

☺ 别介：bié · jie

意为不必，不可。用于劝阻。

如，哎，干吗要在“作家”前边冠之以美女呢？～呀，诚心起哄啊你们！

“无冕之王，还照相啊，～，～，我还不是作协成员呢，因为长相招人，出了这么一本儿小书，就招人糟改起我来了，说我有些小缺憾：左眼是什么‘白合拉眼儿’，说我‘吃饭吧唧嘴儿’……天哪，有这么糟贱人、熬头人的吗，啊？”记者说：“我给你来个图文并举，证实你五官很完美。”“那人家说我吃饭吧唧嘴呢，你怎么样图文并茂呢？～啦，行啦！爱说说去吧。”

“吧唧嘴”的“吧”，口语中读音“biā”，指上下唇接触发出的声音，生动形象传神。

☺ 白合拉眼儿：bái hé · lā yǎnr

黑眼球上有块白色斑点。

如，嚷嚷我左眼是～的谣言传出后，有人又有梗儿添枝加叶，说我右眼还是疤瘌眼儿。天呐，有这么糟蹋人的吗？虽说我是个单身，可我并没有把谁的爷们儿抢夺过来的想法呀，我也没把他们家的孩子扔到井里去呀……

☺ 疤瘌眼儿：bā · la Yǎnr

指眼皮上有疤痕。

如，我原想，凭借写作吃饭，很难很难，打算改学画画儿。自从有人又造谣陷害我是什么～之后，我决定不改初衷，因为他们给了我写作的内容和动力！我有一本长篇小说《永定河堤畔的红泪》，去年写的半不罗罗就停下了，现在基本上画句号了。

☺ 病病歪歪：bìng bìng—wāi wāi

形容身体虚弱，常有病。

如，赵子曰说：她刚二十出头的人，跟林黛玉似的，弱不禁风，老是～的，赶明儿个上协和好好检查检查，我估摸怕是整天跟着她舅爬格子给累的……

●老舍《赵子曰》第十一，“说完，往门外跑去。出门没走了几步，果然欧阳天风病病歪歪地倚着武端的胳臂一块儿走。”

☺ 半拉：bàn lǎ

1. 半个。

如，身体病病歪歪跟她减肥吃猫食也有关系，一个汉堡包还要掰给玉子～呢！

2. 东西被摔成两半儿。

如，这细瓷风景小碗儿怎么～了呢？准是弱不禁风没拿住摔～的。心疼死我了，那是我从承德花 850 元淘货来的，传说是清廷遗物，正准备请内行先生掌掌眼，去“天下收藏”，没准儿发一笔呢，谁知给摔～了。

又常说“半儿拉”。

☺ 傍前儿：bàng // qiánr

走上前，靠近。

如，吆，那女的好厉害吆，跟杨门女将中那个烧火丫头一样，她挨那儿一戳，谁也不敢～，不然，她就没准儿勒你一棍子或用戳脚拳点你一家伙！

☺ 不错眼珠儿：bù cuò yǎn zhūr

1. 形容目不转睛地注视(某人、某物)。

如，有个愣小子站得老远～地盯着她，她说声“臭德行样儿”，抬脚踢起一块小石头子儿，正打在那愣小子的鼻梁子上，立马儿就流血了，疼得那愣小子贼儿妈地乱叫……那女的说：你再～地瞅我，我叫你瞎一只眼，臭揍性你！

2. 一时发愣、若有所思的眼神。

如，●老舍《老张的哲学》第七，"李应的叔父停住了话，把水烟袋拿起来，没有吸烟，只不错眼珠地看着烟袋。瞧，把人都给吓傻了……"

☺ 刯划：bāi · hua

1. 筹划，安排。

如，●《儒林外史》二一，卜老道：这也不甚难摆划的事，假如你瞧他没想有房屋，何不替他娶上一个孙媳妇？老卜说的是个办法，有了媳妇管着可能好一点儿。

2. 指手画脚的言行，往往不为人所信任。

如，胡言你又瞎～什么呀，显什么人儿能啊？～半天，还不是天桥的把式？

3. 反复摆弄，找原因，以实现自己的想法。

如，哎，你还别说，他～老半天，真没白～，这手机还真让他给～好了，这下又挣了一张儿！

也作"摆划""摆活"，刯和"摆"，口语中均读二声。

☺ 保不齐：bǎo · bù qí

保不住，没准儿。

如，劳驾，师傅，您用验钞器给我瞅瞅这一张儿，我摸着薄，有点儿掭，真～是假的……

☺ 白不呲咧：bá bù cī liē

1. 指颜色有点儿发白的，或深色的衣物褪了色。

如，胡言用那一张儿买了一身～的牛仔服，他妈说：这年头儿的年轻人都怪得没边儿，～的色儿我就瞧不上，他还在膝盖上头拉个横口子，刮出毛边儿，说叫什么“乞丐服”，这不是白祸害衣裳吗？

2. 所做的菜、汤，颜色浅淡。

如，这猪肉炖粉条～的，准没放老抽，我就觉得这没色儿吃着不对劲儿。

☺ 喷儿：bénr

1. 用激烈的话语驳斥或训斥对方，使其无言答对或不敢吭声。

如，他刚一张口儿说吃着不是滋味儿，就让我把他～了回去：你就会在吃穿上挑肥拣瘦儿，你娶媳妇的钱我还没凑够呢！我准备一会儿跟刁德三舍脸去，还不知怎么样呢……

2. 非常痛快地立即应声或承诺。

如，我刚一张口说借一万块钱，人家老刁连～都没打，立马儿就问什么时候用。说起来，还真不含糊，够意思老刁！

在此口语中“喷”读一声。

☺ 百忙：bǎi // máng

形容人没时闲儿，在哪儿都待不住，总是东一趟西一趟地忙乎。

如，胡言他爸呀，咳，你还不了解他？一天到晚穷～，屁股上像长了草，见天价在外边打油飞。其实，他整天东跑西颠瞎忙乎，就没有什么正事儿！

☺ 白搭：bái dā

没有用处，徒劳无益。

如，据说胡汉跟一个叫小九儿的嫖在一起了，别人怎么劝也是～，在俩人最黏糊的时候，小九儿像秋风扫落叶儿把那些名人字画儿一次性全卷走了，胡汉叫娘也～了，白落个人财两空……咳，报警啊！当时还没时兴报警呢。

不三不四儿：bù sān bù sìr

不正派。形容人品、言行不好。

如，●《水浒》七，鲁智深见了，心里早疑忌道：这伙人不三不四儿，又不肯近前来，莫不要撅洒家？

我说胡言呐，你也应像老鲁那样长点心缝儿，在外边别跟那～的人搅和在一起，回头到时候他们出了事，你也跑不了；也别像你叔那样鬼迷心窍儿、傻帽儿，叫～的小娘们儿给算计了，如今那些跑江湖的小娘们儿倍儿精……

背黑锅：bēi // hēi guō

比喻一时半会儿难说清楚的。

如，入学后，我继续我的入团跋涉，第一周又交了入团申请书，接着，组织委员她找我谈了两次话，每次都是介绍她的革命家谱儿，一次是在数学系楼梯底下，让人瞜见了。有的同学就跟我说：你入团难了，有人说你动机不纯啦！此后，我也清楚地意识到我确实～了。

“背”后可插入“上、什么”等词。如，虽说背上黑锅，也没法子了，向谁解释呀，怎么解释呢？有人会说：你背什么黑锅了呀？

不走字儿：bù zǒu zìr

指时运不佳。

如，我出身非常凄苦，我填表总是十个字：“上无片瓦，下无插针之地。”然而在入团问题上，我一直～。初中时，遇上个班主任，看我总不顺眼，三年都没入上。高一时，我那一年积极得有目共睹，但因学习上三分四分的多，不行。到了高三，又说什么上边指示，要整顿，停止发展。所以一进大学，我想，那～的事儿该当结束了。谁想又背上这种说不清道不明的黑锅了呢……

☺ 爆腾：bào · teng

1. 形容尘土飞扬。

如，一次到曲江池抗旱劳动后返校前，在地头儿休息时，她来到我们组，跟我们组一块聊天儿。谁知，一阵小旋风从我们身边经过，带起的浮土～我们一身。这时，那个紧追她不放的那个河北侉子跑了过来，挨着她，一屁股坐在地上。支书一见，说声"走，回！"我们几个应声而起，稀里胡鲁拔腿就走。侉子陪她没走，她便大声喊我。我只能站住等她。我说尾随大伙儿走马路，她说走旁边的土路有树荫儿，清静。谁知一会儿过了两辆拖拉机，她又说，"呀，这条道儿上真～，我回去就得洗头！"

2. 指飞扬的尘土之类落在某处的情形。

如，等回到学校，我一照镜子，嘿，从头儿到脚，黄土～了一身，跟泥贼儿似的。

☺ 不合吾：bù hé wú

1. 吃下的东西在肠胃里不融洽。

如，"晚饭后，我肚子里老是叽里咕噜地响。""你是吃得～，赶紧吃两片增效联磺吧，也许是在回来的道儿上吃冰棍儿吃的……"

2. 放在一起的东西不相吻合，没有各就各位。

如，"哎，你瞧这鞋盒子怎么盖不上盖了呀？""笨丫头，是你放的～呗！"

☺ 不兴：bù xīng

1. 不合时尚的。

如，现在这偏带儿皮鞋早～啦，我几次要把它扔了，你总说扔了可惜，真财迷，留着你穿啊！

2. 不能，不许的意思。

如，"苑苑，婚后，你可～对我妈不好，以前过的穷日子，我妈太不容易了!""但也～你对我不好。""说什么呀,老夫老妻啦!""去你的,～你说'老'字,我们永远年轻!""做梦呀你……"

不济:bù jì

1. 不顶用,于事无益。

如,●《石头记》卷八一,"贾政跟王夫人道,你提宝玉,我正想起一件事来。这小孩子天天放在园里,也不是事。生女儿不济事,还是别人家的人;生儿若不济事,关系非浅。"

2. 不好,不好的。

如,●《醒世恒言》卷三十三《错斩崔宁》,那大娘子道:可又来……这是你两日因独自在家,勾搭上了人,又见家中好生不济,无心守耐。●《石头记》卷八一,"贾母道,你这话说的也是。这样事,没有对证,也难作准,只是佛爷菩萨看的真。他们姐儿两个,如今又比谁不济了呢?"

3. 不,表示不同意。

如,"老太太,您来晚了,鼓胀棒子都让人给挑走啦,净剩下些～的瘪瞎子啦。""我事先给你撂下话儿啦!丫丫,今儿咱不买了,家走吧。""～嘛,姥姥,瘪瞎子还好啃呢,嫩,甜!"

半熟脸儿:bàn shú liǎnr

有些面熟。

如,老太太,您是先撂下话儿了,可是,这弯儿的老太太,我都有点儿～,卖谁不卖给谁,还真有点儿拉不下脸儿。这么着吧,明儿我给您挑几个好的先藏起来,不然,都因为～,硬不卖给人家,拉不下脸儿来,你说是吧。

掰:bāi

1. 撅掉,撅下来。

如,江一水,明儿个咱们开车去鹅房的绿色原野买青玉米。他们的规定是：自个儿看中自个儿～，而～下来就得要，不要，满地乱扔，逮着，一个按十个罚钱。

2. 指关系中断。

如，我原先在鹅房插过队，那儿的共青团书记是个村秀儿，跟我特好。后来我一回城，虽然说～就～了，但我后来闲下来时，脑子里并没有真～，这回顺便打听打听她现在怎么样了。

3. 开车用语，指因故将汽车向左或向右转向，从原车道"拧"出来。

如，前边这司机真笨，还开宝马呢！你赶紧往外～呀！你～出来我也就跟着出来了呀，不然，堵到什么时候呢？

☺ 办了：bàn · le

特指能动用权势将对方关押起来，置其于服输的境地。

如，《五月槐花香》里的范爷说：你不看着点儿人就硬往外掰，剐蹭着了我，连句人话都没有，还翻白眼儿，你是什么东西？开辆臭宝马，我也能～你，你信不信？

☺ 摆谱儿：bǎi // pǔr

因为有钱有势，讲究排场，粉饰外表，提高威望。

如，过去，范爷爱～，十里八乡，一提范爷，都敬畏三分，很多人都巴结他。如今已沦为破落户，依然拿架子～，了解他的实情的，谁还怕他呀？你要知道，他那臭架子已成习气，至死也难放下。

☺ 巴结：bā jie

为利，趋炎附势，一味讨好。

如，今昔相比，范爷常感喟人生沧海桑田的反差之大。他说，想当年，范家门庭若市，～我的人趋之若鹜，如今呐，家道中落，门前冷落无车马，日子过得凄凄冷冷清清……

☺ 巴巴结结：bā·ba jiē jiē

凑合，勉强，常用来形容日子过得很艰难。

如，知根知底儿的，心里都知范爷现在的日子过得～，但过年时依然要摆阔，在门口两边挂上两个宫廷大红灯笼，大门上的"招财进宝"及两边的春联儿鲜艳夺目。范爷也把压箱子底儿的长袍马褂儿穿了出来。看外表，谁敢说他的日子过得～呢！

☺ 摆阔：bǎi // kuò

讲究排场，彰显阔气。

如，老范好虚荣～的心理，不是一时半会儿能改掉的。开宝马的也没准儿会被他镇住……

☺ 白字：bái zì

指错别字。

如，不料，开宝马的是个哑巴，副座儿的给他一比画，他写个字条儿给我："你去班吧，马局是我妹父。"嗨，这"班"就是"办"，显然是个大～，可这"妹父"又是什么意思呢？真真儿是我范举人遇上兵啦……

☺ 白来的：bái lái·de

没有破费钱物而得到的。

如，王胡、小D分了赵、钱两家的房地产，但这些～家业只是解决了他们的温饱而已。后来赵一的儿子元元当了未庄的支书，钱多当上市政协副主席，这种一夜之间的纠"偏"，竟使他们扶摇直上，成了新时代未庄的统治者、鼎鼎名人。一天，王大虎腰间居然也挎着一部手机，知道底细的赵勇说，那是～，是元元淘汰了的，看在吴妈面上送给他的……大虎一非干部二不经商，成天家给地球挠痒痒，要那手机着实没用，便背地里跟狄狄商量，让狄狄给卖到外庄去，并说让狄狄三七提成，狄狄不干，说你那是～，咱得对半儿分……

☺ 背阴儿：bèi yīnr

不见阳光之处。

如，“欢欢，这峡谷里高高低低的，我累了，那儿有～，咱们上那儿歇歇儿脚。”“您得了吧，这峡谷里的风硬，别在那～的地方歇脚儿，回头您好感冒哇！”

☺ 不软：bù ruǎn

1. 物品价值差不离儿，还合算，划得来。

如，“您这文明棍儿多少钱买的？”“我上山的时候问他，他少十五块不卖，等我回来的时候再问他，他要十块，最后七块他也卖了。”“行，真～，离这儿远不远？我也想买一个。”

2. 指东西比别的强。

如，“这西瓜多少钱一斤？”“一块五，个儿大，还保甜！”“个头儿是～，一个得有十五六斤吧？可是价儿也～啊。”“贵？这是我用这小毛驴儿从平地驮进大峡谷的呀！”

3. 牲畜力大。

如，“嚯，那你这小毛驴儿的力气可～，这十几个至少得有二百斤！”“您还少说了三十斤，～是～，可累得我这小毛驴儿也是吭哧吭哧往上拉！”

4. 形容人很棒，有能耐。

如，“哦，你这人也真～，是用冬瓜嫁接的吧？”“您别糟改人啦，用冬瓜嫁接只能从个头上唬人、蒙人，号称‘瓜王’，如果瓜不甜，那我还～什么哪！”

☺ 把势：bǎ · shi

1. 行家，里手。

如，●《西游记》三二，“那魔是几年之魔，怪是几年之怪？是个把势，还是个雏儿？”

嘁，春儿还能鼓捣出那么大个儿蒙事门子的西瓜，是多年的老～了呀！

2. 指武术。

如，那厮还会～呢，70 年代当过兵，那时也混过，一次坐火车不买票，列车长让他补票，他一伸胳膊，腿一扒楞，愣把列车长给扔个跟头。他当兵没学好的，就学了个～好打架。如今五十多了，整天价看个水果摊儿，一点儿也不认为当年胡作非为是错儿……

亦作"把式"。

不善：bù shàng

1. 势头很大。

如，那天我看到这样一幕：一辆富康停在一辆奥迪旁边，不想后边的一开车门儿，把奥迪的车帮碰出个小白点儿。奥迪问怎么办？富康张口说没钱，于是奥迪一个电话，不到十分钟来了三辆普桑，下来十来个三四十岁的，问："谁是那个王八蛋？""把丫头养的废了！"富康的一看，来者～呐，赶忙大哥长大哥短地央求走保险……

2. 脸色难看，给人以很凶很厉害的感觉。

如，●《石头记》卷六八，"尤氏也迎了出来，见凤姐气色不善，忙说，什么事情这样忙。凤姐照脸一口唾沫唾去！"

这尤氏也是找唾，就跟那富康主儿一样。古往今来，舞权弄势的都～，谁是善茬儿呀！

3. 获取的非常可观。

如，"这一阵子出租车汰旧更新，刘头儿一打盹儿，弄得青黄不接，结果是能上路跑的，只要是玩儿命干的司机都搂得～。""您呐，怎么了您？其实搂得～的从来都不是拉着车满地上跑的那些祥子，是三爷四爷们！"

☺ 不是善茬儿：bù shì shàn chár

特指为人利害、霸道，往往不讲情理。

如，我知底儿，她婆婆年轻时就～，是她儿子追着我们丫丫不放——也怪丫丫没心没肺，让人给先斩了……

☺ 不觉照：bù jué zhào

不自觉，没有意识到。含贬义。

如，人家不爱搭理你，你也～？你说话做事不让人作情，你闺女在人家也矮人一头哇！你怎么那么～呢？

旧时，觉，在口语中读“jiǎo”。

☺ 不作情：bù zuò · qing

言行让人不尊重不佩服。

如，她这人是什么屎都拉，听说昨儿个在超市她被人盯住了，查出一块“舒肤佳”来，你说多丢人呐！我都替她寒碜、害臊！她这人叫人～的地方真不少！

☺ 半截腰：bàn jié yāo

1. 指山、树等物体高度的一半。

如，我和老伴儿每周爬一次香山，爬到～就稍微直直腰儿，下山时也这样。

2. 指木料、河流等长、宽度的一半儿。

如，“你从这块木料的～里拉开，还能裁四个桌子腿儿。”“老妈真会算计。”

3. 指话未说完便中断。

如，当我讲述张学良和周恩来俩人之间的深厚友谊的时候，刚讲到～，他迫不及待地说起沈安娜是如何打入蒋介石的心脏，在蒋身边做了十年之久的速记员工作，我也故意～插话，讲起张学良为什么最后不回大陆探亲访友的事……

也说“半中腰”“半不拉拉”。

☺ 把把：bǎ · ba

指从后面用手托起幼儿的两腿，让他大小便。

如，燕西湖说，对了，是该～啦，接着她就说：来，荞荞，妈～你。嘴里还打起口哨。不想，一会儿，荞荞连拉带尿，拉了个小屎橛儿。西湖说，呦，上半晌她吃了块饽饽，喝了半罐椰汁儿。你瞧，肚子里不存食呀……

有时也单用一个“把”字。见下“傍黑儿”例。

☺ 半晌：bàn shǎng

半天儿。

如，荞荞下～又吃了两块糙糕，喝了一杯牛奶，等傍黑儿，你想着再把把她。

可说“上半晌”“下半晌”，也可说“前半晌”“后半晌”。

☺ 傍黑儿：bàng hēr

傍晚，临近晚上的时候。

如，到了～，西湖把她，她不拉不尿。等睡觉前又把她，还没动静儿，等西湖一觉醒来，已是傍亮儿，一看，又是连拉带尿，赶紧把她抱到卫生间，放在浴盆里给她洗屁股，接着给她换尿不湿……

“傍”，在口语里读一声。

☺ 傍亮儿：bàng liàngr

临近天明之时。

如，天已～，西湖忙活完荞荞，又走进厨房，给长江准备早餐。长江说，今儿个的讨债任务我都发怵，欠债这主儿是绑票儿出身……

☺ 绑票儿：bǎng // piàor

把他人劫作人质，胁迫被绑者家属出钱赎人的犯罪行为。

如，听说他干了好几年～的事，每次劫来的钱，全吃喝嫖赌胡抡一通，是个败家子儿出身的惯匪……

☺ 败家子儿：bài jiā zǐr

指不务正业、一味挥霍家产的子弟。

如，他们家在镇上原是头号的大地主，人说他得娶了十个八个媳妇。他爹一去世，不到三年，家产全让他给抡完了。这个～还真走字儿，随后解放了，闹土改，咳，～反又分了房子分了地，1960 年，正在饿死人的时候，他叔从新加坡给他寄来一辆小卧车，嗨，你说这～老走运……

☺ 八竿子打不着：bā gān zi dǎ bù zháo

形容关系疏远。

如，哪里呀？是我弟弟大舅子干妈的叔伯侄子，虽说是～的亲戚，但人家听说我弟弟进了区常委的班子，特地前来表示表示，咱总得招待招待嘛！

☺ 不起眼儿：bù qǐ yǎnr

1. 指处所一般，很不引人注意。

如，“菜市口有一所看去～的冷冷清清小院儿，却是 1898 年谭嗣同写下‘我自横刀向天笑，去留肝胆两昆仑’千古名句之处。”“咳，现在哪股云彩有雨说不清，我老家是个很～的小山村，可是自从改革以后，农民都富了，如今经常有城里的车辆来来往往，都是游山玩水的……”“如今越是过去～的幽谷山庄越招引人，哎，真是穷居闹市无人问，富在深山有远亲，不假！”

2. 指人的衣着颜色很普通，不显眼。

如，●《石头记》卷三五，“宝钗回答宝玉，若用杂色，断然使不得，用大红又犯了色，黄的又不起眼儿，黑的又太暗，等我想个法儿。”

哎，年轻的女孩儿都讲究穿着要显眼，要什么吸引男人的眼球儿，天性啊！

3. 指不为人所关注。

如，每天早晨七点半从这儿过，骑一辆旧自行车，穿的又～的人，原来是刚交换来的区长。这区长不但不讲穿戴，节假日还常去值班。可不是吗？大年初一，胡镇长来到区政府办公室，见有个～的人正跟门卫王老头说话，近前一看，这不是贾区长吗……

病秧子：bìng yāng · zi

指身体虚弱或从小就多病的人。

如，宝玉最爱的是两个～：黛玉和晴雯。两个～都芳年早夭，他怎么不去出家呢！晴雯成为～完全是后天形成的。其实，她喜欢宝玉只是她心中一时绽开的花序而已，并未在心中酿成情愫。她很理智，所以死得就更显得冤屈！

鼻儿钩：bír // gōu

贬称总有与众不同的办法，即所谓有高招儿的人。

如，“最损的操纵大局的～要算王熙凤，而把握大盘，成竹在胸，坐山弄情斗的是薛宝钗。”“对，真正的～是她，想借东风而上青云……”“干吗呀你们？人家宝钗处世待人很有分寸。宝黛悲剧的根本原因是黛玉没有家庭支柱，干吗说人宝钗是～呢！”

扒楞：bā · leng

1. 用手将人拨开。

如，“同志们，请让史太君史老太太先走。”他一边说一边将人～开，给史老太太让出一条道儿。

2. 用手翻捡(东西)。

如,史太君看见了卖桑葚的,说:“我们那里就是没有桑树,我得买些桑葚带回去……”卖桑葚的终于憋不住了,说:“老太太,您别～啦,我这桑葚个个都熟透了,您再～就都烂活啦! 照您这么～,十块钱一斤,要不不卖了!”

☺ 变卦:biàn // guà

特指改变了原先的主意。

如,“嗨,原先说三块一斤,你这卖桑葚的怎么说～就～? 你不知道我们就是平民百姓呀,这么着吧,一块八一斤,我包圆儿了,我还不扒楞了呢,把手都染紫了!”“老太太,您别蒙我们乡下的刘姥姥啦,刚你还说你是这个那个的不好惹,一会儿又～成平民百姓了啦?”

☺ 拔腿:bá // tuǐ

1. 迈开双脚。

如,卖桑葚的一看贾老太把手机掏了出来,于是～蹬车就跑,还一边叫他媳妇:“秋菊,开拔呀!”他～是让贾老太给吓的。

2. 走人,多指快走,比喻赶快脱离是非之地。

如,秋菊反喊道:“你～跑什么呀你? 咱们卖的是农产品,又没卖白面儿(毒品),那糟老嬷嬷敢仗势欺负人,我秋菊就敢跟她打官司,你～干什么呢,真是的!”“快颠儿,别搬杠啦!”

☺ 搬杠:bān // gàng

意见不合而争执。

如,“我卖我的桑葚,我想不卖给她还就不卖给她! 你少跟我～! 我秋菊生来就不尿黄世仁!”“你别来愣头儿青,甭跟我硬～,傻菊子,黄世仁土地主土得浑身冒烟儿,怎能跟她比! 再说,你不知官官相护呀!”

“搬”后常嵌入“什么”“哪门子”“起”等。如,你们两口子搬什么杠？瞧，因为这事搬哪门子杠？又搬起杠来了不是？搬什么搬？两块一斤卖给她算了。

☺ 不见齐：bù jiàn qí

未必，不一定，不见得。

如，“恐怕～吧？贾老太要花十块钱一斤买你的呢，你也不卖？”“只要她瞧不起我秋菊，就是慈禧从东陵里钻出来，我也～就卖给她！”

☺ 摆：bǎi

放，摆放。

如，“姑奶奶，你别犯拧好不好？这年头儿不是咱当老大爷的时候啦，如今，咱们是迟累啦，哪地方是～咱们的呀？”“我看真正～不开的是借尸还魂的贾家！”“哎，秋菊，真个是三十年河东，三十年河西呀！曾祖母在世时，贾家趾高气扬，没地方～他们，净拿曾祖母开心取乐儿，现如今一还阳，又变得炙手可热，又没地方～他们猢狲了！什么时候再让咱们河东一次呢？”“人家走运呗，再不会有～你的那一天儿啦！”

☺ 鼻儿：bír

1. 为人精气，心眼儿多。

如，大妈，您放心，小红吃不了亏，她～着呐，有名儿的精豆子，她要长了毛，比猴儿还精！

2. 针的一端穿线的小孔。

如，小红见婆婆要纫针，忙说：妈，您眼神儿不大好，那小针～您看得清吗？我给您纫吧。

3. 带孔的能吹响的。

如，小红爸爸是吹鼓手出身。小红从小儿就摆弄什么横笛儿、箫一类的，她吹～吹得棒着哪，她还曾要考中央乐团呢！

4. 模仿笛子等乐器自制的能吹响的。

如，小红的弟弟铁蛋儿，在冬天把粗苇子杆儿烫出眼儿当～吹；开春儿，他把柳枝儿的皮拧下来，剪出眼儿当～吹，小兜里装一把，分给小伙伴儿，一齐吹。有的大人就说，“嚯，这～吹得还真够热闹的。”

☺ 鼻儿脸儿：bír liǎnr

用不好的脸神儿给人看。

如，“我不同意借小红的车，你非借不可，结果，你瞧她那～的，好像缺她多少情似的！赶明儿咱们买一辆大众，顶她两辆秃尾巴富康！”“你知道什么？小红玩儿～的，就是一瞬间，意思是提醒你以后别接二连三老借她的车。本来嘛，人家是个体出租车，老借就不影响人家的收入吗？”

☺ 不眼呜：bù yǎn wū

真可以、不含糊的意思。用来表示赞许、肯定。

如，“师傅，你这一天能拉多少钱？”“因为是新车，目前也就是三四百。”“嘿，行啊，真～，你起码相当于一个处级的收入啦！”“得了您，您别拿我们穷人开涮啦！您知道我们一天干多长时间？像我说的那个数儿，一天至少要在马路上跑十六七个小时。就这样，连科级的月工资也顶不上，还处级呢，您真行！”“那你们干的工时比夏先生笔下的包身工～呀！”“比那些累死的前辈们多得多，不这样玩儿命就等于白给人家拉车呀！”

☺ 背静：bèi jìng

很少有人去的偏僻之地。

如，●《石头记》卷九六，“黛玉猛听宝玉娶了宝钗，定了定神，跟傻大姐说，你跟了我这里来，那丫头跟着黛玉，到那犄角儿上葬桃花儿的去处，那里背静。”

“哎，小今，咱俩也找个～的地方吧，尽量别碰到熟人。”“谈恋爱还怕人？你可够事儿妈的，那就去正义路吧，那儿～。"

☺ 绷着脸儿：běng · zhe liǎnr

有气，脸色难看。

如，"干吗～？嫌我说你事儿妈啦？不至于吧，瞧你那小样儿。""我是说，背着人谈，一则俩人无拘束、自由，二则省得叫人看见编派你……"

☺ 背着人：bèi · zhe rén

不当面，背地里。

如，解放初谈恋爱，都找背静的地方～谈，就是那样，一般谁都不会碰谁一下，哪里像现在刚上初一，就我老公长老公短的，在公交车上就有抱着互相啃的呢……

☺ 编派：biān pài

制造流言蜚语（中伤人）。

如，●《石头记》卷三四，"薛蟠因宝玉挨打而赌神发誓的分辨，又骂众人，谁这样编派我，我把那囚囊的牙敲了！"

"且不说有人～薛大傻子，前一阵儿有人在背后～我，拉了好多无中生有的屎！""咳，既然是粪便，以鼻嗤之就是了，～人是某种人的怪癖毛病，不理他就是了。"

☺ 绷：bēng

1. 将绳索一类扯得很直，常比喻人的精神过于紧张。

如，一根绳子不宜～得太直，你的脑子里那根弦儿也是如此，遇事不能～得太紧，放松些，何必呢！

2. 话说碴了。

如，"今年年初，因为奖金，我跟大天儿说～了，原因是他给姑奶奶我做了好多文章！""咳，阿拉伯有句名谚：不结果的树是没有人摇的，唯有那果实累累的才有人用石子儿去打。老孔还说过：唯女人与小人难养也。跟他～了就～了，没必要再伤神。”

3. 关系中断。

如，“以前你们俩关系不是很好么？”“说碴了以后也就～了，所以说人际关系不能太好了。”“～就～，这就是‘皎皎者易污’的道理，我看你该记住但丁的话：走你的路，让人们去说吧！”

4. 愣，愣腾，指拖过一段时间。

如，也有人劝我 说：眼下你们俩心里还都较着劲儿，等～过一段时间还是以和为贵吧……我想多个仇人就多垛墙，先～一～也就算了。

☺ 不年不节：bù nián bù jié

不是过年过节的时日。

如，“呦，珊姗，～干吗还买东西。”“我来看大哥，虽说是～，也不能空着手儿哇，何况我是来求大哥呢！”

☺ 背：bèi

时运不好，倒霉。

如，“出了什么事啦？”“咳，我弟弟今年太～，老不走字儿。今个儿下午拿酒瓶子把人脑袋给瓠了……”“嗨，现在的年轻人，你说怎么遇事就着火呢？”

☺ 败火：bài huǒ

消散身体中火气。

如，“珊姗，你把这两筒茶叶拿回去，回头我把这事跟你大哥说说。”“哪儿能啊大嫂，这绿茶是张一元的，好几百呢，喝它能护肤～，大热天儿，大哥又忙，喝它合适……”

☺ 百儿八十：bǎi · er bā shí

一百或比一百少些。

如，白云心里说，还好几百呢，你能出那么多血？至多～的。我说呀，你也得说说你弟弟，不要尽想那些不靠谱的事，不然哪天捅了大娄子白瞪眼，还得去托人弄什么的，那可不是～的事。

☺ 白瞪眼：bái dèng yǎn

指面对某种情形无奈、没辙的神态。

如，●老舍《赵子曰》第十九，欧阳给赵子曰分析：有这么两块臭胶黏着她，你要是不早下手，等别人把稠的捞了去，你可是白瞪眼！老赵一听一想，感到是有点儿不对头，得趁早儿下手！

也说“干瞪眼”，如，要是捅了大娄子，谁都干瞪眼，谁也帮不了忙……

☺ 不对头：bù duì tóu

1. 指出乎意想，感到有点不对劲儿。

如，老赵一进门儿，小五儿一看老赵的脸色，感觉有点儿～，赶忙说，赵哥你坐，我去给你沏茶——刚从张一元那儿买来的五里香，清香四溢，香飘五里！老赵问，你姐呢？她呀，上茅厕去了，你稍坐……

2. 常指关系不好，看着不顺眼。

如，老赵又问，你大哥呢？他呀，我们俩～，谁也不理谁。老赵说，这不打紧，兄弟姐妹之间，没什么。俗话说，打架亲兄弟，上场父子兵么。

☺ 不打紧：bù dǎ jǐn

不要紧，无关紧要。

如，得了吧你，什么～哪？关键是他什么事都做不了主，净听娘儿们的，而那娘儿们就不是人，没人味儿。我妈去世时，她说她感冒了，她愣没露面儿,还什么～呢!我上大学,她明知我北京有朋友,但不给我路费,我回不来……我的脸盆让不长眼睛的贼给偷了,连三块多钱都不给我,让人给我捎来一个破损的小洗脚盆儿……我们班七十多人,放假了,就是我一个人回不去,说起来惨呐!还～呢!他那娘儿们儿忒不是东西!我哥这辈子,咳,甭说了……

☺ 跋踬:bá・zhì

1. 多指人在不该走动的地方来回走动。

如,嗨,这几个孩子,怎么在碎酒瓶渣滓上踩着玩呀,不心疼脚上的 PUMP 跑鞋呀?快,别～啦,再～,鞋底儿就玩儿完啦,瞧,环卫黄阿姨拽着扫帚来啦。

2. 畜禽类在不该去的地方,随意踩踏。

如,我那块儿拾边儿地今年种了白薯,秧儿刚爬两三尺,不知谁家的羊群进了白薯地,嘿,连吃秧子带～,分不出垄了,简直都给我～平了……

"跋",口语中读四声。

☺ 白嘴儿:bái zuǐr

1. 指只吃菜不就饭。

如,"毕烟,你怎么～呐,那两碟儿还娄你吃的呀?还有两个人没动筷子呢!""真是的,喝酒时可不～就菜,哪有就饭的呢?"

2. 又吃又喝,但不付出。

如,毕烟借点儿亲戚关系,他是带着一张～吃的主儿,你以为他还掏份子钱呐?

☺ 扁:biǎn

比喻把人看得不正常,多指小瞧,看不起。

如,"你别～冷霜,自从给款爷做了二奶后,整天价画眼描眉,晚上还要用洁面乳洗,然后再用美白爽肤水,为的是抑制黑色素生成或转移，使皮肤更透明……”“不管她怎么捯饬，我一眼就看出她是个怯老勺，她能不叫人～她吗？”“嗨，黑侉子，你甭张口闭口～姑娘我，我一年用的美白系列产品，足够你活十年的，你少隔着门缝看人！”

☺ 摽：biào

1. 用绳索将东西勒住。

如，喂，你把那冰箱～紧，要是晃荡倒了，我可退货！

2. 将胳膊搭在对方肩上走路。

如，把心装在肚子里吧小姐！你瞅前边那个男的～着女的膀子走，那女的虽说左右晃悠，但绝对倒不下，～得紧着呐，这里有个物理道理……

3. 比喻彼此关系非常亲密。

如，打住，你别再胡说了！那女的是我妹妹，瞎评论什么呢你？她们～在一起走路碍你哪儿啦？老赶，还懂什么物理呢！

看过老舍的《赵子曰》吗？欧阳天风劝老赵赶紧对王女士下手就这样说过：还有李瘦猴儿天天～着她，一步不肯放松……你要是不早下手，等别人把稠的捞了去，你可是白瞪眼！所以～得紧是“男女之间，大欲存焉”的缘故，你和你媳妇～得就不紧啊？人长着一张嘴不是净为说人家的，懂得什么呢你？

☺ 薄：báo

1. 自尊，爱面子，禁不住不好的言行碰撞。

如，溪涓，以前你开始学徒时，脸皮儿特～，现在比城墙还厚！

2. 指用话贬低人。

如，伊娜，你还～我哪，我比你是戴着草帽儿亲嘴儿——差远啦！一次，那剃光头的一边和你逗，一边拧你大腿，你说：得啦，给你脑瓜子顶儿上拉口子可别赖我……还～我呢你！再说，我还不是让你这个大白脸给带累的！

3. 味儿淡，多指炒菜之类，盐放得少。

如，那个葱爆羊肉齁儿咸，这个松鼠鳜(guì)鱼又忒～，没滋味儿，这个饭馆儿没有拿手的厨子，咱只能来这一次。

4. 指物类没有厚度。

如，你瞜瞜，他这儿服务员的工作服特～，也忒显山露水了，不能靠这个来招引顾客，自个儿给自己找麻烦……

☺ 不开眼：bù kāi yǎn

视野窄，没见过世面。

如，“姐，这一条鳜(guì)鱼就 126 块钱？连八两也没有，可真是‘贵’鱼哟！在咱山沟儿沟，足够一家子人一月的挑费啦！”“你少唠叨吧，回头叫人说你是～的怯老乡，别丢人啦！”“什么开眼～的，去年你给家里寄的 7000 元，爸妈瞧病就花去 4000，其余的添补生活，花了一年多！我～？我是老赶？这城市里的人有谁不是老农出身？”“行啦行啦，喝多了是怎么着？抖落包袱底儿也不看地方……”

☺ 包袱底儿：bāo · fu dǐr

比喻往昔所存的，陈旧的。

如，你逮着酒啦，喝过岗啦，有酒想起了无酒事，傻呀你？把～全抖搂出来，不嫌丢人现眼！

☺ 掰斥：bāi · chi

特指争辩道理，分辨是非。

如，“姐，就是老布什，往前推，他也是老农出身，村山是渔民出身的首相，伊朗总统内贾德是铁匠世家……”“行啦！你别穷～了好不好，谁跟你～这理儿呢，酒仗㞞人胆你！小姐，买单！”

☺ 饽饽：bō · bo

1. 泛指用粗粮混合点细粮做的用手拿着吃的主食。

如，“小改，楼门口坐着个手捧饭碗要饭的，你下楼给他一块～，把他打发走了得啦。”“他呀，不好打发，他是咱们这一带的常客。那天我和蓉序在四方饭馆儿吃饭，我旁边那两个要两碗炸酱面，刚拌好，要往嘴里忒儿喽，只见他抽冷子伸手抓起一把面就往嘴里一镶一忒儿喽，一把面条儿进肚了……对方一愣，其中一个反笑道说：得，老兄，我这碗儿也归你，两个人站起走人了……他可不是一块～就能打发走的，而且他还不吃粗粮……”

2. 特指粗粮做的贴饼子、窝头之类。

如，江水萍为减肥，早晚吃西红柿，中午吃个棒子面儿～就黄瓜。咳，也别说，她那水桶腰现在还真变成蚂螂腰了。饿的吧？再这样儿下去，我瞧，非变成病包儿不可。

☺ 病包儿：bìng bāor

体弱多病。

如，●《石头记》卷一一一，“平儿说贾琏，为凤姐诉苦，我们起迟了，原该爷生气，左右到底是奴才呀，奶奶跟前尽着身子累的成了个病包儿了，这是何苦来呢！”

凤姐人家什么都吃，江水萍纯粹瞎嘬鲁，体重是减了，但吃成～了，现在一阵风儿能把她刮跑了！

☺ 布菜：bù cài

将酒桌上的菜搛给在座的长辈、亲友。

如，●《石头记》卷六八，“凤姐瞅了他一眼啐道，谁信你这——说到这里，又咽住了。一面老婆丫头们摆上酒菜来，尤氏亲自递酒布菜，贾容又跪着敬了一盅酒。凤姐又笑着说，就菜呀！都拿捏着干什么！”

☺ 不是味儿：bù shì Wèir

1. 所吃的味道不正。

如，妈，这是谁炒的菜呀？我吃着有点儿～，所以没敢尽让别人吃……

2. 指言行等不正常。

如，"呦，是吗？这是你干哥炒的，他是烹饪学校毕业的。不过，他今个儿的言行有点～，正跟他女朋友怄气呢，我去问问他去。小鼓儿，人说你炒的菜～，你，你别拿炒菜砸伐子呀……""干妈，您的油盐酱醋都是假冒伪劣，这不是给您凑合着来吗？您真要面子，给我拿真品来，满汉全席中华宝鼎我也能做，那一道菜至少六千块！保证全都是味儿……干妈，您就甭说我今儿说话～啦……"

3. 不舒服。

如，你瞎说哪，明个儿我去农贸市场找那小铺儿去！鼓儿，别说啦，回头让大伙儿心里都感到～，这是给你干爸做六十大寿哇……

☺ 八宗：bā zōng

节外生枝的，形容很多。

如，"我说老游头，人说你卖的油盐酱醋都是假冒伪劣，虽然便宜一点儿，但也忒坑人啦！吃坏了人怎么办哪？""大姐，哪儿的话呀，就没那么～事儿！我都是从厂家直接进货，再说，工商也查过；您瞧我儿子天天吃自家卖的，蹦跶得多欢实啊，长得小水葱儿似的，怎么会吃坏了人呢！您别给我添熬头，好不？"

☺ 蹦跶：bèng·da

多用来形容小孩子蹦跳着走的欢实劲儿。

如，"早先，一到晚饭后，这胡同里尽是孩子们～着玩儿，如今变成莫斯科郊外的晚上，这里的胡同静悄悄了。""哎，五六岁的孩子就背着个大书包早出晚归，吃完晚饭就做这作业那练习，哪儿有空儿～啊！"

"都一样,现在什么都与世界接轨了,外国的孩子也没空儿～。"

背兴：bèi xìng

倒霉。

如,谢安今年～,前些时给媳妇换了辆专车——凌志。她开着它去金圆地下停车场,刚一开车门儿,就被一人用枪顶住给推进车里,车到河北,俩人把她玩儿了,总算给她留了条命;最近谢安又让人给绑票儿了,怎么～就背到这种地步!

与"背时""背运""不走字儿"义近。

不防头：bù fáng tóu

不注意,粗心。

如,●《石头记》卷三四,"都怪谢安粗心,干什么都得心细。宝姑娘就老为他哥哥有肺无心劳神,他哥一惹事,他就得要费口舌去解释,就是我哥哥说话不防头,一时说出宝兄弟来,也不是有心挑唆……"

背旮旯儿：bèi gā lár

指特别偏僻之处。

如,谁让他开着凌志上耳朵山那种～去了? 那儿自古以来就出土匪……

不兆头：bù zhào tóu

所见的人、现象,令人生疑,感到不对头。

如,有个小山头儿挡路,谢安把车刚拐过一个死弯儿,见路两边站着几个手持铁锨的,他马上就感到有点儿～,果然那几个举起铁锨拦住了他……

☺ **备不住：** bèi bù zhù

可能是，没准儿，说不定。

如，事发后，有人估摸，说～是鼻洼子村人干的。

☺ **憋咕：** biē · gu

心里、眼里盯住，即心里暗算上了。

如，鼻洼村也有人放风儿说，老早就有人～上他了。俗话说，不怕贼偷，就怕贼惦记，他不出事才怪呢！

☺ **背过气：** bèi guò qì

人因故处于昏迷状态。

如，谢安他爸当时一听说就～了，他原本是个不开眼的老土鳖嘛……

☺ **拌嘴：** bàn // zuǐ

吵嘴架。

如，●《石头记》卷十四，"凤姐吩咐道，来陞家的，每日揽总查看，或有偷懒的、赌钱、吃酒、打架、拌嘴的，立刻来回我，休要徇情！"

咳，～算什么？自从柳花絮把凌志丢了，谢安动不动就跟她～，她呢，蔫头搭了脑袋的常不言语，也不再招摇她的纤体疗程感受了……

☺ **般配：** bān pèi

1. 多指恋爱、结婚的双方相貌相称。

如，论长相、爱好和门第，谢安与柳花絮很～，在中国，本是丁克家庭领潮人；后来，谢安父母执意要香火，终于未能丁克下去，刚刚生下一个千金丑小丫。

2. 人的住所、衣饰、身份等相称。

如，●《石头记》卷二十，"宝玉忙笑道，你又多心了，我说往咱们家来，必定是奴才不成？说亲戚就使不得？袭人道：那也般配不上，宝玉便不肯再说。”

宝玉是见了女的腿就软，为漂亮的女孩儿他什么都豁得出去，哪儿像柳花絮讲究住处～不～呢！

☺ 吧唧嘴：bā · ji zuǐ

上下唇接触并发出响声的动作。

如，一次，柳花絮深知她和谢安的关系很难维持了，便和谢安摊牌了："怨不得你睡觉常～，敢情是尝白妞的哈喇子呐，什么滋味呀？不怕得接吻症啊？不怕得艾滋呀？""你倒不～，很遗憾，尝不着哇，所以常喊：'王导，王导，导……'，导你个屁，倒霉吧你，女人比男人更赤裸！"

"吧"，口语中读"biā"。

☺ 不赖：bù lài

1. 有意思，好玩儿。

如，老妈，哈喇子也能吃呀，谢叔真～，不糟践东西，可惜我小时浪费多少哇！

2. 泛指人、一切物事不错，还好。

如，小孩子瞎胡勒什么呢，～的是你爸你妈看得紧，否则你就惨啦！

☺ 掰开揉碎：bāi kāi—róu suì

1. 将食物类弄成碎渣滓。

如，浮萍，那小鸡儿刚孵出来，要喂饽饽就得～才成。

2. 借喻反复讲道理。

如，你这孩子，你把饽饽掰成黄豆粒儿大，它吃得进去吗？这道理我～地给你讲，你就真不懂？以后你别给我喂小鸡儿啦，回头还给我噎死了呢！

☺ 不介：bù · jiè

1. 不再那样。

如，浮萍连声说，我～了，～了，我一定注意，掰碎碎儿的……奶奶，您可别辞我，我们家穷，我妈没工作，爸是板儿爷，啛儿辛苦……

2. 不，表示不同意。

如，"那就叫你妈来替换你吧，你忒小，让人劳神！""奶奶，～，我妈身子骨儿特瘘，我～，您行行好吧，奶奶！"

☺ 板儿爷：bǎnr yé

对骑平板儿车人的戏称(亦自称)。

如，"老黑，这月下来能挣多少？""这月能剩千八百块。""行啊～，不老少，不瘦哇！"

☺ 不老少：bù lǎo shǎo

即很多的意思。

如，行嘞，我的科座，就我这么起午更睡半夜地奔命儿，还～呢，您别拿我开涮了，够您的一个零头吗？

☺ 背勒儿：bēi lèr

相互掺杂，相互弥补或替代，起到一定的平衡作用。

如，不瘦什么呐，我有时就挣个五六百，我爱人有时出去捡点儿破烂儿，我们俩人～着，一般千把块钱。哪儿能跟你这嫡系科长比呀，你和你媳妇～起来，每月上万块，年底，年终奖一下来，得，你们两口子一～就是十几万，吃鲍鱼、龙虾，喝茅台、五粮液，你是贼肥！

☺ 白眼儿狼：bái yǎnr láng

指得到别人的帮助或好处，不知道回报，甚至还翻脸的人。

如，哎老黑，我说你怎么这么可气呢？我可没少照顾你，让你挣些票子，你怎么成了～了呢？可别在外边净臭斥我，瞎糟改人玩儿，我高升了，只能对你有好处……

☺ 百不咂：bǎi bù zā

1. 形容能干活儿，体力超人。

如，"哎，老黑，单位发了一袋儿泰国香米，一袋儿精粉，你给我搬上三楼我妈家，我送你一箱燕京，我这不就便宜你了。"老黑一听，把那两袋儿摞在肩膀儿上，一口气儿给南科长扛到三楼。"行啊老黑你，从黑土地上走出来的身板儿就是棒，扛上一百斤～，没事人儿一样……"

2. 形容吃喝能力超人。

如，"你这一箱燕京，都不够我妹妹喝一顿儿的。""真的？我知道有的主儿能喝，你妹难道能？""那还假？她喝一箱瓶儿啤都～，甭说你这一箱罐儿啤了！"

☺ 不来该着的：bù lái gāi・zhe・de

不含糊，没问题。

如，那也比不了我们单位的李处，真是久经沙场的老将，茅台、五粮液什么的，如果不需要装模作样儿，绝不用小杯子，一仰脖儿咕嘟两次，得，一大杯干了，灌上两瓶子绝对～，腿脚儿又有点儿瘸，是有名儿的酒葫芦李八仙……

☺ 不禁不离儿：bù jīn bù lír

1. 差不多。

如，你也不劝劝你妹妹，喝得～就得了，女人喝那么多酒有好处吗，啊！

2. 适可而止。

如，她是刑警队的，特鲁，老有饭局。我常说她：酒桌上要～，别现了眼。她说：没事儿，他们灌我，我灌卫生间，结果有一次，还没到卫生间就把裤子尿了，她怕人闻出味儿来，就蔫溜儿回家了……我数落她：你这叫～么？这回现了吧？

☺ 板：bǎn

1. 止，止住。

如，事后我爸知道了，汆了，骂她缺心眼。她还说：我一到那种场合就～不住嘛，就跟见了帅哥儿一样，走不动了呀！

2. 检点，克制。

如，我说：你先少喝些，～～，慢慢地一来二去的不也就一点点儿～住了嘛？她说：你说得比唱得还好听，你见美女心里就～得住吗？我说：说什么呢你，我是板儿爷，谁待见我这样的哇！

☺ 暴病儿：bào bìngr

病来得急，能使人很快死亡的病。

如，●《儒林外史》三四，杜少卿睡在床上，叫小厮："你向那差人说，我得了暴病儿，请邓老爷不要来，我病好了，慢慢去谢邓老爷。"●《石头记》卷一一三，"话说赵姨娘在寺内得了暴病儿，见人少了，更加混说起来，唬得众人都怕。"

你瞧，得～可怕不可怕，说撂挑子就撂挑子。像你这种人这种情况是很容易得～的，到时候……她说：我知道，到时候我躺在床上你都不傍边儿，是不是？

☺ 傍边儿：bàng // biānr

来，靠近。

如，我说：你又来嘎巴我是不是，上次不是我不～去看你，你住了一天院，当我知道时你已出院了，我还傍什么边儿呢？就是这样，电话不是随后就过去了吗？她说：甭说了，怕是你不敢～吧？谁不知你们两口子鮈儿精，～怕花点儿，其实……其实，我可怜你还可怜不过来呢……今年春节，我非得在热闹地界儿给你弄个爆竹摊儿不可，我还要送你几箱满地开花、满天笑……那，你哪儿弄来的呀？这，你就甭操心啦……

☺ 八下里：bā xià · li

多方面。

如，●《石头记》卷六一，"平儿又笑道，也太派急了些，如今这事八下里水落石出了，连前日太太屋里丢的，也有了主儿。"

宝田一进社会矛盾中心门儿，他就憋不住了，说：那时贾府～的事能很快弄个水落石出。现在有的呢，是～的事都悬着，像那住房补差，曾一再登报，可是十来年过去了，只补给了离休干部……生活补贴有的按人头补，有的就出幺蛾子分三六九等，夫妻俩，妻子就配吃窝头，而丈夫就配吃烙饼；取暖费也是这样，这也叫科学……不说了，要说那～不讲信用、不讲科学的事多了去了……

☺ 帮腔儿：bāng // qiāngr

从旁帮助唱同一腔调儿，即从旁说话鼓动。

如，办公室里那几个人没一个～的，都强调那是上边的事："人家不是说了嘛，在什么岗位挣什么钱，你群众'处'什么级呀……""我知道，你们当面儿没人～向着我说，谁找下岗呢！"

☺ 半不啰啰：bàn · bu luō luo

1. 要说的还没说完。

如，他刚撂下话茬儿，一扭脸儿，在门口儿站着一个三十多岁胖乎乎的，见宝田一瞟他，忙说：说嘛老先生，别说到～的撂下呀，您的话够冲的，别激动，说，慢慢说……

2. 指事儿没有干完。

如，这时另一房子的电话铃儿响了，这人跟其他人说：让老先生说完，该解释的要耐心解释清楚，事关群众利益嘛？又对宝田说：您说您的，别着急，我的事儿正干得～的，不然我就接待您啦……

☺ 瘪：biě

治，难倒。

如，"宝田这人，可能喝了，喝上半斤八两二锅头百不咋，要喝上一瓶儿闷酒就该生事了。""不给他钱，他有什么新鲜的……""那你～不了他，他会去小铺赊……""跟小铺儿说，赊给他，家里不管还账。""哈，那也～不住他，一是小铺儿不敢，二是他是 1940 年参加八路军的，1946 年初打到锦州后，调到机关，后来休整时间一长，觉得没意思，就请假回来了，再没去……后来一想起这事就喝闷酒儿……公安局、乡镇干部都同情他呢，想～他的还没有……"

☺ 不不楞楞：bú・bu lēng lēng

1. 较长的棍棒之类，手拿或摆放得不顺当，让人感到别扭。

如，吊死鬼儿，你一手扶把，一手拿着那两根儿窗帘儿杆儿～的，碰着谁谁都不会饶你，起码你一天的工钱没了……

2. 猫狗之类的行为碍事，惹人讨厌。

如，"你瞧这猫，老围着你脚转悠～的叫唤，讨厌死！""它是饿了呀，你先喂它吃的吧。"

3. 在某种情况下，指人的行为碍事，使人心烦。

如，"你瞅今儿也邪门儿了，越是家里来了人，大人忙活，孩子越不出去玩儿，老在你眼前～的，让人讨厌！""咳，孩子们爱凑热闹嘛。"

☺ 鼻子不是鼻子脸不是脸：bí · zi bú shì bí · zi liǎn bú shì liǎn

形容脸色异常难看。

如，“今儿海南岛她妈干吗呀，～的，谁招着她啦，好像谁该她两千不还她似的！”“你还不知道？挨罚啦，罚她六万！她找计生委去闹，也白费唾沫，气正没地方撒呢！”

与“鼻儿脸儿”义近。

☺ 把不住边儿：bǎ · bu zhù · bianr

指说话没谱儿，爱吹善唠。

如，这怪谁呀，都怪她那张破嘴，说话～，你越夸她她越来劲儿，虚的实的全往外着活，挨罚了，急眼了！

☺ 半大小子：bàn dà xiǎo · zi

对未谙人情世事的十三四岁的男性少年的称谓。

如，老大海南岛都成～啦，上初二了，比他爸还高了一头。正打算把他送到德国去念书呢。他妈说：老黄一瞅见～儿子，连鼻眼儿都是乐的，说，不是好时代，谁养得起供得起这一帮小家伙儿，还亏得亲朋好友常来帮助……

☺ 拔尖儿：bá // jiānr

特指在长相、学习、工作等在群体中最为优秀。

如，●《石头记》卷四六，“邢夫人为贾赦选妾，她拉着鸳鸯的手笑道，因此常冷眼儿选了半年，这些女孩子里头，就只你是个拔尖儿，模样儿行事做人，温柔可靠，一概是齐全的。”

海南岛他妈听了直撇嘴儿，说：鸳鸯一脸雀子，还～呢，别逗人乐了。我们海南岛的长相、学习在全年级都公认是～了的。老黄说：送到德国留学就准得拐个洋妞儿回来……

☺ 八字儿还没一撇儿：bā zìr hái méi Yī piěr

指事情还没有眉目。

海南岛她妈一听，说：瞧把你乐得屁颠儿屁颠儿的，～呢！你得想法儿托人呢。

●老舍《我这一辈子》，老黄借话说，虽说八字儿还没一撇儿，我觉得很高兴。

☺ 扒边儿：bā // biānr

1. 所说的接近某个数字。

如，"三嫂，原来西院的科长大哥是不是搬到红莲北里去了？""早搬去得有三年了。""他有五十了吧？""咳，反正～了，大概四十七了，干吗呀你？""我想托托他给说个情儿……"

2. 所说的接近某个问题。

如，"他还能升个处长吧？""你这话就不～了。现在一过三十五就悬了，他要知天命了，还升什么升？再说，就冲他那死性劲儿，人家不把他科长给拿下来就不赖了，听说他办事不得要领，还瞎忙。他叔伯哥哥前些日子暴病儿死了，他说忙，愣没傍边儿！"

C

☺ 串：chuàn

1. 将液体从一容器灌到另一容器里。

如，袭人把暖壶里的水～到一个空水果罐头瓶子里，忽然啪的一声，那水果罐头瓶子炸了。袭人说，哎哟崴，这回可长见识了。晴雯说，你往那里～干什么呀……

2. 将米、面、豆类，从一容器灌到另一容器里。

如，李治上早市买了五斤红小豆，说，来，湘云，你帮我把塑料袋里的豆子～到可乐瓶子里。湘云说，干吗～到那里呀？那多不好～呐。李治说～到那里不长虫子呀，这你就不懂了吧，来，拿张纸来卷个喇叭筒儿……

☺ 臭美：chòu měi

喜欢穿戴、打扮，好捯饬。

如，早晨，晴雯正往脸上擦粉。袭人说，晴雯你用不着擦粉抹胭脂，成天家～，就凭你的身材长相，用不着～，樊秉秉都得甘拜下风，赶明儿个咱们成立个大观园影视集团，你自然就是第一个星座。

☺ 成天：chéng tiān

即整天。

如，晴雯说，咱身边的姑娘谁不是早清儿一起来就捯饬呀，偏我～家涂脂抹粉？袭人说，人的动物性真不得了，像傻大姐吧，她在宝玉面前吃得开吗？可是，她也～穷捯饬。哎，天性啊！

"成天"也说"见天、成日"。

☺ 吃得开：chī · de kāi

指受欢迎，人吃香。

如，晴雯说：你们都公认我在宝玉跟前～，其实，正因为这样，我的悲剧随时都有可能发生。袭人说，说的也是，自古红颜多薄命嘛！我呢，还不是过一天说一天儿，一旦宝玉的境遇发生了变化，我们这些眼下～的人，还不是树倒猢狲散，有的怕还要闷死在牢狱里呢……

与之相反的是"吃不开"。如，当王八吃西瓜，滚的滚爬的爬的时候，现在吃不开的傻大姐，没准儿那时能竖起一面黄旗，指挥起千军万马呢！

☺ 撮：cuō

指吃喝。撮，有张开大嘴，用筷子往嘴里"扒拉"的意思，形容吃喝非常狼虎。此语 20 世纪 80 年代最为流行。

如，琪琪说，管它三七二十一呢，今朝有酒今朝醉。走，咱们姐儿几个去红楼酒家先～它一通再说！鹃鹃说，你买单呐？琪琪说，我买，但不准吃撑着！

☺ 撑：chēng

1. 指吃得过饱。

如，●《石头记》卷四九，"李纨即忙出来找宝玉、湘云说道，你们两个要吃生的，我送你们到老太太去，哪怕一只生鹿撑病了，不与我相干。"

2. 形容没事儿惹事，找麻烦。

如，得有半年没吃韭菜馅儿饺子了，大佬说快馋死他了……他最后放下筷子往后一仰就靠在被子垛上，随后又歪倒在床上，竟没气儿了……几十岁的大老爷们儿，那肚子"嘣嘣"的像鼓一样，你说他也真够现眼的，撑着也不至于就撑死啊？有人埋怨我说："你是吃饱了～

的，为什么还要非买二斤肥肉馅不可呢？”其实那还不是为了吃起来香吗……

☺ 呲儿：cīr

严厉批评，训斥。多用于长对幼，上对下，尊对卑。

如，我婆婆这一通儿～我，说：为了吃起来香无可厚非，可是你就不知他的饭量吗？你眼里就没星儿吗？你为什么让他撒开欢儿吃呀？你就不知道他有心脏跳累了就歇一下的毛病吗？……总之，一家子人没有不～我的。我真是……哎，还说什么呢？

☺ 茨菰眼儿：cí・gu yǎnr

多指小孩子不按大人要求去做，而瞪着眼儿“对抗”的神态。

如，那几天我支使小二干点儿什么他总跟我～，好像我有意害了他爸爸一样，我急了，骂道：你小混蛋儿！干吗老跟我～？他是你爸，他更是我爷们儿，老娘我不是潘金莲儿！

也作“慈姑眼儿”。

☺ 焯：chāo

把菜等食物放在开水锅里一烫就捞出来。

如，傻大姐～过嘬了，叶子几乎成泥儿了。她一拍大腿说：有了，我用它跟棒子面和面贴饽饽。等一揭锅盖，她一瞧那贴饼子，说：咦，21 世纪的人把出行、办公都说成绿色的，我这也成绿色食品了。后人就说，把青菜叶子一～，和面，做出来的绿色吃食，是从傻大姐这儿开始的！

☺ 吹了：chuī・le

1. 事情黄了，没办成。

如，有人给傻大姐介绍对象，问她要什么样儿的。她说，我琢磨，人来世上第一要务就是繁殖后代，所以，只要生理没毛病，就是歪瓜裂枣儿也可以。于是给她介绍一个罗粗罗奘、比她矮一头的。最后，对方说回家商量商量。傻大姐说，得，就算～。回家商量还不就～，～就～，自古以来，有剩男，没剩女。大姐我专等找上门儿求我的英俊宅男……

2. 感情破裂，关系中断。

如，大姐说，这样～更好。他也没要求试婚，这总比结婚三天就～好哇！

☺ 出数儿：chū shùr

指用米蒸饭，饭显得多。

如，大姐说用机米(籼米)蒸出来的饭～，小站米筋斗，但不～。

☺ 菜虎子：cài hǔ · zi

称能吃菜的人。

如，大姐说，人说北方人都能吃菜。我是东北人，我就是个～，不管主食可口不可口，只要菜多，我就能多吃饭。

☺ 粗活儿：cū huór

多指体力活儿。

如，有人说爱吃蔬菜对身体有益，身材也会很秀气，可你怎么……傻大姐说，哎，咱是干～的人，干～的人能和那些白领儿女人比身段儿吗？

☺ 葱白儿：cōng báir

即葱下半部发白的部分。

如，这捆葱刚刨下来时，三十五斤，搁到十二月份，差不离儿就剩下边儿一点儿～了，连五斤都没有了，买它储存很不合算。

☺ 差不离儿：chà · bu lír

1. 差不多，相近。

如，傻大姐来到早市，看到两种布料的颜色～一样，便问卖布的哪一种结实。卖布的说，都～，你要做一身，都能穿十年八年的。

2. 一般的。

如，卖布的又说，我这么卖布，我瞅就是大姐你有眼力，这布的颜色鲜亮招人，又结实耐穿，～的姑娘都喜欢它。大姐真会买东西……

☺ 草鸡：cǎo jī

下蛋的母鸡。

如，傻大姐买了布回家，刚一进门儿，嘿，那～站在院子里正挺着脖子打鸣儿呢。大姐说，妈呀，你又方我呢！人家给我介绍七个对象，都瞎门儿了，下蛋才是～的正事儿，～管人家公鸡的事儿干什么嘛？

☺ 从打：cóng dǎ

自从。

如，有人说，傻大姐养活一只男不男女不女的二胰子，多不吉利呀！傻大姐也说，～人家知道你会打鸣儿后，都把你和我联系起来议论，有人说我也是个二胰子……气急了，我把你卖了，方别人去！

☺ 瞅：chǒu

瞧，看。

如，哎，你～人家公鸡英武雄伟你眼儿热呀，可惜你当初就没长那种本事！说着，抄起扫帚就追着打，嘴里还一个劲儿地唠叨：我～你再多管闲事！你想逼着我给你做变性手术，没门儿！

吃醋：chī // cù

比喻恋爱的青年男女或夫妻间，因另外的异性与一方有暧昧关系或亲密接触，而使另一方生气。

如，●《石头记》卷二一，“贾琏跟平儿说凤姐，他防我像防贼似的，只许他同男子说话，不许我和女人说话。我和女人说话略近些，他就疑惑；他不论小叔子侄儿，大的小儿，说说笑笑，就不怕我吃醋了。”

有时中间插入“起”“什么”等词，如，●《石头记》四四，“贾琏与鲍二家的偷情掏肺，凤姐闻知即气急败坏，闹得不可开交。贾母反笑劝凤姐道，都是我的不是，叫你多喝了两口酒，又吃起醋来了。又说，男女年轻时还不都是馋猫儿馋狗似的，这你吃什么醋哇？”

喘气：chuǎn // qì

1. 急促深呼吸，一般指劳累时短暂的休息。这种情况，“喘”字要叠用或于“喘”后加“口”字。

如，我忒累了，让我喘喘气儿吧，怎么，我喘口气儿都不行？

2. 常用来比喻熬闲气。

如，这贾老太老了，就会说面活话儿，没法儿跟她～。她年轻时就乐呵呵地吃醋？除非她有病！

出溜：chū · liu

1. 滑行。

如，三九天，宝玉让袭人晚上在院子里泼上水，第二天早晨就结成冰，他就在冰上打冰～。一次，他往前跑得急，一～来了个老头儿钻被窝儿，谁知他～个仰八脚子在冰上躺了好半天。袭人怕摔成脑震荡，赶紧汇报给贾老太。

2. 地上（或因某物）光滑（而滑倒）。

如，贾老太听后，赶忙出来看宝玉。谁想到一出门儿，慌手慌脚，踩在香蕉皮儿上，脚下一～，摔了个大屁股蹲儿。

3. 引申为因生病或其他事故，致使把钱花出去了，有可惜之意。

如，贾老太因为上了年纪，大家七手八脚把她扶到轿子里，抬到宁荣诊所。凤姐心里说，这没事儿净给钱找～，回头我要扣丫头等人的月薪。

☺ 成家：chéng // jiā

指男子结婚。

如，事情引起轰动。王夫人与贾老爷看望贾老太时，提出尽快给宝玉～的事，贾老太说，是得想想辙，不然，这孩子还不知怎么折腾呢！王夫人说，这事惹出好多说法：有人认为这回袭人该吃不了兜着走了，怕是要把袭人轰出大观园，也有人主张把她卖给黎民百姓完事了。但也有不少人说，为什么宝玉～把罪过全推到袭人一个人身上呢？太不公正了……

☺ 吹鼓手：chuī gǔ shǒu

比喻鼓吹某事、某人的人。

如，贾府里无风三尺浪，一有风儿，各色的～全要表演一番，你听谁的呢？

☺ 窗户根儿：chuāng · hu gēnr

指窗户下面的矮墙。用来比喻窗里人的谈话、议事。

如，袭人说："没想到这事儿在大观园还闹得风风雨雨。常有人黑下来听～，回去好瞎汇报。这儿没有秦桧儿和他媳妇商量陷害岳飞的事，有什么可听的嘛？不怕烂耳朵啊！"晴雯插话："你声儿还那么大，不怕这会儿有听～的？"

☺ 插话：chā // huà

在他人说话中间插入的话，也说"插嘴"。

如，这晴雯、袭人正在气头儿上，你～干什么，你让她把气撒完了啊！

☺ 成总儿：chéng zǒngr

1. 一总儿。

如，“这回拆迁，大军你可赶着（zháo）啦！除了给你两套两居、一套独居外，还～给你一百五十万。那一百多万你怎么开销哇？”“我呀，买了一辆奥迪 A6，花了四十多万。其余的我～存在银行里下仔儿。”

2. 成批，整批地。

如，钱存银行不合算呀！是，我正打算在农村开个“小面”专卖店。据说～进车便宜一些，我打算～先进它 30 辆。赚多赚少总比放在银行强。

☺ 草刺儿：cǎo cìr

草叶儿的尖端或带针刺儿的草。

如，“大军，要真那样，让我闺女来给你卖车吧，每月开多少钱你瞧着办。”“你们雅纹哪，让～扎着都邪乎得不得了，她能卖车啊？”

☺ 拆兑：chāi duì

拆借，即一种按日计息的短期借贷。

如，宋大祖听说大军因拆迁抄上了，不好直接张嘴，就托陈白银来跟大军～20 万。大军说，你是有名儿的趁白银，你为什么不～给他呢？

☺ 嗔着：chēn · zhe

怪罪别人的言行，埋怨。

如，陈白银急忙说，咳，我说你别给我们两拢对儿了好不好？他正份儿就～我不在火候上帮他一把，说我不地道呢！我地道不地道，他心里应该知道啊……

☺ 长活：cháng huó

即长期给人干活儿。短期的则叫打短儿。

如，陈白银又说："再说，你怎么知道过去我没拆兑给他呢？""他现在又打算盖房，万一他赶上拆迁，他不也要捞上一把吗？人家老宋说，如果他不能按期还债，他就给你扛～，让我给你们写字据。"

☺ 催命：cuī // mìng

催逼性命，比喻紧紧催促。

如，大军说，他要不走字儿，不拆迁他们那儿呢？他有日子还我这20万吗？你愿意当～鬼儿也不行啊，咱们得讲干货才行。

☺ 存心：cún xīn

有意，故意。

如，大军说，我不是说他～不还，而是说他盖了房子之后，更还不起啦，有字据管屁用哪，法院都不承认它！

☺ 错非：cuò fēi

除了，除非。

如，陈白银说："说实在的，现在盖房成风儿了，屁股大点儿院子，也要盖上两间，哪儿那么多好运让你碰啊！""得，看来跟你摘借是没想头儿了。他～跟他亲家借，可俗话说：亲戚不共财，共财两不来。哎，回头我劝劝他，甭看人家走运发财眼儿热。财发大发了，也不一定是好事儿……"

☺ 吃黑枣儿：chī hēi zǎor

挨枪子儿，枪毙。

如，建委老苟财发大发了，来了个无期徒刑，据说，差一点儿就～。这年头儿，钱，这玩意儿，莫泊桑说它是人类共同的娼妓，没她，不行；

多了,是祸害,差不离儿就得了,甭一说它就是韩信将兵……

☺ 菜了:cài·le

完了。

如,有人说,老苟就没在家吃过饭,成天家在外边撮,撮得肚子像个大篮球,不撮死才怪呢!人不可能总走字儿。这回老苟算是～,可是也有人说,瘦死的骆驼总比马大……

☺ 瓷实:cí·shi

1. 用夯砸地,把地夯实。

如,胖胖他爸,盖小厢房也得把地基夯～了,你叫他们多给夯儿遍。

2. 将东西压实,踩实。

如,还有,叫二胖儿帮你,把那麦子垛上边盖上塑料布压～ ,省得黑下刮风下雨再起来了。

3. 用来形容男孩身上的肌肉厚实、硬梆。

如,你瞧咱们小胖胖儿那胳膊腿儿上的肉,多～,他今年一年都长疯了!

☺ 刺挠:cì·nao

全身或身体某部位发痒。

如,"这两天身上犯～,该洗澡了。来,二胖儿,我后脊痊怪～的,过来,快给奶奶挠挠!""我给您个不求人(痒痒挠)吧?""那也凑合,你这小皮贼儿,我就支使不动你。"

☺ 踹斥:chuài·chi

本指用脚蹬开。比喻背后给人使坏,诋毁人,以败坏他人名声。

如,君君气不忿儿地说:那个小母狗眼儿是有名的夜叉,嘴啐儿臭,最爱～人,而李小混混儿又特阴 ,让她当先进,一则是她和她爷们儿给混混儿送去一箱水果，更主要的是混混儿要把单位搞乱，瞧陈二小的“好儿”，因此，必须把她当枪使……

与“踩兑”“出出”“臭斥”义近。

☺ 撺掇：cuān · duo

劝诱，从旁鼓动，怂恿他人按自己的意见去做。

如，●石君宝《胡秋戏妻》第三折，“你也不曾听杜宇，那里口口声声，撺掇先生不如归去。”杜宇就是杜鹃啊，人说杜鹃的啼声听来就像说“不如归去”。●鲁迅《呐喊·社戏》，“十几个别的少年也大悟立刻撺掇起来，说可以坐了这航船和我一同去。”

☺ 出血：chū // xiě

1. 特指（迫不得已）付出钱财。

如，有人就公开跟蔓蔓讨价还价说：哦，你又想让他早点儿出来，你又不肯多～，哪儿那么多便宜事呢？做梦呢你！

2. 吝啬。

如，蔓蔓说：“为了他，我能舍不得～吗？只是我手里只有十几万稿费，是真没有那么多钱啊！”那人说：“那十几万你以为我全揣起来呀？我连那个零头儿也落不下！我～少了达不到目的，白折腾！”

☺ 差劲儿：chà jìnr

1. 形容人心黑，素质低下。

如，吃山的人也忒～，他们知道蔓蔓已经迈进文艺圈儿，是个有油水可喝的人，诚心宰她！蔓蔓说：现今的文艺圈儿，有的亵语猥词的所谓作家、评论家，跟下半身干上了，那样的还能捞稿费呢，我不行。那种人～的主要原因就是人类共同的娼妓（金钱）给闹的！现在遇到事儿没那“娼妓”还真撅了短儿了……

2. 指物品之类质地低劣。

如，蔓蔓说，一年写八本儿小说，那样的所谓作品必然～不是明摆着的事吗？现在是只讲功利没有标准可言，为了名利，什么“新”都敢标，什么“异”都敢立，没法儿不～，可是人家都把“娼妓”弄到手了！

☺ 刺儿头：cìr tóu

1. 指原本平庸，只因有点儿背景，便处处总想拔尖儿，很是棘手的人。

如，省医院首次的评职工作难度特大，因为～都集中到那里了。让我看，～不一定都吃香，因为几个院长各有一套人马，暗中互相较劲儿，常拿对方的～开刀。

2. 也指刁难成癖，不好沾惹的人。

如，“石头儿，你可别碰那混蛋出尖儿的小嗝儿，他是院办有名的～！你说那样的～怎么搁在院办了呢？”“您知道什么，他姐夫是什么委的副主任，他姐姐又是区委书记的‘侄女’，谁敢惹呀……”

☺ 㼽：cèi

1. 指玻璃器皿或瓷器一类的被打碎或摔破。

如，小嗝儿的女朋友彻底跟他掰了，而和钨医生好起来了，他随后便一而再地在钨医生的帕萨特上做文章，仅后视镜就让他给拿板儿砖～了两次。

2. 也指把东西吃掉。

如，卢护士说，对不起，钨医生，你放在暖气片上那两块烤白薯让我给～了，明儿个我还你十斤生的……

3. 又指用砖头等硬物向某目标砍去。

如，小嗝儿说，早些时候的拆迁户，都发大了。现在的拆迁户都不行了。我们家和另外的七家嫌吃亏，硬是不搬，结果怎么样？嘿，半夜三更，有人从外边用大板儿砖“嗖嗖”地朝你屋里～，把睡在炕上的人快给吓死了！你找派出所，人家说，黑下半夜的，查不出来是谁干的。几天后，又让人给～了一通！你上哪儿说理去？没辙，我们八家一边儿搬，一边用话筒儿骂大街……

☺ 柴：chái

能力差，笨。

如，这个护士瓿起人家的烤白薯可不费劲儿，但她给幼儿打针可够～的，针头在孩子肉皮儿里来回扒楞，楞是找不到血管儿；孩子父母都不敢看了，之后找到护士长说：那个护士外表捯饬得倒挺美的，打起针怎么那么～啊，让孩子活遭罪！

与“次”义近。

☺ 成日家：chéng·ri·jia

经常，整天。

如，●《石头记》卷四九，“宝玉向袭人等笑道，你们成日家只说宝姐姐是绝色的人物，你们如今瞧见他这妹子，还有大嫂子的两个妹子，我竟形容不出来了。”

也说“成天家”“整天家”“成日”。

☺ 凑份子：còu // fèn·zi

1. 添麻烦，添乱。

如，乐乐母亲说，乐乐在外边包着一个广东妞儿，媳妇正吵闹要跟乐乐离婚呢，嗨，不料你这个东北妞儿又来找乐乐，我们先前又都不认识你，你说你这不是来～吗？不管你和乐乐什么关系，赶快走人吧你！别～了你，求求你啦，我们家够乱的啦！

2. 大伙集资（或出物）办事（一般为 AA 式），与“出份子”不同。

如，●《石头记》卷四三，“说到给凤姐办生日，贾母笑道，我想着咱们也学那小家子，大家凑份子，多少尽着这钱去办。”

大妈，我叫菁菁，我们是按传统做法，像贾老太说的那样大伙儿～办事的，不是像您说的那种来给你们家乱上加乱～。听广姐说她已和乐乐登记了，五一就办事儿，我们大伙～给广姐买了一台“爱夫”洗衣机，特意让我作代表给送来，送货的车马上就到，您怎么说乐乐还没离呢？这，这……这可坏醋了……

☺ 冲道：chòng · dào

形容青少年面对生疏的人或事，敢说敢道，无拘无束。

如，哎呀，丫丫真～。一天放学后，刚走出校门不远，丫丫见她们班两个男生被两个小子截住。她一听，是威胁要钱的，便说，不能给，我去报警！说着撒腿就往路边一个小卖部跑去。那两个小子见后便匆匆而去。小卖部的人说，丫丫比一些男孩子还～！

☺ 处窝子：chǔ wō · zi

指青少年内向，怕生人或不愿去做与生人有关的事。

如，"草刺儿，昨天在放学的路上有野小子劫你十块钱的事，待会儿你跟我到派出所去说明一下，给他们提供点儿线索。""我不去，您去吧。""你这孩子怎么这么～呀？你还草刺儿呢你？你看丫丫，比你还小两岁，张口叫人，见我就笑，面对生人一点也不～，多招人喜欢！"

☺ 吃嘴：chī // zuǐ

特指年轻人，尤其是女孩儿吃零食。

如，"荷花儿爱～，兜儿里老有零食，经常是一边走一边吃。自己挣的那三四千得有一半儿～了。""咳，爱～那算什么呢，只要长一副樊芮芮的脸蛋儿和梨民的身段儿，中国的比尔·盖茨抢着要她，爱～，撒开了吃！"

也说"吃零嘴""吃零食"。

☺ 车轱辘话：chē gū · lu huà

同样的事同样的话，来回絮叨。

如，教我们政治的那位新老师，一提到人剥削人，就是黄世仁、杨白劳，经常是～来回说，所以我们一见到他，就小声儿说：妈呀，看，残酷的人剥削人的旧社会！荷花儿在校时更得，她见了新先生竟然拍着他的肩膀儿说:"~,旧社会什么模样你见过吗?趸点儿新玩意儿也让我们开开窍儿吧你!要与时俱进吗。"

☺ 抽抽:chōu·chou

1. 一些瓜果、蔬菜因被风吹日晒而变得松软,表层有了皱纹。

如,我说老邱,这点茄子老卖不动都~了,你也忒死性了,给钱就卖吧!

2. 比喻有的上了年纪的人,身体变得有些萎缩矮小了。

如,"您好像比以前精神了。""我呀,就像车上的那蔫茄子,越活越~喽!"

3. 随着时间推移,一个人的思想言行反倒越发违情悖理,不如以前。

如,老邱叔,你说你怎么越活越~,花花都二十八啦,为了让闺女多给你挣几个钱,你不准她结婚,有你这样做爹的吗?

☺ 抽:chōu

1. 打。一种叫板行将打人的话。

如,"王胡,你身上又痒痒了是不是?我~你,你信不信?""甭跟他废话,~他个王癞胡!""瞧他那身腌不臜的,我怕脏了我的手……"

2. 打的动作。一般是指用手或绳索之类,用手时,抽打的部位多指脸部,用物时多指身上。

如,晚上,在大卖场前,大伙儿把惯偷王胡团团围住以后,群情激愤,齐声喊打。先有人~他一个大嘴巴,继之有人用皮带~他,把他~得直喊大爷、奶奶。稍后,警察来了,说:不许打人。就把他带走了。

3. 吸(烟、毒品或水之类)。

如,他光棍儿一条柗(音 tǎi,二三尺长的木棍儿),一个人吃饱全家都不饿……听说他还~大烟呢!

☺ 臭皮囊：chòu pí náng

皮囊，亦作“皮袋”，佛教用语，指人的躯壳。人的灵魂即是这“囊”中之物。因旧时信释道者厌恶人的肉体，以为其中藏有涕、痰、尿、粪等脏物，故前边冠之以“臭”。

如，●《西游记》二十三，“胜似在家贪血食，老来坠落臭皮囊。”

王胡不怕打，他经常惹事借助挨打来挣钱，整个一个～，不要脸的货！他有时身上挂块纸牌儿，上面写着：谁需要发泄胸中憋闷之气，请来骂我、打我，骂一次 10 元，打一次 30 元（请打我肉厚的地方，不能将本人打残，更不能致死）。署名：～王胡。

☺ 次：cì

1. 物品质地不好。

如，闹闹那天在前门给老太太买了几尺丝绸，让我给做了件中式小棉袄儿，谁知那种面料忒～，老太太没穿一个月就全麻挠了，敢情这年月老字号的货，也照样儿坑人！

2. 指人品差劲儿。

如，闹闹那天死说活说借我车去接他媳妇，嗨，你猜怎么着？原来他到八王坟哪儿趴活儿去了。这人头儿也忒～了，以后叫人怎么跟他来往呢！

3. 指人的能力差，成绩不好。

如，“我和闹闹成天在外面抓挠钱，还不是为了绿茵，可绿茵的学习太～，留了一级，还是上不去；长相又丑，想到以后，我真为她发愁……”“咳，愁什么，俗话说得好，有剩男没剩女嘛。”

☺ 吃心：chī // xīn

1. 上心，用心。特指对学习、工作等能主动投入精力，勤奋上进。

如，我那孙子让人省心，在学习上他自个儿特～，每天的作业都是在学校做完。回家后先是看看书报，上网是为了搜寻与学习有关的知识，很少玩网络游戏，更不会把时间消费在 BBS 上。他自个儿这么～，我们不发愁他考不上北大。

2. 疑心。

如，"哎，我说我孙子呢，根本没想到你们的绿茵，你说你～得着吗？真是的！""你当着矬人说短话，搁你你也得～，白活一大把岁数了你！"

☺ 臭显：chòu xiǎn

1. 在人前显示自己的特殊性。

如，江宛莉在顶极奢华派对场合出现，绝不是像有的人所说的她爱～，是人家具有方方面面的实力。

2. 当众显摆自己拥有与众不同的东西。

如，让我瞧，她即便～也无可非议，可是她不仅不那样做，而且她女儿江冷霜穿的用的也很普通，也从不在人前～什么。

☺ 趁：chèn

拥有钱财。

如，同学都说：江冷霜呀，人家～的主儿都用豪华轿车接送，你家怎么用捷达呢？她说：用捷达的主儿不见得就不～，捷达是城市牛仔呀！

☺ 抽疯：chōu // fēng

1. 指惹人反感，激人恼怒的行为。

如，"豆花儿，楼上噼噼啪啪的是干什么哪？""这您还听不出来，跳踢踏舞呢呗！""准又是笑脸儿那几个小玩儿闹～呢！等会儿再跳，找物业去，没有起码的住楼常识！""不是常识问题，是可悲的公德素质问题""爱～，有能耐买座别墅住，省得叫人不待见！"

2. 癫痫病(民间称羊角风)。

如，照这样折腾，笑脸儿妈非得～病不可，笑脸儿根本就不听她的话……

☺ 吃势：chī shì

1. 接受送礼，并得寸进尺的行为。

如，杨洋这人～，你别听他说得好，想请他办事不送礼根本没门儿！

2. 游手好闲，专门儿找有权、有钱者的把柄敲竹杠。

如，老蘑菇就像只绿豆蝇，专门儿盯住杨洋这类城镇干部，嗨，你别说，有点权势的还真不敢得罪他，都知道他专门儿～，所以接长不短的就得给他点儿好处，真是一物降一物！

☺ 菜：cài

多指学习、工作方面笨，不如人。

如，老蘑菇媳妇训她儿子："石头，怎么一考试，你总有两门不及格的，你怎么那么～呀你？人家都说你是～货，你不能争点儿气给他们瞧瞧？""瞧什么瞧，我爸小学都没毕业，他不～呀？现在混得连干部都不敢惹他，不也吃香的喝辣的！"

也常说"菜货"。与"柴"义同，与"次"有义近处。

☺ 车车连连：chē · che lián · lian

1. 形容谷物的穗儿大，谷粒儿饱满的动感状态。

如，看呐，那一个个红高粱穗儿沉甸甸的，风儿一吹，～的，真叫人赏心悦目！

2. 形容果树枝条上的果实成串儿的动感状态。

如，瞅，那桃儿挂成串儿，把树枝子压得～，今年的桃儿又结邪性啦！

3. 形容人挑(担)东西时扁担的动感状态。

如，你瞧，那两捆红高粱穗儿把大个儿的扁担压得～的——哇，大个儿挑挑子颤悠颤悠～的，走得好美呦！

☺ 差活：chà · huo

1. 错了，把不一致的当作一致的。

如，白婶儿说："卖鞋的，你给我的这双鞋，我回家一看，全都是右脚的，～啦！""大姐，～不要紧，给您换，又让您多跑一趟，对不起……"

2. 把东西分类错开了。

如，白婶儿买完海棠对那卖主儿说："你把海棠按个儿大小、好赖分成等儿，～着卖多好哇，像你这样爷爷、孙子放在一起，谁不挑那爷爷呢？你没吃过猪肉也没见过猪跑哇？头一回进城卖东西吧你？""瞧您说的，谁不知～着卖也是一种卖法，您是得了便宜还卖乖，我没跟您说不准挑爷爷吗？可您厚着脸儿硬是连抓带胡掳——好多爷爷也就连滚带爬都归了您了……"

☺ 抻：chēn

1. 领起，领头儿。

如，"你们都气不忿儿，净磨烦他搂足了，可又像孙子一样怕他，就是没人～头儿去告发他，都是天桥的把式！""你不知道，你越告他，他越红！"

2. 引申为有意拖延时间，使对方思考或着急。

如，"跟您说，早有人用话往深了点了他，谁傻呀，现在是先～一～他再说 。""那样～他对谁有利呀？""您别再往外嚷嚷，到时候有您好处不就完了吗？""那～了半天，谁知道你们敲他多少哇……"

3. 一种扯、拽东西的动作。

如，"大叔，您洗洗手，给我～着点儿，先帮我把床单儿的水拧拧。""刚才说的事儿到底怎么着哇？"

4. 将富有延展性的东西变长的动作。

如，我说您够急茬子的呀？先别急，等我和面，给您～面吃，等吃足了然后咱们爷儿俩边喝茶边聊，好吧？

☺ 穿一条裤子：chuān yī tiáo kù · zi

形容彼此交情深厚，关系特别亲密。

如，●老舍《茶馆》第二幕，老林：那个，你看，我们俩是把兄弟！老陈：对！把兄弟，两个人穿一条裤子的交情！

大叔，他们是干哥们儿，是一条绳儿上拴着的蚂蚱，伙～，你告发B就是告发A，不久，他本人就能知道是谁写的告发材料，您真够老帽儿的……所以，不如先敲山震虎，看看动响再说，如果他心里打扑通——咱们也得伙～，这样，怎么跟您交细底儿呢……

☺ 醋心：cù · xin

1. 比喻多心。

如，米爬山，小芸说她反胃，要吐，你～什么？回家考问小芸去吧！

2. 胃里犯酸。

如，爬山，我就是一阵儿阵儿～，你给我买点儿"胃必治"去。没别的事儿，甭听他们闲言碎语、瞎嚷嚷。

☺ 吵吵：chāo · chao

许多人乱说。

如，你甭听戚小君、施倩那几个人乱～，她们各怀鬼胎。再说，咱俩还没结婚，也谈不上给你戴绿帽子……

☺ 吹牛：chuī // níu

说大话。

如，小芸，不是我米爬山～，等到春上，我非给你买辆小东南或大西北坐坐不可，气气小君她们！

☺ **春上：** chūn shàng

春季。

如，得了吧你，就凭你倒腾大米，赚那几个子儿，在吃食上你能叫我感到满意就不赖了，还什么小东南、大西北呢！

☺ **吃食：** chī · shi

食物，吃的东西。

如，我昨儿个走过廊房烧鸡门前，往前走几步，又退回来，又……要不是闹禽流感，怕真倒霉，吃出娄子来，我就进去买上它一只了。在～上咱们比谁差呀，让施倩她们流哈喇子去吧！

☺ **眵目糊：** chī · mu hū

眼屎。

如，你别说了，大话流星，说得满眼～，怪熬头人的，离我远一点儿，别找我踹你一脚！

☺ **踹：** chuài

脚底向外蹬。

如，说着，小芸真就～他一下。米爬山一伸手，说句"哎哟嵗"，攥住了小芸的脚脖子。小芸有点儿急了说：撒手！以后你少在我跟前要你那所谓成本大套那一套的贫嘴！除了能蒙没心没肺、一时上当的女孩儿外，能顶饭吃吗？

☺ **成本大套：** chéng běn dà tào

比喻能说，一说就是一套（一系列）的。

如，哎呀，哪个做买卖的不练就一张嘴皮子嘛，遇到顾客～不～，总得让他把米买走，叫我把钱赚到手里，怎么不顶饭吃呢？买不了大西北，咱们就买辆小东南开开。你就等好呗！

☺ 踹坏：chuài // huài

使坏。

如，哎，对了，你别老在小君跟前～，弄得她们不辨真假，跟我不像以前那么亲近了……

☺ 吃了您：chī · le nín

这是个主谓倒装句。是相识的老北京人一见面儿相用的套语之一，用于饭后，有些讲究。

1. 饭后相见的套语。回话的一方不用同样的“吃了您”回话。

如，“呦，刚看出人来，沈爷，～？”“哎，吃了，出来遛遛您？”

2. 一见面，首先说话的可以在“您”后加“呐”。对方回话时一般不用同样问语回答，可说“吃了”“吃了您”或在“您”前加“呐”。

如，“呦，～呐？”“哎，～（或：哎，吃了呐您），又遛遛？今儿天儿可比昨儿暖和。”

3. 首先打招呼者有时在“您”前加“呐”，而回话者则说“吃了”“吃了您”或在“您”后加“呐”。一般不用同样问语回话。

如，“白爷，吃了呐您？”“啊，吃了（或：啊，吃了您呐），昨个儿怎么没瞧见您？”

☺ 草包：cǎo bāo

体积虽大，却没有重量。比喻人徒有其表，没有真本事真能耐。

如，厚主任小时念书是个大～，笨得像鸭子，有人常奚落他；如今人家牛，可不是唾面自干的人，现在还添了新时尚——舞迷。经常夜里有约。

☺ 茬口儿：chá kǒur

比喻关键时刻。

如，就在老厚刚一开车门儿往里一迈步的～，一只高跟儿鞋狠狠瓶在他的后脑勺儿上……接着，就听他媳妇声嘶力竭怒吼道：你还腆脸说你没外遇够呢！要不是我处在提干到市文明办的～上，老娘我也外遇去！

☺ 出出：chū · chu

1. 嘴碎，专爱在背后议论人，有意无意地搬弄是非。

如，歪毛儿的媳妇阿妙是上海人，他们是在网上认识的，结婚后歪毛儿才发现她是个碎嘴子，总爱在背后～人，接二连三给歪毛儿惹事。

2. 专指爱在头儿面前讲他人坏话。

如，阿妙在头儿面前～的目标儿有两个：一个是紫鹃，说她是从某杂志封面上走下来的，忒招摇；另一个是璀翠，说她走路时学走猫步儿，嘴里总哼哼"峥嵘岁月，何惧风流"。结果，被～的人约了两个男的在下班的路上，不但左右开弓给了她两个"玉还山"，还把她的一只高跟儿鞋扔到护城河里……

☺ 沉下脸儿：chén xià liǎnr

脸上流露出不高兴的神情。

如，你说这话糊涂到什么田地？其实，侵扰了谁的利益谁都会～的。会一散，马流和李友赶紧追到后台，不料洮西正给里志讲报酬，里志一见马流，便往椅子上扑腾一坐，立即～，黄脸蛋子煞为难看。马流自知来得不是时候，就赶忙找褶溜子说：哎呀，笔记本落在座位上了，老李，递给我……便溜开了……

☺ 串门儿：chuàn // ménr

闲了时到别人家去聊天儿。多指邻里之间闲时日常来往。

如，●《石头记》卷七七，"晴雯被撵出，住在他家，那媳妇哪里有心肠照管，吃了饭便自去串门子。"

她～有她不可公开的目的。马流和李友在前台转个圈儿，再回到后台时，那儿的交易已经完成。马流嬉皮笑脸说，今儿我就先不去里部长家啦，希望您抽空儿回老家～……洮西的机灵变儿也来得快，忙说：你们谈，你们谈，我去前台检查检查……

☺ 皴：cūn

1. 皮肤上的污垢。

如，“皮眼儿，你从来都是猫儿洗脸，总不洗脖子，瞧那脖颈子上的～有多厚啊，都能种庄稼啦！”“您真邪乎，那您想种点儿什么呢？种点儿老棒子？您要知道，那～是很好的保护层，冬天不怕冷，夏天不怕晒……”

2. 皮肤被冻裂。

如，还有，你的手～啦，从今儿起，每天用热水泡两回手，几天后你那手就不像鸡爪子啦，还想去北京打工呢，谁见你的手～得那样儿不咧嘴呀？

☺ 啐：cuì

1. 从嘴里用力往外吐痰吐唾液。

如，二狗坐在夏利副座上，一摇玻璃就朝外～了一口，正～在从后面赶上来的一辆大奔的挡风玻璃上，随后大奔的女司机别住他，让他给舔干净。他想要横儿，又一想，甭管公车还是私车，都是惹不起的，于是给人家用纸擦，擦拭不净，对方又要求他用衣裳擦，并说：不让你给洗车已便宜了你，随便往出～，你什么素质你！

2. 指用唾沫喷向人的脸部的行为。常为泼辣妇女发泄气恼时所为。个别男性有时也用啐唾液行为表示辱骂等不满心态。

如，●《石头记》卷六八，“尤氏见凤姐气色不善，忙说什么事情这样忙。凤姐照脸一口唾沫，啐道，你尤家的丫头没人要了，偷着只往贾家送！”

不知二狗什么时候也学了凤姐这一套，等大奔启动后，二狗朝大奔恶狠狠～了一口，说：呸！一个小娘儿们！张狂什么呀你，什么时候再撞上二爷，爷我非往你小嘴里～上两口不可！也让你尝尝二爷的艾滋香！你看这二狗真是没素质。

☺ 呲对：cī · dui

以不满的心态用话训人。一般用于长对幼，上对下，尊对卑。

如，开车的大狗～他两句，说他说话没起色。二狗不服，也～起他哥，说，你不刚开辆夏利吗，等你开上宝马在～我吧！

与“呲儿”义近。

☺ 出尖儿：chū // jiānr

1. 出众，拔尖儿。

如，●宋，《陈亮集》十八《谢赵同知启》，“出尖儿之才，百端并用。”

2. 硬要显示自己而出风头。含贬义。

如，●《水浒传》三七，不知哪里走一个囚徒来，那厮做好汉出尖儿把五两银子赏他，减俺揭阳镇上威风！

3. 指某些东西在器具里高出器具的平面。

如，“喂，伙计，你把饭盛的～，叫俺怎的下筷子？把俺当成饭桶啦？”“官人，如今都涨钱了，一小碗儿米饭三块啦，盛～了是规定。”“哼，～不～都没啥，你不是称俺是官员了吗？这酒店档次够高的，得有服务的吧？嗯……”

与“拔尖儿”义近。

☺ 抽冷子：chōu lěng · zi

冷不丁儿，突然间。

如，“二蔫子，你先给你姐打个电话，不然你～去了东晓市，怕她不在那里。”“不，老妈，我怀疑她们俩抽白面儿，我就要～去，没准儿能逮着呢！”“胡说什么你，～逮谁你？她是你姐，整个一个二娄你！”

☺ 叉皮儿：chǎ pír

1. 听错了，以致造成差错。

如，姐，你听～了。我说的是去东晓市，你听成东桃市了，弄拧了。

2. 虽说有约在先，但阴错阳差，走的不是一条道儿。

如，“咳，别提了，我们两个走～了，我说从轿子胡同迎她去的，谁知她从烂漫胡同来了。”“咳，我说你们怎么没碰上呢？原来弄～了。”

☺ 脆生：cuì · sheng

1. 指短促而焦亮的响声。

如，俩手一掰，喀巴一声就开了，你听这香瓜儿的声音多～，这才是地地道道的兔儿白呢！

2. 嚼在嘴里感觉很脆，多指某些水果等食物。

如，“听声儿脆生还不算，你搁在嘴里一嚼怎样？”“既～又甜！”“得，保你永远会记住什么叫兔儿白了！”“得了吧，论～，我瞅不如莲雾！”

☺ 吃货：chī huò

形容没本事的人。含贬义。

如，你少跟我摆划什么兔儿白猫儿黑的，它再脆再甜，也得用钱买，你有什么真的呀？你无非是个～，莲雾是脆生，你望莲垂涎吧你！

☺ 成水：chéng shuǐ

主要指人的本领、品质。

如，“老妈，是卖甜瓜的表演让我尝的呀，我腰里一个子儿都没有，怎么让您开眼界啊！”“还说呢，没～的东西，古人说的嗟来之食你也吃呀，活现眼吧你！”

☺ 寸：cùn

巧，赶巧，凑巧。

如，“那天岭南骑车骑到德外小关儿那块儿，对面来了一辆大货，碾起一个石子儿，正好崩在他脑门儿上，给崩了一个包，你说多～呢！这要崩在眼睛上呢？”“还说呢，～事儿都让他们家赶上啦。昨天夜里，小偷儿爬进他们院子，小贼儿蹬着炉子把纱窗的一角儿撕开，正往大了撕呢。岭南突然醒了，一睁眼就看见那小贼儿，说时迟那时快，岭南大喊一声：‘大胆，蟊贼！’一扽灯绳，那贼才跑了。你说～不～？假如他晚醒十几秒钟，那小贼儿就跷腿进去啦……”

☺ 擦黑儿：cā hēir

天将要黑时。

如，事后，有人说，天～时，有个生人在他家门口来回转游，八成就是那小子事先踩道儿呢！

☺ 刺眼：cì yǎn

1. 衣饰打扮醒目。

如，麦莎那叫时尚：身上穿的或粉红或粉蓝相间的姹紫嫣红，配饰大手镯、宽腰带；上下班时，还特意将她那粉色印花银链拎包放在靠近挡风玻璃处，多～啊，照她这样臭显，早晚有一天会遭歹人暗算……

2. 光线过强，使人难睁眼。

如，中午太阳毒得～，可是麦莎并不感到～，她戴着大塑胶款式太阳镜，颜色或紫色或深黄或茄子紫或鲜红……人家的脸部就是时尚潮流的指标，不过，她照这样捯饬下去，也忒悬，我瞅还是不～不招人的好，安生啊……

☺ 吃主儿：chī zhǔr

1. 指能吃，饭量大的人。

如，郝毫可是个～，他一个人能吃半桌席，简直是个饭桶，谁家办喜事遇上几个这样的～，甭想赚钱。

2. 讲究吃又会吃的人。

如，他不但能吃，还很讲究吃，什么吃烤羊肉要去什刹海啦，吃爆肚儿要去天桥儿，吃炒肝儿应去鲜鱼口儿……别说，人家真算得上是～！

☺ 差样儿：chà // yàngr

1. 因病或身份不同，所吃与其他成员不同。

如，老郝在家里还常摆谱儿，隔三岔五还就得吃点～，吃不成就往外头蹽。

2. 物品不同类。

如，一次，老郝去"只一处"吃灌汤儿包子，他没要～的，谁知一屉之中竟有两个～的。他叫来服务员，又找来经理，问："吃出～的这怎么算？"经理一看他是京油子，忙说："算您白吃呗！"他一瞪眼说："我吃遍九城也没吃出过～，就你这儿，真是名副其实的'只一处'啊！"老郝心里其实是想借机蹭两屉拿回去给老伴儿吃……经理一瞧这老家伙还没完没了，心里一琢磨，说："去把这面点师叫来。"那厨子来了一瞅，说："呦歪，是大爷您呐，在家里我大妈不是净给您做～的吃吗？您吃的这屉～的是我的活儿，您还不包涵我呀……"老郝说："哎呀，这还说什么呐说，再～也没说的啦，经理，你，你可不能再呲儿他，更不能扣他奖金，他是我对门儿的三子呀，我们爷儿俩没的说……"

☺ 蹭：cèng

1. 抹，擦刮。

如，小陈现在在一家饭馆儿打工，干得还挺带劲儿，有时在门外你都能听见他在里边喊："哎，借光啦您呐，别～身油喽！"

2. 指白吃白喝一类的行为。

如，饭馆儿的生意还不错，老板对他挺欣赏的，他媳妇常借故找他，免不了在那儿～顿吃喝什么的。

☺ 吃不了兜着走：chī bù liǎo dōu · zhe zǒu

比喻出了事、惹了祸，会受到难以承受的惩罚。

如，●《石头记》五九，"众人笑道，你当是哪个平姑娘？是二奶奶屋里的平儿姑娘！他有情说你两句，他一翻脸，嫂子你吃不了兜着走！"

这样接长不短儿去蹭，一次，小陈就跟他媳妇说：你得搂着点儿，这老板跟他老婆正闹离婚呢，他狗屄脾气上来，我回头～啦！

☺ 吃素的：chī sù · de

1. 在言行表现上懦弱。

如，小樱儿不随她妈。一次，一个和她一样大的女孩截住她，往她身上啐唾沫，她哭着回了家，她妈一听，火儿啦，说："是谁家的小崽子，你的手就是～的？立马儿就该扇她一个大嘴巴，要么就该往她脸上啐，怎么你一点儿也不随我呀，屄包啊你！"

2. 该说的不说，该做的不做。

如，小樱儿哥说，"我知道，是那个老把车堵道儿的警察的闺女。""啊？你看见了你不管，你是～？回头我找她丫去！她总堵道儿，常听有人骂她缺德！"

☺ 矬：cuó

1. 形容人的个头儿矮小。

如，柳易说：花院管招聘的李三妃个儿～，一个小～人儿，已知天命了，还浓墨重彩地画眼描眉，紧追流水落花不放，我看她爷们儿够呛！

2. 比喻因人品不好，或心中有愧，在人群中，自惭形象矮小。

如，他说，在德胜门等车时，三妞拽他去公厕，他没去。他说，这娘儿们也忒那个了，你那样，虽说这年头儿，你就不觉得～人一头？只顾你心里得(děi)劲儿，你爷们儿就不是个醋罐子？

☺ 醋罐子：cù guàn · zi

比喻嫌丈夫(或妻子)对自己不忠而恼怒。

如，●《石头记》卷二一，"贾琏跟平儿动情求欢未成，贾琏迁怒凤姐，气急败坏道，你不用怕他，等我性子上来，把这醋罐子打个稀烂，他才认得我呢！"

与"吃醋"义近。

☺ 出门子：chū // mén · zi

特指女子出嫁。

如，"今儿个邻家二丫～，你没去出份子？""去啦，给一张，吃顿面条儿。"

☺ 出份子：chū // fèn · zi

谁家有了红白喜事，为表示友好而按时到场，并按习俗送钱物。

如，"可不是嘛，我这阵子光～就已花出去了十几张儿了，亲戚多了花费大，也真够呛！""谁说不是，现在什么都涨钱，～钱也一个劲儿往上着窜，三十五十早拿不出手了……"

☺ 憷：chù

1. 遇事怕办不成，缩头缩脑。

如，因房子小，我想在窗前搭间小屋，让小二去跟居委会说一下，他发～不愿去。

2. 不敢出头接触。

如，是，居委会那个秃头可丧帮子啦，谁要有事找他都～他一头。

我老头儿不是～他，而是把他看成臭狗屎，不屑一顾，居委会就是服务，你神气什么呀！

揣手儿：chuāi // shǒur

1. 因天冷或习惯，把手交错插进袖口。

如，“如今的衣服都讲究紧身儿，越是箍在身上越显出动物性，冬天天儿再冷，也不会见到～的了。”“你说的片面，现在冬天没有～的，是人穿的虽然薄，但暖和。”

2. 闲置两只手，比喻什么事情都不管。

如，你瞧那个敞着怀的矬子，肥贼大胖的，在家准是个～掌柜的。

迟累：chí lèi

1. 包袱，负担。

如，你算猜对了，他跟她妹妹说：“你带着外甥女儿嫁人，孩子对你是个～，你干脆把杏儿放我这儿，你就说你还是个处女儿，等你再生一个你再说你还有一个。”“得啦，还处女呢，如今只能蒙傻子……”

2. 拖累。

如，她妹妹说：谁像你那么木头哇，人家能不知道我生过吗？再说，把杏儿放你这儿，不～你吗？矬子媳妇忙接茬儿说：我也快生了啊，杏儿离得开她妈吗？你就会瞎扯淡！

口语中“吃”读二声。

扯淡：chě dàn

所言无意义，引申无聊、没意思、胡说，谩骂语。一般在“扯淡”前加“瞎”或“闲”字。

如，●记振伦《三桂联芳记征途》，“思量做这官儿真个叫作扯淡，一连饿了三日，不尝半口汤饭。”

小沉子说，世上就没有挨饿的官儿。说过去有的官儿挨饿也是瞎～，如今更得。我小兄弟开了个什么通天公司，每逢过年过节要去拜谒管他的官儿不算，还常接到电话说，你给我送个鸭儿梨来，苹果更好。有的打电话说，你跟我到南方饭店去一趟，我想办个用餐卡。有的则说，咱们该出去玩儿几天啦……我小兄弟回家就骂一通：都是什么东西，无吏不腐！但在外边，他好像是显摆，说：后儿跟市里几个头儿去海南岛散散心……有人就说，他这不是闲～，是会做生意，是一种艺术……

☺ 冲：chòng

1. 面对着。

如，那人老～着我笑眯眯的，笑什么呀你笑，瞧你那傻揍性样儿！

2. 凭借。

如，就～他老对我傻乐，不定安什么坏心眼儿呢，臭癞蛤蟆！

3. 有劲儿，不惜力。

如，有人告诉我，说他是大卖场的搬运工，姓孙，干起活来特～，经理很欣赏他，就是还没结婚……

4. 气味儿浓烈。

如，他晚上一下班，还在大排档边儿上烤羊肉串儿，那味儿那叫～，呛死人！

5. 风力大。

如，风不～时，他就用芭蕉扇猛扇，扇得挨着他摊位的人猛咳嗽……

6. 看，看在……上。

如，一天晚上城管的来了，让他收摊儿，说，要不是～你老板的面儿，今儿个就给你全端了……

☺ 冲：chōng

1. 赶走，驱散。

如，隔几天，晚上他又把摊位摆出来了，并放了两挂鞭炮，说是～～晦气！

2. 指被水一时淹没或被大水携带而去。

如，有人怜悯他，问他为什么这么玩儿命地想法儿挣钱，他说，家乡人都说今年天怒，预感今年灾难多。我妈说，争取八月让我结婚，冲冲喜，谁知我还没挣够数儿，房子就都让大水给～跑了……

☺ 冲喜：chōng xǐ

旧时说法，在即将发生凶事时举办喜事，借办喜事冲破不祥。

如，●《石头记》卷九六，"袭人得知贾母等要人已决定给宝玉娶宝钗，心想：若是如今和他说要娶宝姑娘，就把林姑娘丢开，除非是他人事不知还可，若稍明白些，只怕不但不能冲喜，竟是催命了，我再不把话说明，那不是一害三个人了么？对呀，谁是催命鬼呢？凤姐呀，她是揣着明白装糊涂！"

☺ 揣着明白装糊涂：chuāi · zhe míng · ba zhuāng hú · tu

心里十分明白，表面儿上装傻，好像什么都不明白，糊里糊涂。

如，凤姐猴儿精，她早就不待见黛玉了。这回她是～，一下子把黛玉给揍了，其实，她何止揍一个人呢！

☺ 陈谷烂芝麻：chén gǔ làn zhī · ma

比喻往昔的旧事陈账。

如，●《石头记》卷四五，"赖嬷嬷听了笑道，可是我糊涂了，正经说的话俱不说，但说陈谷烂芝麻的。"

我说王妈，时至今日，几十年前的～，您还提它干什么呐？真是的！

☺ 掺和：chān · huo

1. 参与。

如，菲菲她妈，赖家的事咱们说不清，你少跟着瞎～，躲远远儿的，别打不成狐狸弄一身臊！

2. 将不同类或同类的好赖、大小掺杂在一起。

如，咱掺和别人家务事干什么呀，我是说她应该劝她儿子别把狗肉和羊肉～着穿串儿烤着卖……

☺ 串秧儿：chuàn // yāngr

1. 不同品种的动、植物杂交后所产生的新品类。

如，我种的三白瓜，每年都卖好价钱。今年小标子在紧靠我的瓜地边上种了一溜儿打瓜(一种形态像西瓜，不真甜，只用来生产瓜子儿的瓜)，得，玩儿完，使我的三白瓜都～了，一下毁了我啦，你说他多损呐！我把你们家孩子扔井里啦，啊？

2. 称混血儿或混血儿的人。骂语。

如，小标子妈是乌克兰人，他是～，他懂得～的道理，他闺女早晚让刚果人给搂摸了，给他生个～外孙女，叫他玩儿阴的！

☺ 凑：còu

1. 靠，靠近。

如，我说大家往前～～，别净往后挤呀！前边座位都空着呢，怎么回事呢，每次开会怎么总是这个样儿！而每当发钱领补贴时，你们都伸着脖子往前～！

2. 人集中。

如，咱们单位人不少，如果～齐了，足有二百号人，我现在就说个事儿。

3. 聚集钱物。

如，这次向灾区捐助，完全出于自愿，钱物不限，我们干部要捐钱。你们没看昨日县上林书记捐款，是好儿张红色的。我们也捐红的，多少不限，能者多劳，多～点儿，灾区人民挺苦的……

☺ 戳：chuō

1. 站，立。

如，几年不见，这张三儿长得可真不善，～在那儿真像个汉子了嘿！

2. 高，个头儿高。

如，"看他那～个儿，还挺够派的。""哎，其实你们不知道他的底细，他去国外打工什么都干，我要说了，你们都得不敢挨近他……"

3. 把东西立起。

如，张三吩咐：你们把大米、面粉袋儿都靠后墙～起来放。

4. 印章。

如，把"小站米""古船面粉"的印～子朝外，油桶放后边。该显摆的就得显摆显摆。

5. 用手指或细长物杵。

如，要用事实说明，我张三开饭馆儿，米面油盐都是名牌儿，绝不糊弄顾客、黑人，不能叫人～我张三的脊梁骨！工商城管的来了得叫他说咱呱呱叫！

☺ 踩兑：cǎi · duì

用言行挤压、诋毁(令人感受到威压与不安)。

如，一天，隔壁的西秦饭馆老板站在门口对张三说："嗨，我说三儿老板，你的口头儿宣传报道也得讲点儿分寸，你对我就差指名点姓了，干吗这么～我啊！都是为了赚几个钱嘛，喝西北风儿的事你干吗？"张三说："你少骚情，谁～你啦？咱们风马牛不相扰，纯粹是胡扯！找搏呐你？"

☺ 吹：chuī

1. 传，比喻传说。

如，●《石头记》卷三四，"宝玉挨了打，宝钗关切劝慰，嘱咐袭人，你只劝他好生静养，别胡思乱想的就好。要想什么吃的玩的，悄悄地往我那里去取了……倘或吹到老爷的耳内……终是要吃亏的。"

2. 夸夸其谈。

如，你先别～你儿子多么懂事，他爱看黄的，你视而不见，到时候他下了水，你还满眼眵目糊呢！

3. 算了(事情、友情未成或关系破裂)。

如，我一再劝你，你反倒恼恨我，得，～了啊，这事儿到今天算是拉～，往后，我要再多嘴儿，我爬着走！

☺ 吃紧：chī // jǐn

1. 钱物拮据贫乏。

如，1941 年春夏华北大旱，大田庄稼颗粒无收，政府财政部门说财力～，无力赈灾，不少老弱病残死于饥荒……

2. 军事、政治、社会局面紧张。

如，这年春夏，中国人勒紧了裤腰带，同仇敌忾，前赴后继，奋勇打杀倭寇，食肉寝皮而不解心头之恨，对于充当汉奸的走狗同样恨之入骨，中国人民打击日寇的战事也进入～阶段。

☺ 村：cūn

用不客气的话语使人难堪，甚至令人无奈而灰溜溜地离开现场。

如，●《石头记》卷六三，"晴雯给了宝玉几句。袭人笑说宝玉，你这个人一天不捱他两句硬话村你，你再过不去。晴雯笑道，你如今也学坏了，专会调三窝四。咳，管她袭人挑拨不挑拨干什么呢，该村就得村。"

"一天中午，高棒子叫甲长来给他传信儿，说要吃炖鸡肉。结果，我那口子愣把甲长给～出去了！俗话说，骂贫不骂娼，骂女不骂男。他硬拉下脸儿～一个当街当块的大老爷们儿，有一门！""你也是的，怎么绕不过弯儿呢？让我瞧，他向着汉奸，给小日本干事，～他还是好的呢，应该给他来个鸳鸯脚尝尝！"

☺ 抄：chāo

1. 用手或网之类的工具捞东西。

如，黑下下场大雪，天蒙蒙亮，二黑沿水库遛弯儿，见库边儿有个冰窟窿，走上前一看，嚯，好多鱼嘴儿朝上，不动窝儿，他立马儿蹲下用手～上两条，就赶忙跑回家，拿个～鱼虫儿的网，又～了八条，主要是鲫鱼和鲤鱼。

2. 拿起、拾起（家伙）。

如，老疙瘩说，不行，得找他分几条去，那是我头天晚上用冰镩凿的冰窟窿啊，因为我知道黑下一下雪，鱼要找亮嗖的地方，不想我睡过㗒了，让他逮个便宜……说着，他～起冰镩子就去找二黑……

3. 将生的蔬菜类（或活物）放进热水（多为开水）里烫一烫，然后捞出来。

如，他一进院儿，就听二黑支使他媳妇说："回头你把那小虾米～一～，不然都死了，～了放在外边晒着……"他媳妇说："～什么呢，倒在干锅里爇爇完事了。"

☺ 传舌：chuán // shé

特指传说闲言碎语（常引发出是非）。

如，谁想老疙瘩非要六条不可，二黑媳妇说："干脆你都给他吧，你不怕他媳妇黑丫儿在外面给你～呀，找什么闲气生啊你？几条破鱼值当怄气的吗？"

☺ 臭斥：chòu · chi

捕风捉影，背后议论人，败坏人的名声。

如，二黑说，黑丫儿～别人可以，～我，谁信呢！怕她那张臭嘴还有完啦，真是的你，也忒怕事儿啦！

☺ 汆儿了：cuānr・le

1. 指发火了，急了。

如，二黑媳妇为躲闲气，跟老疙瘩说："疙瘩哥，你把这十条都拿走吧……"二黑一听，马上～，呲对他媳妇："你放什么屁？一边儿去！"

2. 指话语说崩了。

如，二黑把老疙瘩拉到一边儿，跟他掰扯道理，不想三句话过去，双方便都～，接着就骂起来了……但骂归骂，再～，老疙瘩也不敢先动手，他知道二黑练过脚拳，尽管是二把刀……

☺ 抄上了：chāo shàng・le

多指遇上了与钱财相关的好事。

如，余三在马路上遛弯儿，一个拄着拐棍儿的老头儿突然在他前边摇晃着身子倒下了，他赶忙上前把老头儿扶起送到医院……老人原是心脏不好导致的，是山西人，儿子是有名儿的在车展上连车模儿都一块儿买走的煤老板。煤老板知道信儿赶来，了解到余三只有一间小平房，没职业又没媳妇儿，便给他一百万让他买套房。知道的人都议论说，余三的好事可没白做，这回可真～，媳妇也不愁了……

☺ 臭料：chòu liào

称道被鄙弃的人。

如，有人说：咳，余三那块～还真走红运，消息一经传出，立马儿有个自称是陕西扶风天度的女人找上门来，说：有人眼气，张口闭口称你～，我呢，名号杨香料，是历史上名妃杨家的后裔，我可是落花有意……余三说：我……我怕你蒙我点儿钱溜了啊！香料说：你真是个二傻，要不人称你～！从明儿起，咱俩先试婚十天，看你的表现怎么样，没准儿我还不同意呢，小样儿你……

☺ 捶：chuí

指攥紧拳头打人的动作。

如，余三说："嚯，真没想到你这山里人这么开放……"香料说："谁是山里人呐？找我～你呐是不是？""咱俩，咳，你爱～就～，就您那小拳头儿，还当锤子～人呢，哈，别逗了，回头我给你个真锤子……"香料说："啊？你胡说啥嘛，锤子在我家乡指的是啥你知道吗？二杆子你……"

☺ 扯臊：chě // sào

为遮羞或掩饰缺失而瞎说胡扯。

如，余三解释说："锤子就是用来砸东西的嘛……"香料说："就～吧你，到时候再告诉你……"鲨鱼说："那肯定是方言的冲突了……"

☺ 糙：cāo

1. 指稻谷类碾得不细。

如，"呦，余儿，你从哪儿买的这米呀，怎么这么～哇？也就刚把外皮儿秃露掉。"余三说，人家说这样的～米才有营养呢！

2. 物类外表粗糙。

如，香料说："让我来投米吧，瞧你那手多～，你那手一粘我，我就跟碰到锯齿一样，真扎得哄！"余三说："瞧你说得多邪乎，那你浑身还不净是伤啊？"

3. 比喻说话不讲究，太直露。

如，香料说："怎么样，现在还担心我卷铺盖吗？不过，你在外边别把咱俩的事说得忒～了，不怕人家笑话咱俩太那个？""咳，两口子了，怕什么，俗话说，话～理不～么！"

☺ 茨裸茨裸：cī · luo cī · luo

1. 把东西放在屋外，让风将其吹干松。

如，“白云，你把热天儿不穿的衣裳拿到外面晾晾，今儿个是六月六，这是晾衣裳的日子。你知道吗？早年间有‘七月七日咸以竿挂大布犊鼻于庭’。咱们也不能例外呀，趁小风儿冲、遛嗖，让小风儿～，～干松了放点儿卫生球儿收起来。”白云说：“那是早年的规定，不同的地儿有不同的习俗。犊鼻是什么呢？就是如今所说的围裙，围裙用得着～吗？”

2. 将物类放在外面，让太阳把它晒干松。

如，“嗯，今儿敢情是好日子，老爷儿（太阳）又毒，你把柜子里的被子抱到楼下，栓根儿绳子～。你是快出门子的人啦，怎么心里没活儿呢！”“我说您呐，晒不说晒，非得说什么～；出嫁不说结婚，非得说什么出门子，这要不是北京人谁懂得您的话呀？”“哎，这才叫北京土话呢嘛！”

D

☺ 打着他的牌：dǎ·zhe tā·de pái

即把……计算在内，算着……的份儿。

如，到现在，来了二十一个人，还照开三桌。老混子怎么没来呢？我原本～呢，不等了，开席，他只不定上哪儿打油飞去了呢！

"打着"后边，"牌"前边，一般为"他、你、您，他的、你的、您的"等。如，吃喝完毕，我给阿宽拿出两瓶牛栏山。他说，回民不喝酒。我说，你不喝就送人呗，我从北京动身前就打着你的牌，现在按计划送出。

"打着"之后也可是人名儿。如，原来就打着老混子的牌，所以，他今天没到场，也得给他留下两瓶儿。

表示否定之意时，则在"打着他的牌"前，加"没"或"不"等。如，唐宋问我，你还有牛栏山吗？焦仲卿需要两瓶儿。我说，没啦，原来就没打着他的牌嘛！

☺ 打油飞：dǎ yóu fēi

到处闲走、闲逛。

如，"老混子整天价没时闲，东一趟西一趟地～，好像他老有事儿，穷忙活，这会儿，说不定又去哪儿～呢？""打他手机了吗？""打啦，他出去～常关机，怕费电。"

☺ 当家子：dàng jiā·zi

1. 同一宗族的。

如，我和老混子是～。我叫老叶，他叫老野。他爷闲"野"字不好听,说叫老“稳”好。长大后,因他的言行没谱儿,东跑西颠的,一来二去,“混子”一名就叫开了。他瞅上娄月季之后,常说差一点儿就是～。月季说,什么～不～的,谁有饭谁吃!

2. 出门在外,常用以指同一姓氏的,以表示彼此关系亲近些。

如,月季根本瞧不上他。一次,在九九加吃饭,碰上一个叫老秀美的女服务员。他跟人家套近乎,说碰上一个～真凑巧,是缘分,要人家手机号,愿今后经常往来。老秀美说,我们董事长也姓老,叫老闺秀,也是你～,你去跟她套套磁,看你这盘儿宫保鸡丁少收十块行不行?

☺ 得亏:dě kuī

幸亏,多亏。

如,混子腰里有俩钱儿,有时还去吃饭馆儿,人说,～混子有个知识分子爹,否则,他在外边打油飞瞎胡混,早就饿干巴儿了。

☺ 吊儿郎当:diào · er lāng dāng

指仪容不整、言行不靠谱儿的行为表现。

如,他爸说,混子小时候,他妈有病,我忙于工作,对他疏于管教,是我之过。现在虽说他～瞎混,幸好他没做出轨的事儿,赶快给他找个媳妇过日子,我也就省心了。

☺ 德行:dé · xing

近似骂语。表示瞧不起或反感某人的仪容、言行、作风等。

如,焦一郎特别反感他的大侄女焦娇,一见她,就说,你瞧她那～货,要才无才要德缺德,文凭原来是混来的。有人说,你一听她说话的语声儿,就能判断出她的～样儿,二娄一个!

☺ 逗乐儿:dòu // lèr

引人发笑。

如,因为她说话声音有点儿“二”,所以有人一闷得慌,就逗她,目的是～，而她，还以为自个儿人缘儿不赖呢！

与"逗笑儿"同义。

☺ 动换：dòng huàn

即挪动挪动。

如，她没眼力见儿，一到她大爷那儿，就坐在电脑那儿不动窝儿。她大爷烦她，但又不愿意搭理她。就说卧在门口儿的狗：你～～，别卧在这儿死不～，你瞧我多待见你呢！

☺ 兜圈子：dōu quān · zi

绕圈子。

如，一次，她大妈跟她大爷叨咕，仲郎怎么养活这么一个二拉吧唧的，你瞅吧，过不了一年，那男的非得把她蹬了不可。咱们看在仲郎面儿上，说话还得常跟她～，她没皮没脸，也不觉照……

☺ 打水漂儿：dǎ shuǐ piāor

白白付出，没有回报。

如，她大爷说："我一直瞒着你，她结婚时我还给她一整儿万呢！""嘿，你真行，多余，这一整儿万还不是～？她爸知道吗？回头我得跟她妈念叨念叨……"

☺ 点卯：diǎn // mǎo

旧时官府在卯时（早上五点到七点）查点到班人员，故称"点卯"。今称到单位报个到、打个照面儿（算上班了），然后就走人为"点卯"。

如，曲五20世纪70年代在饲料场办公室上班，因经常吊儿郎当～就走人，场里多次警告他，他都当作耳边风，后来就被开除了。

点卯，口语中常说"点点卯"或"点个卯"，上例即属此。

☺ 端了：duān · le

抄了，干掉了。

如，曲五随后开了个茶馆儿，实际上是个赌场，经常通宵达旦地干，二门子外边臊气巴拉，街坊都有意见，最后让公安局给～。他又去央个饲料厂厂长，厂长便推来推去对付他……

☺ 打漂儿：dǎ piāor

指无职无业在社会上闲逛。

如，后来曲五早清儿在门口儿炸油饼儿卖，一次，炉灶塌了，油锅洒了，差点儿惹出大事。之后，他便到处～，再后来就干起偷鸡摸狗、拈花惹草的事……

☺ 打磕呗儿：dǎ // kē · beir

说话闪烁、含糊。

如，曲五面对说他弄俩钱儿就去喂鸡的事，往往～，犹抱琵琶半遮面。一些人就常拿"丢身子"跟他逗闷子玩儿……

☺ 得过儿：dé guòr

常用在动词之后，表示合算、满意。

如，这元宵有白糖的、五仁的、黑芝麻的、山楂儿的……得有十来种，十三块八一斤，真吃～，我还想再买二斤。

☺ 地道：dì dào

1. 真正有名儿的厂家、产地生产的东西。

如，"你说吃得过儿，多新鲜呢，那是稻香村的～食品，皮儿薄大馅儿，名牌儿货嘛。你没看上边的牌子吗？""哦，不过，我一直认为稻香村的东西太贵。再有，如今的假李魁也忒多，怎么能到处都是稻香村呢！"

2. 合于标准的。

如，人家在配料方面非常～，这一关把得特别严。像六必居的酱菜，假李魁的就做不出那种～的纯正味儿。

3. 常用于否定式。表示否定时，常指人的行为令人厌恶、恼怒。

如，李斗这小子真不怕挨骂，忒不～，每年一过年，就打着稻香村的牌子做元宵，那元宵皮厚馅儿少，吃上几个就让你感到腻了，再不想吃了……

☺ 地地道道：dì dì dào dào

有进一步强调名产品和合于标准的意思。

如，这盒糕点是我刚从店里包好的，是～稻香村的，绝不是"旅行"到您这儿的。您打开吃您的，别把它再送给人去旅行了。旅来旅去，不定旅到谁家把它扔掉就可惜了了！

☺ 倒：dǎo

1. 卖，倒买倒卖。

如，●《儒林外史》五二，毛二胡子道：小儿寄信来说，我东头街上谈家当铺折了本，要倒与人。

咳，开买卖不赚钱，自然要赶紧～出去。小儿说当铺～出去不合算，就去新发地趸水果，用那当铺开了个水果店。小儿也是，有俩钱儿就捣腾！

2. 来回移动，更换。

如，●元曲选《桃花女》三，"你只管里把这两领席倒来倒去，是甚么主意？""什么主意？还不是为了赚俩钱！"

☺ 顶事儿：dǐng // shìr

管事，起作用。

如，你这丫头，说得赶什么时尚，说什么细腰细腿，像蚼蛎似的才有男的爱，爱你一身骨头架子呀，为减肥，天天净吃黄瓜、西红柿、青菜，还在脸上贴黄瓜片儿，那～吗？如果不～，回头再吃出个病病歪歪的林妹妹来，我可不是贾老太太，我没有那种闲钱给你瞧病！

☺ 得：děi

1. 必须，应该。

如，不管您怎么说，我也～跟着新潮走，您就不懂什么叫酷！

2. 舒服。

如，我走在大街上，每当有的男人冲着我逗咳嗽，喊："哎，姐们儿，够酷的哈……"哎哟我的妈，甭提我心里多～了呀，～得我像扶摇直上九霄，晕晕乎乎。

☺ 打嗙儿：dǎ bēnr

用语言交际时，表示话语一时停顿。常用于否定式。

如，"我当时也质疑，可那个大夫没～，就给我猛解释一通，并说，他是在法国取得的博士学位，是减肥专家，法中医院高薪聘他他都没去……""得了吧你！你听他胡勒瞎蒙，跑江湖的人都口若悬河，能不～给你说上半天儿！""您说的也对，我曾让一个叫句一的所谓专家看静脉曲张，嗨，我刚一张口儿说在别的医院做B超的事儿，他不～就说他的医学知识比我多几百倍，说他那儿的B超是专门供他用的……愣先把我呲儿了一顿。"

☺ 大大咧咧：dà · da liē liē

1. 心胸开阔，不爱往心里装事。

如，丛微和黄艳能够合开一个饭馆儿，关键是黄艳～的，一星半点儿的根本不往心里去，不然，两个人早就闹翻儿了。

2. 生活中对人对事很随和，随便。

如，黄艳这人一天到晚～，跟谁都闹，还净跟她姨夫开玩笑呢，一见她姨夫就逗，说：臭美，破皮鞋还天天擦得那么倍儿亮，还想弄个二奶呀你？你别以为我姨儿是个～的人，那要看是什么事儿了，想找二奶，没门儿！届时小心我帮助我姨儿把你的筋给抽出来跳皮筋儿玩！

☺ 大家子：dà jiā · zi

旧时指人多势大的豪门大族。

如，●《石头记》卷二四，“邢夫人数落贾琮，哪里找活猴儿去，你那奶妈子死绝了，也不收拾收拾，弄得你黑眉乌嘴的，哪里还像个大家子念书的孩子！”

旧时讲龙生龙凤生凤，弄得浑身腌不臜，那哪儿像～子弟呢？邢夫人说的倒也是。

☺ 倒也是：dào yě · shi

对，也对。表示赞同他人的见解。

如，●《石头记》卷九二，“凤姐道，像咱们这种人家，必得置些不动摇的根基才好。……往后子孙遇见不得意的事，还是点儿底子，不致一败涂地。贾母与众人都说，这话说得倒也是。”

☺ 逗就：dòu jiù

1. 同人逗着玩儿。

如，她是个傻大姐，你们跟他～什么，拿人开心呐！也忒那个了你们……

2. 一点一点儿贴近。

如，随后，傻大姐不知怎么会爬上一所小学的楼顶，说她要学一学跳水的动作……警察一边劝她，一边向她～……忽然她举声高唱：大哥，大哥，你好吗……一个警察从后面～过去，冷不丁儿拽住了她……

☺ 逗哏儿：dòu // génr

说话幽默风趣，能引人发笑。

如，一个警察问她情况时，她胡掳一下警察的脑袋，说：你比老马先生还能～，干脆你给我说段儿单口相声，得～才能饶你……

☺ 掉色儿：diào shǎir

指衣服褪色。

如，说着，傻大姐一捋胳膊，一个警察说，你胳膊怎么是绿色儿呀？她说，呦，真格的了咳，接着又说，嗨，这破衣服～，染的……

☺ 捯气儿：dáo qìr

呼吸急促，多指临危病人的急速喘气儿。

如，傻大姐跟她妈的感情特别深，她妈在急诊室～时，她哭得死去活来……

☺ 断气儿：duàn qìr

指停止呼吸。含生硬不文明色彩。

如，她妈停止呼吸后，有一个愣小子在门口儿一探头，就朝楼道里喊，喂，有床位了，一个老太太～啦！傻大姐追出去，给那愣小子一个大嘴巴，打得他一愣，一时感到丈二的和尚。随后，傻大姐的精神就异常了……

☺ 大田：dà tián

指旱地（与水田相对）。

如，这一年风调雨顺，～里的庄稼获得了大丰收。

☺ 大款：dà kuǎn

特指改革开放后发家致富、拥有超常钱财的人。

如，～甄大胆想搞个私人粮库，就开着保时捷去农村，以稍高的价格收麦子。农民李威说，卖给～不对头；黄七则说，～出的价钱高，先赶紧卖了，把钱装在兜里是真格的，说别的都是老谣。

☺ 督火儿：dū // huǒr

逼人生气上火儿。

如，李威说，这年头儿也不能净认得钱，你得先考虑国家政策。黄七说，你别～好不好？有能耐你盖房甭跟我借钱……

☺ 打鸣儿：dǎ míngr

公鸡叫。

如，李威年轻时给人打短工，起得要早。家里没有钟，公鸡第三遍～，他就得起来，到了人家，先扫院子、挑水，接着吃早饭，然后听吩咐，再去下地干活儿。

☺ 打短工：dǎ duǎn gōng

短时间的给人干活儿(与扛长工相对)。

如，农忙时节，有钱的人家都抢着让李威给～，因为他能吃苦、肯出力，干起活儿，他一个能顶两个劳力。

☺ 顶：dǐng

1. 相当，抵。

如，因为他干一天能～别人干两天的，在村里很吃香。

2. 锅里的热气从下面向上冲。常用来比喻为人气概不足、窝囊受气。

如，在家里就不行了，他媳妇老嫌他窝囊，说他～不起锅盖来，只知道傻卖力气，总挨欺负。

☺ 锭疙支：dìng gē · zhi

指伤口或脓疮表面结成的硬斑块儿。

如，他儿子头顶长了个脓包。媳妇催他几次，让他去请廊坊的曾大夫给瞧瞧。他说，这都要～了，快好了……

☺ 动活儿：dòng · huor

行动，干。常用于否定式。

如，媳妇说，他在外边给人干活儿特勤快。累得慌了，到家里喊疼；在家里，你支使他干点活儿，他且不～呢！

☺ 大拇哥：dà mǔ gē

即大拇指。

如，李威晚上反复揉摸～，媳妇说，"该睡觉不睡觉，你老揉摸它干什么吗？""痒痒啊，有时痒痒得钻心……"

☺ 大估摸：dà gū · mo

估计，大概其。表示猜测、猜想。

如，"它怎么会痒痒呢，都新鲜了。""我没跟你说过，去年借大舌头那黄牛拉白薯时，让牛踩着大拇哥了，今年三九天它就老犯痒痒，我～就是让牛蹄子踩了一脚的缘故。"

☺ 大舌头：dà shé · tou

指舌头不灵活，说话不太利落的人。

如，～老伴儿没了。他闺女腊月底出聘，～千叮咛万嘱咐，说在大年夜前后，可不许在婆家闹别扭，一定要和颜悦色，乐乐呵呵，图个吉利……

☺ 大年夜：dà nián yè

农历除夕。也说"大年下"。

如，出门在外的人，即便和父母远隔千山万水，也要风尘仆仆，在～之前赶到家里，与父母家里人团聚，这就叫过年呦！

☺ 打扫：dǎ sǎo

引申为将剩下的饭菜吃完。

如，“大舌头，现在一个人在家了，晌午吃的什么呀？”“嗨，吃什么呀，把昨儿剩下的饭菜～干净了，咳，一个人吃饭，有时就是瞎凑合呗……”

常叠用。如，把剩下的菜～～也就得了，还炒什么芹菜呀？

上述，“打”读二声。

☺ 对：duì

掺，掺杂。

如，把昨个儿吃剩下的猪肉炖粉条儿，～上几刀白菜，一回锅儿，来上一碗米饭，稀里胡噜一扒拉，嘿，吃起来还挺香，挺带劲儿！

☺ 嘚啵：dē·bo

1. 形容嘴爱说、能说，说起来就没完没了(liǎo)的语声儿。轻含贬义。

如，黄毛儿那张嘴，话匣子一打开，就～起来没个完，可惜她没学历，缺乏文化底蕴，否则，能当个相关栏目的主持人。

常叠用。如，她呀，净～～些没水平的，让人烦，主持个屁！

2. 指能得播的人。

如，瞧嗨，说曹操曹操就到，～来了，她又该唠叨起来没完没了(liǎo)了，省得你闷得慌。

☺ 蹲班：dūn // bān

指留级。

如，你们只知道黄毛儿现在特能得播，有谁知道她上小学时是个～生，念初中时又蹲了一次呢？因为年岁大了，老蹲，嫌寒碜，干脆不念了。

蹲后、班前，常用“了”“什么”“一次”之类的。

☺ 灯泡儿：dēng pàor

比喻被人利用当幌子的人。

如，黄毛儿得播起 1991 年办高考补课班的事，说她的一个高级英语老师起初做了～还蒙在鼓里，说直到最后分红时，才知道原来股东里还有教育局的一个局长。说他们真会借秃子发光，死不要脸……

☺ 打：dǎ

从。

如，豆蔻，你～什么时候起跟鹿鹿泡在一起了？瞧你刚才花说柳说，把他说得人模狗样儿，也不嫌牙碜？你以为我不了解他？我给他沏茶，他配么？鹿鹿早就不是个好鸟儿啦！～今儿个起，我不准许你再跟他有来往！

☺ 搭：dā

1. 赔，付出(人品、人力、财力等)。

如，他爸还是个院士呢？养活这么一个儿子，把他爸的人格儿都给～进去啦！可鹿鹿还老说他是大家子子弟，有人说：你别晕头了，你们家算个什么大家子？

2. 指妄费心思。

如，子不教，父之过。对于儿女必须在二十岁以前严管，等捅了娄子，您才急了，管什么？白～！

☺ 大概其：dà gà qí

1. 大略，一般。

如，豆蔻，说实的，过去的几年，他爸连鹿鹿的～情况都不了解，只顾评什么院士啦，带研究生啦……结果，晚退一年的每月就比他多拿一百多，和鹿鹿的失足相比，更是得不偿失！

2. 大约，估计。

如，他爸～也醒悟了，不再张口闭口院士长、处级短了，那点儿退休金使他不再小瞧人家小科长了，常感叹说：科长是官，院士是虚名儿，不能和人家官员比，卸磨杀的是我们这帮人。二年给长三四百，可物价全面上涨，等于实际收入减少……

☺ 点儿背：diǎnr bèi

运气不好。

如，小五儿说，最近这二年倒霉的事接二连三，人都说我不走字儿～，总伤财，破财还不能免灾。

☺ 颠儿：diānr

1. 走得很快或小跑。

如，在洋桥上车时，小偷儿刚把手伸进前边小五儿口袋，小五儿随即一捂兜儿，一下按住了小偷的手，小偷冷不丁儿抽出手，一扭身，攥着手机在人群中像游鱼似的～了。

2. 形容颠簸。

如，小五儿哪里肯放，坐上一辆蹦子就追，路上坑坑洼洼的，车开得又快，把小五～得那叫难受！

☺ 耷拉：dā・la

1. 指脸色阴沉。

如，因为没追上那个小贼儿，这两天我媳妇成天家～着脸儿，我知道她不是甩脸子让我看，她是心疼那 LG220 环绕丽音王 2660 元呢！

这个意义也说“拉拉”。第一个“拉”读二声，第二个“拉”读轻声。如，我一看见她拉拉着脸，我心里就不是滋味儿……

2. 指抬不起头来。

如，我劝她，你整天老～脑袋管什么呢？那手机只当送给儿子了。老公我再揽点儿私活儿，争取半年之内再买一部 3780 元的三菱 M900

至尊照相宝！

也作“搭拉”。

☺ 掂：diān

1. 掂量，估计。

如，昨天我给她买回一身苏州产的丝麻套裙，我让她～～看值多少钱，她～了～，凭手感说，又得上千吧？我说真差不多，888。她说，商人总搞 88、98，怎么不搞 08、18 呢？

2. 那嘛，念叨，提醒。

如，●《石头记》卷六五，“兴儿议论凤姐是醋缸醋瓮，虽然平姑娘在屋里，大约一年间，两个有一次在一处，他还要嘴里掂十来个过儿呢！兴儿年纪小，瞎议论。”

☺ 逗闷子：dòu // mèn · zi

指没事儿在一起逗趣儿，寻开心。

如，你看咱们胡同里那几个小年轻儿的多本分，没事儿凑在胡同口儿一块儿～玩儿。谁像你没事就去发廊那儿去泡，当下三烂！我告诉你，你要是“秀”进去，我再不认你这个缺德的弟弟！

☺ 丢人：diū // rén

1. 指言行有失大雅。

如，小蓓，听说你出了饭店就在墙角两辆汽车之间哗哗撒尿，一尿至少得两分钟，让邻家饭店保安把你给拍下来了，你都不讲什么～不～啦？

2. 言行令人感到羞耻，不光彩。

如，原来你这个东西还“三陪”哪？怨不得你不把在大庭广众中撒尿当回事儿，散德行吧你！你不嫌害臊我还嫌～呢！……

与“现眼”义同，两者常连用。

☺ 打岔：dǎ // chà

1. 中断话头儿或工作，言及他事。

如，●鲁迅《南腔北调集·我怎么做起小说来》，但倘有什么分心的事情来一打岔，放下许久之后再来写，性格也许就变了样，情景也会和先前所预想的不同起来。

2. 故意回避话茬儿，去说无关的话。

如，"妈，你说，我姐她……压根儿都没给我打电话。""我并没提你姐，你甭～好不好，你去鬼混跟你姐有什么关系？"

3. 从中插话引开话题，为人解围。

如，"蓓蓓，老爸叫你给我买烟……你给我搁在哪儿了呢？是红梅的还是中南海的，没准儿是假牌子呢……""我说老爸，干嘛你老跟着～，现在说我的事怎么办呢。"

4. 开玩笑，取笑他人。

如，"老爸，我一说是给您买的，那个红梅老板就放下手中的两条儿，从里边给您去另拿，看来红老板对您是够意思……""拿我～是不是？哪儿跟哪儿这是，无非是人熟……"

"岔"，生活中多读三声，意思相同。

☺ 捯登：dáo · deng

1. 翻腾，寻找。

如，猴子，老妈把屋里的箱子都～遍了，也没～出那一沓儿信来，你说能跑哪儿去呢？他人死了，可当年的事儿还是历历在目的呀……

2. 比喻唠叨往事。

如，●《石头记》卷六一，"平儿袭人忙道，不是这样说，你一应了，未免又捯登出赵姨奶奶来，那时三姑娘听了，岂不又生气？"

说的是呀，所以我说老妈，您累不累呀，那都是老辈子的事儿了，您还老～它找什么气生呐？

3. 做生意，买进卖出。

如，“老猴儿，最近～什么呢？”“生猛海鲜呗。”“前些天日本地震闹海啸，你近期就先别～东南亚的海鲜啦！”“嗨，您不会说是西北亚的呀……”“我问你，你那么多钱都是～什么～出来的？”

亦作“叨登”。

☺ 打马虎眼：dǎ // mǎ · hu yǎn

为回避某事，故意装糊涂，进行掩饰。

如，“说是西北亚的，还好卖，人们没吃过，就都想尝尝……”“问你什么呢我？你甭～，这么多钱到底是从哪儿来的，今儿不说出点儿真章儿来，没完！”

☺ 打哈哈：dǎ // hā · ha

开玩笑，逗乐儿。

如，“大妈，那绝不是坑蒙拐骗来的。路透社消息：海啸把一箱子美金挂在一株椰树上，让猴子捡着啦，偷着乐吧您！”“你甭跟我～，要真是那么来的我倒放心了呢！”

☺ 到了儿：dào liǎor

最终，到最后。

如，我问你半天，你～连个屁都不放，安的什么心啊你！

☺ 捯根儿：dáo gēnr

追查事情的根源。

如，我说老太太，您胳膊上红袖标职权范围也忒没边儿了吧？您怎么什么事儿都要～问到底儿呢？

☺ 底儿掉：dǐr diào

表示追问得很彻底。

如，“对，我就是要打破砂锅问到底，问个～，你今儿个非说出个真格的不可！”“我说啦，可您不信呐！”

☺ 当口儿：dāng kǒur

即当儿，指正处在某种重要的时刻。

如，傻小子，我是关心你，在这严打的～，你可千万别惹事，回头严打着你……

☺ 担不是：dān // bú shì

承担过失。

如，“花草儿出去上个厕所的工夫，屋里就让小偷儿一扫而光，这也不能让她～。”“可是绿叶儿非让花草儿赔 9500 元不可，说这事儿说不清。”

☺ 动嘴：dòng zuǐ

吃。意义近似偷吃，大多针对青少年而言。

如，绿叶儿，桌子上摆着的樱桃、杨梅、山竹，是给我爸准备的，我爸没用之前，你先别～，等我爸走了，你撒开了吃，听见了没有你，嗯？

☺ 叨叨：dāo · dao

1. 好管事，嘴碎。

如，黄毛儿不爱听了，说：你甭那么邪乎，老穷～什么呀？那酸不溜丢的破玩意儿，绿叶儿和我早就塞够了。你还～起来没完了，小气死，你怎么不给你爸买莲雾呢！

2. 背地里小声私语，往往是议论是非。

如，得啦，谁不知你们两个是两眼泪汪汪，就爱背后～，同是出来打工的，都不容易，有什么事儿当面儿说说，省得把关系搞生分了。

也说“叨咕”“唠叨”。如，穷唠叨什么呢？乌鸦落在猪身上，只瞅见人家黑了，就瞧不见自个儿黑！

☺ 担待：dān dài

包涵，宽容。

如，●《石头记》卷三一，“袭人劝解宝玉，他是一个糊涂人，你和他分争什么，况且你素日又是有担待的，比这大的，过去了多少，今日是怎么了？”

怎么了？今儿我跟你说明了，我爸有哮喘病，犯喘时，你学学宝玉，多～点儿，别耍小性子让我爸难堪，行吗？

☺ 捯饬：dáo · chi

多指青年男女爱讲究穿着打扮。

如，“美丽，我的格格，都几点啦，你～起来没完啦，还画眼干什么呀？第一次见面就迟到哇？”“嗨，女为男者而容嘛，～就是为了媚住他，就您克隆给我的这副惨相，不好好～～，人家又该说回去那嘛那嘛啦！”“说回去那嘛那嘛不见得就意味着吹了呀？”

☺ 多咱：duō · zan

表示时间，什么时候。

如，呀，老尤，有半年没见了吧，～回来的呀？又上哪儿高就去啦？没听说咱们东四二条这片儿～拆迁？借助你政协委员的身份，为咱们这弯儿的苍生吹吹风儿、呐喊呐喊，也让我沾点儿拆迁的光儿！

☺ 捣腾：dǎo · teng

1. 经商行为，反复买进卖出货物。

如，我呀，在外边～生意呐，不搂摸些钱，即使眼下拆了，你不也得往四五环外边跑吗？～还不是为了赚点儿钱，继续当咱北京人——我还真舍不得咱们东四这块儿。

2. 使物类的位置发生变化。

如,“前些时候你们家那个小厨房儿怎么又变成煤棚啦,厨房呢?”“嗨,我这阵子不在家,我们家里的穷～,厨房又跑到后山墙那儿去啦。”

3. 翻腾寻找。

如,“尤二,我记得你 80 年代初打家具时你的家伙挺全口的,当年的小刨子还有吗?借我用用。”“行,不过得把床底下的东西都得～～,你这是给我找活儿干呀……”

与“捯登”义近。

搭茬儿:dā // chár

接别人的话茬儿搭话。

如,“捣腾什么呀爸,床底下都塞满了乱七八糟的,怎么倒腾呀,您好不容易回来两天……”“林心,爸跟你鱼叔聊天你甭～。”“林心心疼她爸呀,～好,好。她启发了鱼叔,鱼叔不该给你们爷儿俩找活儿啦……”

掇弄:duō · nong

1. 摆弄,折磨。

如,●《石头记》卷十一,“鸳鸯想,老爷是不管事的人,以后便乱世为王起来了,我们这些人不是要叫他们掇弄了么……倒不如死了干净……”

2. 收拾。

如,“鸳鸯又想到贾政,这府里唯他为人正经,为官也清廉。可他又掇弄不了这摊子家务事儿,又忒迂……”

☺ 大不唧：dà bù jī

形容表象上把自己看得很尊贵，不爱搭理人的神态。

如，就是一脑袋钢丝发那女的，整天～的，仰着脸儿走道儿，管什么呀，你不是也得找个大老爷们儿过日子嘛！

☺ 大：dà

形容拿架子，不愿理人。

如，她呀，还～呢？不就是傍个吃国家贷款的小不溜丢儿的房地产开发商吗？那种人儿，往往是资不抵债，到时候大都树倒猢狲散，我看，她早晚有不～的时候！

☺ 掉过儿：diào // guòr

1. 互换身份。

如，上次妻子演情种，丈夫还喝醋；这次丈夫演骚猪，妻子却去了山西。按理说，你们两个～演，应该扯平啦，怎么还……真是的，没法儿说他们那帮子，有的纯粹是露水夫妻！

2. 调换位置。

如，哎，你少发那淡不拉唧的议论，还找齐儿了呢，咱们两个人～试试看，也没准儿你会夸我骚猪臊的好……

☺ 淡不拉唧：dàn · bu lā jī

1. 茶水不浓。

如，小柳儿，这茶水～，以后沏茶时多放一点儿茶叶，我爱喝浓的。

2. 汤、菜一类做得缺少咸味儿。

如，“还有，你炒菜也有点儿～的，再放一点儿盐或酱油就好了。”“大妈，电视上说要少吃咸的，说盐里含钠，常口重会得血压高，炒菜～的好……”

☺ 大拿：dà ná

1. 执掌一方大权的。

如，别看老武小学毕业农转非，如今是环技局的～，局里不少人说他是看不懂文件的局长。一次临散会时，他说，先别走，我知道咱们局里大学生越来越多，有人说我是什么尸位素餐的局长。我掏心窝子跟你们说——这时他拍打一下座椅：人家愿意让我坐在这儿，我这～管你什么荤餐素餐呢！台下一时哄然……

2. 在某个领域能独当一面的。

如，咳，当个武大，谁心里瞧得起呢？人家小玫才是真正受人尊重的～呢！农大毕业后没白去荷兰进修，现在是公司里引进花卉方面的～，大红人！

☺ 等漏儿：děng // lòur

1. 恶意等候他人的差错、漏洞。

如，几年后，武大又改当书记，武大跟新局长嘴合心不合，常脚下使绊儿，专门儿～上奏……

2. 等待有利时机，以便获利。

如，"老武，您那辆老皇冠还不卖呢？我看您别～啦，该出手时就出手，赚几万是几万，您也不想想，新车还一个劲儿降价呢！""哏，有人还说我当不上书记呢，这叫天助我也……""得了您，甭转（zhuǎi）了，敢情您是书记，您说要以旧换新，要卖旧的，您先近水楼台，阄儿准能让您抓着，明情的事儿，那能叫～啊？人为的嘛……"

☺ 掉腰子：diào // yāo · zi

行为不顺从，故意别扭人。

如，我跟她就是到深圳、香港出一趟差，并没有发生什么事儿。你就爱听那从鸡屁股里努出来的，这两天老跟我～，怄什么气呀你！有些人背后管我叫武大郎儿，这，你就没听说过？那嘛那嘛，那是什么意思？我是争半拉眼儿合半拉眼儿，动物世界嘛。双方都不要～，互谅双赢，和为贵……

☺ 打鼓：dǎ // gǔ

比喻遇到使人心里不安而犯嘀咕的事。

如，从香港给夏四爷带的礼物他会不会嫌薄呢？他能不能给雪儿在宾馆安排个副经理？我一想起来心里就～，不如当初听你妈的，送给他岳父两口儿一张新马泰七日游了……

☺ 打住：dǎ zhù

勿说勿做，权且停下来。

如，●《石头记》卷七五，"薛蟠除了冲账的反赢了好些，心中只是兴头起来。贾珍道，且打住，吃了东西再来。"

老婆说：对，咱也先吃饭。七日游才值几个子儿，我说你呀，也权且～，把它先丢在脖子后头，愣愣神儿再想新辙……

☺ 待理不理：dài lǐ bù lǐ

因瞧不起而言语怠慢。

如，武大说，怨不得大海最近见了我～的……老婆说，嫌你土鳖不开窍儿，古今人都是一个德行。

●《石头记》卷九五，"二太爷，你们这会子瞧我穷，回来我得了银子，就是个财主了，别这么待理不理。"

☺ 瞪眼：dèng // yǎn

1. 因疑惑没纳过闷儿来而不眨眼皮地看人。

如，又～，傻呀？你有什么资格爬上处级呀？别忘了，你是进入90年代农转非的小学底子的处级呀，还～呢你！

2. 因想不通有气而睁大眼睛不眨眼。

如，老武说：我是纳闷儿，我当时把农村的一所院子卖了，都攮出去啦，怎么到现在还老想搂我呢？我～是恨这些人心不足蛇吞象的！老婆说：咳，等你退了再检举啊，这会子～干什么？

☺ 动不动：dòng · bu dòng

1. 极易出现的情绪、动作。

如，生了个孩子也怪：怀里抱着时～就傻乐，等会走了～就哭；我呢～就烦；他爸呢～就打孩子。我们这三口子是～就抽风！

2. 常常。

如，你一烦，～就发脾气，～就说咱们拜拜，拜拜就拜拜吧，离了张屠夫我就吃浑毛猪么？

☺ 毒：dú

1. 眼光盯人厉害。

如，公交车上的售票员，干得时间长一点儿的，眼都～着呐，有想坐蹭儿车的，大都难逃她的火眼金睛。

2. 损，用损招儿治人。

如，那样的售票员该表扬。前些年，有的交警可真～，他躲在路边的树荫下，贼到你什么情况了，他出来了：罚款，记分，具体情况他不管，常跟出租车玩儿～的。

3. 称暴热的火辣辣的阳光。

如，今儿中午，老爷儿可真～，把人晒得直冒油儿，院里种的几棵向日葵叶子都晒蔫抽啦！

☺ 带死不活儿：dài sǐ bù huór

1. 形容干工作懒洋洋不振作。

如，你看三赖子搬东西那～的样子，有气无力。你别的不会，干体力活还惜力，那你怎么活着呢？

2. 某种动物处在病态之中。

如，他们家那只大白猫，也整天懒洋洋，～的，叫唤时只见它张嘴，就是没声儿……他爸他妈只顾闹离婚，谁还顾得上什么白猫黑猫呀……

3. 炉火将要熄灭。

如，那天我去他们家，炉子上放着一块烤馒头，炉子里的火～，我忙叫小菲，快拿点木炭来救救吧，要不然就缓不过来啦！你说这家子……

4. 指日子过得没有生气。

如，他们家的日子自然是过得～，哎，那样的日子又有什么意思呢，烦死人！

☺ 顶嗉子：dǐng sù · zi

即顶嗓子眼儿，指吃得过饱。

如，头一次，小麦吃得～了，小林说："你干吗吃得顶嗓子眼儿啊，不难受哇？"小麦说："吃的时候没觉得饱哇，吃完了才感觉吃～了……咳，这是怎么说的哪，吃过嘬了，要是有外人可就现（眼了）啦……"

☺ 打滚撒泼：dǎ gǔn—sā pō

一种躺在地上一边打滚儿一边叫喊或哭闹，不达目的不罢休的不依不饶的刁钻行为，多为无耻泼妇所为。

如，《石头记》卷六十，"芳官挨了赵姨娘两下打，哪里肯依，便打滚撒泼哭闹起来，口内便说，你打得着我么？你照照你那模样儿再动手……"

～什么时候都有，20 世纪 70 年代，工人里金花三天两头儿歇病假，动不动就找到厂长办公室，躺在地上～，有时躺在地上就脱裤子，办公室的人便赶忙往出跑，所以，她提什么条件厂里老魏还都答应。

☺ 带言不语儿：dài yán bù yǔr

1. 心里有意见，不爱搭理对方。

如，就因为那天实在拆兑不开，没借给武强车用，今儿个见了面他就～的，一个大老爷们儿够小性儿的！

2. 因为有架子，对一般人话少，言"贵"。

如，"真没想到武强竟会调到高招办，这回求他的人多了，见了面，你跟他打招呼，他更是～了。""咳，这年头儿，小人得志的现象太普遍了，你生气生得完吗？再说，他甭～，我还不正眼瞧他呢，都省事嘛！"

☺ 大发了：dà fā · le

1. 指超越了限度。

如，豆花说，今儿听了两档子～的事：张伍那天他推车使劲使～，扭了腰，到今儿个还在床上躺着呢；李虎施底肥施～，稻种儿出芽儿后就全被烧死了，还得从新再秧苗儿。还有呐：小琴儿笑～，竟然笑差了气儿，两肋老疼，你说这～了的事儿也忒多了，说得完吗？

2. 事情越闹越大。

如，山谷小区保安接二连三打房主儿的事越闹越～，小区房主儿们联合起来告物业、告开发商、告区建委……到现在事情还没个眉目。

3. 特指发了大财。

如，大伙儿都说，事儿僵持不下的根本原因就在于开发商近几年发～，钱能通神，神如泰山，你有什么辙呢！

☺ 逗咳嗽：dòu // ké · sou

1. 在一块儿说笑，耍贫嘴，相互逗趣儿。

如，都十点啦，你们几个还～呐？要还逗就请离我窗户远一点儿，再者说，你们没事穷逗闷子，可我呢，心里烦着呐！

2. 故意同心烦者找话儿说，逗着玩儿。

如，"哎，孙大爷，问您一句歌词儿，前边是'月儿弯弯照九州'，后边那句怎么说来着？”“它爱照几州照几州，你别跟我～玩儿，我没那门儿心思，知道不知道你老窝瓜？”

☺ 动窝儿：dòng wōr

1. 挪动。

如，这车都排成了长龙，怎么不见～呀，前边出什么事儿啦？

2. 起身，动身。

如，机票是十点的，现在都快九点啦，车老不动换，司机，请你掰出去，往回倒，咱们上四环吧，今儿个也怪我，从家里一～就晚了……

☺ 大白脸：dà bái liǎn

不知羞臊，将传统的羞耻看成无所谓。

如，前些年头儿，有的地方可乱了，很多女人都变成了～，站在马路上拉客的是为了挣钱，到歌厅酒吧去找鸭子的是为了花钱，现在可好多了。

☺ 打架闹和：dǎ jià—nào he

言行发生纠纷，不依不饶的行为。

如，保安晚上突然把放在楼道里的自行车全给推到大树下锁在一起。有的车链子掉了，有的胎瘪了，小格媳妇的车铃儿没了，车条还断了一根儿。第二天早上 8 点，以小格媳妇为首的七八个人堵住物业门口儿，～要求物业赔偿误班费等损失。

☺ 堵嘴：dǔ // zuǐ

1. 说得好，但没有做到。

如，物业经理老张刚来时说，这个小区住户少，好管理。这次小格媳妇等人这么一闹，他也嘬了瘪子，一下～了，好管理不等于自我取咎，瞎胡来！

2. 自己或家人做了理亏、不可言传的事，将嘴封住，无话可说。

如，最近听说小格媳妇可给她爸她妈～啦，她跟她们经理那个了！

上述意义，又常说“堵了嘴”。

☺ 打愣儿：dǎ lèngr

一时心有所思或稍不注意。

如，郭大的这小米儿怎么掉色儿呀？原来是染黄的呀，回头贼着他再说！嗨，那天我在楼下跟许嫂说话儿，看见他从 4 号楼那边过来了，心想，这回可逮着他了，哏，我一～的工夫，他愣没影儿了……

☺ 大把：dà bǎ

1. 形容多。

如，有人说，祥子短跑这一拿夺冠，媳妇嘛，一抓就是一～，然而他说，现在先攒着，几年后在抓，这真大杀那一～年轻美女卿卿之心哟……

2. 用手可着量儿去抓东西。

如，“行了，行了，您一边说抓美女，一边～～抓葡萄干儿，您有数儿没有？您那一～至少有二两，抓了三～，六两，八块五！您要觉得吃亏，咱们就约约。”“我不买呀？”“您不买～～往兜里装？这小市民可真够呛……”

常重叠使用。

☺ 大不了：dà bù liǎo

1. 充其量，无非是，只不过。

如，老唐老丈人在床上倒气儿。他媳妇在医院门口去买花儿：“哎，你这束花儿怎么卖？”“100 元。”“人家花儿店才 35 块，你 100 卖得动吗？”“卖不动，～摆着瞧。”“时间一长不怕都蔫朵了？”“蔫朵了～赔二百。”“嗨，我说你这卖东西的怎么这么额帮子呀！诚心呐，吃了枪药了啊？”

2. 了不起，了不得。

如，卖花儿的说，“你要是林黛玉，不用花一分钱买，有人给你送。”●《石头记》卷七，“周瑞家的听了道：我就知道的，这有什么大不了的，你且家去等我。我送这林姑娘的花儿去了。”

☺ 点头哈腰：diǎn tóu hā yāo

1. 敬畏人的动作。

如，老谭见了董事长，总是～的，其实人家知道他是谁呀？因为从没正眼看过他一眼！

2. 一种客气待人的行为。

如，可是老板对于豪客巨贾，迎送时不仅满面春风，还要～的。

3. 一些年纪较大的老北京相互见面时的礼貌行为。

如，我爸和祁大爷、马二爷一见面儿就都～的，他们说这是老北京人的习惯，人家见你～的，你也得以礼相还嘛！

☺ 逗：dòu

1. 大人招惹幼儿的说笑行为。

如，杨二奶奶喜欢孩子，一见小孩儿，她就要～孩子玩儿。

2. 为人诙谐幽默，爱与人玩笑。

如，二奶奶这人特～，整天笑呵呵的，见人就～上两句，不怕你不笑。

☺ 斗嘴：dòu // zuǐ

1. 常在一起磨嘴皮子，逗乐儿。

如，胡同里几个小年轻儿的，见了面就在一块儿～玩儿，彼此感情还挺深呢！

2. 争吵，吵嘴。

如，他们有时也因～而脸红脖子粗，但吵完就完，谁也不往心里去，再见面儿还是一如既往，照样儿～，那个红猴子嘴上最不饶人。

☺ 大事小情：dà shì xiǎo qíng

一般指婚丧嫁娶之类的事。

如，红猴儿后来当了居委会主任，在他管辖区内，谁家有了～的，他都到场儿，花上一张儿半张的，他把上下打点得都是有嘴说不出什么。

☺ 扽：dèn

1. 紧紧用力攥(扯，拽)住(绳头儿之类)。

如，陆路，你可把这绳头儿～紧，这破狗一见母狗就不要命了地追！那天你妹妹没～住，从一个老干部脚下"噌"地蹿过去了，把人吓倒在地上了，人家原是个老局长！

2. 也常比喻傲视、不买有身份者的账。

如，我听说了，他还想借机敲点儿，门儿也没有哇，下野了，谁还～他呀，一边儿去！

3. 用力抓住或猛然用力往回拽。

如，来，你先帮我个忙儿，把床单儿～～，我喊一二，咱爷儿俩一齐使劲儿～，可别撒手，一定要～住！不然，就得把你叔我摞个仰八脚子。

☺ 丁点儿：dīng diǎnr

1. 表示极少。

如，大宝媳妇一检查，那小贼儿把钱偷了个精光，一～都没给剩。小贼儿还把酒柜儿上一瓶西凤给喝得只剩不～了，还不够大宝一口了呢！

2. 形容极小。

如，大宝媳妇是一～亏都不吃，～事儿都要斤斤计较的主儿，这回怎么办呢？于是她叫大宝找她公婆要损失补贴去。您说这人可也真够戗……

☺ 滴里嘟噜：dī·li dū·lū

1. 形容桃树、葡萄等果树株上结的果实多。

如，今年桃儿可是大丰收，你瞅那树上结的那叫密呀，都～的，把树杈子都给压得车连车连的，个儿还不小。

2. 指手里提的或肩上背的东西多。

如，瞅，那不是你们小嗝儿回来了吗？他手里提的～的都是什么呀？

3. 有时指小孩子或“肋得臭”之类的下身儿穿的不利落。

如，你瞧他的裤子～的也快秃噜下来了，哪儿像铁路工人呢，整个一个肋得臭！嘿，你可别瞧他的裤子～、脓涕哭哧，骂起人来可不吐核(hú)儿！

☺ 打蔫儿：dǎ // niānr

1. 植物因干旱缺水，或中午太阳太毒，花叶儿打绺儿下垂。

如，大杨子地里的老玉米一到中午，老爷儿一晒，就都～了，再不下场透雨，今年他又白忙乎了。

2. 人因病，懒洋洋、不爱说、不爱动的一种神情状态。

如，你看，大杨子最近也愁得～了，管什么哪？你又不能移山，感动苍天！还真有人劝他去天坛祈年殿去参与祭天祈祷活动。也有人说，那跟庄稼～有什么关系呀？迷信！怎么是迷信呢？眼下学老祖宗、抢老祖宗是时尚！

3. 禽畜有病的病态貌。

如，他媳妇说，我们家呀，鸡不～我就有奔头儿，鸡要一～，得，二三百只全瞎迷儿了，那时才把人愁死呢！

☺ 顶不起锅盖：dǐng bù qǐ guō gài

比喻男人没本事，为人窝囊。

如，我们老闷呀，在家里在外边他都～来，整个一个窝囊废！

☺ 倒打一耙：dào dǎ yī pá

一般指在无理之时反而指责对方无理。

如，老闷，母狗不摆尾巴，公狗怎么敢上前儿？明明是你媳妇勾引大麻子，怎么她倒～，反说你顶不起锅盖来，绿帽子是你自己戴的？

☺ 抖落：dǒu luò

1. 挥霍家产。

如，卖了丰田，买现代，卖了现代又买皇冠……不够你折腾的了，咱们这点儿家当快让你一点点儿给～光了，大麻子，以后有喝西北风儿的时候！

2. 将不该说出的事暴露给人。

如，我说我的亲妈，您别没心股肺，把家里不该～的事一个劲儿往出～啦……

3. 将东西从衣物上抖掉。

如，麻子，你那衣服上尽是灰土，去，脱了上外边～～去，脏鬼！

☺ 滴沥搭拉：dī · li dā · la

1. 形容细而长的。

如，袭人叫宝玉看周瑞家的种的丝瓜，那长的竟有三尺三。说，你瞧它～的，怎么长得那么欢实呢，叫柳妈把它摘了做汤吧。柳妈说，二奶奶有话，先让它～长着去，看能滴拉到地上不？

2. 比喻一个接一个，长长的成串儿的。

如，●《石头记》卷五四，“熙凤说笑话儿，一家子也是过正月节，合家赏灯吃酒，真真的热闹非常，祖婆婆、太婆婆、媳妇、孙子、媳妇、重孙子、媳妇、亲孙子、媳妇、侄孙子、重孙子、灰孙子滴沥搭拉的孙子、孙女儿……阿呀呀真好热闹……”

☺ 倒儿爷：dǎor yé

专指倒卖货物的。

如，撑死胆儿大的饿死胆儿小的，二彪子曾买苏联淘汰的飞机，在边界上拆了，把零部件卖往别处，他是个～出身的大亨，如今霸道得很，他说：我能开着车直接冲入省委的大门……

☺ 打头：dǎ tóu

1. 首先，第一。表示先决条件。

如，你说得对，～那种人能豁得出去，脑袋掉了碗大的疤瘌；同时又有大空子可钻，而一般人是又想吃又怕烫……

2. 指在工作、走路、打仗等方面走在前边。

如，彪子跟他的保镖说：你们今后遇到情况，要看我脸色听我口气，谁先给我出气，我要发给他～阵的奖。张二愣说，到时候我～！

☺ 嘟嘟囔囔：dū · du nāng · nang

指语声不大的磨烦、叨唠。

如，哎，你看那个人在那儿～的，他磨烦什么哪？他～好半天了呀……

☺ 搭把手儿：dā bǎ shǒur

用手出把力气。

如，"他那车打不着火了，他跟几个过路人说给他～，把车推到路边儿上去，就是没人干，他唠叨雷锋都哪儿去了？""傻，还没到日子呐！穷嘟囔什么呀？花钱呐，甭多了，每人 10 块，看有人～没有？没有把我脑袋拧下来当球踢！""这点儿事，还要花钱啊？"

☺ 多新鲜：duō xīn xiān

指所言不中肯，有悖于常识，使人感到有些奇怪。

如，你这人好像是从桃花源里来的，这不是早先，更不是老年间，想不出血，～呐！

☺ 刀：dāo

1. 指某种动物冷不丁儿用前爪子抓。

如，樱花儿爱逗大花猫，刚才让猫把手背给～了一爪子，出了两道血印子，她还舍不得去社区诊所打预防针。

2. 抓，逮。

如，也难怪她抠门儿，她爸开黑车，一天常～弄个二三十，要是能～上一两个大活儿，弄个六七十就算不瘦啦……

☺ 待见：dài jiàn

喜欢，爱。用来反诘时，则表示相反的意思。

如，樱花儿跟她妈说，她男朋友权民文质彬彬，挺招人～的。她妈说，"你爸一见他来，就说蹲活儿去，背后跟我说：'你瞧我多～他呢！'""我知道我爸鰰儿不～权民，可他～的我又不～，这真没辙了，老妈……"

☺ 倒：dào

1. 用器具将东西扔掉。

如，"你那是什么水呀，你往哪儿～呀？""吔，你牛舌头——揽得宽啊，你管得着吗？谁叫你把车停在我门口啦？"

2. 反过来。

如，嗨，你溅我裤子和车上啦！哏，你～有理啦，当年潘金莲泼水她像你这么穷横吗？

3. 向后退。

如,"你敢侮辱本姑娘,我抽你丫的,信不信?""你丫的,不就开辆破北斗吗,还不定是谁的呢!抖什么抖?""行啦,都少说两句,我说,你把你的车往后~~不也就结了吗,现在的人怎么都这么楞子?说着说着就崩了。"

☺ 当不当正不正:dāng bù dāng—zhèng bù zhèng

摆放的不是地方,碍事儿。

如,"你这车~,正堵着人家门口儿,你就少说两句吧……""哎,我说你多什么嘴儿呐?谁裤子破了把你给露出来了?""我说你小子说话怎么这么混蛋呐?你爸爸蔫头耷脑的,~的才把他给露出来了!"

☺ 多嘴儿:duō // zuǐr

指说话惹是生非。

如,●《石头记》卷八三,"宝钗道,等嫂子歇歇儿再说。因吩咐宝婵道,你可别再多嘴儿了。"

如今人都惜命,在公交车上,明明看见小偷掏人钱包,有人怕事,不敢~,其实如果都~,小偷也就不那么猖狂了。哎,凡是明哲保身的,到时候连自己也保不住。

☺ 大大板儿:dà · da bǎnr

妻子丈夫的哥哥。

如,"哎,我说,这个自称本姑娘的还是姑娘吗,她怎么这么冲、这么牛哇?""你说她牛,多新鲜呢,你琢磨出点儿后味儿了?她~是市委的,人家一努嘴儿就把你办了,你十个也不是她的个儿!"

打死架：dǎ sǐ jià

1. 打架打得狠，往死里打。

如，喂，我说这姑娘，刚才那小子可不是好惹的，是～的主儿！

2. 打起架来没有完了，坚持到底。

如，我说大叔，那小子说话忒损！您以为我就是善茬儿？我也是个～的，不是您给说和，只要一动起手来，110就得把他拖走！

搭伙：dā // huǒ

1. 合在一起搭灶吃饭。

如，刚开始到北京时，我和杨子等人租住地下人防旅馆，～吃饭。

2. 合伙儿。

如，几年后，我们～在珠宝市开了个皮衣店。

大路货：dà · lu huò

指普通百姓所需要的。

如，你别看标价儿高，其实，我们都是从白沟儿进的～，对于皮衣，有几个像张老太、王姐那样识货不好伺候的？所以钱还挺好赚的。

躲懒儿：duǒ // lǎnr

即偷懒儿。

如，●《石头记》卷六四，“袭人说宝玉，你虽不讲究这个，若叫老太太回来看见，又该说我们躲懒儿，连你的穿戴之物，都不经心了。”

搭帮：dā // bāng

结伙。

如，赚了一些钱，我们都不愿～干了；散伙后，我自己开了个中不溜的鞋店。像我们这些～干的都是兔子尾巴。

☺ 搭补：dā // bǔ

添补，补贴。

如，我这些年是赚了些钱，可是我的花费也不小：我父母看病及零用钱我包了。此外，我的两个弟弟是农民，一个已娶妻生子了，另一个还让我在外边给瞜着点儿，我还得适当～他们一些。

☺ 对劲儿：duì // jìnr

1. 合适的。

如，●《石头记》卷八四，"邢夫人道，倒是前日孙亲家太太，打发老婆子来问安，却说起张家的事。说他家有个姑娘，托孙亲家那边有对劲儿的提一提。"

2. 指人相互投脾气，秉性相同，合得来。

如，邢夫人说的，咱没往心里去，什么时候都得讲门当户对。老农子弟跟主席的闺女再～也白搭，说吹就得吹。

3. 对头，妙。

如，儿子说，我不但不高兴，反而立即感到不～。人家是天上的，住总统大套房的；咱是成天家顶着老爷儿晒得流油、浑身冒酸味儿的，瞎掰！不信，你看最后吹不吹？

☺ 打晃儿：dǎ huàngr

腿脚发软无力，行走身体左右摇晃，站立不稳。

如，"你瞅，老毛不定跟谁一块儿又喝高了，走路俩脚拌蒜，直～，活现眼的！""别瞎猜疑，我昨天闹肚子，拉了三次稀。俗话说，好汉架不住三泡稀，我什么年纪了？黄连素效果挺好，经济实惠，可是医院、药店愣是都没有，硬是吃头大蒜抗过来了，今儿走道儿怎能不～呢？"

☺ 打蹦儿：dǎ bèngr

跳跃。

如，“以前，老毛不沾酒，现在离了‘牛二’不能活！”“有钱了呗，他包的养鱼池可没少赚钱。一下雨，鱼塘里的鲤鱼就撒欢儿～，一蹦蹦出水面五尺高，可有看头啦！”

☺ 丢在脖子后头：diū zài bó·zi hòu·tou

没放在心上，忘了。

如，●《石头记》卷七二，“凤姐说贾琏，这会子说着好听，到了有钱的时节，你就丢在脖子后头了，谁和你打饥荒去。”

☺ 打饥荒：dǎ jī·huang

讨要，债借。

如，●《石头记》卷七二，“凤姐笑道，到了有钱的时节，你就丢在脖子后头了，谁和你打饥荒去。倘或老太太知道了，倒把我这几年的脸面却丢了。”

☺ 打头儿：dǎ // tóur

1. 从头儿开始。

如，娟子今年考了 596 分，她自感丢了面子，矬人一等，对不住父母，决心～再复习一遍，明年非考上清华不可！

2. 带头儿，领头儿。

如，消息传开，她们学校有几个高分的也决定如此，没想到娟子在她们学校起了高分复读的～作用，但娟子劝他们说：人各有志，你们可要慎重考虑——到时候……万一……可别赖我……

与“领头儿”“抻头儿”有义近之处。

☺ 短不了：duǎn bù liǎo

1. 不可缺少。

如，那个姓郄的教师在考试命题组有个同学，所以代课教师中少了谁都可以，但～老郄，不然，怎么吸引家长和学生啊，老郄就是生源……

2. 难免。

如，既然如此，老郄～要抬高身价，他提出要车接车送，我们也答应了他。

☺ 搭脚儿：dā // jiǎor

指顺道儿不花钱乘坐他人车、船。

如，昨儿个邻居两口子开车去天津玩儿，我～去了天津亲戚家一趟。回来心里总觉得欠人家情似的，不是滋味儿……

☺ 多早晚：duō zǎo wǎn

几时、什么时候。

如，●《石头记》卷七二，"凤姐跟来旺媳妇道，我比谁不会花钱？咱们以后就坐着花，到多早晚，就是多早晚，这不是样儿！"

我说旭日，回头托来旺媳妇跟凤姐债借俩钱儿，～咱们也买一辆，哪怕是奥拓呢，省得坐人家的蹭儿车心里别扭，缺情短理的不踏实……

也说"多咱"。

☺ 多会儿：duō huìr

与"多早晚""多咱"义同。

如，你我双双下岗把家还，莎莎明年考大学，歇菜吧你，等～莎莎挣钱再说吧！再说，油价一路飙升，道路堵塞，连白领儿都说：将来骑车上班吧。所以，等～能买车了，也得瞜瞜上述情况。

☺ 当街：dāng jiē

街道。

如，开学前，有个安徽来的女生在白云路～上被一女二男拦截，劫走8 000多元及手机。当时附近一位趴活儿的的哥给报了警。

☺ 倒忙：dào máng

本想帮忙，反添了麻烦。

如，警察立马儿赶到，见一个人正往胡同口儿跑，的哥蹭地蹿起也帮着追，追到胡同口，的哥车突然熄火了，那警车只能停下来，警察撒丫子去追，的哥此时帮了～儿。

☺ 打挺儿：dǎ tǐngr

1. 身体挺身的动作。

如，沿街跑的一男一女，被一个警察追上，警察一个鸳鸯脚将那男的点倒，不料那小子一～又起来了，警察接着又用了他的戳脚功，那小子起不来了……

2. 仰躺时双腿挺直的动作。

如，这个警察立时把他铐上，拽他起来，他不起来，躺在地上双腿～装死……

☺ 当街当块：dāng jiē dāng kuài

生活在一个街道或同一村庄。

如，到了派出所，那女的突然管逮她的警察叫三哥，说是～的。三子立马儿愣了起来。那女的接着说：三哥，你爸和我妈都在水道子长大，要不是你爷爷反对，他们俩就青梅竹马了呢！后来就各奔东西了。你念初中时，你爸曾带着你去看我妈，还说，他们俩吹了，以后让咱们俩那个，不想我傻，后来让人先斩了……三哥，虽然咱俩未能成眷属，但念往日，彼此～的，再加上我们两家两代人都曾这个和那个的，谅我们又是初犯，你就给说个情儿，哪怕是网开半面呢！一下把三子说蒙了……

☺ 对茬儿：duì // chár

1. 器物摔破或折断后的东西能将破茬儿对上。

如，你还记得吗，你第一次去我家时，我给你递茶，你一接，我手碰着了你的手，你的手一哆嗦，把茶杯掉在地上摔成半拉了，我捡起来，一～说：嘿，用胶布粘上还能用嗨……心里暗想：咱俩的婚事准能～……

2. 想的说的一致。

如，"哦，想起来了，想起来了，完全～，可是我不敢……""三哥，我知你的 EQ 很高，你且听我慢慢给你道来……"

3. 符合实际。

如，你们在光天化日之下，明着大胆地抢劫，触犯了法律……但如果真像你所说的那样，都能～，倒是有从轻情节的……但你要让我私下放了你……那就不是摔破一个茶杯，就是打碎我的饭碗啦！

☺ 抖：dǒu

1. 阔，富有。常指突然发迹而成为巨富。

如，人说婉昀～起来了。她学历不高，却最会穿戴，嫁给金刚石后，自称"白日美人"，穿着日日飙升金价儿。在顶级品牌 FENDI 在九州商城专卖店派对开幕式上，当身着彩色皮草大衣，手拎多彩领潮手袋的女模一路款款走来，在妩媚中涌动春的气息时，婉昀虽身处嘉宾席上，但她着实感受到了～起来的女性是多么雍容高雅！此后她常联想，一个靓丽风情、千娇百媚、情商很高的女人，倘若～不起来，那该是多么残酷！比玛蒂尔德还要痛苦……

2. 一点儿不剩，全部暴露出来。

如，婉昀的钱可用巴士公司大巴拉，钱是坑她前夫马来亚的，而马来亚是个国际军火商……金刚石是当代的白领儿潘安。由于婉昀常不着家，一次，老金急了，说："你别逼我，不然，我把你和马来亚隐姓埋名的事全给你～露出来！"婉昀当然怕他～她老底儿，说："你想以四两拨千斤，不战而屈人之兵啊。当心马来亚要弄你，就跟无意中踩死个蚂蚁一样！"

3. 显示，显示显示，摆，摆摆。

如，●《石头记》卷六十，"夏婆子撺掇赵姨娘，快把这两件事抓住理，扎个筏子，我帮助你作证儿，你老人家把威风也抖一抖。"

此义常说"抖一抖"。有时说"抖抖"。如，你老人家也抖抖威风，让他们瞧瞧。

☺ 大宗儿：dà zōngr

1. 大批货物。

如，●《石头记》卷二四，"凤姐最后答应他，等明年正月里的烟火灯烛，那个大宗儿下来，再派你吧！就这样，贾芸还乐得屁颠屁颠儿的呢。"

你以为你是谁呀？还抖搂呢，你要活腻了你就只管抖搂！再告诉你一条朝日新闻：马来亚最近又出手一～高科技武器零件，他身后那个高居庙堂的家伙，说出来会叫你咧嘴龇牙地叫妈！

2. 大批款额。

如，婉昀继续说，马来亚又将到手一～欧元。金秀才，你是给我扮演影身草角色的，马来亚乘飞机，我有法拉利；你呢，好歹也乘辆丰田，手头儿紧时说话，～的甭想，我给你撒点儿胡椒盐儿，就够你玩儿东方多美佳丽的，否则，那就是你活腻味了！

☺ 打呲呲：dǎ dēi·dei

1. 因为异常寒冷而浑身哆嗦。

如，时隔一天，潘安泡完了多美佳丽，午夜从月朦胧酒店回到鹏飞别墅家里，突然从健身房走出两个蒙面人，将他衣服扒光，把他铐在阳台上，晾着他，冻得他上牙打下牙，一个劲儿～，当他听到屋里还有女人呢喃的欢笑声后，他竟然不～了，一时怒火中烧……

2. 因为异常激动、恐惧或患某种疾病而浑身哆嗦。

如，当他千呼万唤，没人理睬，听到的只是女人娇声柔语做爱的声音时，他被气得又直～，一边拼命挣扎，一边妈的长妈的短地骂个不停……

☺ 道喜：dào // xǐ

贺喜。

如，忽听婉昀娇滴滴地说：IQ很高EQ不足、通古知今、学贯中西的白领儿潘，别老情绪化啦，你该给我～才是，我已有了，当然孩子不会像你，不信，届时可做DNA……

☺ 大面儿：dà miànr

1. 脸面儿，指通常的情理。

如，毕尔说，当时他心想得花几百，谁知那位老人不是见钱眼开、不顾～的人，只收了一张儿，说收这一张是为了提醒我开车不要玩儿飘……

2. 表面上。

如，毕尔说：对老知识人，嘴甜有时还起作用，我一过去就跟他说好话，把他嘴就给堵上了；得，事儿了了，双方在～上还都算是过得去的人。

☺ 大话：dà huà

指虚夸，吹牛，不切实际的话。

如，●《石头记》卷一〇六，“贾政嗔道，放屁，你们这班奴才，最没良心的……大本儿都保不住，还搁得住你们在外头支架子，说大话，诓人骗人……”

☺ 打眼：dǎ yǎn

物非所值。

如，司汤达接着又若有所思地说，“说别的是老谣，我这辆加塞儿的进口本田，希望它三天之内就能出手。”“做梦吧你，就您那辆～的水货，你不落价儿谁买呀，要知道，不太懂行的都会找个掌眼的来……”

☺ 单不棱儿：dān bù lēngr

即单个儿。

如，叫你这一说就得了，哪天没有～来买车的呢？到这儿来买车的不在乎那几个子儿，什么多点儿少点儿的无所谓……

☺ 打痴愣：dǎ chī · leng

1. 形容时间很短。

如，谁知一～的工夫，来两个大同口音的人，只瞅中了迈巴赫，说可惜没有车模……说话就把车给开走了……

2. 一时的发愣，发呆。

如，司汤达望着话音刚落地就堵嘴的迈巴赫空位，一边～，嘴里一边喃喃地说：厉害呀煤老板！我干十辈子也挣不了上亿呀，人家才干二年呐，弄了两个亿，老于说，其实他赚了四个亿也不答应……

与“打愣儿”义近。

☺ 打夜儿：dǎ yèr

打更，值夜班。

如，“哎呀，刚才只顾打迟愣了，应该跟煤老板好好套套磁，回头这儿失业了好去找煤老板，哪怕是去给他～呢！”“人家用你～？你要里通外国，还不把人家坑了，～的都得是心腹，越有钱越贼！”

与“熬夜儿”义近。

☺ 顶嘴：dǐng // zuǐ

对上司或长辈用言语进行顶撞。多指青少年。

如，不过，你有个长处，那就是你当面从来不跟上司～，而背后你什么都骂得出口……

☺ 抖机灵：dǒu // jī·ling

在人前显示自己会来事，比别人能。

如，还有，你在人前爱～，时间一长，人都讨厌你，这是你人缘儿不好的一个原因。

☺ 顶杠：dǐng // gàng

因看法不一，语言相互碰撞。多用于成人之间。

如，你还常跟人～，顶不过了，有时就翻脸，这都影响人际关系……

☺ 挡戗：dǎng qiàng

1. 指所用的比别的得力、比别的强。

如，大兴尽是沙地，车进地里后，后轱辘陷进去了，干打滑……我们趴在地上用手刨，累得浑身大汗也白费劲儿，随后一个农民给我们拿来一把铁锨，嘿，用锨挖起沙子那叫～就甭说了……

2. 指喝了某种东西特别舒坦，非常解气。

如，我们又热又累又饿，嗨，前边路边上就有个支着太阳伞卖饮料的，到了跟前儿，嘿，还有冰镇的什么普洱灵芝茶，一仰脖子一瓶儿咕嘟嘟下去了，就甭提多～啦，不过，就是够贵的……

3. 指吃了某种东西感觉特别解饱。

如，小摊上还卖饼干、花生仁儿一类的，司机二懒说，你们爱吃什么吃什么，反正我吃花生儿，那东西～，拿时候。

☺ 独食：dú shí

只顾自个儿吃。

如，哎，二懒，我现在没工夫吃，你得给我留点儿，别吃～。

☺ 逮：dǎi

揪，捉，抓。

如，那天我半夜三更闹肚子，去门外厕所蹲茅坑儿。忽然随着门一开，"欻"地一下便尿到我脸上，我一伸手没～着他那家伙。那小子没尿完就跑了，可能是大愣子……

☺ 淡嘴儿：dàn zuǐr

指爱说些不该说的事儿。

如，哎，我说你～啦，你老爱提那当子事儿干什么呢？光彩呀，不管怎么说，你也没揪住它呀？

E

☺ 耳挖勺儿：ěr wā sháor

掏耳垢用的小勺儿。

如，用棉签掏耳朵不解气，你给我从早市买个～吧。呦，那您可得悠着点儿！

☺ 儿马：ér mǎ

多指幼小的公马。

如，咳，在早市上看见一辆马车旁边有个小～，挺好玩儿的，什么活物都是小时候好玩儿。

☺ 恶恶实实：è·e—shí·shi

作作实实的，狠狠的。

如，在南戴河，有个卖油杏的用秤搭人，五斤都免点儿，他说七斤，结果让那一家子把他围起来，～地把他骂一顿！

☺ 二道贩子：èr dào fàn·zi

贱买贵卖，从中谋利的商贩。

如，当地人说，那是～，他们破坏了我们本地的声誉。你们还不把他的秤杆子给撅(juē，折断)喽？

☺ 二房：èr fáng

妾，指妻子之外所娶的女子，俗谓小老婆。

如，灵芝说：仙草，你那大肚子爷们儿花着呐，他不但有～，还有三房四房……他还常说，皇上爷有三宫六院，七十二房，我这算屁呀！

☺ 耳软：ěr ruǎn

容易听信故意奉承或用心挑拨的话。

如，有人说，仙草，灵芝知你～，净说些让你起急的话，大肚子是够花哨的，恐怕也没那么邪候……

☺ 二五眼：èr wǔ yǎn

1. 泛指对吃、喝、听、看一类的，持均皆两可态度。

如，"哎，你吃月饼不？吃，就给你买一盒稻香村。""我呀，对那东西～。""喝的呢，核桃露、苹果醋？""对那些东西，更是～啦。"

2. 做不做某种工作皆行。

如，"哎，出版社请你给审阅书稿的事，你倒是干不干呀？""咳，那是干不干都是～的事，你干脆去电话把那活儿辞了吧，我还忙我自己的书稿呢。"

3. 又指能力一般。

如，"有个出版社需要法文编辑，我想让丫丫去试试。""不行。她做德文编辑还可以，做法文编辑有点儿～，嫩了点儿。能胜任则干，不能胜任绝不勉强，咱们不去干那丢人现眼、误人子弟的事！"

也常说"稀松二五眼"。

☺ 二把刀：èr bǎ dāo

1. 对某种工作缺乏理论知识和实践知识。

如，你怎么在六里桥那儿雇装修工呢？那儿揽活的很多是～，有的只见猪跑没吃过猪肉，小心坑了你……

2. 技术不熟练的人。

如，我一瞧他吭哧憋嘟贴墙砖儿的架势，就知道他是个～。半天儿才贴了有两平米，我瞅你还是干脆换人吧！

☺ 二忽：èr hū

1. 形容对人对事心里犹疑，一时拿不准，不能确定。

如，“我看他们俩心地挺好，可干活儿是够笨的。”“叫你这么一说，我心里也有点儿犯～了，要不给他们两个结账？”“废话不是，你问谁呢？”

2. 情绪低落，打退堂鼓。

如，哥，干活时，东家越是站在旁边瞧着，我越心慌，越犯～，越～越笨手笨脚。我还是回到咱那山沟里砍石子儿放羊吧，没准儿像马越夫一样，能砍出个全省标枪第一呢！

3. 怕没指望。

如，得了吧你，人走时气马走膘，骆驼单走卢沟桥。人家老马走运，用石头子儿砍羊，竟然出了名，到你这儿，咳，你不犯～我还犯～呢，瞎掰！

也作“二乎”。

☺ 二娄：èr lóu

指平时连说带笑、撕皮捋肉地疯闹，当着人则更来劲儿，手脚又没轻没重的人。多用于青少年。

如，“大海，你就跟三棱子耍～吧，没人夸你，等闹急了你就该傻眼了！”“傻什么眼，他戴我耳坠子，不还我！”

☺ 耳坠子：ěr zhuì · zi

耳环，泛指戴在耳垂上的美饰品。

如，“嗨，现在的～也是八仙过海，那大的能把狼吓跑了。”“嚯，你也忒夸张了，为什么会吓跑狼呢？”“俗话说，狼怕铁圈啊。你看靠山边儿的农户，墙上都用白灰画着大白圈儿。”

也说“耳坠儿”。

☺ 耳刮子：ěr guā · zi

用巴掌打人的后脑勺儿，即“耳掴子”。

如，是他追尾，谁知他二话不说，上来就搧我一个大～！你不就开辆蓝鸟嘛，牛什么牛？你还远不够中产阶级档次！咱要是不讲法，我也会给他一座五指山，抽他一个作作实实的大～！让他也知道咱这雪铁龙的利害！

●《石头记》卷五九回，“春燕她娘水平真凹，她恨春燕不遂他的心，便走上来打了个耳刮子，骂道，小娼妇，你能上了几年臺盘，你也跟着那起轻薄浪小妇学。”

☺ 耳背：ěr bèi

形容听力差。

如，我一瞧一听，忙打断她的疯话说：伟大的母亲，得了，您饶了我呗，别打岔啦！我又跟那司机讲理，他一个劲儿急赤白赖的打哑声。原来这家伙～，～怎么能开车呢？真是妈妈的咄咄怪事！

义同“耳沉”。

☺ 二青头：èr qīng tóu

形象愣头愣脑，言行强硬、悍横。多指男性青年。

如，二愣子，你怕谁呀？天老大，你老二，整个一个～！粉子胡同过去能搁开一个妃子，如今这块儿搁不开一个地痞～啦！

☺ 二皮脸：èr pí liǎn

称言行不顾羞臊，嬉皮笑脸不怕人笑话的人。

如，他媳妇颜红也是有名儿的～，嘴馋了就往水果摊儿那儿溜达，站在卖枣的那里抓起几个就吃，边吃边走，看准一个中不溜儿的橘子，拿起就剥皮儿……人家说她："哪儿找这主儿的……有你这么尝的吗！"她高兴了就跟人家嘻不溜、嘻不溜一笑，不高兴时就跟人家撇嘴瞪眼。时间一长，卖水果的一瞜见她，就都互相提防着说："搂着点儿啊，～又来了，注意，～来了……"

二百五：èr bǎi wǔ

指往往为博人一笑而逞能，言行鲁莽且不顾后果的人。

如，校场口儿的三棱子也是远近有名儿的～小混混儿，水果摊儿请他出山给看摊儿，想以毒攻毒，谁知他原本就熟识颜红，见了面儿，一个问：咱青头哥哥呢？一个说：怎么，大弟～还盯上红嫂，想跟自己人要混么？水果摊儿一听，说：嗨，瞎菜了，原来～还要给二青头服软儿呢，是一路子的！

讹：é

借故向人诈取钱财。

如，一天，我去给老二看房。迎面走来个外地人，他用胳膊撞了我，然后假装看手表，便说是我把他手表撞得不走了，向我索要100块钱，否则，让我去给他修表。这时又冒出一个帮凶，我知道他们是蓄意～人。趁对面走来几个人，我掏出手机打110，那两个家伙就赶紧往烟袋胡同里溜了。

二意思思：èr · yi sī sī

犹豫不决，拿不定主意。

如，老二也真是的，干什么总～的。去年要买，三楼才一万八一平米，还是现房，今年就长到三万六了，你说，办事～的耽误事不耽误事？

☺ 耳报神：ěr bào shén

借指暗中报告消息的。含贬义。

如，其实当时他在售楼处有个～，说有四套房是给区干部留出来的，一平米12 050元，可有的还不想要，～暗中叫他赶紧托人。谁知他还二意思思，结果过了一天，那四套被别人抢去了，废物不？弄得～也责怪他说，我一点儿什么都没落着，合着我白当贾琏给你通风报信了。

●《石头记》卷四七，"贾母责怪贾琏探头探脑的行为，哪一遭儿，你这么小心来着？又不知是来做耳报神的，也不知是来做探子的，鬼鬼祟祟到吓我一跳。"

☺ 二米子饭：èr mǐ · zi fàn

一般指大米和小米合在一起蒸的饭。

如，二流子一见家里吃～，就蹲盘子、蹲碗不高兴。他妈就数落他：你整天让家里养活你，你倒见行市啦！～怎么啦？你哑巴啦！棱子一见他哥这样，就叫板：嫌～不好吃去吃前门饭店去，你再蹲，再蹲一下让我瞧瞧，找抽哪是不是？

☺ 二愣子：èr lèng · zi

指愣头愣脑，言行猛撞没有分寸的人。

如，二流子一听，指着他兄弟说：你抽谁呀你，你少跟我要～，有能耐跟二半彪子叫阵去！

☺ 二半彪子：èr bàn biāo · zi

1. 指言行没轻没重，不顾后果的人。

如，"老五，你说二愣子不怕别人，怎么偏偏就怕你这～呢？真是一物降一物，卤水降豆腐。""那一次他跟我较劲儿，让我给揍怕啦，胳膊都让我给拧错轴儿啦，后来我叫他蹶着他不敢趴着！"

2. 爱出风头，显示胆大的言行。

如，老五从小儿就特野，动不动就瞪眼，打死架，他凭要～竟然一来二去的混出个地头儿蛇的威风，哥儿们爷儿们的一大帮，张口儿就称捧他“老大”。

☺ 二郎腿：èr láng tuǐ

坐在沙发或椅子上时，将一条腿放在另一条腿上（有时还上下摇晃着）。

如，老大在那一帮子中，常坐在沙发上跷着～慢悠悠地指东说西，还真够谱儿。哏，不过，那帮子也没少唧他。

F

☺ 肥：féi

1. 原指动物体胖膘厚，现多用来比喻人发迹后拥有非常可观的财富。

如，新庄的老六原是一个被基层单位开除的职工，1980年时，靠吃贷款，弄了二三十部大卡，很快腾达为修建三环时市里闻名的运输大亨、红梅酒店总经理，～得流油！

2. 比喻差事油水多。

如，虽如此，老六还常说：我就看郊区卖地的村干部得（děi），如今拿事的都有高档私车，在三环边儿上买楼房、开饭店……连村主任都成了大～差。你看一选村主任，那叫热闹，几个参选人都使劲拉选票。有的村民说：哦，靠我你弄个大～差干，少着你也得给我两千！弄得区上老申赶紧去调研解决。

3. 指红利。

●《石头记》卷一一八，"邢夫人打发人找来了邢大舅来问他，那邢大舅已经听了王仁的话，又可分肥，说得更是天花乱坠。"

☺ 犯不着：fàn bù zháo

不配，没必要，不值得。

如，●《石头记》卷六十，"我便学戏，也没往外头唱去，我一个女孩儿家，知道什么粉头面头的。姨奶奶犯不着来骂我。"

☺ 翻白眼儿：fān bái yǎnr

1. 表示心中不满。

如，蛋蛋，不准你再去网吧。怎么？你甭～，～也不行！

2. 生命垂危时的一种生理现象。

如，谁～啦？～就意味儿子已不行了，要去天人合一的境界了。哪儿有老妈咒磨儿子～的，你要是讨厌我，我干脆不回你们这窝儿好了！

☺ 服软儿：fú // ruǎnr

因故向自己的长辈或他人道歉，认错。

如，"你甭跟我打岔，肥牛城老板向我透露的，说他在楼上见你进出过对面的网吧，你还嘴硬什么呢你？""蛋蛋，别跟你妈顶嘴啦，你妈可要急啦，你赶紧～算了，好汉不吃眼前亏！"

"服软"之间常嵌入"个""什么"之类的词儿。如，"蛋蛋，跟你妈服个软儿，她的气也就消了。""是她没事嘬事，我跟她服什么软儿？""你混蛋！难道是人家老板给你栽赃不成？""他是谁呀他，我怎么不认识他呀，他就那么迷人呀！"

☺ 富态：fù tài

指给人以好感的一种人的外在气质。多用于中老年人。

如，蛋蛋，听二姨的话，不能瞎说，别跟你妈再犟嘴啦，好孩子。那老板是个台商，也是好心，这人看上去很～的，很像你二叔的派头……

☺ 垡子：fá · zi

1. 某一段时间内流行起来的东西，有"一拨儿"的意思。

如，"居委会通知，让去打防疫针呢，说开始闹红眼病啦！""刚闹完鸡瘟，又该人了，这又是一～呀！"

2. 也含某一时段、一阵子的意思。

如，小蛋儿，回头给你大姨打个电话，就说眼时闹红眼儿病，等过了这～，我再去看她，跟她说，没有别的意思。

☺ 呋囔呋囔：fū nāng—fū nāng

1. 形容人吃东西吃得很香，动作连续、迅速。

如，你看傻柱子，～吃得多带劲儿呀，就像三天没吃饭一样！

2. 也常用来形容猪狗等家畜吃食迅猛。

如，一到给猪开饭的时候，你瞧吃得那叫狼虎，那些家伙～的连头儿都不抬，咚咚咚地往下吞，像饿疯了！

☺ 分：fèn

1. 指高等植物分蘖。

如，现在栽的是六七棵，只要地有劲儿，每一棵都能～出两棵来。

2. 引申为一个家庭演化出两个以上的家庭。

如，"眼下房价儿一直飙升的原因之一是：就像稻子分蘖一样，原本一个家庭，现在又～出一个或两个来，特别是小年轻儿的，还都要住得宽敞些。像颜如玉，大学刚毕业，就和金童贷款买房，所以房价儿怎么不一个劲儿往上蹿呢？""咳，蹿得越邪乎越好，邪乎本身就意味着它将要下滑。""你得了，以后每个家庭老往出～，房价儿只有上蹿没有下滑的日子，何况外地阔人都往北京挤呢。"

☺ 分儿：fènr

程度。

如，金童像宝玉一样，净爱看些歪魔邪道的书。一次，他指着《石头记》卷八二说：你瞧这代儒，净干宝玉心烦的事，要求什么"明日我倒要你先讲一两章书我听，试试你近来的功课何如，我才晓得你到怎么个分儿上头。"哈，这代儒还真较真儿，他把自己当成一个会号脉的中医了，人儿能，学习得凭兴趣，懂不？

☺ 饭桶：fàn tǒng

形容人饭量不小，但不管干什么都很笨，没真本事。

如，宝玉心里说：你这个儒家的代言人，还甭考查我到什么分儿上，我对你教的功课没兴趣。充其量你背后咒骂我是个大～罢了，反正工钱一个子儿都不会少给你。

☺ 疯魔：fēng // mó

1. 对人对事入迷的程度深而表现异常。

如，人家歌儿唱得好，挣钱多。可你扯着嗓子穷喊还不够，还一个劲儿拍屁股，真是～了！

2. 癫狂或任性惹事的行为。多用来形容青少年。

如，“你用你那破夏利别人家歌星的保时捷干什么？～了你！”“什么叫～啊？我白把手拍得生疼啦，让她签个字呗！”“那你就愣别人家？把人家惹急了，你吃不了兜着走！说你～那是当今富人的一句平常话，不叫保镖的剋你就不错了。”

3. 常用于一时恼怒的口语中，以示责怪心态。

如，●《石头记》卷二一，“你没见凤姐嫌平儿、贾琏在屋子里就吃醋，平儿赌气儿一径往那边去了。凤姐自掀帘子进来说道，平儿丫头疯魔了。这蹄子认真要降伏起我来了，仔细你的皮要紧！”

☺ 发憷：fā // chù

提起某人某事，因恐惧而言行畏缩。

如，说起凤姐，下人谁不～？丫头们当凤姐的面儿谁敢跟贾琏飞眼儿？平儿背后敢骂凤姐，不～，也是因她的身份不同。

☺ 方人：fāng rén

一种缺乏科学依据的传统说法，多指(女)人的命运不好，会给他人带来不良影响。

如，都说小丫儿命不好，有的人家儿说她是扫帚星，会～人，不愿娶她。

☺ 犯事：fàn // shì

指做了违法的事而被官方缉拿。

如，平原西里的二胡说，哪儿那么多穷事门子呢？我要她，我不怕她方我。谁知过了年，二胡就～了，刑警尾追到新疆喀什，把他从草荒里给拖回了北京……

☺ 忿忿儿：fèn fènr

遇事生气，气得大有憋不住的样子。

如，她妈埋怨小丫儿，小丫儿低头不理。她妈气得～地说，我成了赵姨娘了，啊？我走人！一甩袖儿，拔腿一阵风儿似的就没影儿了。

●《石头记》卷一〇〇，"探春听着毫无道理，只低头做活，一句也不言语。赵姨娘见他不理，气忿忿儿的自己去了。这里探春……也不过自己掉泪而已。"

☺ 放晴：fàng qíng

阴雨后天气转晴。

如，这天儿，一连下了三天大雨，今儿个才开始～，再不～柜子里的衣服都要长绿毛儿了。

☺ 粉：fěn

1. 怕潮湿的块状物变成粉末。

如，下了几天雨，你那堆石灰块儿有的都～啦，快揭开塑料布晒晒吧！

2. 用石灰类刷墙。

如，是呀，我正想用它把楼道墙～一～呐，不然就都白糟贱啦，怪可惜了的！

☺ 放下扒子就是扫帚：fàng xià pá · zi jìu shì sào · zhou

形容忙，搁下这活儿就干那活儿，没时闲儿。

如，“老成，你这人～可真够忙活的，注意身子骨儿，别累着。”“咳，我这人天生受累的命，一闲下来就该闹病儿啦。”

☺ 发送：fā · song

指打点死者，办丧事，出殡。

如，●《石头记》卷九八，写林黛玉“魂归离恨天”。“王夫人劝慰贾母，林姑娘是老太太最疼的，但只寿夭有定。如今已经死了，无可尽心，只是在葬礼上要上等的发送。一则可以少尽咱们的心，二则就是姑太太和外甥女阴灵儿，也可以少安了。”

发送的“发”，口语里读二声，亦说“发丧”。

☺ 飞眼儿：fēi yǎnr

多指女者以眼神(秋波)向对方传递好感与爱意，用于青年男女之间。在旧社会，“飞眼儿”含贬义。如今，“飞眼儿”是自然的正当的，常为一种爱情初始时的幸福享受。

如，“我看出来了，你们的魏紫净跟姚黄～，不过，十六七岁的人，这关系能维系到底吗？姚黄好像还有点儿害臊呢！”“那是他家教严，年幼初恋的一种心理反应，他是个好孩子。”

☺ 发毛：fā // máo

1. 心里恐惧惊慌。

如，姚黄说：一开始，魏紫那眼真厉害，把我看得真有点～，随后，她抱着我就吻……再后来，我也就不～了，反倒老想她……

2. 因气恼而发火儿。

如，●《石头记》卷七四，"尤氏心内原有病，怕说这些话，听说有人议论，已是心中羞恼，只是今日惜春分上，不好发毛，忍了大半天。今见惜春又说这些话，因按捺不住……"

☺ 发烧：fā // shāo

比喻有病高烧时所说的迷糊话。常用来嘲笑人。

如，前些天魏紫随父母去云南旅游八天，我一张口儿就是"八年"，提笔就是"魏紫"，同学纷纷摸我脑门儿，笑问："你没～吧？"

☺ 福地：fú dì

即本地的，本土的。

如，魏紫从云南带回儿捆竹叶子，给我两捆儿让我妈包粽子用。我妈说，外地竹叶子不如～的苇叶子，回头咱去白洋淀玩儿时擗些苇叶子，那儿离北京挺近的，也算是～的。我说：她带回来的怎么会不好呢？您真是的……我妈说：魏紫买来的就那么好？怨不得你的同学说你是她的粉丝！我说：魏紫是～人，您该没挑儿吧，粉丝其实是不论～不～。本·拉登还是是美国 CNN 王牌主持人拉里·金的忠实粉丝呢，据说他是个电视迷。

☺ 肤层儿：fū céngr

指表层儿的。

如，姚黄问她：你老妈平时爱吃什么，我得带点儿她喜欢吃的呀。魏紫说：她爱吃山西的大枣儿和生落生仁儿。姚黄买落生仁儿时说：

师傅,你把～的拿称盘子刮开,我要底下的。卖落生仁儿的说:就是～的也没爆腾上尘土,这是我刚从口袋里倒出来的……

肥贼大胖:féi zéi dà pàng

形容人的身体又粗又胖,胖的醒目。

如,姚黄说:师傅,您该减肥啦,得有二百来斤了。卖落生仁的说:如今上二百斤的～海了,你说也邪了门了,这年头儿该肥的不肥,不该肥的,倒肥得冒油儿……

疯:fēng

1. 玩儿,闲逛。多形容青少年的言行。

如,魏紫说,我一出去找你玩儿,回来,我妈准问我:你又上哪儿～去啦?

2. 指言行很“野”,近似狂癫、失常(痛快、开心得出了边儿)。

如,我说:先爬万寿山,后去动物园瞧老虎去啦!她就说:你就～吧你!你要～得出了事儿,给我堵了嘴,我就不让姚黄进我家门儿!来了,我拿棍子把他打出去。我说,我又不像贾宝玉,您怕什么呢。

●《石头记》卷六二,“宝玉笑道,我可不疯了,往虎口里探头儿去呢!”

3. 一切生物生长到某个阶段,由于主客观原因,而发育生长的速度异常惊人的生物现象。

如,老妈,所有的生物发育到一定时期都要～一阵子,你瞧院里那棵桃树,您净往树底下倒什么洗肉、洗鱼水之类的,您瞜瞜,那树的枝叶都长～了,还结什么桃儿呀;再说,是成人都～过,像您,您不～怎么还插着队,就在远离北京的农村窑洞里生了我呢?我瞅这种～要一代传一代,永恒下去的,等我和姚黄的儿女长到我这个岁数,嘁,不用说,也得～,说不定～得还超过了我呢!这,是永恒的,没治……

肤皮蹭痒儿：fū pí cèng yǎngr

多用来比喻所说的话无关大碍，不触及实质。

如，魏紫这种观念令她妈一时愣愣磕磕，她竟然没发脾气，只是痛有所思地～地数落闺女几句忒没礼貌、忒没规矩的话，便进里屋去了。这～的几句也令魏紫颇感诧异……

翻儿：fānr

指急了，发怒，变脸。

如，魏紫想：我想我妈听了一定跟我～，平时你顶撞她一句，她说～就～，何况她现在正处在更年期呢？今儿愣没～，怪，怪哉，准是事出有因……

风言风语：fēng yán fēng yǔ

客观上的议论，传说。

如，她妈说，我就喜欢湘云，她懂事儿。昨儿看到●《石头记》卷三二回，"那宝钗曾跟袭人说，你虽是个明白人，但不会体谅人。我看湘云姑娘的神情，风言风语的，听起来在家里，一点点做不得主……可你呢，二皮脸，在家里为王，气死人！"

风凉话儿：fēng liáng huàr

带有嘲笑、挑事、煽动意味儿的话。

如，小红妈说，小红吃烂带鱼吃得拉肚子，躺在床上哼哼唧唧，这真是没病找病儿。针尖儿说，嗨，钱省下了啊，不然，不得多花十块八块的。小红妈说，去你的，你就会说～，什么时候改改你的臭毛病！

发火儿：fā huǒr

心里起急、发怒。

如，针尖儿说："我说的是实话，怎么倒成什么臭毛病了呢？告诉你，以后你少给我扬名！”“嘿，没瞧出来，你还真～了，你少来这套，有火儿跟你那个废物发去！”

☺ 废物：fèi・wu

特称没能耐，干什么都干不好的人。

如，我们那口子是没什么大本事，可你身边的大肥鸭子呢？名义上是个木匠，可连个风门子都做不好，老得修。他不～？别老鸹落在猪身上，只瞧见人家黑看不见自个儿黑！

☺ 风门子：fēng mén・zi

一进房挡风的门。

如，小红妈说，你要愿意跟我逗咳嗽，把～关上，咱们屋里说去。

G

☺ 够：gòu

1. 腻透了，永远不想吃某物。

如，一次，二老头子把我叫去吃他做的驴打滚儿，因他舍不得多搁红糖，忒腻人，从那儿以后，我再不想吃驴打滚儿，实在是吃～了。

2. 腻透了，永远不再想做某事。

如，我妈说她年轻时给人做针线活儿都做～了，现在一提起做针线活儿，就脑浆子疼。

3. "够够"重叠，进一步强调"够"的意思。

如，"咳，买驴打滚呀"，"不不不，一提起它，我就～～的了。"

4. 距离远，接近不了(liǎo)。

如，"小康儿，你把那碗水煮鱼往你大姨那边挪挪，她～不着。""行啦，别挪了，回头烫着，我能～着。"

☺ 够瞧的：gòu qiáo de

1. 表推测：对于某种工作恐怕难以干好。

如，二康要去雨来中学教书，有人说，十年前你教过几天儿中学，学生对你反感，自个儿也烦教书，就被教育局调去管人事。现在想去雨来挣钱，我看～，首先，那校长挺个性，这一关你就过不去……

2. 表判断：对于某人(或某事)恐怕管束不了。

如，"二康有个刚交上的女朋友，在雨来教外语。所以他去雨来是为磨腻女友江水寒。""呀，江水寒哪，那是我们系的系花儿，就凭二康那模样儿，他媚不住江水寒，我看他～，没有自知之明，俩人肯定是剃头挑子的扁担，长不了。”

3. 表肯定：指脾气大。

如，我上江水寒家去过，她爸那脾气真～。一次，我进门儿没叫他，嚯，他就马上甩咧子，说我没教养，忒可怕……

上述，与“够戗”义同。

☺ 概儿不论：gàir bù lùn

一概不管你是谁(或什么事儿)。

如，江水寒说，系上何秘书去她家，想讨好老爷子。她说她给那个秘书沏上茶后，那位秘书没见机给老爷子满水。我爸的脾气是～，立马儿拿起茶壶给自个儿满上后，端起茶碗就进自个儿屋里去了，把何秘书给晒在那儿了……

☺ 该干嘛干嘛去：gāi gàn má gàn má · qu

不愿理睬，将人轰开的意思，比说“滚(蛋)”轻一些。

如，一会儿，何秘书站在他门口儿轻声细语儿地说：大伯，我去给您满满水？我爸说，算了，你～，我要躺会儿。

☺ 赶明儿：gǎn míngr

明天。

如，艾叶儿，～就开学了，没做完的作业，赶紧着补完，省得～挨说。还有，该念的课文念过了吗？

☺ 过儿：guòr

遍。

如，我都念过几～了，念得够够的了。

☺ 过午：guò wǔ

中午以后。

如，我说她爸，～咱们给艾叶儿买件羽绒衣去吧，现在要开春了，该便宜了。干嘛～去呀？现在就走。

☺ 骨节儿：gǔ jiér

1. 骨头与骨头相接的地方。

如，“哎哟喂，老妈，我这大拇指～怎么疼啊？”“瞧你邪乎的，来，老妈给你揉揉。”

2. 棒子、高粱、甘蔗、竹子类一节儿与一节儿相接的地方。两个骨节儿中间部分为一段儿。一段儿也叫一骨节儿。

如，老妈，买根儿甘蔗吃吧。卖甘蔗的说：来，小朋友，我给你挑一根儿～长的。

☺ 鼓账：gǔ zhàng

指落生（花生）、豆角儿类里边的仁儿长得饱满。

如，走在路上，碰到一个卖落生的，章君问，这落生怎么卖？卖主儿说，三块一斤。章君说，得啦，干脆十块钱四斤吧？卖主儿说，行。章君就捡～的挑。卖主儿也动手帮她挑～的。章君说，你这卖落生的还真够意思。卖主儿说，天傍黑了，卖完您这份儿我该往回蹽了。

☺ 够意思：gòu yì · si

不错，挺好。表示满意。

如，章君觉得很便宜，一边挑一边说卖落生的～，挺实在，挺憨厚。

☺ 干拦儿：gān lánr

只，单，只管。

如，“我说魏紫你别净～买山竹哇，买点儿红毛丹、莲雾什么的，花花搭搭的多买几样儿。不然,你就叫姚黄～吃一样啊!""这是准备去他家给他爸买的,他说他爸就爱吃山竹。""咳,那也不能～买一样儿……他倒会吃……"

☺ 拐孤:guǎi · gu

性情乖僻,古怪。

如,"他说他爸～着呐,比您还怪。""哼,你这丫头,怎么碰上那么个～公公呢?""姚黄说他爸插队插的,有个姓紫的女生把他甩了,把他刺激得差点儿跳悬崖……""啊?他爸爸叫什么呀?""啊……我没问过名字……回头你问问。""你这丫头!"

☺ 嘎杂子:gǎ zá · zi

1. 称谓调皮的青少年男孩儿。

如,我一站起来,突然感到裙子被什么东西冷不丁儿往下一扯,我心里当时忽悠一下。嗨,谁知是我那小侄子洋洋把嚼完的口香糖事先给我放在椅子上了,你说这～嘎不嘎,今儿个这小～跟我干上了!

2. 冒坏(出"嘎"主意治人)。

如,天快黑时我说该家走了,再找我的那双小脚儿绣花儿鞋呢?厅里没有,它还能长翅膀?哪儿知道它在卫生间的墙上,尖儿朝下贴墙挂着呢,活像两枚时刻待发的微型导弹,你说他～不?我说:你小子真活宝够嘎的,将来考北影吧!

使用此词常是似贬似褒或形贬实褒,说者并无恶意与恶感。此词多用于调皮的小男孩儿,不用于男性中老年。

☺ 旮旯儿:gā lár

1. 黑暗的犄角处。

如,你听,墙～那只蝈蝈儿叫得多焦亮!

2. 指偏僻背静之地。

如,如今在偏远背～地方的小伙子很难找到媳妇了,因为那些地方的女孩儿大都去城市打工去了。小子们也憋不住了,也离开背～,追到城市,所以,一些农村净剩下老弱病残了。有人站在荒芜的庄稼地头上喊:祖宗呀,没人管你啦,爷爷呀,救救犄角～的老农吧!

☺ 旮旮旯旯儿:gā·ga lá lár

1. 没人去或没人注意的犄角儿处。

如,"既使山野村姑,一到大城市开放得快着哪!五六十年代的青年男女,即便在～的地方,憋红了脸也很难直接说出'我爱你'来;如今的青年男女,在公交车上、马路上激情便公然燃烧,就跟身处～一样。我们家雇的翠绿儿刚来时傻不愣瞪,一个月过去就描开眼睛了,捯饬起来啦!"

2. 到处。

如,翠绿儿刚来时见了蟑螂就用手去捏,她不怕。她说,这小爬爬儿怎么～全是啊?咯咯囔囔还怪膈漾人的!

与"旮旯儿"义近。

☺ 嘎渣儿:gā·zhar

特指被烤焦的粘在锅上的薄层食物。

如,翠绿儿是从吕梁山里来的山姑,有时我说你把锅上那粥～给我铲下来,我爱吃它,她反倒笑我老农老赶呢!

☺ 生古:gǎ·gu

1. 事情的发展令人莫名其因,让人犯疑、恼火。

如,"官司打到今天这个地步,愣是我败诉,实在让人感到～!他妹妹儿的,我李铁拐活到今天竟碰到这样的～事。区法院硬跟着私企老板信口雌黄……""你～什么呀,明摆着是你没理吗。"

2. 人的脾气乖僻。

如,生理有缺陷或心理有毛病,有的脾气就有些～。所以,李铁拐说不说就拍桌子瞪眼走极端,咱不该跟他较真儿。更何况他有他的窝心事呢！

☺ 干：gān

特指慢待人，令人身置尴尬之地。含有“晒”人的意思。

如，屋里原本有几个人聊天儿，李铁拐一进来，几个人就都找褶溜子溜出去了，把他一个人～在了屋里，李铁拐能有好气儿吗？

☺ 鼓动：gǔ dòng

煽动，怂恿。含贬义。

如，●《新唐书》卷一六五，“皇甫镈奏：边鄙无事，乃群鼓动，欲以买直，归怨天子。”

甭问，领头儿的准是陈胜，李铁拐的后代。

☺ 咕容：gū·rong

1. 动物缓慢行动。

如，芳芳，你来看我后背上有个什么东西在～，是毛毛虫吧？

2. 比喻车、船、人等行动特别缓慢。

如，1963年夏，保定北边那一段路被大水冲了，路轨刚修好，火车走到那儿，跟毛毛虫～差不多。

常重叠为“咕容咕容”。如，那车咕容咕容的，大伙都跟列车员说，还不如让我们下车步行走过这一段儿，也让大伙儿散散心，多好哇！

又说“咕咕容容”。如，车依旧咕咕容容的，跟没动换一样，心里这个着急！

3. 因嘴里含着东西而嘴常动换。

如，李牛，你坐在那儿眼盯着我，嘴里老～什么，骂我呢是不是？

哏儿：génr

说逗人而不伤人的或俏皮的话。

如，“哎呦喂老师，您真～！李牛眼盯着您，说明他没想鸿鹄将至，专心听讲；他嘴里咕容是他在一句一句记忆您讲的话，他才是您的得意门生呢。”“行了，你别贫别裹乱啦！我看，说明他的嘴正肆无忌惮地报复一块儿口香糖！”“呦喂，我说师大姐，您怎么这么逗哇，真～啊您！”

裹乱：guǒ // luàn

添乱、掺乱之意。

如，张震方，你不要～，这是课堂上，贫嘴呱舌你，还考北大呢，能考上北师就不赖了你！谁是你大姐？再～你给我出去！

干哕：gān · yue

1. 妇女怀孕后的一种生理反应。

如，小柳儿那天直～，肯定是有喜啦……

2. 恶心呕吐。

如，不见得吧，我上周在那家饭馆儿吃出一个大绿豆蝇来，随后就～起来，难道我这过了岗的老婆子也是怀孕了？

咕哝：gū nōng

小声儿嘟囔。

如，●《石头记》卷八，“黛玉一面悄推宝玉，使他堵堵气，一面悄悄地咕哝，说别理那老货！”

你听，这黛玉的嘴也忒那个了，人家宝钗嘴就不会说出这样让人厌恶的话，你嘴这样，又没父母护着，谁不撇你的嘴呢？最后怎能不让凤姐出馊主意给掉包儿了呢……

也常重叠说“咕咕哝哝”，如，行了嗨，你别咕咕哝哝没完没了啦……

☺ 刮吃：guā · chi

1. 向亲近的人磨蹭、讨要钱物。

如，三虎，你们俩口子一个月也合三千来块钱哪，怎么还老不够用的。你三天两头儿来～我，我没开银行！

2. 一种刮掉物体表面上的东西的动作。

如，"老爸，我把地砖上的油漆点子～～吧，多难看呢。""嗯，这还差不多，干完了活儿再～我，也让我心气儿顺一点哦！"

☺ 估摸：gū · mo

斟酌，想，那嘛。

如，我～颜如冰不会同意，人家还要读研呢！再说，她原本就特疯，听说她上大一时就常在男生宿舍留宿，谁愿意要她老油条！

与"掂量""琢磨"义同。

☺ 姑奶奶：gū nǎi · nai

称谓与自己关系密切或虽无关系，但很熟识的晚辈女性。常用于生气或有所感叹时，前边往往加"小"字。

如，天呐，～，人说你上大一时就常到男生宿舍去住，小～，你让人家别的男生怎么睡……哎呀呀，那还不乱了营儿啦……

☺ 挂幌子：guà // huǎng · zi

1. 多指面部某种记号或伤痕类。

如，●《石头记》卷二六，"薛蟠见他面上有些青伤，便笑道，这脸上又和谁挥拳来，挂幌子了？"

2. 指脸上某种表情。常指噘嘴不愉快的。

如，宝玉出来一看，麝月脸上还～呢。宝玉说：你怎么还流眼泪了呢？宝玉又瞧着芳官说：你脸上～我知道是他们把你隔肢疼了，以后别这么闹了，不然会闹急的。

☺ 鼓捣：gǔ · dao

1. 来回翻找。

如，你在西屋里～什么呢？书都让你给翻遍了，你有几本新书哇？

2. 反复摆弄，钻研。

如，你老～那水箱儿干什么？不怕浪费水？……嗨，你别说，这节水器就是他发明的，还真没白～水箱儿，练出一门儿手艺来！

3. 也指有意煽惑。

如，●《石头记》卷七七，"王夫人斥责芳官，上次放你出去配人或学点儿真手艺你不去，理该安分守己才是，你就成精鼓捣起来，调唆宝玉无所不为！"

☺ 归类包堆：guī lèi bāo duī

1. 人的总量。

如，参加婚宴的～就四十几个人，有三辆面包车就够了。

2. 物类的总量。

如，饮料多少，你看着办。我想～有七八箱也就足可以了。

☺ 个色：gè sè

言行特别，性情乖戾，不合群。含贬义。

如，贺驴那小子，忒孙子，太～，说不说就瞪眼、骂人，一说就是：是骡子是马，咱们拉出去遛遛！其实谁怕你呀，只是好鞋不趟臭狗屎，宁跟明白人打顿架，不跟混蛋说句话罢了，四十多了，还是光棍儿一条柗呢！

☺ 各：gě

1. 人之言行与众不同，性情个色。含贬义。

如，要说～，老胡比贺驴一点儿也不眼呜。有一回，他媳妇说，你怎么不洗你的裤衩儿呀？你猜他怎么着？他一手拿起剪子，一手提着裤衩儿，还慢儿慢的，把裤衩儿剪成一条儿一条儿的，把他媳妇给气得愤儿愤儿的就甭说了！

2. 物类表现特殊。

如，老胡养的大白猫也特～，它逮住耗子先跟耗子逗着玩儿，然后把耗子再放了，久而久之，耗子便跟它在一个碗里争食吃，你说这猫～不～？

☺ 够呛：gòu qiàng

1. 形容难度大，没把握。

如，1992 年我们去西京，找到马坊门房地分局，还查出洪巧云这个名字，名下还有 160 多元的租金未领。一位刘老科长说：南院门民光影院对面的一座二层小楼和一片平房是 1968 年拆的，当时我在场。省建设厅在 1980 年是登报说明了，像你这独生女，应该给你一套住房。但都过去这么多年了，即使你把腿跑细了，要想再要回一套房，哎呀，反正我看是～！我的同学也说，你别妄想了……我也是想而生畏，知道～。可是，我干了一辈子，只落得一套 60 平米的一楼两居啊……但我终于在大家感叹～的绝望中，不得不做出无聊而乏味的奉献！

2. 目的并未达到（或达到），却使精疲力竭，深表感叹。

如，有的同学不死心，暗中为我跑了一年半也没跑出个眉目来，最后说："老同学呐，实在～哦，这份儿气就没办法喘啊，老同学，除非省长是你表弟，否则，这套房算彻底瞎迷啦！"2008 年我们去西京，不但没有马坊门房地分局了，连马坊门这个地名人们都不知道了。

☺ 硌硬：gè · ying

内心讨厌、腻味的熬头。

如，"心里烦，做梦也～人，那天梦见一个被害的都烂了的女人，脸上的蛆咕嚷咕嚷的乱爬，咸臭咸臭，心里一～就醒了……""这事是挺～人的。"

☺ 狗尿：gǒu sóng

爱冲动，脾气暴、生硬。贬义色彩浓，近于骂语。

如，“您还跟我要人呢，从今儿起，我张扬扬不认识你闺女！”“张扬扬你还说呢，要不是你的性情～，我家飞飞怎么会飞了呢？张扬扬，你改改你的～脾气吧，你的～也忒伤她心了，难道你真愿意跟她吹了吗？”

☺ 过得着：guò · de zháo

1. 表示彼此之间友谊深厚，不在乎双方来往的钱物破费。

如，说真的，咱们两家老辈子就在这条胡同住，彼此了解，谁家有了大事小情，花多花少，咱们～，从不动心，这回这事也跟飞飞处理不当有关……

2. 彼此有事不藏不掖，相互说明。

如，扬扬，让我说你几句吧，你怎么能一听说她要去车站送她表哥你就吃醋汆了呢？还说跟她断绝关系呢？你想，你们的事儿因双方老家儿～，早心明肚知。你和她是青梅竹马，事儿早已公开。莫泊桑说：初吻决定女人的一生。而你近水楼台，早就决定飞飞的命运啦，可这回你竟学着慈禧的话说：谁叫我一时不痛快，我就叫他一辈子不痛快！这也算～？能不坏醋吗？你，你……你也忒小心眼儿啦……

与之意思相反的是“过不着”。如，从双方老家儿来说，如果不是彼此相知，要是过不着，你和飞飞爱青梅不青梅，爱竹马不竹马，想要我闺女，没门儿，一边儿去！

☺ 嘎奔儿：gā bēnr

1. 意为“死不了的”。一般的责怪骂语。

如，哦，我说他这两天出来进去一脸的桑木神，愁眉苦脸的，原来……他大婶，我相信你的话，扬扬，你小～的，你必须给我向飞飞赔不是！

2. 人死的意思。含憎恶色彩。

如,“扬扬,你上哪儿～去啦? 让我这找你劲儿的”。“您甭咒骂我嗨,我也活腻了,现在我就给您磕仨头,谢您养育了我,妈,明儿我就～在车轱辘底下,您就等候丧信儿吧……”“哎哟,妈的好儿子! 你可别犯傻,妈回过味儿来啦,可别吓唬妈,妈是你亲妈……”

☺ 过家家: guò jiā · jia

幼儿的一种玩法,指四五岁的小孩儿在一起模仿大人“过日子”的情景。

如,扬扬,妈的亲儿子,你可别让飞飞扬长了。你忘了你们小时候在一块儿～的情景啦:飞飞总是跟你一块儿“过日子”,真跟小两口儿一样,为了争你,她常和小黑丫儿、毛毛虫干架;大了,她也常三天两头儿找你一块儿做作业,那时我就看出那是幌子……说来你们俩不容易啊! 扬扬,忘记小时候在一起～的纯真情景,就是意味着背叛!

☺ 归置: guī · zhi

把零乱的东西加以整理。

如,扬扬最近变成邋遢鬼了,这间屋子多脏乱哪,明儿个好好～一下。

常叠用:如,扬扬,打起精神,把东西～～,也给人一种干净利落的印象嘛!

☺ 嗝儿屁: gér pì

1. 形容所憎恶的已死。含幸灾乐祸色彩。

如,小人得志便张狂,很快恶报临头。那个报复成性、阴损歹毒的家伙～啦! 咳,要不是苟长里给他什么特批 100 多万药费,他早就～了。苟长里为什么要给一个中学校长特批呢? 咳,投之以雪花儿银,报之以灵芝粉呗! 麻皮算的是战略账,谁想到……

2. 诅咒语。含憎恶色彩。

如,麻皮最后又转回通天医院,在床上捯气儿时,还有人闯到他床前,指名点姓地骂他怎么还不～呢？足见他早先用心险恶、恶贯满盈了。

口语里“嗝”字儿化,读三声。此语多出于男性青年之口。

也说“嗝儿屁着凉”。如,一下官问一公公:李莲英呢？公公回答:他～了。

☺ 个儿:gèr

1. 形容动物的大小。

如,论～,那只纯种成年藏獒的～赛过狮子,真叫虎势,据说,三只狼也干不过它。

2. 指人的身材高矮。

如,犬业公司老板～不高,但 EQ 发达,特别精通养犬门道。

3. 对手。

如,老板从武术队请来一个武艺非常棒的武爷看门儿护院儿,武爷是河北邢台人,精通戳脚拳,就是三五个人你也不是他的～,你就根本傍不了前儿!

4. 指东西的大小。

如,武爷讲的条件是吃食不论好赖,但每天必须供他十个柴鸡蛋,他要生喝;他说,咯咯嗒下的比一般的～小,皮儿薄,好认,谁也蒙不了他。

☺ 盖搂:gái lou

搜寻钱物并将其化为己有。

如,“你今儿个来～点儿,明儿个来～点儿,我这儿的东西不够你～的啦!”“二姨儿,我～半天也不值您那藏獒的一只耳朵呀……”

口语中的“盖”读二声。

☺ 该着：gāi zháo

1. 令人难以断定的情况居然出现，表示天理必然之意。

如，19 万现钞能失而复得，可谓是失主～碰到一个人品高贵的东北拾荒老人，若是碰到一般人，甭说 19 万，就是一张儿也得瞎迷了。

2. 出现了某种意外而又无可奈何。

如，说到捡钱，咳，那天，就差几步远，那张红彤彤鲜艳大票子就让人家弯腰捡起来了。你说当时怎么不朝我跟前刮来一阵小风儿呢？真是～人家走运！

☺ 箍着嘴儿：gū·zhe zuǐr

比喻人都闷儿着，不吭气，不说话。

如，我说大伙儿别都～闷儿着呀，我不是说了要畅所欲言嘛！快，大家都来唱唱 19 万失而复得一类的主旋律，别老盯着什么披金挂银的，什么小鸡儿大鸭子啦，或者拿起笔来就添乱啦……快，老～不是白白地蹉跎光阴嘛！说翻脸就翻脸、要狗脸的年代过去啦，没必要见了绳头儿就害怕……

☺ 狗脸：gǒu liǎn

1. 比喻某种人性情怪异，说翻脸就翻脸。

如，原来慈禧那主儿是～，敢情她说翻脸就翻脸！咳，还不是长期以来众星捧月捧的。

2. 形容人极端自私，触之则怒，怒则六亲不认。

如，她好大喜功，是集历代帝王之大私于一身的独裁者 。嘴上说得比宫廷内外戏班子的名角唱的要好听得多，可你不能批逆鳞，别触犯她的意见，不管是谁，一旦不合她的心欲，便～一翻，把你整得死去活来，实际上是个唯我独尊、拿人命当儿戏的家伙！

☺ 挂落儿：guà làor

1. 树上被遗下的果实。

如，哇，熊哥快停车，你看那棵柿子树上还有几个～，跟小红灯笼一样，多好看，我得把它拍下来！

2. 便宜。

如，熊总，今儿个您请冯局，我也跟着沾了～，日后我必尽地主之礼。

3. 连累，受影响。

如，早跟你说过，跟老熊只能敬而远之，你就是听不进去，这回他手下几个进去了，你也跟着吃～了吧？

☺ 敢情：gǎn·qing

1. 原来，原先。

如，呦，～你和小马儿早就认识呀，你俩可真能装蒜哪！我认得他，还是小马给冯大人当警卫的时候。那时～会骑马的人不好找。小马就钻空子、滥竽充数，从那时起，小马就走起红运。不信，你去看老舍《我这一辈子》。

2. 太，忒，非常。

如，有小马儿帮忙，那～好了，事成真得好好谢谢他。

3. 表示赞同，也相当于"太"。

如，"我这套经济适用房，要不是马主任帮忙，就泡汤了。""～是，他一努嘴儿，开发商就得想法给您差掇一套！"（"敢情是"的"是"在这里是"对、正确"的意思）

4. 发现，发觉。

如，迁到五环边上三年了，压根儿也没进城，昨儿个到虹桥那一片儿转了转，马路是宽了，敞亮是敞亮了，可心里空落落，像丢了魂儿似的。回来反复咂嘛滋味儿，原来～是老北京的味儿找不到了。也怪，老觉得那时的日子过得有滋有味儿，～这就是怀旧……

☺ 共话：gòng huà

说话。常用于否定式。

如，说什么呢你？他恋旧跟我有什么关系，我和那糟老头子早就不～了，他爱丢魂儿不丢魂儿呢！

☺ 过后儿：guò hòur

事情过去以后。

如，“我妈还总抱着过去不放，一天，她裤子都被一个骑车的小青年儿给撞破了，围观的都让那人掏钱或带她去医院，她看那年轻人掏出一把——也就是几块钱，便可怜了人家，说算了，放那小青年儿走了，可～谁认识谁呀？有人说这老太太是冤大头！”“我原本就没想他～会来看我，要做好事就甭图必有好报。”“行，您真行，高，您真高，高家庄！”

☺ 管儿痨：guǎnr láo

1. 称患呼吸系统病症的人，也指身体不好、很娄的人。厌恶、诅咒色彩浓烈。

如，他爸的身子骨可～了，我瞧快嗝儿屁着凉啦！

2. 也指物品不好或难看。

如，你看他给他爸买的这是什么东西呀，这夜壶是～货，还有那～帽子，多色样！他爸现在吃不上穿不上，真够业障的！

☺ 各自各论：gè zì gè lùn

一个人与另一个家庭夫妻辈分有差，称谓不同。

如，我管他叫三爷，管他老伴儿就叫二姨儿，我们是～。

☺ 改口儿：gǎi // kǒur

1. 更改称呼。

如，有人说我应～，管他老伴儿叫三奶奶，不然好像有点乱了伦理……

2. 改变说法。

如，叫爷叫姨儿各有血统关系依据，就是在法庭上也是不能～的。

☺ 够本儿：gòu běnr

1. 收支平衡。

如，我们开的饭馆儿，头一年刚～，下一年就应该赚钱了。

2. 合算，划得来，没吃亏。

如，前几天白眼狼在我们饭馆蹭了一顿烤鸭，今儿个坐他的海马到京东大峡谷玩儿了一趟，得，也算～了！瞧，如今的人都不讲吃亏，小算盘打得喹儿精！

☺ 鼓鼓囊囊：gǔ gǔ nāng nāng

形容兜里或提包里装得满满当当。

如，"那是谁的提包呀？提包里～的，没准儿装的是人民币呢！""你没看有个拾荒老头儿在那儿吗，装的还不是他的破烂儿行当！"

☺ 呱呱叫：guā guā jiào

顶棒，极好。

如，拾荒人看候一个小时没人来取那个提包，他打开一看，果然是一提包人民币，便立即送到派出所。这真是个～的、打着灯笼都少找的、让人钦佩的老头儿！

☺ 尬悠：gà · you

1. 行动慢。

如，小辫儿，你别在后边～着玩儿，咱们爷儿俩赶紧坐车回家呀，出来快一天了，再～会儿天就黑啦！

2. 指物或人在某种境况下的原地活动。

如，"大叔，先帮我推一推车，然后我把你们爷儿俩送回家。""你这左侧的车轱辘已陷进滋泥里，你越～车轱辘越往下沉，我帮你推一推试试看吧，不行的话，你就别再往下～了，干脆花十块钱，叫个车给拽出去算了。"

☺ 嘎七马八：gǎ qī mǎ bā

1. 指三教九流的人。

如，"大头哇，什么板寸的啦，秃驴啦，贝克汉姆式呀……你怎么～什么人都往家里领啊？你是不是想进宫了？""您怎么把儿子的莫逆之交说成是～的呢？这年头儿，佛道儒、名墨杂农、五行八作，什么人都交着点儿有好处，知道什么哪您？"

2. 指乱七八糟的东西。

如，你床底下的铁棍、弹簧刀、攮子、三节鞭等～所谓防身的都给我拿走，不然我都给你扔了，你有不了出息！

☺ 干嘛一点儿的：gàn má yī diǎnr · de

1. 泛指人品不好的，没有真本事的。

如，还老吹呢，让我瞧，你交的都是些～，你还能交上坐大奔的？

2. 指好一点的，能干的，优秀的。

如，您呐，眼中不辨金香玉不是？那个留鸡冠子头的就趁一辆中凯，那板儿寸老早就有辆别克 GL8，新近又买了一辆海豹。有的～并不显山露水，不像咱们一般人坐辆普桑也显摆。

☺ 胳膊肘朝外扤：gē · bo zhǒu cháo wài kuǎi

遇事不向着自己人而偏向关系疏远或不认识的人。

如，我姐不就是个副处嘛，有时～，也忒原则，您别和她议论我交三教九流什么的，回头又该叨唠我啦……

☺ 骨里：gú · li

1. 婴儿身体特别强健。

哇，这小东西可真～呀，刚过三个月没几天就能在床上爬啦，真是少见，快给特别关注打电话吧，顺便请他们把江米稻秧儿倒秧的现象给反映一下。

2. 某些农作物的秸秆硬实。

如，江米的秸秆软乎乎的一点也不～，成熟前一着风吹就倒秧儿，其他稻子的秸秆就～，专家您说这是怎么回事？您给解决解决！

☺ 公鸡翎儿：gōng jī língr

常用来比喻男人的主要特征。

如，“阮郎归堂堂的一个主任做不了副主任后庭花的主儿，他就没长着～！”“咳，应该理解他，后庭花的丈夫少年游是他们的顶头儿上司，阮郎归的～能立得起来吗？”

与“顶不起锅盖”义近。

☺ 过节：guò · jie

隔阂、矛盾、恩怨。

如，阮郎归和少年游原本同级，他们俩有～，经常互相使绊儿，但少年游的后台是名牌儿，终于蹿到老阮的上边……

☺ 赶嘴：gǎn // zuǐ

指赶趟儿去吃喝。

如，我们刚点完菜，正上酒水，小尕儿进来了，嗨，还没等我说话，他忙解释：二爷，我不是来～的，我是来联系泔脚的……

☺ 泔脚：gān jiǎo

吃剩下的饭菜及刷锅水之类。俗称"泔水"。

如，原来小尕儿在丽泽路的城中村租了三间房，两口子养了十几头猪，一头驴，到饭店是联系晚上拉～的事……

☺ 刚口儿：gāng kǒur

1. 指大牲口的牙齿。

如，有经验的用手一掰那驴的嘴，就说，这驴～正好呢，也就三四岁。

2. 借指人的口齿好，能说会道。

如，●《石头记》卷五四，"凤姐当权，她干什么都有人捧臭脚。但她捧的是贾母，专会在贾母跟前逞能、献勤儿，她捧贾母时，两个女先儿也笑个不住，都说奶奶好刚口，奶奶要一说书，真连我们吃饭的地方都没了。"

☺ 跟脚：gēn jiǎo

1. 鞋大小合适。

如，处座，不好意思，不知局长要出去调研。我今儿这鞋大了一号儿，有点儿趿拉，不～，您等等，我得赶紧回去换双鞋……

2. 头领贴身保镖的俗称。

如，小陈，下不为例！你是秘书，就是局座的～，难道你就没有实际体验到你的～职责？怎么能穿认脚儿鞋上班儿呢？

此义也俗称"跟手"。

☺ 嘎巴：gā · ba

1. 黏性、胶性东西附着在器物上。

如，天黑了，我一上车，见有个座儿，我刚要坐，旁边一个年轻人说：大妈，别坐，那座儿上～一块嚼过的口香糖，您坐我这儿吧！

2. 比喻人黏附在某处。

如，回家后，我数落熊儿：人家上官文清的男人刚得暴病儿死了，你没事儿老～在她那儿干什么呀？寡妇门前是非多，你可不能跟她摽在一起……

3. 用话损人，嘲讽人。

如，此后我常～他："家里有个金香玉，你却在外边拈花惹草，锅里比碗里的香在哪儿啦，偷情难道就别有一番滋味儿在心头？翟静的相貌、人品、能力哪一点儿比上官差？你找鸡飞蛋打呢是不是……""有时他急了就喊：行啦妈，别～人了好吧？您——我爸去世后不是一度也有闲人来咱家串门儿……""啊，怎么着？你还要～我两句呀你？多有出息呀你……"

4. 沉积。

如，去去去，把水壶里的水碱给我挎斥挎斥，那水碱越～越厚，烧水不费时候不费气儿呀？怎么眼里就没活儿呢……

☺ 呱嗒：guā · da

即耷拉着脸。指一脸的不高兴。

如，翟静，你整天～着脸，我能理解，我不是没数落他，可是他说他是出于一种同情心……

☺ 挂气儿：guà // qìr

生气的脸色。

如，"妈，我呱嗒脸儿了吗？""你脸上～，难道我还看不出来？这熊熊也真是的，我一个劲儿掰开揉碎跟他说，这楼上楼下，瓜田李下的，要注意，可……”

☺ 过话：guò huà

说话。多用于否定式。

如，妈，我现在跟他不～。妈，有一天黑下他没回来，是在外边过夜的。我的气都不知往哪儿撒去了！我就是个泥人儿也得有点儿土性吧？

☺ 过门儿：guò // ménr

指女子出嫁。

如，●《石头记》卷一〇九，“宝玉因心中愧悔，宝钗欲笼络宝玉之心，自过门儿至今日，方才如鱼得水，恩爱缠绵。”

你想，宝钗她不苦啊，做了那么久的应名儿夫妻，寡妇失业的，跟李纨儿差不多了！

☺ 寡妇失业：guǎ • fu shī yè

守寡不易，表示可怜、同情。

如，●《石头记》卷四三，“贾母提议，大伙凑份子给凤姐过生日。李纨也要出银子。贾母道，你寡妇失业，哪里还拉你出这个钱，我替你出了罢。”

☺ 过岗：guò // gǎng

1. 喝酒喝多了。

如，“老武，看样子，你又喝～了，有点腾云驾雾了吧？”“没～，就是……半来斤的牛栏山，腾……什么云哪？还驾雾呢，要说驾霾吧。也怪，今儿个……道上怎么铺上……半尺厚的棉花啦？没安……好心，想……绊……倒我……”

2. 走路走过了头。

如，“老武，你走～啦，你们家在二单元，你走到六单元啦！”“我知……道，什么～了？我是没……没事儿……遛遛弯儿！”

3. 比喻年纪大了。

如，我老武哇……年纪～了，想当年，喝它一斤二斤的，跟玩儿似的；如今呐，人就活个年轻劲儿，我赞成……年轻时……吃喝玩乐儿，一～就……就算玩儿……完了。有人……到背旮旯儿……去买房，说什么等一～，老两口儿……到那儿去养老，纯粹是瞎掰。人一老，离不开好……医院，交通……生活都……得便利才行……

☺ 公母俩：gōng mǔ liǎ

两口子，夫妻。

如，老武这～都是热心肠，为人刚直不阿，靠知识吃饭。老武说，回过头儿一瞧，那高高低低的脚印儿，一溜歪斜走了过来，敢情碰的都是内伤，哎，早知道，我们～就不上大学了。我在村里混个肥差大支书当当，绝对没问题，没行市有比市么……

☺ 干松：gān · song

不湿不潮，干。

如，那墙根儿底下挺～又干净，去，二墩子，你们两个到那儿玩儿去！

☺ 根脚：gēn jiǎo

指墙的地下部分。

如，别去那地方玩儿，忒悬！那墙就没砸～，铲巴铲巴就那么垒的，不定什么时候倒了，把人拍到底下呢！

☺ 个别：gè bié

1. 新奇别致。

如，老妈，那女的戴的那块腕儿表真～，看着棒死人啦，价钱准瘦不了！

2. 特殊的。

如,“是,我在礼士胡同见过。那是世界历史最悠久的钟表制造商江诗丹顿,以品牌儿诞生年份来命名的 JubHee 1755 经典腕儿表,此后不再生产了。那种表,极为奢华昂贵,在目前的中国,只有～人才拥有。”“得了吧你,如今,卡住路口的腕儿都趁。”

3. 指人的性情与众不同。

如,我瞧那女人性情有点～,既要显摆那表,又怕人死看,身边有两个年轻的墨镜西服,一定是她的保镖。其实,趁的人戴表,不是为了看时间,要的是一种风度……

☺ 艮:gěn

1. 水果、甘蔗等吃起来硬而难嚼。

如,“小栓子,你这苹果吃起来发～,是怎么回事呀?”“要脆生,你买爆米花吃,那多嘎嘣酥脆呀!”

2. 为人倔,说话噎人。

如,“嗨,你怎么说话噎人呢你? 你这人说话就跟你卖的甘蔗一样,怎么那么～呐? 你这么～还做生意呐? 抱着脑袋一边儿玩儿去吧你!”“你别埋汰我,我～总比你穷讲究强!”

☺ 盖了:gà · le

表示超越了一切。

如,论拥有,华子在咱们班算是～,最近他又在北三旗盖了座聚仙楼,上三下一,装修得富丽堂皇,在城北目前的奢华场所中,也绝对算～的!

也说“盖帽儿”。如,得了吧你,咱们班去北大荒那十几个中也有个盖帽儿的,80 年代初他去俄罗斯倒卖服装,赚老鼻子了……

☺ 光眼子：guāng // yǎn · zi

多指小男孩儿赤身裸体。

如，我一进幼儿园，我孙子～站在老爷儿下，正罚站呢！那个教师坐在树荫下，手里拿个塑料小棒儿正厉声厉色地问：以后还往裤兜子里撒尿不？我一看就急了，抱起孙子就冲他们园长办公室了……

☺ 肝儿颤：gānr chàn

形容因害怕而颤抖。

如，还说呢，那个园长长相挺凶又齁儿厉害，新去的幼儿教师一见她就有点儿～，她一吱声儿没有敢炸刺儿的。因为她把福利待遇搞得盖了别的幼儿园，所以幼儿教师都往她那儿宗，想不～你就得按她说的干，没商量！

☺ 赶脚：gǎn jǎo

轰着毛驴为他人所用，用以挣钱。

如，草上飞的爸爸早先干什么你知底儿吗？是个在齐化门一带～的，能玩儿命！后来又拉起了骆驼，隔天一趟门头沟……

☺ 咕嘟：gū · du

1. 液体涌出或一口气儿将水类液体喝掉的情状。

如，"老鲁一拳打在老镇的脸上，老镇的鼻梁塌了，血从那儿～～往出冒……""您说的也忒邪候了，还～～呢，您以为是炖猪蹄子呐……"

2. 形容煮东西的声音或长时间熬煮。

如，"老妈，锅里都～～地山响了，早熟了吧？""不行，得多～会儿，火候不到，不浸味儿；再说，你也啃不动啊！"

3. 比喻因生气而噘嘴。

如，你这孩子，那是猪蹄子，不是毛豆角儿，不烂糊能吃吗？这也值得你～着嘴。

☺ 够味儿：gòu // wèir

1. 多指朗诵或唱腔儿功力深厚。

如，"谁咕嘟嘴啦？我是正想给您来首七步歌：猪爪儿在锅里哭泣。""好哇，看我儿子朗诵他胡诌出来的七步歌～不？妈我开始洗耳恭听啦！"

2. 指菜肴类做得好吃。

如，老妈，我吟唱得怕还差点儿火候吧？可您这猪蹄儿炖得真～！都放什么佐料啦呀？

☺ 隔肢：gé · zhi

用手指抓挠人爱痒的地方，多为人的两肋处（俗称"痒痒肉儿"）。

如，●《石头记》卷七十，"只听得外间屋内，咭咭呱呱，笑声不断，袭人因笑道，你快出去拉拉罢。晴雯和麝月两个人按住芳官那里隔肢呢！宝玉披衣出来，说，我不信你晴雯就不怕～，便～起晴雯……"

☺ 干嘛吃的：gàn má chī · de

干什么的。表示反诘、质问。含不满色彩。

如，她妈憎嫌胡因琳，不带好气儿地说：女孩子身上能让男的随便摸吗？你是～？回过手就给他一个大嘴巴子，还是你贱招，缺德，有不了起色你！

☺ 拐带：guǎi dài

1. 拐骗。

如，关山月把关东绿～到山里住了一个月后，以 8 000 元价格就势把她卖在深山里，随后又赶回到花蝴蝶那儿，哪知蝴蝶儿床上睡着的却是一个像狗熊一样的男人……

2. 带累,影响。含贬义。

如,你想,花蝴蝶在关山月这小子的~下,能会是个好女人吗?

☺ 寡净:guǎ jìng

1. 常形容女人身材苗条,为人快性、利索。

如,花蝴蝶是天姥山人,初到北京时,人儿挺~的,对周围的人察言观色,说话谨慎,但自从让关山月给搂摸到怀里以后,她便搂不住自个儿,越来越风情万种……

2. 多指干活干得利落、受看。

如,花蝴蝶人儿长得让人一瞥难忘,活儿做得也~,她现在带出三拨徒弟了。

☺ 嘎嘣酥脆:gā bēng—sū cuì

即嚼在嘴里非常脆生,响声焦亮。

如,关山月这小子会做天津大麻花儿,炸得~,那叫棒! 生意真红火。

☺ 够劲儿:gòu // jìnr

1. 表示人在某个方面很是勉强难能。

如,关山月要想长期占有花蝴蝶,我瞅~,因为床上睡的那主儿是个不大不小的款儿爷!

2. 表示把事情进行到底相当困难。

如,关山月自知~,他也无意恋战,头两天,听说他妈病危后回天津了。

与"够呛"义同。

☺ 过去了:guò qù · le

代指人已死。

如,关山月下午到家,他妈上午已经~,和他哥这一通儿埋怨,嫌通知迟了……

☺ 耿耿：gěng·geng

1. 形容人的气色难看，比喻心里较着劲儿。

如，关山月说："干嘛儿嘛，嫂子？我说我哥通知我晚了，你干嘛儿见了我就～的，长嫂比嘛儿母吗！啊？"

2. 人颈项有病，只能将脖子挺直的一种状态。

如，关山月又跟他哥说："干嘛儿我嫂子见了我脖子老～着？"他哥说："哪儿跟哪儿嘛，你嫂子落枕脖啦，她的脖子不能动换，老得～着脖子……"

☺ 告白：gào·bai

1. 反复提起（某事），意在让人领情。

如，大海老婆见了侯二常～说："为你转正，我们老马可没少往市人事局跑，指标有限，争个名额可不容易了，特别是农转干，净茅台我们送出六瓶子了……""老嫂子又～起来了，我没忘大海哥的恩情……"

2. 经常提起（某事），意在表明缺情。

如，"马嫂，老侄女结婚我没到场儿，实在是我心脏病犯了，去了医院……""你怎么老爱～这事呢？""我～八百遍，我都觉得对不住我部长哥，对不住嫂子，对不起侄女……"

"告"，在口语中读二声。

☺ 过意不去：guò yì bù qù

缺情，短理，歉疚。

如，侯二说着，掏出一个银行现金袋儿，说："嫂子，趁没人儿，收起来吧……"大海老婆一见，那现金袋儿还真有点儿厚度，忙说："你瞧，说你脚小你就扭起来了，咱们不是过得着嘛？""就是你不提侄女的事儿，我一想起心里总感到～，表示表示也让我心里舒坦些……""这回又让你破费了。”

☺ 咕唧：gū · ji

小声儿说话。

如，●《石头记》卷七，“惜春笑道，这就是了。他师傅一来了，余信家的就赶上来，和他师傅咕唧了半日，想就是为这事了。”

大海在里屋装睡，心想，她俩～什么呢？抬起头支着耳朵一听，是～钱呢。心想，他这回开多大口子呢，我得出去一下……

也说“唧咕，唧唧咕咕”。

☺ 根儿拉叉儿叉儿拉根儿：gēnr lā chàr chàr lā gēnr

1. 指长疯了的野草根儿、蔓儿、枝叶互相缠连的情景。

如，头天儿看了“特别关注”的宣传，第二天就去了延庆野鸭湖，结果没一点儿看头，真让人扫兴。那湖边儿、野地里的野草密密麻麻～地都缠在了一起，你都没法儿下脚。

2. 比喻各阶层百姓之间及其和某些官员之间蛛丝马迹的关系。

如，跟在湖边干活的农民聊天儿，他说，我们请他们代言宣传一下，自然要请他们撮一顿，再送些土产，其实，这点儿破费算个啥。现在好多事情都有～的关系。一个学校盖楼，区长拍板让给豪威尔建筑队干，8 500 万大承包，至于建筑商同区长是什么关系，有人说，建筑商干妈的小姨子的侄女跟区长妹妹的表弟是高中同学，说是～，其实是八竿子都打不着的关系。

☺ 逛荡：guàng · dang

1. 液体在器皿里来回晃动。

如，月月挑起两个水桶去挑水，把两桶全接得撇溜儿撇溜儿的，因为她挑挑子不会走道儿，水在桶里来回～，等到了家，两个桶里各剩下半桶，那半桶全～出去了……

2. 常用来比喻对于知识一知半解的状况。

如，于是月月抱怨起冰冰忒懒：你老摆弄电脑儿没个完，老爷们儿干的让女人去活受罪。冰冰说：这年头儿不懂这玩意儿就等于文盲，我没专门儿学过，在家摆弄还不是因为是一瓶子不满半瓶子～，心急，有时急得抓耳挠腮，不行，我得进学习班……

3. 比喻该兑现的总不能兑现，反复推托，使人白费口舌、白跑路。

如，两口子正争竞着，修电脑儿的又来要修理费了。冰冰忙说：等下月发薪一定给……对方不带好气儿地说：不就是鸡毛一个傻数嘛，这年头儿还叫钱嘛，你今儿应明儿，明儿应后儿，这不是来回～人玩儿吗？冰冰说：不是～你，是真手头儿紧点儿，不怕你笑话，为了省家里的水，这不，我夫人刚从外边挑水回来……下月，下月一定还你二百五……对方说：你才二百五呢！我要钱倒……冰冰瞧对方要汆儿了，忙解释……对方临走撂下两句：下月再～我，别说我把电脑搬走！

☺ 跟手：gēn · shou

跟随的，常指给头领保镖或办事的。

如，"哎冰冰，办事处说，有个企业的经理需要个～，年龄二十到三十，说我面试准能通过，薪水薄不了……"冰冰说："啊？你敢！那薪水能流满怀柔水库，你也不能去，这样的～和小蜜区别在哪儿呀？除非你嫌贫爱富，跟我拜拜！"月月说："你急什么呐，我当时就没动心，我瞅哇，这年头儿，还是糠糟夫妻越过越贴心……"

☺ 干不棱：gān bù lēng

多形容窝头、馒头之类的食物放了一定的时间后又干又硬。

如，说着，月月抄起一个半拉馒头就啃，冰冰说："干嘛呀你？那～的怎么吃呀？"月月说："挑水挑饿了，没事儿，喘口儿气再做饭……"冰冰伸手把那～半拉馒头夺过来，拉开抽屉拿出一盒多维饼干，说："我买了两包饼干留着就是怕你饿了，你先填补点儿垫个底儿……”月月想：这不～的啊？但她没说出口……

☺ 胳拉半儿：gē · la bànr

1. 指膝盖骨部位。

如，我到江南大学半个月，就得了关节炎，记得一天午后我刚坐在四楼阅览室不久，我的～开始生疼，结果不到二十分钟，西北天上来云了，就下起倾盆大雨，同学说：嘿，你的～疼比天气预报还准……

2. 常用来比喻高度。

如，到了夏天，江大操场旁边的野草长得有～高，成了成双成对儿恋人嬉闹、玩儿乐的绿色大地毯……

3. 也常用来比喻深度。

如，操场旁边有个养鱼池，夏天，当池水落到～深时，一些农村来的学生就下到里边去摸鱼，或自个儿做着吃或拿到街上去卖钱，那时没人管……

☺ 贵贱：guì jiàn

不管怎么样，无论如何。

如，一天大山端来一瓷盆儿清蒸鱼，说：哎，你尝尝我的手艺咋样。我一看是鲤鱼，说：外了不是，鲤鱼不能清蒸着吃，腥气巴拉的……他说：腥气吗？他又让陈近吃，陈近～也不吃，并说：看你受南方婆娘的影响了吧？等毕业时，你～别蹽到海南去，宁可留在咱老陕……要不，去北京当市长去。可当官你得顺着鳞摩挲，你～不能戗着来，～别批逆鳞……

☺ 过嘬：guò // zuō

1. 指吃喝过多，超越了限度。

如，阮化找大山，叫他去帮他搬家。大山说：挺好的清蒸鱼他们都不吃，我又舍不得糟蹋了，硬塞，结果塞得～了，撑得有点儿弯不下腰，陈近你去帮他搬吧……

2. 指用力过猛，超出了极限。

如，陈近回来说：老阮的破摩托车齁儿沉，他们两个抬前头，我一个人抬后头，一口气儿抬上二楼，使劲儿～了，累岔气儿了，哎，腰疼……

☺ 拐：guǎi

1. 指卖东西时卖者在秤上占买者的便宜。

如，第二天，陈近提个桶去街上卖草鱼，有个老太太提着鱼找他来算账："我说卖鱼的，你这是几两秤啊？这一条鱼你～我二两多，不信你拿我这秤约约，我这秤倍儿准！"陈近说："咳，你说～你二两就～你二两，我不跟你较真儿，再退你二两钱不就结了吗……"

2. 指在买卖中在钱上一方占另一方的便宜。

如，陈近说，一两四毛五，再找你九毛，他掏了半天兜儿，只有七毛五分零的，说："你瞅，真再没零的啦，干脆就给你一块吧，不然你又该说我在钱上～着你啦……"老太太说："咳，那我不是～你一角了吗？我看看我兜里有没有零的……"陈近说："咳，～一毛就～一毛吧，别掏啦，如今毛儿八分的掉在地上都没人捡，连卖菜的都不愿要一毛的钢镚儿，说爱丢……"

3. 骗。将人骗(偷)走的行为。

如，老太太脸上一时阴云密布，没好气儿地说：你不会说一角哇？讨厌！扭头儿就走……陈近一时感到丈二和尚，旁边一个老头儿跟近说：你不知道，她的孙子叫"玉貌"，去年丢了，叫一个保姆给～走了……陈近想，对，早就有～卖人的人贩子。

●《石头记》卷六二，"那香菱不就是被人拐出来，偏又卖与薛蟠，没父没母，连自己本姓也忘了么……"

☺ 嘎嘛了字儿：gā · ma liǎo zìr

指口齿利落，吐字清楚，话语干脆。

如，于是陈近说：哦……原来如此……这老太太，你还要求我说话～的呀？我是司马迁的老家韩城人，我的话说得已经够普通的啦，真……哎……

☺ 够价儿：gòu jiàr

价钱高，贵。

如，陈近说：大叔，还剩下两条，你要包圆了，我再给你便宜五毛，按四块算。老头儿说，那也～呀，不要，吃一斤这玩意儿，够吃8斤大白萝卜、大红灯笼的了。陈近说，我也豁出去了，三块五怎么样？老头儿说，还～。陈近说，三块！老头儿又摇头说，你哼是落(lào)不到五毛吧？陈近心里说，这老头子可真够死性、够抠门儿的，让我白扔啊！

☺ 杠头：gàng tóu

指常以己见为是，爱争死理儿、不服输，即爱硬抬杠的人。

如，有人说，他叫李小人，是个～。1957年反"右"时，他代表青年职工批右派，说：看你这人长得挺顺溜，人模狗样儿，敢情你没安好心。我告诉你，你再狡猾还有我们工人阶级狡猾？有人忍俊不禁，捂起嘴来。会后，头儿跟他说，你用错了词儿。他说，没错，平时他们都那么说我嘛。有人翻开字典给他看。他急赤白赖地说，那字典就是金口玉言呀？真死性你，简直就是个～！对方说，得，我是～还不行吗？

☺ 挂零儿：guà língr

指数字的零头儿。

如，咳，一眨眼，李小人也七十～了，我真纳闷儿，怎么还是那么硬眼子。有人问：你是到了七十出头儿吗？他说，我怎么不是了，七十一，是不是七十～了？

☺ 骨碌儿：gū·lur

1. 指不太长的，有如棍棒一类的。

如，毛毛，你怎么那么笨呢？你不会把那两根甘蔗剁成几～搁在后备厢里，省得搁在后座儿上支支棱棱的，你真废物！

2. 借指不太长的道路。

如，"这块儿不是马路哇？""就这么一～土道儿，过了这一～，前边就是新修的特宽的柏油路，你可以撒着欢儿跑……"

3. 比喻心气儿不顺、堵气儿的言行。

如，毛毛，你怎么和你那火暴脾气的老子一样呢？一句话不顺你的心，你就扭～别棒槌的甩人呀！

H

☺ 坏了：huài · le

1. 指一般的事出了差错。

如，小六儿一摸兜儿，说："～，没带钥匙！""给你媳妇打电话呀。""她上海南啦……"

2. 多指损失很大，令人惊恐的事。

如，苟强办了个鸡场，一天后半夜苟强接了个半截儿电话，就对他媳妇暴跳地说：～～！鸡场着起大火，场房及公司都够呛，这回可娄子啦！说着，蹬上裤子抓起衣服就往外跑……

也说"坏事了""坏醋了"。

☺ 核儿：húr

1. 某些水果果肉中间的种子。

如，老妈，这杏～小，里边的杏仁儿倒挺鼓账，吃着苦不唧儿的。

2. 烧过的煤球、煤块儿中间没烧透，还可以再烧的部分，俗称煤核儿。

如，"老妈，听说姥爷小时捡过煤～，什么是煤～啊？""你怎么什么都说呀，那是过去的事儿了，以后不准提这事儿，丢人，寒碜！"

☺ 好生：hǎo · sheng

好好的。

如，齐心，你姥爷小时家里穷的叮当儿响，你不要在外边胡说。你～念书，我又买一套房，就是为把你送到英国去留学打的谱儿。

☺ 火头儿上：huǒ tóur shàng

即发怒的时候。

如，“你爸这两天正在～，别找挨打。”“为什么呀？”“你总爱掏根儿问底儿，因为，因为有人写黑信告你爸爸。”

☺ 黑信：hēi xìn

匿名信。

如，你爸这局长当得正红火的时候，谁知有六七个人给上边写～，说你爸有经济问题……

☺ 红火：hóng huǒ

比喻在官场吃得开，正在走运。

如，妈，你哭什么呀，你不是说我爸的官儿正～呢吗，怕什么呀？

☺ 喝西北风：hē xī běi fēng

形容日子过得艰难，穷途潦倒。

如，“怕什么？到时把你爸的包袱底儿抖搂出来，他一折进去，咱们娘儿俩就得～！”“瞧你说的，～能解饱吗？实在没辙，吃棒子面儿打烀饼嘛，我还挺爱吃的。”“都什么时候还贪嘴……”

☺ 烀饼：hū·bing

把和好的棒子面（面里可加些盐、掺些葱花儿或菜叶儿）摊在热锅里（较大的铁锅或饼铛），用手掌将面按平、按薄，烙熟。

如，“上回你烙的～真不赖，我还想吃呢！”“爱吃，爱吃，你就是穷命鬼！”

☺ 火筷子：huǒ kuài · zi

和筷子粗细略同、长不足二尺的两根铁棍儿，烧煤或蜂窝儿时离不开它，也叫通条。

如，"老妈，这两根铁棍儿为什么拴在一起呀？""那是早就不用了的～，你从哪儿翻腾出来的呀？"

☺ 哈着：hā · zhe

巴结、讨好，央求之意（就行为而言，含点头哈腰的意思）。

如，这几天，我特烦，你别搅我了。这回恐怕得～老贾了，不然贷款这事多半是要黄了。请贾政帮忙，不过，贾政这人，脸很严肃……

☺ 哼哼唧唧：hēng · heng jī · ji

1. 指话语因故吞吞吐吐，说不清道不明，让人起急。

如，●《石头记》卷二七，"凤姐道，我就怕和别人说话，他们比定把一句话拉长了作两三截儿，咬文嚼字，拿着腔儿，哼哼唧唧的，急得我冒火。"

2. 指小声儿哼唱。

如，贾琏听她说直冒火儿，哏，就～哼起小曲儿，这不是诚心气她吗……

☺ 黑灯下火：hēi dēng xià huǒ

形容黑暗。

如，嘿，那是谁在墙根底下坐着呐？屋里院里都～的，干吗不开灯在那儿坐着哇？

也作"黑灯瞎火"。

☺ 祸害：huò hài

糟蹋，损害。

如，我们家门口儿那棵梨树，常有人在晚上爬上墙头儿去～，老白今儿个坐在那儿等着抓贼呢！

☺ 坏包：huài bāo

坏主意多，能冒坏。多用于青少年。

如，金桂儿说：那还能有谁呢，左不过是王光友儿干的，那小子长大了，更得，整个儿一个大～，报复我姥姥，我姥爷当时忙于调动，没工夫跟他喘气。

☺ 哈喇子：hā lá·zi

即口水。多用于婴幼儿，在某种情况下，也用于大人。

如，"我们这棵梨树真甜乎人，那大鸭儿梨皮儿薄、脆生、水头儿大，像蜜汁儿，我一把我那小孙子抱出来，他就指着那大鸭儿梨流～……""行啦，别着(zhāo)人馋虫啦，叫你说的我也流起～啦……"

☺ 回头：huí tóu

1. 等，等待。

如，老刘，这事儿～我们研究研究再说吧，你甭着急。

2. 以后，过一段时间。

如，"是，不着急。李秘书，～见……"

3. 下一次。

如，喂，老刘，～要是还不行呢？你可得有点儿精神准备呀……

4. 马上。

如，没什么，～我买辆车，勤跑着点儿，放心，放心吧您……

☺ 和：huò

用在数字后头，表示遍数。

如，●《石头记》卷五二，“晴雯服了药至晚间，又服了二和。夜间虽有些汗，还未见效。”

李秘书回去就病了，问他媳妇：“这服药熬的是第几～？”媳妇说：“第二～，怎么啦？”“别熬第三～了，熬完二～就倒了，第三～就更没劲儿了，不会有效。”

☺ 划拉：huá·la

1. 指用手或某种工具聚拢东西。

如，“你～树叶子干什么哪？”“琴琴的戒指大概掉在这儿啦，我给她找一找。”

2. 寻找，物色。

如，“哎，大姐，你交际广，什么时候给琴琴～个主儿。”“哎，咳，怕不大好～，你想，她已是三婚了呀……”

☺ 活泛：huó·fan

1. 头脑灵活，性情开朗，能随机应变。

如，“大姐，我们琴琴的人够风韵的，人也～，你多操份心……”“就是因为她太风流，脑子忒～了呀，看准了，傍一个还不可以呀？”

2. 又指经济宽松。

如，“大姐，看来你是对琴琴有看法……”“这女孩子就怕太花容月貌、忒风流弄情，是不是……”“这么着，大姐，等我手头稍微～了，我一定去看你……”“你呀，现在也甭看我，事儿真成了，给我买件真皮上衣就得了。”

☺ 海了：hǎi·le

1. 形容人多。

如，认识琴琴的男人～去了，至少也得有广场上的人那么多！你想，前一阵儿夜里从楼上先后就掉下来七个，死了仨！

2. 拥有的钱物多。

如，“净鞋，琴姐就有 130 多双，我想用她的鞋开个鞋店呢。”“开什么玩笑哇你？够撑起你这小儿科门面吗？假如伊梅尔达把她的皮鞋都送给你差不多了，人家个人拥有的皮鞋～，至少比你姐多十倍！”

“海了”的“海”，口语中读一声。

☺ 花活：huā huó

言行虚假，玩儿花样儿、假招子哄人。

如，你可别信他的，他玩儿的是～，其实他是从一个侧面招摇她姐的风姿情韵，好为自己撞骗有钱的人……

☺ 花花搭搭：huā·hua—dā·da

指错开样儿地搭配。

如，他姐吃饭可挑食了，在家里，讲究各种菜蔬、细粗粮～换着样儿吃。她那厨子可烦她了……

☺ 寒心：hán // xīn

1. 情况令人感到无可奈何。

如，“不捞才怪呢？你听说枪嘣几个贪官了？据说，有的买个处长，至少 30 万，买个副区长，少说得 300 万。”“哎，真让人～啵！”“甭～，听说上头要下大决心，狠杀贪腐，情况会改变的……”

2. 所言使人心灰意冷。

如，惜春年纪小，但懂事。他说，现在贪，有人管，还～？那古时，都是贪官枪嘣苍民还没人管，那才叫～。

●《石头记》卷七四，尤氏听了说：你们听这些话，无缘无故，又没轻重，真真的叫人寒心。众人都劝说道：姑娘年轻。

☺ 寒碜：hán·chen

1. 长相丑。

如，"哎哟，以前净听人说东施丑，我还认为是妒嫉人呢，今个儿一见，我的妈呀，真是的，哎呀，这人怎么那么～呐！比登徒子老婆还丑三倍！""登徒子老婆～你瞅见啦？""我是听宋玉说的呀！"

2. 难看，不光彩。

如，猿猿没工作，把一间房租给一个二十郎当岁儿叫东施的妞儿开发廊，这个东施倒不比西施的姿色差。随后猿猿就干起拉皮条儿的事儿，每天再提成儿。你说，如今这年轻人，怎么就不知道什么叫～呢！

3. 使人难堪。

如，猿猿竟把我们小二给拽进去了，今儿个让我当众把那小狐狸精儿给～一通，她还笑呢，反说我"老帽儿，可怜……"

4. 吝啬，抠门儿。

如，猿猿妈求我别冒坏报警，说再挣些钱就让猿猿洗手不干了，并非要请我去吃兰州拉面不可。我心想，吃拉面，好大的口子呀，也未免显得太～了吧？咱们紧挨着便宜坊啊，让我给推辞了……

5. 穿戴破旧或难看。

如，我们小二净跟猿猿学，穿什么那种乞丐服，那天我数落他，你穿得那么～也不觉照啊，给我换了算没事儿，我还没有穷酸让你～到那种地步！如今人都势利眼，别叫人小瞧咱，你爸好歹是个教授！

☺ 害口：hài kǒu

成年女人因怀孕而恶心呕吐且食欲异常。

如，"老妈，晶晶姐这两天总恶心干哕，她也不去医院看看。""没事儿，傻丫头，那叫～了，是喜事。如果她净想吃酸的，你就更该高兴了，酸儿辣女呀!”

☺ 号丧:háo · sang

对人的哭态的反感语。含厌烦之意。

1. 多指小孩子没完没了地哭。

如,这孩子打生下来就爱~,一~起来就得一阵子。有时,晶晶也烦他。

2. 也指成年妇女大声地如哭似诉。重在“诉”。

如,我都让晶晶的大嫂把我给~怕了,那是个泼妇,动不动就~,一~起来,连八百年前的陈谷烂芝麻全抖搂出来……

3. 假哭,所谓“干号”,也即干打雷不下雨。

如,●《石头记》卷一一〇,贾母死了,贾环哭贾母,“这一个更不像样儿了,两个眼睛倒像个活猴儿似的,东溜溜西看看,虽在那里号丧,见了奶奶姑娘们来了,他在孝幔子里头,净偷着眼儿瞧人呢!”

你瞧,作者把贾环的~写得活灵活现!贾环这东西绝不是好货……

☺ 后晌午:hòu shǎng · wu

即下午。

如,三儿,~你考完试,去问你表姐,看她明天回山青庄不,要回,你搭她车就势看看你姥姥去。

也说“后半晌”。

☺ 合不着:hé bù zháo

不值得,没必要。

如,您让我去求她?给她脸呢,~跟她低三下四儿,我自己会坐大巴去!

☺ 含糊：hán · hu

1. 敷衍了事，不认真，马马虎虎。

如，"老爸，该较真儿得较真儿，这事可～不得。""你不懂，这社会复杂着呢，有的事不能太较真儿，该～就得～。"

2. 怕，软弱，服软儿。

如，这样，回头我再去摸摸底儿，他要是～了，我看就容他们这一回，这对你也有好处。

☺ 哼是：hēng · shi

或许，大概。

如，"～生米做成熟饭了，不然，珠珠怎么会嫁给大秃子呢？""行啦，你先别～啦，赶快投米蒸饭吧，吃饱了再推演你的～想法吧！"

☺ 后儿：hòur

后天。

如，明个儿我加班儿，～休息，～我去问问珠珠，为什么不言语一声儿，蔫不唧儿就把事儿办了，是心有苦衷？

也说"后儿个"。

☺ 活该：huó gāi

理该如此。含反感色彩。

如，"原来大秃子早就软硬兼施，把她给那个了。不过，珠珠说她有脱身之计，让我给她保密。""大秃子有花柳病，殊途也真是～，自找活现！"

☺ 哈喇：hā · la

特指花生仁、瓜子仁儿等油性食物变质后，吃在嘴里发涩或发酸，有异味儿。

如，“这两袋儿核桃仁儿早过期了，都有～味儿了，我得找超市经理说道说道去！”“让我看，应该投诉它，据说，吃那～东西，会得癌的！超市也干那种唯利是图的事呀。”“傻呀你，什么人没有！”

☺ 合群儿：hé // qúnr

跟大伙儿合得来，能在一起生活或工作。

如，如今是高科技迅猛发展的时代——神舟五号、钻地(200 米以下)炸弹、科曼奇直升机、A380 客机……不是一个人关门闭户能造出来的，你不～，怎么在这个全球化的大千世界中生存下去呢？人得～，生活需要你～，因为你中有我，我中有你嘛！

☺ 忽扇：hū · shan

1. 物体因为受到力的作用而颤动。

如，我走在那座钢筋水泥大桥上，大货车一过，嚯，整个桥面都～，让人感觉好害怕哟！

2. 较薄的片状物出于自然而动，或用力使之而动的一种动感状态。

如，你别小看大象那两只经常～的大耳朵，它配合着腿、足等感官，竟能当即敏感到海啸正在发生。当时很多人坐在椰树下，拿着芭蕉叶子当扇子正悠闲地～呢，随后就迅雷不及掩耳地凉快懵了……

“忽扇”也常重叠使用。

☺ 话赶话：huà gǎn huà

互相挤对而说出的话。

如，杏花说雨艳养汉，雨艳就说杏花三天两头儿去站街拉客，其实都是～。哎,双方何必那么咄咄逼人地互相揭鼓埋汰呢……

☺ 胡勒: hú lēi

指瞎说八道。

如,他说何仙姑是杏花村的,李铁拐是咱们李七庄人,因为李铁拐经常去杏花村喝酒,所以认识了何仙姑……他真能瞎～,这哪儿跟哪儿呀?

☺ 好家伙:hǎo jiā · huo

1. 这个词本身没有意义,大多用来表示惊愕、惊骇、惊奇等等一类的情绪、口气。

如,你们别瞎胡勒啦。我给你们说个真事儿:那天我在观音寺那儿等车,忽然背后出现一个巨人,一时,等车的都仰脸瞅他。有人惊异地说,哎呦歪,～,他得有两米五!等公交车进站了,嗨,他比车身还高……

又如,那天我在清源路加油,忽听"砰"的一声奇响,脚下一颤,眼前的马路上出现一个碗大的坑,从里边往出嗯嗯冒白烟。～,大白天的,真吓死人!

2. 有时也用来称道刀枪之类锋利,好用好使。

如,这把五四式手枪是把～,当年在部队时,我曾一度使用过它。

☺ 齁儿: hōur

特别,非常。

如,老猴儿小时候～涎脸:翻墙,上树,用弹弓子抽冷子崩人腿,过年时放爆竹,把二踢脚躺着朝人放……～讨厌!等上岁数了,不爱做饭,你硬叫他做,他就治你,把菜炒的～咸,让你当咸菜吃,放上十天半个月的,那炒菜都坏不了!

☺ 黑上：hēi shàng

1. 从心里盯住了人或物。

如，萌萌经常开着宝马去鱼阳饭店，有人早就～她了。果然，一天晚上她一开车门儿，后边一个人同时开了车门钻了进去，她愣没发现，当即被人劫去好几万，还好人和车没事。

2. 心里相中。指男女间恋情。

如，在这之前，萌萌刚出道儿时，有多少追她的少年维特呀，一抓一大把！何况还有那些失之东隅，欲得桑榆的老家伙们呢！谁知她就～了湘哥，说非他不嫁，而湘哥嫌她的眼睛又贼又大，他～的是小苗儿，男女间的事儿真是邪门儿得很……

☺ 好鸟儿：hǎo niǎor

比喻为好人，多用于否定式。

如，其实萌萌黑上的那个湘哥也不是个～，大一时就常在酒吧混，随后当上了一饭店的头儿……

☺ 浑蛋篓儿：hún dàn lǒur

1. 言行不讲情理乃至失去人性的人。

如，他没念过书，从小也不合群儿，是个谁都不待见的～。一次，帮他媳妇拿烧红的火筷子扎他母亲的腿，你们说，哪儿找这样儿没人性的～去！

2. 动辄瞪眼耍横。

如，早先，他跟武爷耍～，武爷把他撂倒在地，蹬上一只脚，往他嘴上撒尿……所以他最怕武爷治他。

☺ 护犊子：hù // dú · zi

常引申为大人有失原则地爱护孩子。

如，大娥可～啦，她孩子欺负别人孩子时穷矫情，谁要是惹着她的孩子，哼，她不问三七二十一，就教唆自己孩子去骂去打人家孩子。你说，哪有这样～的？

☺ 黑不溜秋：hēi bù liū qiū

形容人的肤色黑而形象又很粗俗。

如，你别看她男人是个～的傻大个儿，可是大娥叫他趴着他不敢仰着！

☺ 黑赤裂光：hēi chì liè guāng

1. 浅色物体表面被蹭得黝黑。

如，天一热，大胖子老光着脊背靠着墙腻磨，一个夏天，就把那块墙蹭得～，擦都难擦，还粘手呢！

2. 身体某部位不洁净，黑得发亮。

如，大胖子不爱洗脚，那脚面上的皴～，得有钢镚儿厚！他媳妇嘎巴他说：你要洗一次脚，能有上二亩地的粪……

☺ 欢势：huān · shi

1. 鸟儿叫得起劲儿。

如，你听，绿色葱茏的树林子里鸟儿叫得多～，西山可真是鸟语花香的好去处啊！

2. 多指幼小动物欢蹦乱跳的情景。

如，丛林里的那群小羊儿一边吃草，一边撒欢儿跑，有的立起身儿顶架，真～，多么富有生机呀！

3. 也指小孩儿活泼乱跳，生气勃勃。

如，你再看在大桑树下你追我赶的那几个放羊的小孩儿，玩儿得那叫～呦，多么美好的田园风光哦！

4. 也用来比喻庄稼一类的长势喜人。

如，一个农民站在斜坡上看着眼前绿油油的老玉米，笑呵呵地说：瞧，不是老天爷一场透雨，我的这块儿棒子怎么会长得这么～呢，真是天养人哟……

☺ 擄：hū

用手掌拍人。

如，“他嫌你开的慢，别住你，还扬言要～你，你怎么还一个劲儿跟他说好话？咱们未免也太㞞了吧？”“你还看不出，那是个活腻了的二青头，跟那样的有什么理可讲的？”“你也～他呀！”“咳，～什么呐～？你～了他，他不依不饶，让你陪他去医院；他～了你，你白挨疼。哎，这年头儿，退一步，海阔天空……”

☺ 哈腰：hā // yāo

弯身。

如，也倒是，另一个小子～就抄起一块砖头，都是些玩儿命的愣家伙！

☺ 黄了：huáng・le

指事情办不成了。

如，“李杜，你想擄他出出气的事儿算是吹了，人家一个劲儿跟你说好话，真让你也没辙。”“咳，你一说吹了，我又想起贷款的事，快走吧，不见到薛行长，总担心贷款的事儿～呢……”“怎么会～呢，你不是去过他家了吗？”“咳，家家儿都有本难念的经。”

☺ 坏醋了：huài // cù・le

比喻坏事了或事情干脆崴泥了。

如，“这回可～，行长们都集中到京北学习去了，学习期间不会见任何人……”“咳，不会见谁啊？你无须惊呼～，那些人都是玩儿猫腻儿的老江湖，去，坐飞机去北京昌平找老薛去……”

☺ 煳：hú

1. 食物经火烧烤而变黑（及因此而产生的气味儿）。

如，平儿，不管你的烤烧饼啦，你闻闻，多大煳味儿啦，准烤～了，快看看去。

2. 衣物经火烘烤而变黄或变黑（及因此所产生的气味儿）。

如，她净顾看电视剧《红楼梦》了，谁知一会儿的工夫，电熨斗把老公的西服裤子给烫～了一块儿，还多亏女儿雯雯的鼻子尖，先闻到了～味儿。

☺ 合着：hé · zhe

说了半天、说来说去、闹了归其的意思。常与上述之事有直接关系，表示失望的心理。

如，袭人说：你是干什么的，～倒是我的事了，你倒数落起我来了，你离二奶还远着哪……晴雯道：～闹了归其倒是我多嘴了，怎么，要以二奶的身份呲儿我呀，还早点儿吧！

☺ 横竖：héng shù

反正，说什么。

如，●《石头记》卷二九，“大观园里的事真够乱活的。一日，黛玉一不高兴，哭闹着拿剪子要剪玉上的穗子。袭人道，这是我才多嘴的不是了。宝玉向林黛玉道，你只管剪，我横竖不戴他，也没什么。”

☺ 虎势：hǔ · shi

1. 动物体魄健壮勇猛，颇具威势。

如，纯藏獒，看去那叫～，金钱豹也不是它的个儿，一只价值两万欧元以上！

2. 也多指青少年的身体健壮，虎虎有生气。

如，“你别看那二振那么～，一见藏獒就跑——你跑什么呐？要是柴狗，你越跑越坏醋，非给你腿肚子一口不可……”“说什么呀，藏獒就不追了呀？狗嘛，它管你～不～呢，它一扑就把你扑一跟头！邢台仨小伙子多～，那老虎将其中一个扑倒，接着就听‘咔嚓’一声，脖颈子被咬断了！”

☺ 混拉吧唧：hún · la bā jī

通常指言行不通情达理。鄙视色彩比“浑蛋篓儿”较淡。

如，二振就跟那柴狗一样，说绷脸就绷脸，～没正形儿，你就甭理他啦！

☺ 缓：huǎn

1. 指(呼吸、心跳等)恢复正常。

如，雪芹大师，您可～过来了！一开始，呼吸极其微弱，您的心电图快成一条直线啦！这回～过来了，得请大腕儿赞助您一下儿，别过那“举家食粥酒常赊”的苦日子啦！

2. 推迟。

如，您没写完的那部分也先～～再说吧，要不然，干脆叫高鹗续写算了，反正目前也没出版章程，也没人给稿费。

3. 身体健康复原。

如，医生说，您的身体完全～过来得半年呢！

4. 放慢，慢慢的。

如，司机师傅，咱们上国道吧，路上您可～着点儿开，车上的病人是空前绝后的文学大师曹先生哦！

☺ 胡吣嚼毛：hú qìn jiáo máo

1. 说不文明的、不堪入耳的话。

如，四角儿，你怎么就不学好，净满嘴～，要么就是傻×长傻×短，多难听！一点素养都没有。

2. 胡说八道。

如,四儿,妈常嘱咐你,没根据的～的话你少说,遇上干嘛的主儿,赖上你要证据,不然不饶你,那时你就傻眼了!

☺ 唬:hǔ

蒙,骗,以虚假的身份吓人。

如,四角儿从外地买来一套工商服,穿上它在农贸市场～那些小商小贩,不到半个月,就叫真李魁给识破了。在这之前,他曾开一辆上桑 2000,前边贴张"奥委会专家顾问"绿纸,车上装警笛说是上边儿特批,而警察讪笑道:你这车的档次忒低点了吧!别～我了,先把你车开到交通队去!

☺ 糊弄:hù·nong

1. 待人不诚恳,蒙混人,戏耍人。

如,老章算什么局长?他除了给自己搂,就会～百姓人,还拿人开心玩儿,有人风风火火找他要住房,他在一张纸上画一座楼,问:你要哪一套?对方气愤地说:我要你丫的那套!

2. 对工作等不负责任,进行蒙混、欺骗。

如,老章在任时是给教工盖了三栋楼,但施工质量忒次。那窗户上的皮条儿竟跑到两层玻璃中间去了,双层玻璃的另一块,有大片水泥点子的竟然朝里,让你擦都没办法擦!这种～人的豆腐渣施工质量的关键,是他章震方得到了好处。这不,现在进去了,～人的事抖出一大堆……

☺ 糊弄局:hù nòng jú

敷衍蒙混的事。

如,装修时,物业电话叫来承包商,用手指一戳那白墙,竟出现一个窟窿,从里边往外流沙子。接着来了两个工人,弄点儿鱼皮胶一抹就走了。物业又给承包商打电话说,你们派的什么人?纯粹是～!不行，再派责任心强的工人来！

☺ 花板儿秃：huā bǎnr tū

1. 形容留寸头的男人头发脱落不匀。

如，樵老爷听说他的货船在索马里海域被劫后，一宿工夫，头上的头发脱成～，有人管那种现象叫“鬼剃头”。

2. 比喻颜色不均。

如，你问什么叫～？你看见那块街心儿绿地被人、畜践踬的那种样子没有，那就叫～，那一块块儿绿的就是没脱掉的头发……

☺ 荤：hūn

1. 特指一方或双方出言不雅的开骂言行。

如，你瞧那两个小子说碴了，动起～的来了，马上就要大打出手啦！

2. 指吃肉食。

如，管他呢，走，包工头儿请，楼外楼解馋去，咱们有一阵子净在食堂泡了，今儿个到外边开～是久旱逢甘霖喽，好好瓶那小子一顿，我点鲍鱼你点大对虾，开～就要像个开～的样儿……

☺ 花说柳说：huā shuō—liǔ shuō

说的花里唿哨儿，指净说好听的。含贬义。

如，老石嘱咐何二：你别让人灌得晕头转向，把我当年插队跟你的关系～往出抖落，更不能～说这次装修我落二百万，你净落一百万。你改改爱吹牛的毛病。我退之前还打算再盖一栋学生公寓，嘴严点儿还有你搂的……

☺ 花里胡哨：huā·li hú shào

1. 比喻说的动听。

如，何二拍着心窝子说：石哥，今儿～的话我不说，说点儿实在的，你若再给兄弟搂个活儿，我还叫你落三分之二，再给你弄个东北摩登……

2. 穿的衣裳颜色鲜艳多彩。

如，老石说："你当个包工头儿，干嘛老穿得～的，那扎眼，不禁不离儿就行了……""咳，我怎么打扮也洋气不了，有的主儿一眼就断定我是农产品，真就怪了，好像我脸上有农村人的幌子一样！"

☺ 幌子：huǎng · zi

1. 特指脸上的某种痕迹或流露出来的某种神情。

如，●《石头记》卷十九，"黛玉见宝玉左边腮上有纽扣大小的一块血渍。宝玉说那是刚才替他们淘澄胭脂膏子，溅上了一点儿。黛玉说，你又干这些事了。干也罢了必定还要带出幌子来。"

2. 店铺前表明所卖商品的标记。

如，老石说：你瞧这个铺子还复古呢，红灯笼上来个"酒"字。这种～如今真少见……何二说：走，石哥，来它两瓶牛栏山！

3. 比喻干某种事时所借的名义。

如，酒过三杯，老石忽然沉下脸儿说：你以后捅了娄子，再别一拍胸脯打我的～去吓唬人，其实我算个屁！待二年，我前脚儿退，后脚儿你打我的～也没人买账啦。重要的是别把我说露馅喽，那样，有可能砸锅啦，连煤老板也得给饶上……

☺ 后捎捎：hòu shào · shao

本指骡马后褪（tùn），现用来比喻人后退（到一边儿去），多用于上级说下级，长辈说晚辈，有资格的说没资格的。

如，何二喝得晕晕乎乎的，跟他的司机柳三说：回头去稻香村定做 15 盒 3 000 元一盒的金月饼送关系户。柳三一时眼儿热，说：有我的份儿没有？何二说：你～，破裤子先伸腿！随后他又解释说：你以为那是什么好玩意儿？不开眼的才吃它呢……你别气儿，我叫你～，不是说过八月十五不犒劳你，回头发你 2 000 元，这多实惠呀……

☺ 荒荒着：huāng·huang·zhe

事情尚无着落。

如，"他有没有对象？""有个屁，连他大哥的媳妇还～呢！"他二哥说，"咱们哥儿仨的半边儿天什么时候阳光明媚啊？半边儿老这么～，天阴死不拉搭的——这叫'霾'！老这么霾下去心里总不豁亮哦，不行，明儿我先通过老何，蒙回一个东北妞儿来让你们瞜瞜，也明媚明媚、刺激刺激……""找二大爷去呀！"

●老舍《我这一辈子》，他二大爷十分感慨地说：你们别说了，我这么大个活人，就会干瞪着眼睛看自己的儿女在家里荒荒着！我这辈子无望了，难道我的儿女应当更不济吗？

☺ 哈哈儿：hā·har

笑，乐，乐趣。

如，老三说，上学时，我那个回民同学没事就跟我们凑在一起逗～，他喜欢埃及诗人易卜拉欣的诗作，讲起天方夜谭中的阿拉伯民间故事，一套一套的，现在是回民大作家。

☺ 还阳：huán // yáng

1. 比喻人失势后又重新得势。

如，贾家又～啦，原先那么多的房产又归还给他们啦！

2. 指人大病痊愈又恢复健康。

如，他大病一场～后，把名利地位什么的都看淡了，说那些都是身外之物，算是明白了……

☺ 胡吃海喝：hú chī—hǎi hē

任性吃喝。

如，荣儿说，有人说我现在是～，不～又能怎么着？虽然不可能再来个三十年河东了，但也不能等继承房产要纳税那一天再～呀！一场大病折磨了我，也让我悟透了很多哲理……

☺ 活宝：huó bǎo

称在众人面前爱出洋相、引人发噱的人。

如，"老贾呀，在村文化大院晚会上，你那胖孙子一出场，还没张口儿呢，就让人感到他是个大～！""我说你这是夸呢？真是个二百五的大～。"

☺ 横挑鼻子竖挑眼：héng tiāo bí·zi shù tiāo yǎn

因故进行无情的指摘。

如，"你们都认为他是个活宝，逗乐儿，他媳妇对他的演出总是～，常把他呲儿得一愣一愣的，像从心里不待见他这块贱肉似的。""嘁，你怎么啦，打是疼骂是爱么……"

☺ 合得着：hé·de zháo

1. 有必要，划得来。

如，贾三爷让他老伴儿吐出舌头，说：你这舌头上尽是裂纹儿，这说明你的五脏六腑有毛病。接着数落起他儿媳妇，今儿当公公的说你两句：中医说，怒伤肝，悲伤肺。你那么急赤白赖地呲对她，你不也生气吗？这～吗？这理儿你都解(xiè)不开？

2. 指常以尊者自居，说东道西(惹人不待见)。

如，其实贾三儿你是谁呀？但他遇事就爱往前栖附，总爱搭茬儿，假充～，真不觉照！

☺ 黑不老影：hēi bù lǎo yǐng

形容黑暗，看不清。

如，老贾说，起初，～的，我听四单元护栏上有动静，但什么也看不见，于是在～中，我大喝一声：胆大蟊贼！喊声刚落，那家伙就嘁赤咔嚓滚下去了……

义同“黑灯瞎火”。

☺ 晃悠：huàng · you

来回晃动。

如，游乐场的海盗船开始～后，你瞧船上那些人的脸吧，真是酸甜苦辣咸，什么样的表情都有，特别是～幅度愈来愈大时，龇牙咧嘴、似哭似笑的种种嘴脸儿真叫人感到纯粹是花钱买罪受，而韩孟却觉得没事人儿似的，下船后说：咳，～得一点儿都不带劲儿，不过瘾……

☺ 晃晃悠悠：huàng · huang yōu · you

1. 人行走不稳状。

如，你瞅，韩孟今儿准又喝高了，走路直～的……

2. 车船等行驶左右摆动状。

如，那天他喝多了，还非要开他的猎豹送李杜不可，那车在路上～，李杜在车上一个劲儿说：韩孟，悠着点儿，悠着点儿……因为是夜晚，车稀，后边的一看猎豹～，就都拉开距离躲他，他还说：别看～，只要我不撞前边的就没事儿……

3. 形容年轻人没事儿干，在家里出来进去走路的样子。

如，韩孟虽是个名作家，管屁用，儿子小三十了，没工作，成天家在家里出来进去～的闲转悠。老韩心烦，躲到郊区农家院创作去了。

☺ 好气儿：hǎo qìr

好气色，好态度。多用于否定式。

如，这下可急坏了二奶奶，她出来进去没一点儿～。老樵说，姑奶奶，你鼻儿脸儿没～管什么呐？咱哑巴吃黄连，只盼刚子别找到我老樵头上就念佛啦！人家娘们儿都能在大难临头时给爷们儿点儿～，你倒好，雪上加霜！

☺ 豪横：háo hèng

1. 言行强硬，霸道。

如，你往日的～劲儿哪儿去啦？我当初不喜欢㞞蛋包，才跟了你！让大疤瘌先别镇守东北了，速飞广东，找老P，联系河内的L……我就不信捯不出根儿来！

2. 性格刚强。

如，找老P，去求他？谁不知我老樵的～性格？丢人呐！你瞧着吧，不定什么时候我还把老P做了呢！

☺ 轰：hōng

1. 驱赶（畜类）。

如，一船什么货呀，不就是十几头西班牙斗牛吗？当时就被～到另一条船上封闭起来了。

2. 用话驱赶。

如，三青子上午又来找我，一见面儿就让我用话把他～出去了……

☺ 红眼：hóng // yǎn

1. 特指见到某种现象后非常眼馋，并引发出不平的欲望。

如，二鹅说：见我把我妹妹胖妮儿鼓捣到天桥儿万盛轩，一些媒体一通爆炒，立马儿成了演艺界名人，有些人就～；还有些人眼皮子浅，瞅见我们家趁几个钱也～，比我们趁的有的是，有人一天挣的就合一百二十来万，净～管什么呢？这年头儿，你要像老李那样会钻营也能混得打饱嗝儿！

2. 结怨很深的人相见后所表现出势不两立的凶煞脸色表情。

如，李丘贺那孙子呀，咳，那次在木樨园儿碰上了，哎哟，一见我立马儿就～了！那一脸酸咸苦辣臭！你说嗨……我一想起他那～的嘴脸儿就恶心得要吐，什么玩意儿你！

合身儿：hé shēnr

衣服肥瘦合体。

如，“老黄，你这身西装在哪儿做的？”“在王府井西蒙啊，三套件，净手工钱 960 块！”“工钱虽说贵些，可你穿着真～呀，不过，应该做肥一点儿，因你现在正发福吗！”“嗨，不～了，给我儿子，再做呗！”

红不棱登：hóng · bu lēng dēng

颜色发红。

如，“做工是好，就是面料儿……让我瞧，有点～的。”“嗨，老赶不是？这～才显得咱农村人城市化、知识化了呢！”

豁拉儿：huō · lar

袖口儿、裤腿儿等处被豁(拉)开。

如，“咦，我刚看见，老黄，找西蒙去，你那袖口～啦，没砸上！”“先生，怯老勺不是？什么～呀，那叫燕窝儿，就是那样式，丢人不开眼，老帽儿吧您呢！”

旱道儿：hàn dàor

即旱路。

如，他生在非洲撒哈拉的边缘，打小儿老走～，脚板儿的趼子有铜子儿厚，起先，走水道儿走不惯，见到流水，就有点儿头晕，现在好了，见了流水可亲了。

后影儿：hòu yǐngr

从后面看到的。

如，他拐进胡同口的时候，我只看到一个～，像韩中离，要是他，他怎么会好得这么快呢？

☺ 合口儿：hé kǒur

1. 流水的河口子被堵住。

如，这次小清河开口子，多亏韩中离，他首先跳下河，没看清，跳得猛，让大树叉子把大腿给划了一条大口子，就那样，他依旧坚持着干，直到～，他才爬上来……

2. 吃的适合口味。

如，韩中离说，我的伤口儿缝了十几针，养伤那几天，我夫人天天变着花样儿给我做吃的，真叫～，还戏谑我，说：我马菊子这几天才是名副其实地“养汉”呢！

3. 伤口痊愈。

如，别说，你的伤～这么快，能跟人家马菊子细心调理，一门儿心思“养汉”没关系吗？

☺ 行市：háng · shi

1. 市场商品价格。

如，北京四城八区的商品房的～依然上扬，将来也甭想落下来。普通百姓望房兴叹没头儿，要不，您就往五六环上蹽！

2. 高价儿，比喻人自行抬高身价。含讥笑意。

如，孔北海用他爸的钱去年倒卖几套房子，就和他爸讲条件：把赚的五六十万全归他，不给他兄弟一点儿，否则，他另辟蹊径……他爸呲儿他道：你小子跟我要起～来了啊，你的钱怎么挣来的？你非但用我的钱，还得打着我的旗号去招摇，你该不会忘记你姓什么吧？还长～呢，整个一个晕头你！

☺ 害眼：hài yǎn

本指患眼疾。常比喻见他人所得而眼热、眼红。

如，孔北海说：老二见我买卖越做越红火，他就～了。他曾暗地里给我使绊儿，有这样帮倒忙的兄弟吗？他爸说，你多少也得给他点儿嘛，有你这么做哥哥的吗？

☺ 后手：hòu shǒu

指言行等留有余地。

如，北海继续诉说：老二的做法实在令我寒心，以后我不能不留点儿～，得防他一手！

☺ 胡噜：hú·lu

1. 用手或连同手臂将东西合拢过来或将其推开。

如，晚会上，晓星把糖块儿全～到自个儿跟前，挑了几块巧克力，又呼啦一下把糖果给～地上去了……

2. 用手抚摸。

如，一会儿，班主任郝亮把晓星叫到一边，说他是害群之马，狠狠捋他一顿，最后又用手～～晓星的头，一下把晓星一脑门子气全～没了。用手～学生的头，这是郝亮～学生感情的绝招儿，老果，好好学吧您呐！

☺ 忽悠：hū·you

1. 颤动。

如，夜里做梦，从楼上掉了下来，当时心脏一～就醒了，醒后心还怦怦地急速搏动……

2. 摇晃，晃荡。

如，台风麦莎一来，停在港湾的渔船～得简直要翻了……

3. 逛荡。由水面儿动荡不定，引申为言行没准儿，来回折腾人。

如，本水说，本山哥，你说麦莎来了就还我钱，现在麦莎走了，你又说等稻莎来了一定还，我说你嘴上没把门儿的，你不能老是今儿应明儿，明儿应后儿，可不能总来回～我呀！

☺ 忽忽悠悠：hū·hu yōu·you

1. 来回地猛烈摆悠晃动。

如，那海燕来得太猛，一时水漫金山，并不断上涨，有人爬上大树，紧紧抱住树干，十二级大风把大树刮得～，真有大树要被刮倒的感觉……

2. 较轻的东西在空中飘忽不定状。

如，有的地方虽未下雨，但狂风把塑料大棚掀翻，刮向空中，～飘上飘下，活像一只恢恢天网……

3. 借指光阴不知不觉飘逸流逝得快。

如，●《石头记》卷八二，“宝玉给代儒串讲文章。圣人说人生少时，心思才力，样样聪明能干，实在是可怕的，哪里料得定他后来的日子，不像我今日？若是忽忽悠悠到了四十岁，又到了五十岁，既不能够发达，这种人虽是他后生时像个有用的……”

☺ 和唧：huó·lang

1. 将水倒入面粉里进行搅拌。

如，呦，丁儿，你拿筷子在面盆里～什么呢？你要能和面敢情好了。

2. 以手或物在水中搅和。

如，我的妈呀，你怎么又在鱼缸里瞎～啊，你不是～这个就是～那个，手贱呐你？天呐，再～，鱼就死了，找你爸爸剋(kēi)你呀？

3. 引申在人际关系中有意无意地搅和，使人际关系更加复杂紧张。

如，黄花儿嘴里叨唠着儿子，心里想，自个儿就是个～能手，她马上联想到昨天荚荚和芊芊干架的事，还不是她从中有梗儿就添枝加叶地胡～一通给挑起来的？

☺ 后晌：hòu · shang

1. 午后(即后晌午)。

如，到了～，这鱼缸便鱼死水臭，黄花儿连鱼带水一齐倒掉了。

2. 傍晚。

如，快吃～饭时，何满子一进客厅，就问丁儿："我的鱼缸怎么空啦？""还没做～饭呢，黄花儿妈妈就给倒了，是黄花她快到～时，在鱼缸里瞎搅和，把鱼给和唧死的……"

☺ 话音儿：huà yīnr

1. 言外之意。

如，嚯，听那～，她们家够趁的，鸡鸭鱼肉早都吃腻了……

2. 说话的口音。

如，听她的～像张家口那边的人也保不齐，现在人口大流动，南腔北调的多了，有时光听～还真分辩不准。

☺ 话茬儿：huà chár

1. 话外之意。

如，"魏娜，现在来了亲友就去吃烤鸭，提起烤鸭我都腻了……"这时魏娜却说，"听说烤鸭是外焦里嫩——你们这弯儿有烤鸭店吗？要吃还得去全聚德啊！""我一听这～，妈呀，她是想吃烤鸭呀，而且还想去全聚德！"

2. 说话的茬口儿。

如，～刚到这儿，我还正纳闷儿着，门铃儿一响，嘿，魏娜妈来瞧闺女来了，得，我接着～说：你先歇会儿，然后咱们去全聚德吃烤鸭……

☺ 滑不唧溜：huá · bu jī liū

1. 某些物类表面黏滑。

如，一进饭店，魏娜见鱼池里有几种鱼在游动，便说，还有大黏鱼呢,那玩意儿～,可不好逮啦……

2. 地面等表面滑溜。

如,魏娜边走边看,脚下有点儿水,一出溜,滑了个仰巴脚子:啊哈,这地面儿怎么～的,呀哈,疼啊,把屁股摔两半啦,掌柜的呢,不行啊,得去医院拍片子啊……

☺ 回嘴:huí zuǐ

辩驳说理,无理矫三分地顶嘴。

如,前台小姐赶紧叮嘱嫣红:你负责拖地,怎么没拖那地方啊?经理批评你时你可不能～,只能认错儿,甭说呲儿你,就是骂你,你都别～,除非你是不想干了!嫣红一听,哭了,说,我怎么这么背呀!

☺ 号:hào

1. 表示数量:个。

如,嗨,那个包工队有二三百～民工呢,总会能碰到认真不糊弄事的吧?

2. 登记,统计。

如,现在,有些包工头很讲人性,都备有简易帐篷或简易板房,春节一过,老板就赶紧派人先～房子,怕民工一下涌回不够住的。

3. 某种类型的。

如,下一次,包工队派来个班长,物业说,只有派这～人才让人放点儿心……

4. 诊断,把脉。

如,干完活儿,班长跟物业经理说,听说您是中医世家,脉～得很准,我今儿肚子疼,拉稀,您给我～～脉,是不是睡的地方太潮闹的……

☺ 缓醒：huǎn xǐng

逐渐恢复知觉。

如，我急忙掐她的人中，看她能～过来不能，司机跑进来说，120马上就到……

☺ 话口儿：huà kǒur

说话时所透露出的口风。

如，听司机的～，卢伟昨天黑下又去夜阑酒吧，泡得时间长，台湾珍珠奶茶喝得忒多了……

☺ 黑下：hēi·xia

夜晚，黑夜。

如，我经常不断地劝她：单身儿有什么好处？你天天儿～出～进，成夜猫子了，不要身子骨啦！

☺ 谎信儿：huǎng xìnr

传说的，不太可靠的信息。

如，去年听到个～，说跟个台商摽上了，我还跟她说：你看准了，别来个闪婚，回头说吹就吹了。

☺ 花项：huā·xiàng

花钱的项目。

如，司机说，现在趁钱的主儿，特别是女人，大都崇尚曹操的人生朝露理念。卢伟的钱海了，她的～就是吃喝玩儿乐！

☺ 红人：hóng rén

1. 受上司宠信的人。

如，●《官场现形记》三，藩、臬为他是护院（巡抚）的红人，而且即日就要过班，所以凡事也都让他三分。

2. 知名人士。

如，《官场现形记》的作者李宝嘉，在清末作家中，也算是个大～，是谴责小说的代表人呢。如此一个知名作家，大～，为人师表出版社的自我标榜所谓“资深语文编辑”竟给改为王宝嘉，将《儒林外史》作者改成李宝嘉，真真是羞煞人也！这样的水货竟然编辑起文言文工具书来，居然成了该编辑部挑大梁的～，像这样的编辑还真少，不能迷信它的名声。

☺ 薅：hāo

1. 比喻意外地碰上，撞见。

如，小五给我装修房子，活儿干到三分之二，突然停工，同时关闭了手机……我急得整天四处寻访，一天傍晚，在龙潭湖湖边儿～上他了，我说：啊哈，没想到你小子在这儿让我给～着喽，你倒闲哉……

2. 用手揪(东西)。

如，我这话还没说完，我见他要撒丫子，我赶忙一把～住他的衣服，我说：你还想跑？兔仔子你……

☺ 好声好气儿：hǎo shēng hǎo qìr

声调温和，话语和气。与“好言好语儿”义近。

如，小五于是～地说：大叔，是没钱买材料了，我正急着想辙呢……我关机不对是真没钱买料……

☺ 黑不提白不提：hēi bù tí bái bù tí

指当时说的好，但过后儿对某事该提却不吭不声了，有意得过且过，能糊弄且糊弄的一种态度。

如，小五接着说：您说我～了，现在这～的事多了，像您的住房补差，八年过去了，人家～，您现在买房差几十万，您不是得到银行去贷款吗？利息您少给一分行吗……得得得，我不给您添气儿了……

☺ 红脸憋嘟：hóng liǎn biē dū

1. 因生气而脸上红胀。

如，我一时气上心头。小五说：您怎么～的啦？您带着速效救心没有哇？这……我说：我死不了呢。叫你这么一说，买料的钱我出，明儿个你给我干活去，该我的钱我不要了！

2. 因劳累而脸色红胀。

如，老九，你～干吗了呀？我呀，刚跑完 3 000 米。只要我能天天坚持 3 000 米，活到 100 岁，不怕他黑不提白不提！

☺ 混横：hún hèng

指人不通情理，混而蛮横。

如，"老九，又刚跑完 3 000 米呀？""不，今儿是让老二气的。昨儿晚上回来了，跟我要～。说他要把张家口那套两居卖了，在五环外头买套二手两居，让我给添 50 万。我说我给你偷银行去啊！退得早，挣得少，我这点儿退休费正向吃低保的靠拢呢。没等我说完，他就要～把酒瓶子划拉到地上了……"

J

☺ 借光：jiè // guāng

借助，沾光的意思。北京的传统文明用语，多用于话语的前边。

1. 表示要向人询问什么。

如，“～先生，请问到黄村坐哪路汽车？”“你是到石景山呢，还是到大兴呢？”“到大兴。”“那你往西走 200 米，在天安门东坐 2 路到木樨园，然后坐 366——多了，有好几路呢，到木樨园再问吧。”“谢谢您，大爷。”

2. 请人给予方便。

如，～了您，请您闪开一点儿，让我过去。

3. 表示沾光的意思。

如，●《儒林外史》三四，写杜少卿不愿出仕，于家装病的事：知县慌忙扶了起来，坐下就道：“朝廷大典，李大人专要借光，不想先生病得狼狈至此。”

“借光”中间可嵌入“个”“着”“点儿”等词语。●老舍《茶馆》第二幕，刘麻子：“王掌柜，这儿现在没有人，我借个光，下不为例。”●《石头记》卷二二，黛玉跟宝玉说：“你既这样说，你就特叫一班戏，拣我爱的，唱与我听。这会子犯不上借着光儿问我。”

上述 1、2 中与“劳驾”义同。

☺ 唧咕：jī · gu

也说“咕唧”“咕咕唧唧”或“唧唧咕咕”。

1. 低声私语。

如，●《石头记》卷七九，“香菱对宝玉笑道，你哥哥（薛蟠）一进门就唧咕求我们太太去求亲。”

2. 比喻大便或小便一时失禁。

如,我跟她说,我孩子这两天闹肚子,有时往裤裆里～屎,我得回家带她去医院瞧瞧……

也作“叽咕”“咭咕”。

☺ 节骨眼儿：jié · gu yǎnr

1. 比喻关键的时机。

如,正赶上老铁他们两口子闹不和的～,那个叫什么菲菲的东北女人净找借口接触、关怀老铁,很快,老铁这块儿铁就被她的激情给融化了,办了离婚手续。看来,这第三者插足也是看准～呦。

2. 比喻要害之处。

如,老铁他爸出殡那天,净送葬的大小汽车就得上百辆,全村人全部出动,人山人海,可就有人抓住这个十分张扬的～给偷拍了两张,参了铁支书一本儿,结果支书被调到三十里外的杨庄镇去了。听说还是赶在要提拔的～上,这不全完了吗!

☺ 急茬儿：jí chár

性急,言行急迫。

如,那菲菲刚插进腿来就急着跟老铁结婚,再～,也不该急到这地步呀！现在是老铁常不回家,不回来,她就开车到杨庄去找……

也说“急茬子”。如,这菲菲可真够急茬子的哈,有的可图啊!

☺ 挤咕眼儿：jǐ · gu yǎnr

上下眼皮快速睁合,以综合面部表情示意。

如,二满,你没看介绍人直跟你～,结果你傻不愣登还是实说了,缺心眼了不是。

●《石头记》卷六二,“贾蓉笑道,好歹求你老人家事完了再去。说着,又和他二姨娘挤咕眼儿。尤二姐便悄悄咬牙骂道,很会嚼舌头的猴儿崽子，留下我们给你爹做妈不成！”

与“使眼色”义近。

☺ 挤对：jǐ · dui

逼。利用某种言行迫使人屈从。

如，我不瞒她，也不硬～她，她不愿意就算了。这事儿嘛，强扭的瓜没甜味儿。

☺ 唧唧喳喳：jī · ji zhā zhā

1. 形容某些鸟儿的叫声。

如，你们看，窗外树上的几只麻雀分成两派，～地蚵起架来了！

2. 人小声儿说话。

如，哎，我说，把窗户关上吧，外面儿～就够添乱的了，你们里边也～，咱们这叫开会吗？

●《石头记》卷一一〇，“众人说宝玉，这几日跟着老爷跪着，瞧他很不受用，巴不得老爷一动身，就跑或来找二奶奶，不知唧唧喳喳地说些什么。”

☺ 叫阵：jiào // zhèn

原指古代作战时双方摆好了阵势，其中一方在阵前呐喊、挑战。后来便用于甲乙双方其中一方因故不服，而向另一方甩闲话，或叫骂，进行挑衅。

如，铁蛋，你甭跟我～，你不就会要横么？我提醒你小子，现在是讲法治的社会，到时有的是人管你！

☺ 叫板：jiào // bǎn

戏曲术语。引申为以某种条件为前提，硬与对方对抗，意在使之屈就。

如，对，我还就要跟你叫～，跟你要要二百五，怎么着吧你？还法治呢，真逗！你们那不合着法的多了，真是要～，还不知准先进去呢！

☺ 较真儿：jiào // zhēnr

形容非常认真。

如，得了吧您，现在有些事儿你没法儿～。那井盖儿，不定在哪个废品收购站变成废品了，郊区连公交车站站牌子都照样跑到废品站去，路边的电话有几个能用的……这样的事儿，你跟谁～去呀！

☺ 绝后：jué // hòu

1. 即孟子所说的“独”，特指老而无子。

如，“可她告诉我说那个老头儿是个～，脾气挺倔，最苦于断绝了香火，前些日子娶了个外地的小伴儿，才十九，说给他生个儿子不是～就得，就结束他们的婚姻……”“咳，如今这年头儿，那算什么新闻？你真不开眼！何况那个老头儿有一处平房小院儿，所以人都说：一个十九岁的女孩子嫁给一个60岁的老～挺合算的，几年后老～一归天，她再招一个男的，什么也都有了……”

2. 指无子的家庭。

如，●《石头记》卷七九，“香菱道，只有老奶奶带着一个亲生的姑娘过活，也并没有哥儿弟兄，可惜他一门尽绝了后。宝玉忙道，咱们也别管他绝后不绝后，只是这姑娘可还好，你们大爷怎么就中意了呢？”

也说“绝户”。

☺ 就伴儿：jiù // bànr

与己相伴或与人相伴。

如，胖姐通过原先的老街坊秋季在下斜街租了间房，请了个在一外退休的教授教她女儿英子法语。胖姐带着一桶进口饼干和干红葡萄酒，请秋季让他女儿秋色跟英子黑下～。秋色说，住大杂院儿怕什么呀？她不愿意。

“就”后常加入“哪门子”“不了”一类的词语。如，就哪门子伴呀？

我跟她就不了伴儿，她忒葛。

☺ 街里街坊：jiē · li jiē fāng

邻居或住在同一街道、同一村庄，彼此熟悉。

如，秋季劝女儿说，我知道你感到也不方便，可原先都住在官菜园儿，～的，关系还不错，不好一口拒绝，先答应下来，以后再说以后的。

☺ 脚丫子：jiǎo yā · zi

脚。

如，上初中时，我跟她同住一个宿舍，黑下睡觉她老把～露在外面，早清儿她没起，有的同学就开窗户，说，是谁的臭～，把这屋里熏得酸臭酸臭的。

☺ 间量：jiān · liang

指房屋的面积。

如，她租的这间房～不大，仅九平米。

☺ 脚脖子：jiǎo bó · zi

脚腕子。即小腿和脚接连的部位。

如，你看她，～上还带个脚链儿，臭美都美不到佳劲儿上。

☺ 佳劲儿：jiā jìnr

1. 指事物的正当地方，关键所在。

如，我以为她应该去美容院美美容，改改上下嘴唇向外翻着的毛病，这才叫美到～上了。不然，到法国大使馆去签字，人家会说：法国不适合你……

2. 说话不中肯，说不到关键上。

如，她说事儿也总让人皱眉头子，总说不到～上，这人，叫人真没辙！

☺ 今儿个：jīnr gè

今天。

如，秋色说："爸，我再跟她就一个礼拜的伴儿，让他另找人，您～跟她爸说好。""咳，我知道你烦她，可他们家还接长不断儿来送礼，弄得我不好说不好道的……"

☺ 就合：jiù · he

1. 凑合，迁就。

如，没想到天那么冷，在候车室里，我们五个人盖一条毯子～了一宿，第二天天一亮便打了一辆黑车，找苗苗她姨儿去想辙。

2. 蜷缩不能舒展状。

如，五个人，坐不开，苗苗自愿在后备厢里～～，好在时间不长。

☺ 倔：juè

言行生硬，性情一般孤僻。

如，"哎、哎，唾沫星子都飞到我脸上啦，瞧着点儿你！""我没长后眼，要长后眼我当年贵贱也不去陕北当老插！""这位先生，您干吗说话这么～呀？您往窗外啐唾沫就是不应该嘛！""卖你的票去，少拿耗子！""咳，我说你怎么还骂人呐？你是吃枪药了还是你家里有人得了暴病啦？""你家才有人嗝儿屁着凉了呢！""嘿，你说这人～不拉唧的嗨，四五十岁的人了，怎么活的你？给你脸你就倒顺着鼻子往上爬是怎么着？""少说两句吧，不管是老插还是小插，～有～的原因，都是极端个人主义的罪孽，都想开点儿吧……"

☺ 矫情：jiáo · qing

无理而狡辩。

如，"我说售票员同志，这样的你一听就是穷～的主儿，他是诚心与公德对着干，拿别人砸筏子玩儿呢""原谅原谅，就都别说了……"

☺ 较劲儿：jiào // jìnr

1. 心里不服而硬绷着或以某种动作发泄。

如，珠子，你干吗这阵儿开得这么野呀，开车可不能～，那不是闹着玩儿的！

2. 故意赌气儿。

如，后边那辆君威追上来了，刚才我往里贴他一下，看来这小子要跟我～！我就不信他的破君威还想跟咱奥迪 A6～！

“劲”前也常嵌入“起”“什么”之类的。如，“你还看不出来这阵势，双方肯定都是有点背景的，都挺横，较起劲儿来啦！”“让我说，较什么劲儿呀，吃饱了撑的，有钱烧的！”

☺ 嚼裹儿：jiáo · guor

指吃的喝的，维持生存的基本资料。

如，他们准是挣得多，吃饱喝足撑的，要是挣仨瓜俩枣儿，没～，他们就没精神头儿怄闲气儿了。也说“嚼谷儿”，●老舍《我这一辈子》，“就凭那两块大洋！谁也不许生病，不许生小孩，不许吸烟，不许吃点零碎东西；连这么着，月月还不够嚼谷儿！”

☺ 就菜：jiù // cài

就餐时尽让亲友吃菜或为其布菜。

如，小雯妈请小雯的同学紫荆吃饭，热情招呼：“紫荆啊，别客气，～吃呀！吃这鲍鱼、扇贝、这大虾，小雯，她爱吃什么你应该知道哇……”“哎哟，这点子事儿您就别管啦……”

☺ 捡漏儿：jiǎn ‖ lòur

拾便宜。

如，“刚子天天去旧货市场～，他掌眼懂行啊，没几年，人家坐上帕萨特了，你呢，就不行，打眼尽赔本儿，你得好好请请刚子……”“这些天我都见不到他的影儿，再说，他猾着呐，～时净躲着我……”

☺ 家走：jiā zǒu

即回家。

如，那天我瞧他刚～，就赶紧去家里堵他，结果愣没堵着，他媳妇说我看离眼儿了，让我先～，等刚子回来听话儿……

☺ 贱骨头：jiàn gú・tou

1. 对于亲者，因感情上承受不住而让步的行为。

如，小不点儿觉得她翅膀儿硬了，不但拿话顶撞你这做爹的，还竟然一抖袖儿走人了；你呢，心又软了，却又到处去找她，怎么你那么老～呢！

2. 也指甘愿讨好对方的人。

如，人是回来了，可是她硬绷着你；你呢，还天天给她买小食品，夸她呢，在咱家里，你们爷儿俩都是～！

3. 称不知好歹、得寸进尺而丢脸的人。

如，●《石头记》卷六七，“秋桐背后谤言尤二姐。贾母听了，便说，凤丫头倒好意待他，他倒这样争风吃醋，可知是个贱骨头，因此渐次便不大喜欢。”

与“贱肉”义近。“贱骨头”多用于长者之间相互称谓或长辈用于幼者，而幼者不得用来称谓长辈、长者。

☺ 街面儿上：jiē miànr shàng

1. 泛指社会上。

如，●老舍《茶馆》第二幕，唐铁嘴：“你呀看不起我，怕我给不了房租！”王利发：“没有的事，都是久在街面儿上混的人，谁能看不起谁呢，这是知心话吧？”

2. 街道或村庄里。

如，●老舍《我这一辈子》，巡警不是管街面上的事情吗？那么请看看那些警官儿吧，有的连本地话都说不上来，二加二是四还是五都得想半天。

☺ 见天：jiàn tiān

天天，每天。

如，他的一双皮鞋够开我半年的饷，他什么经验与本事也没有，可是他～发财。这样的人多了去啦！我的一个好哥们～为此生气，我说他：你忘了，曾经工宣队竟然领导清华、北大，这气你要～生，能活到现在吗？

☺ 嚼舌：jiáo // shé

也说"嚼舌头"。

1. 爱在背后议论人或咬吃人，拨弄是非。

如，●《石头记》六二，"贾蓉笑道，好歹求你老人家事完了再去，说着，又和他二姨娘挤咕眼儿。尤二姐便悄悄咬牙骂道，很会嚼舌头的猴儿崽子，留下我们给你爹做妈不成！"●《石头记》六三，"丫头们忙推贾蓉，说，你一般有老婆丫头，只和我们闹，知道的说是顽，不知道的人，再遇见那样脏心烂肺的，爱多管闲事嚼舌头的人，嗓嚷到那府里，背地里嚼舌，说咱们这边混帐……"

2. 思维敏捷，巧舌如簧，嘴辩能力强。

如，慧慧她上课虽然神情板滞，但课下～时，眉飞色舞，绘声绘色，什么班上李清照追物理系的赵明诚，而赵明诚是被她玩儿过的啦，什么杨贵妃总在李隆基枕边～啦……说得有鼻子有眼儿，不怕你不信。"得得得，慧慧，你甭～，登徒子确实吻过你，的确好色，可惜他中了丘比特的铅箭……我没工夫跟你～，您外秀慧中，通古知今，学贯中西，行了吧？""不行，你想学琥珀奚弄我呀？"

也说"嚼舌根儿"。

☺ 接茬儿：jiē // chár

1. 顺着别人的话茬儿说下去。

如，注意，小李开个头儿，然后大伙儿一边儿倒，～说，一个接一个，可别冷场儿，节省出时间，好多挣点奖金！

2. 接连着去做。

如，等会一散，咱们歇人不歇马。小李没干完的老魏你～干，等他休息会儿再换你，其他小组也都这样～来。

☺ 搅和：jiǎo · huo

1. 使按比例掺杂在一起的混合物得以匀实的动作。

如，嗨，水、石子、水泥、沙子，通过搅拌机一～，也就匀实了。

2. 有意无意从中扰乱。

如，本来我和她丈夫说妥了，今儿我租用他的搅拌机，可她说租金少，不同意，她这么一～，只好等明儿个她丈夫回来再说了，什么人呐！

☺ 解气：jiě // qì

1. 使心中痛快起来。

如，路荷说，我骑到陶然亭北门，当时又热又累，买了瓶冰镇汽水，一口气儿喝下去，哎呀，那才叫～呢！谁知到了家里气又不打一处来呢！

2. 消除心中闷气，解恨。

如，我拿钥匙开开门，嘿，两个狗男女在床上正练得高潮呢……当时我就捡～的来，上去薅着那个小野鸡儿的头发就往门外拽，刚到门口儿，我那骚爷们儿急忙截住了我。于是我就左右开弓，抽那小母娘儿们儿几个大嘴巴子，就是这样我也一点不～呀！

☺ 嚼吃：jiáo・chi

吃，用。

如，●《石头记》卷一一三，“刘姥姥说，如今虽说是庄稼人苦，家里也挣了好几亩地，又打了一眼井，种些菜蔬瓜果，一年卖的钱也不少，尽够他们嚼吃的了。”

☺ 解饱：jiě // bǎo

某种可吃的东西吃下后很耐饿。

如，我和李文到天水的山里头去买核桃，中午也没地方去吃饭，于是就坐在石头上砸核桃吃，嘿，那东西真～，直到晚上回到家，也还不觉得怎么饿。

☺ 拘挛：jū・luan

1. 因病或受冻，手、腿等部位的肌肉骤然抽搐。

如，哎哟，我腿肚子的筋怎么都～成疙瘩啦，疼死我喽！没准儿是白天上山下山累的；一阵一阵儿地～，一直到天亮。

2. 形容长虫（蛇）急速爬行，或枝蔓植物相互交织的自然状态。

如，早晨我一开门，呦，一条长虫正～～从楼门里往外爬呢，你说这要万一爬到谁家屋里可怎么好哇！

3. 形容写字飞快、不成形，令人难以辨认。

如，论学习，小蔓脑子好，肯努力。从念小学以来，她的成绩在全年级老在前三名，可是她平时写起字来，为图快，龙飞凤舞，～～的，她说，我自个儿认得就行了。

“拘挛”常叠用。也说“拘拘挛挛”如，你说，把字写得拘拘挛挛的，她自个儿也说有时认起来挺费劲儿。

☺ 尖嘴猴腮儿：jiān zuǐ hóu sāir

形容人的脸相不好看。含厌恶情绪。

如，“你瞧，杨辫儿那么亭亭玉立，怎么找了那么一个～的男的。真是一朵鲜花儿插在一泡牛粪上了！”“咳，那还用问，准是那～的有钱呗！”

☺ 尖门儿：jiān ménr

形容吝啬，爱占便宜。

如，以前谁都知道杨辫儿是个～，吃完饭不是说忘了带钱就是在手包里乱翻一通。当然，这时别人也就早把单买了。如今虽说傍了尖嘴猴腮儿的，但在该花钱时，依然抠抠搜搜，还常玩儿花活，耍～，是个至死难变的守财奴！

☺ 绝情：jué qíng

指言行(特别是所做的事)已没有感情色彩。

如，丽丽跟混子掰了。混子也真够～的，他连丽丽所有的衣服都给卷走了，一点儿什么都没给她留。

☺ 绝：jué

1. 办法损、毒。

如，1971 年，混子开一辆解放翻斗儿，几个知青男女在路上拦住他，想借蹭儿车家走，不想那车经过路上一洼水坑时，混子刹住车，把那几个知青倒在水里，便撒丫子蹽了，你说他～不～？

2. 言行失去情面。

如，那家伙真够～的。一次，他当着丽丽妈的面儿骂丽丽不是人养的；傍晚，他把丽丽娘儿俩轰出家门儿，娘儿俩只好到汽车站凑合到天亮，世上这样～的东西还真少找！

与“绝情”有义近之处。

☺ 贱肉：jiàn ròu

1. 多指小男孩儿在长辈跟前亲昵撒娇，而长辈有所烦腻时的责怪用语。倘若当众说时，则表现为形怪实爱的情态。

如，那帮孩子都在楼下花园儿亭榭那边玩儿，你这块～，不跟他们玩儿去，老在我这儿腻烦什么呢，我正烦着呢！

大凡这种情形则与“贱骨头”义同。

2. 也指男女间的情感纠葛，称倾倒另一方离不开另一方的行为。

如，“您有什么可烦的呀？”“你还不知道哇，外边谣传我二闺女跟某个大人物，你说我闺女是那种～吗？这不是糟贱人嘛，我心里熬头……”“嗨，她天天露面儿，谁一看就知道她是个正经人，不是那种轻浮的～，公众人嘛，知名度高的年轻女人是难免被人说东道西的，想开了。走，给孩子买点儿白薯干儿去，今儿甩卖呢！”

☺ 筋斗：jīn · dou

特指食物吃在嘴里有嚼头(耐嚼)。

如，“你嘴里老咕容什么呢？”“白薯干儿，～着呐。”“是～，等白薯下来，奶奶给你做一些。”

☺ 强嘴：jiàng // zuǐ

1. 用话顶撞对方。多用于少对长。

如，强强，你妈说你那是为你好，你混蛋小子怎么跟她～呢！跟谁学的呀？跟丫头哇，也找挨扇啊！

●《石头记》卷四四，“凤姐斥责小丫头，越叫越跑，离的又不远，你聋了不成，你还和我强嘴？说着，便扬手一掌，打在脸上。”

2. 在长辈面前，强词夺理。

如，人儿不大，怎么那么矫情呢你？我瞅你也欠打。再跟你妈～，我也抽你一个五指山！嗨，没强词夺理，只因莺儿说了句玩笑话，春燕儿便挨了冤枉打。

●《石头记》卷五九,“那婆子便倚老卖老,拿起拄杖,向春燕身上,击了几下,骂道,小蹄子,我说着你,你还和我强嘴儿呢,你妈恨得牙痒痒,要撕你的肉吃呢。”

☺ 家伙:jiā·huo

除对亲人和怀有特别好感的人不使用它外,此词能泛指人情感上所好恶的一切,使用范围很广。

1. 称呼厌恶的人,含轻蔑之意。

如,韩愁绪那～既没学历,又不是小教的料儿,不拍马屁走仕途又怎么活下去呢?而被拍的那～也看准了他势必投其所好,所以也算王八看绿豆,对眼了!

2. 称熟悉但关系一般的人。

如,一个叫刀叨的拍着韩愁绪的肩膀儿说:老韩,咱们在进修学校进修时我就说过,你这～不是学专业的料儿,走仕途吧你,怎么样?果然当上了副局长,退下来后,凭这个副局长的名儿,你居然也在所谓现代艺校混个校长当当,每月也挣他两三千。你这个～真能把有本事的人给气死!

3. 指牲畜动物之类。

如,韩愁绪家那只大狮白的嗅觉真邪门儿,那天夜晚他媳妇回家,还没到门口儿,门口儿的灯就亮了,原来是那～立起身来用爪子给他拽的灯绳!

4. 泛指人所惊奇、恐惧或好恶一类的。

如,“韩愁绪老婆就爱说悬的。她说银河系天马座A那个大黑洞的体积是太阳的370万倍。天呐,这天上竟然有那么大的～呀!听她一说,我真有点杞人忧天倾啦!”“你忧什么忧?走,跟我玩儿去,去海洋馆看海豚,那小海豚还不到一岁,小～特通人性,可爱人儿了,一看它你就乐不思忧了!”

5. 泛指工具、机械之类。

如,“你愁绪的坐骑是马六,便看不起我的捷达,你怎么不跟布什比呀？人家坐的那个大～是世界上最豪华的，叫凯迪拉克，懂不？”“我傻，不懂您呐，可你懂我这把～叫什么吗？”“咦，你有这个～犯法呀，是从哪儿弄来的？”“托人从三不管的地方呗，才 800 块，先别把我这～给我往出抖落，不久我就把它倒出去。”

6. 生活中用的盘儿碗儿之类。

如，●《石头记》卷三七，“袭人道，家常送东西的家伙多，巴巴的拿这个去。晴雯道，我何尝不是这样说。这个碟子配上鲜荔枝才好看。”

噘嘴耪唇：juē zuǐ—pǎng chún

形容人生气时的情态。

如，你们怎么啦？一个个跟桑木神似的，没一张喜欢脸儿，都～的干什么呀？丢了金条了是怎么着？

见长：jiàn zhǎng

1. 明显地增长。

如，“还真和钱有关，您问您孙子吧……”“行啊，小谱儿你人儿不大，脾气倒～，买东西还价儿就丢人，你这是什么心态呀？你爸爸不就是个科级嘛！”

2. 指植物生长得快。

如，让我看小谱儿的脾气都是你们平时一点点儿给惯坏了。所谓天街小雨润如酥，点点滴滴渗在地里了，蒿草便日益～，一旦长疯了，你们再收拾起来就感到扎手啦！所以你们做长辈的要抓住孩子十二岁前后的年龄段，掌握好筋劲儿，对他进行引导……

筋劲儿：jīn jìnr

1. 言谈举止、处世待人的分寸、适度。

如，《红高粱》中二少奶奶这人，不管干什么，不拖泥带水，嘹亮干脆；处世待人，能把握好～，似乎一切，都在她的掌握之中，让我看，是有完人之嫌。

2. 指炒菜、做饭的火候。

如，二少奶奶炒的菜，人都爱吃，比如她炒的韭菜，既不会炒烂也不会有辣味儿，她对～掌握得好，是个能人。

☺ 脚下辫蒜：jiǎo xià biàn suàn

比喻行走不稳，像辫蒜一样缠绕。

如，老喽，老爸老矣，走路～，没根儿了，快呜呼了呀！

☺ 激灵：jī · ling

受外界刺激身体潜意识地抖动。

如，"您那天走着走着冷不丁一屈腿，吓我一～，老爸别再下楼走远啦！""我那天走在楼下，忽然身边儿叭的一声，吓我一～，原来是楼上扔下的垃圾袋儿！哎，素质可悲呦！真该让那种人得心脏病……"

☺ 机灵：jī · ling

1. 打蔫儿的植物枝叶或花朵儿，经过浇灌或水泡，又恢复原状。

如，那水仙花瓣儿都打蔫了，浇了两杯水，过了半小时又都～起来了。

2. 聪敏。

如，人的天资是第一重要，但也不能忽视客观环境影响力，这就像给杜鹃花儿浇水一样。天香的～劲儿来得快，见什么人儿说什么话儿，这一点就很像她妈。

☺ 焦心：jiāo // xīn

内心焦灼。

如，两个女孩儿相约，老早起来去了西山，到了晚上还不回来，打手机也关机，你瞧家里人那～劲儿呦……

☺ 唧啦喳啦：jī·la zhā·la

1. 形容人焦躁不安的性格。

如，八斤嫂就是遇到屁点事儿也～瞎喳啦，这回闺女突然失踪，那就更甭说了，她在家里哭叫，她花钱请人去找，她来回往派出所跑，但两天过去了，还是人、信杳无……

2. 形容令人厌烦的声音。

如，楼下有人大声小喇地说笑，是原来陕北的几个老插，碰在一走说笑。八斤嫂急了：干什么哪？大中午的，～瞎嚷嚷什么哪？你们不烦，也该注意公德是不是……

☺ 焦亮：jiāo·liang

声音响亮。

如，你听，他话音～，不像是有什么大病。

☺ 聚齐儿：jù∥qír

人们在约定的地点按时相见。

如，●《石头记》卷七一，"尤氏便命传管家的女人。这丫头听了，便出去到二门外鹿顶内，乃是管事的女人议事聚齐儿之所。"

☺ 劲儿：jìnr

1. 仪态、表情、样子。

如，就你那德行～，好歹有个媳妇算了，还贼心不死？

2.（往日）心态再次萌发。

如，你又来～了不是？你老想着嘉凤，是剃头的挑子一头儿热，人家早嫁给大户了，她现在放个屁也能把你迸出八丈远，死心吧你，还来什么～呢，嘬事儿啊你！

3. 力量。

如，"你卖的这爆竹是伪劣吧？怎么这二踢脚崩上去没多高儿就噗嚓一下，跟放屁一样，没一点儿～呢？”“来，给你这个试试，这个是地毯式的爆炸……”

4. 指人脸上流露出的不满、气愤神情。

如，“喂，你崩着人啦！怎么在我羽绒衣帽子里响啦？瞧，把我帽子崩开花啦！”“……对不起，小姐，真没想到……赔你10块……10块？”你瞧她那～，10块行吗？

☺ 就这么着：jìu zhè mò zhāo

1. 表示已成既定事实。

如，“这事～了？”“对，不～又能怎么样！杀人偿命嘛……”“能不能……”

2. 表示应诺。

如，“三百万必须在三天之内送来，晚了就无法回天了。”“好，～，一定，我说话算数儿，～了！”

☺ 鸡皮疙瘩：jī pí gē・da

1. 指人挨冻浑身哆嗦时皮肤出现有如鸡皮一样的生理现象。

如，这天气怎么这么怪呀，大五一的，我们上午出去到公园时，女生还都穿裙子呢，谁知到了中午，骤来一阵风云，竟然下起鹅毛大雪，把我们冻得浑身起～！学校赶紧派车，先把女生给接回去了，若冻坏了她们，晚会就开不成了。

2. 人听了毫无自知之明的话，极不舒服，身上骤然出现如同鸡皮一样的生理现象。

如，晚会上，我们背后称之为大母鸭子的方脸女郎，谁知就她那锣粗锣壮的身段，还来个三点式，在台上走起猫步呢……哎呀，酸死人了，当时台下那叫热闹，有人喊：“您饶了我呗，别让我们浑身起～啦！”

3. 指人被惊吓或听了惊恐的话时皮肤出现宛如鸡皮的生理现象。

如，晚会结束回家时，夜阑人静，天黑得伸手不见五指。为抄近路，我贸然从火化场旁边经过，周围死一般沉寂，心里一发毛，一激灵，头发直点儿动，浑身～骤起，于是我不禁快步如飞，跑回家……

☺ 京油子：jīng yóu · zi

指部分老北京人（含贬义）。

1. 指遇事很有心计、油嘴滑腔儿往往拿外地人开涮的北京人。

如，你一看就知道他们几个是～，跟他们打听道儿就得嘴乖点儿，不然就有可能拿你这怯老乡儿开涮。

2. 指有欺生等毛病的老北京人。

如，不仅是年轻的，就是上了岁数的，有的～也玩弄人。明明陕西巷在大栅栏里，他告诉你在骡马市大街，这就是你问到～手里啦，他给你瞎马骑呢！原因是与你称呼他"老汉"或不说"您"而"你"长"你"短有直接关系！

3. 指爱算计人不好惹的北京人。

如，俗话说，～，卫嘴子，这都是上了论的了。你外地人不注意北京的习俗不行。就是碰上年轻人，说话也得用"您"，要是碰上那种老～更得。

●老舍《赵子曰》第十一，"崔掌柜的是个无学而有术的老京油子……嘴里冒烟，心里冒坏，可是心里的坏主意不像嘴里的烟那样显然有痕迹可寻。"

☺ 接长不短儿：jiē cháng · bu duǎnr

形容时间上有间隔，但不中断。

如，她和她老伴儿充分利用月票，常去玉渊潭，～还遛一趟西山八大处。

☺ 家当：jiā · dangr

家产，家底儿。

如，你这败家子儿，咱们老辈子留下来的这点儿～全让你给抖搂完了！那张床是紫檀的，是当年乾隆微访时他用过的，你竟然仨瓜俩枣儿就给卖了，不懂行，把值钱的～全祸害糟践了……

☺ 紧紧巴巴：jǐn jǐn bā bā

指生活拮据，免强度日。

如，家底儿抖落完了。为了供你考研、留美，家里的日子过得～，你爸开始外出打工挣命儿，去年一年都没回家，容易吗？

也说“紧巴”。说“紧巴”时，困难程度则略轻一些。如，三年前，咱们的日子就开始紧巴了，但还不像现在这样捉襟见肘紧紧巴巴……

☺ 急赤白脸：jí·chi bái·liǎn

形容言行非常执拗、着急的神情。

如，●老舍《赵子曰》第十九，欧阳天风说赵子曰：“那么丑的魏丫头你也蜜饽饽似的亲着……”“谁爱她魏女士，谁是个孙子！”赵子曰急赤白脸的分辨。钱多说，“干嘛要急赤百脸的起誓呀？瞧，你一着急，说话也有点儿结巴磕子啦……”

☺ 结巴磕子：jiē ba kē zi

说话时，话语不连贯，奔奔坎坎。

如，哎，钱多，解放前，你们家在未庄与赵太爷齐名。现在呢，你不仅有钱，还有势，利用你的时运关系，给我找个御医，把我的小～给我治治，怎么样？

☺ 介意：jiè yì

1. 怀恨在心。

如，钱多成年后，每当想起幼年欺侮阿 A 的事，总认为阿 A 一定会～在心，但后来的事实证明阿 A 并没～，所以钱多很是敬佩阿 A 的为人。因此他为阿 A 花多少都不在乎，也可谓是路遥知马力喽……

2. 放在心上。

如,●《后汉书》卷三八《度尚传》,“所亡少少,何足介意。”

钱多说:说得对呀,让你去宣武饭店住几天,聊聊天儿,给你买些东西,那在我的财富中微乎其微,是不值得~的事,又哪里值得一提呢?

☺ 进项:jìn·xiàng

收入。

如,老牛头也早不干皮匠活了,他生活没别的~,只靠拾些破烂儿攒些钱,除了每天喝二两外,也没有别的匡外花销……他想,儿子牛皮为什么要学这些恶嗜好呢?啊,原来像《老舍散文精编》里说的:“是因为月间有百十块的~,而工作又十分清闲。”混小子啊,清闲,你丈母娘还不知道是谁呢!

☺ 鸡刨狗挠:jī páo—gǒu náo

形容环境脏乱。

如,老牛头儿那院子里,除了他盖搂来的乱七八糟的以外,小院儿里~的就没法儿下脚儿!

☺ 贱:jiàn

1. 价格低廉。

如,有时老牛头儿碰上公家装修,他收来的一些门窗、铁栏杆等东西价钱很~,能赚五六倍呢!

2. 多指小孩子在大人跟前撒娇,磨腻人。

如,牛皮有时就找他爸,跟他爸耍~,死说活说,最后也得从老牛头儿手里磨菇点儿钱走……

3. 形容人感情当家,心慈手软。

如,有人说老牛头儿也忒~,可是,你碰上那么个不争气的儿子又有什么招儿呢?他说,有人说我~,牛皮再没能耐,总是个身子骨儿没毛病的人嘛,要是他缺胳膊少腿儿呢,你还不要他了吗?你不也得养活他吗？这样一想，你就不说我～了吧。

☺ 贱招：jiàn zhāo

以好心情引逗人（有时引出不好的结果）。

如，也有人说，“都是老牛～，一有个儿月七成见不着儿子，再见了，就得跟那不要脸的儿子喝上一通，最后，还得上赶着给点儿……”“本来嘛，你也不想想，他不～牛皮～谁呢，多不好那也是他儿子呀……一次，牛皮说，我们是父子，我爸～无可非议。最近我看电视，有个女主持在大庭广众、众目睽睽之下，竟然跟那嘉宾撒贱，看来，这跟那嘉宾～，笑嘻嘻夸她聪明有关。我想，那嘉宾的媳妇看了，一定得跟他汆了！”

☺ 叽里旮旯儿：jī · li gā lár

1. 到处，特含犄角旮旯之处。

如，李博的书海了去了，他有几个书房，每个书房里～都是书……

2. 偏僻、人所不留意之处。

如，厅里明摆着的保险柜里什么都没有，贵重的都在～，前去偷他的小贼儿骂他是骗人的混账东西……

☺ 叽叽嘎嘎：jī · ji—gā gā

形容人笑得十分开心。

如，李博听后，在卧室里同他妻子～地笑，说，我这里值点儿钱的就是人家送给我的一些纪念品，骂那几个是混蛋小绺，要不就是生虎子，因为不了解李博是书癖：有钱就买书……

☺ 结结：jié jié

心里想着，惦记着。

如，此后一传开，不管是小绺，还是江洋大盗，都不在～他了，因为实在没戏……

也说“结记”。

☺ 叽里咕噜：jī · li gū · lu

1. 形容某些圆形的东西零乱地滚动。

如，一筐茄子从大货车上震动下来，马路上的茄子立马儿～到处乱滚……

2. 形容人匆忙聚散。

如，骑车的、行人，一见大货车依然风驰电掣撒丫子往前着活，便都红了眼似的～追着捡茄子，人们都把捡的茄子抱在怀里，当把第四个塞在怀里时，怀里抱不住，又掉下来，再被别人搂在怀里……结果，捡了半天，怀里依然抱的是三个。捡完了，便都～散开了，可是，后面的汽车一时排起了长龙……

☺ 激：jī

1. 通过言行刺激，使人情绪激动。

如，黄毛又手头儿紧了，十月末，他转悠到京北水库，跟一个秋游的人说：水这么清爽，下去游一游多带劲哦！那人看他是个二半彪子，就说：你敢在里边泡上十分钟，我给你一千块。黄毛说：你甭～我，倘敢反悔，我剥了你的皮！于是叫那人把摩托车钥匙交给另外两个游人作证，就举身一个猛子扎进水里……

2. 以冷水浇身或骤受雨淋(以致身体受害得病)。

如，十分钟后，黄毛上了岸，浑身冻得直打哋哋，一个劲儿筛糠。那人想耍赖，说没有一千元，只有四五百，最后翻遍了兜口，给凑了七百。黄毛钱虽到手了，却叫水库保安罚了二百；因被冷水～着了，回去后高烧三十九度，去医院输液又花了三百六……

☺ 急眼：jí // yǎn

1. 因争执、争夺激烈而至于翻脸。

如，南浦用大洋摩托车带着黄毛出去兜风儿，他们在路边一棵大树下抽烟时，身边走过一漂亮女孩儿，南浦对黄毛说：你要是能去逗这尖果儿一笑，我把这大洋给你。黄毛过去和女孩儿嘀咕了几句，女孩儿真的回头冲黄毛大笑，还给了个飞吻 。黄毛回来抓过车钥匙，发动大洋要走。南浦一见～了，说：哥们儿，你真当真……那怎么……说着一手拽住车把。黄毛也～了说：呸！你敢放屁，老子拆了你！旁边看热闹的说：看呐，俩人都～啦！

2. 自己穷困，见人忽然发财而内心非常眼红、着急。

如，这事也怪南浦心里搁不住话，他向黄毛透露：说她妈意外地得了一大笔外快，马上就要买辆欧宝……黄毛回家跟他妈急赤白脸地掰扯这事儿，他妈说：这你也～，你～管什么呢？有能耐自个儿争气挣钱……

☺ 假充合得着：jiǎ chōng hé · de zháo

表示彼此关系近乎的言行，多为中道不着的人所为。

如，一个老头儿对绿头鸭说：年轻人，别张口就是脏字儿，都文明点儿，我看这事好商量……绿头鸭说：你是谁呀，你这儿～，你是赶哪辆牛车的。你说这绿头鸭多浑！

☺ 假装疯魔：jiǎ zhuāng fēng mó

装糊涂装傻。

如，老头儿说：你小子甭～不认识我，你再仔细看看，我是刑侦队老公安，二年前因你讹诈一个尖果儿司机，我曾揍过你……

☺ 鸡子儿：jī zǐr

鸡蛋。

如，你说的是什么时候的皇历啦？不远，就是《老舍散文精编》里说的"一份肉丝炒三个油丝火烧，一碗馄饨带沃两个～"的时候。装傻呀小子！

☺ 浸味儿：jìn // wèir

多指菜肴有味道。

如，您腌的鸡子儿怎么还不～呀，是不是搁盐搁少了？

☺ 几儿：jǐr

何时，哪一天。

如，“今儿是～呀？”“今儿是五号啊。”“还是呀，二号腌的～个能浸味儿吗？你倒是急茬子！”

☺ 戒仔：jiè · zi

对用的穿的等物类的使用很是爱护。

如，舒影遇到路况不好时车开得很慢，从不开飞车，对车～，又注意保养，所以车况比别人的就是好。

☺ 脊痉骨：jí · ling gǔ

1. 即脊椎骨。常代指人的品性、人格。

如，“舒影，人活在世上，人品很重要，你若在外边丢人现眼，人家还不戳你爸和我的～呀？”“妈呀，这是哪儿跟哪儿呀，谁做丢人现眼的事儿啦？谁要是因为我戳你们～，您告诉我！”

2. 常用来比喻重要的中坚部分。

如，从小到大，你爸一直教育你们：人争一口气，佛争一炷香。人要讲气节。他为人铿锵作响，他就是咱家的～，一直支撑着咱们这个家庭经受着种种风雨……

☺ 褯子：jiè · zi

婴儿用的尿垫、尿布。

如，老公，快去把媚媚的～投一投，夹到护栏上，别让风给刮跑了。

家长里短儿：jiā cháng lǐ duǎnr

所说全是平民百姓的寻常事。

如，大妈，睡完晌午觉，你还不到槐树底下跟那几个老太太聊天儿去，她们聊的尽是羊市口儿胡同里～的事儿……

几拉拐弯儿：jī · la guǎi wānr

1. 道路、胡同儿弯曲。

如，这条胡同儿～，是有名的八道弯儿，你往里走，走上几分钟你再打听……

2. 物类不直，弯儿多。

如，“大妈，听说这胡同儿就像枣木棍儿～的……”“比它弯得多，比两个 W 还要 W，你就边走边打听吧……”

3. 话不直说，兜圈子。

如，大妈，您说话怎么～的？我们山里人不懂，什么是 W 哇，您说话可别夹带藏掖～蒙我……

夹带藏掖：jiā dài—cáng yē

多指对实情闪闪烁烁，不全说或不直说。

如，瞧你这人，有话直说，你问个道儿跟我～着干什么呢。我说你这山里人怎么让人纳闷儿呢？

搅：jiǎo

添乱，多指小孩子磨腻大人的行为。

如，“甜甜，我告诉人家道儿呢，这么会儿工夫你也～我，再～我，回头我不领你去买羊肉串儿啦！”“小仙女儿，天仙女儿，别～老奶奶，我正问道儿，心急着呢，来，我这袋子里有薄皮儿大核桃，给……”

撅：juē

1. 折断。

如，喂，那位先生，别介呀，那丁香树枝儿不能～了拿家走！

2. 比喻将人一军，使人无奈。

如，“喂，谁撅树枝啦？”“这是我在树下捡的！”“我眼真儿看你撅了嘛！”“你拿出证据来，拿来，拿来呀？”“嗨，先生，难道是我赖你了？有你这么～人的吗？”“你说话讲究点儿，我是女的，看清楚没有哇？”“又想在用词儿上挑刺儿～人呐？女的也可以称先生，懂不？你该不是大字不识的人吧，横什么呀你！”公园儿管理员的嘴没饶那人，然后跟旁观的人说，干我们这行，你要找撅嘴生气儿，见天有。

撅嘴：juē // zuǐ

多指因生气而籀着嘴儿的情状。

如，●《石头记》卷八五，“宝玉说麝月，几个钱什么要紧，傻丫头不许闹了。说的两个人都撅嘴儿坐着去了。”

“撅嘴”中间常插入“了”“着”等词。●《石头记》卷十九，“袭人数落茗烟，这还了得……回去我定告诉嬷嬷们打你。茗烟撅了嘴道，二爷骂着打着，叫我引了来的！”

膙子：jiǎng · zi

1. 即趼子。

如，经理，我和老张整天在园子里扫了东边扫西边，手掌脚掌都出～了，建议拿出点儿真章儿来……

2. 比喻同样的话听得太多、说得太多而产生了厌烦感。

如，你们的建议我耳朵都磨出～了，我屡次向上反映，嘴都快磨出～啦，得有耐心等，啊！

☺ 接三片两：jiē sān piàn liǎng

多指干某种活儿不是按序进行，而是杂乱无序。

如，还有人反映你们，说你们扫人行道儿时～，不挨着排儿扫，扫前不喷点水，扫得挺爆腾，游人再有反映就完了……

☺ 揪揪：jiū·jiu

衣物类折皱，不舒展。

如，你倒是把这衣服给熨熨，这到处都～着，怎么穿出去呀！

☺ 揪心：jiū xīn

心悬起来，担心。

如，我婆婆也急了，一拍巴掌哭道：姑奶奶，真叫我为你们～，老这样，以后的日子可怎么过呀？

☺ 搅和猫子：jiǎo huò māo·zi

特指耍赖的言行：比如在赌输赢的游戏一类活动中，当情况对自己不利时，不是说了不算数，就是从中搅和，叫别人也玩不成。多用于青少年。

如，他当年的小伙伴儿说：他从小儿就是出了名的～，能耍赖着呐，大了也没真正改掉～的毛病……

☺ 揭故：jiē·gu

揭露人过去的不足、短处。

如，长大了，他就怕人～他，但有人常指桑说槐地～他，他也非常敏感地反问：你是说张二呢，还是～我呢？干吗呀这是，用得着吗！

☺ 假招子：jiǎ zhāo · zi

说话不实在，虚情假意。

如，他是有点儿软的欺硬的怕，平时跟我常是假门假式，玩儿～哄我，而说到他心上时，他说翻脸就真瞪眼……

☺ 假模假式：jiǎ · mo jiǎ shì

装模作样儿，玩儿虚的弄假的。

如，前天我进地铁站下台阶儿时把手机摔坏了，他愣～给拆开了，结果鼓捣小半天儿也没鼓捣好。随后我拿到大中维修柜台，人家说：不懂行，怎么敢～瞎委咕呢，这机子算玩儿完，没治儿啦，您再重新挑选一个吧，要不，我帮您选……

☺ 卷：juǎn

比喻连说带骂地训斥。

如，回来我真急了，让我臭～他一通："我那是松下 VS6！2980块，我攒了半年的工资买的，你瞎显摆，显什么呀显？臭人儿能你！"结果他连屁也没放，反心平气和地央个说："你真臭～我呀？压压火儿吧好媳妇，我给你沏杯茶……"我不带好气儿地怂掇他："先治治饿吧！"

☺ 叫花子：jiào huā · zi

乞丐。旧时称"要饭的"。

如，他给我拿来馒头夹臭豆腐。你瞧我这狼吞虎咽地掯(kèn)呶。他说：瞧你真像三天没吃饭的～啦。

●《石头记》卷四九，"凤姐笑道，吃这样好东西，也不告诉我。说着，也凑在一处吃起来。黛玉笑道，哪里找这一群叫花子去。"(指大伙吃东西狼吞虎咽的情景)

☺ 叫水儿：jiào shuǐr

腹内需要喝水。

如，一方面我嗓子眼儿是有点儿冒烟儿，一方面这次买的臭豆腐鲌儿咸，肚子里正～呢，喝吧，他服软儿了，你还能把他怎么样呢……

☺ 净晴：jìng qíng

坐等，坐享（好处）。

如，他还向我打保票说，不出两个月一定再给我买个更好的，届时原样儿的怕淘汰了，让我～着……看来，机子坏了，他跟我一样地心疼，因为日子过得不容易啊……

☺ 惊醒着点儿：jīng xǐng·zhe diǎnr

注意着点儿，心里搁着事儿。常指睡觉不要睡得太死。

如，吃完午饭，老妈沏壶茶后说：你们午后睡觉～，下午咱家可能要来人……

☺ 尖：jiān

1. 指眼、耳、鼻非常灵敏。

如，●《石头记》卷六三，"晴雯听了，把脸飞红了，赶着打笑说道，偏你这耳朵尖，听得真。平儿笑道，呸！不害臊的丫头！"

2. 指人啬皮，爱占便宜。

如，晴雯道：你一点儿亏都不吃，净耍贫嘴，真够～的！

义同"尖门儿"。

3. 又指人城府深，不好惹。

如，晴雯又说：你多～我还不知道。说真的，你能把贾琏搓于股掌，又小声儿伸出两个手指说：论～，她也不是你的个儿！

☺ 叫劲儿：jiào // jìnr

1. 因心中有所图或不服，公开或暗中与之对抗。

如，老师们反映说学校的福利差，学校说春节给每人发三百块钱的实物，教师们给校长提意见说，发钱得了，别发东西，阳历年发的是米、面儿什么的，这又发米面，这不是跟大伙儿～吗？

2. 指力气有限，勉强。

如，"哎，付家江，来，把这袋儿米给我扛到收发室那儿。呦嗨，挺大个子，你是不是有点儿扛不动啊？""嗨，史老师，是有点儿～，在家里没扛过，都是我爸开车去买……"

3. 比喻有些物类别扭人、不听使唤。

如，"听说你爸买辆老爷车，是吗？""是，那玩意儿真逗，有时真跟你～，特别是等绿灯的时候，突然就熄火，我爸说：它甭跟我～，回头把它卖了……"

4. 比喻生命已十分九厘儿，性命将要终结。

如，哎，史老师，您丈夫是兽医医院院长，我们家那藏獒不知谁家冒坏，在楼下给下了毒食，让它吃了，早晨回来就开始打蔫儿，接着就昏迷不醒，这会儿没准儿开始～了呢，我回家瞜瞜，要是还有救儿，您叫您丈夫给派个呱呱叫的兽医给瞧瞧……

☺ 糨：jiàng

粥熬的很稠。

如，那大黑獒，单喂它～粥不行，如果在～粥里倒些红烧肉一搅和，嘿，它吃得那叫狼虎、那叫带劲儿就甭说了。

☺ 见人下菜碟儿：jiàn rén xià cài diér

比喻处世待人的态度、办法因人而异。含贬义色彩。

如，●《石头记》卷六十，"赵姨娘跟芳官撒泼，我家里下三等奴才，也比你高贵些。你都会见人下菜碟儿。宝玉要给东西，你拦在里头，莫不是要了你的了?”

咳,这不新鲜,在秦邦国眼里,人分三六九等,他总是~,非常势利,对于一些黎民,不是不屑一顾就是皮笑肉不笑地哼哈应付。

☺ 就势:jiù shì

趁便,顺便。

如,一天,小米开车去郊区接秦邦国的爹妈来城里过冬,我说:“我买两袋儿米,你~给我捎到老家去。”他说:“这~的事儿不能干,回头局长知道了该呲儿我了……”“你这小子嗨,我还真支使不动你,还跟我犟上劲了是不是?”

☺ 犟劲:jiàng // jìn

1. 固执,硬眼子。

如,不是,局长真剋我,他是怕我借机干黑活儿,不是我在您跟前~,谁不怕挨捋啊,谁不怕扣奖金呢?您雇辆黑车也就是30块钱的事,何必呢您,犟什么劲呢?

2. 勉强自己,做自己难能做到的。

如,“你这么一说我非要犟~不可!你知道吗?秦邦国七八岁跟随我在老家山上放羊时,整天光着脚丫子,两筒鼻涕老要过河(河,指嘴),有时我看不过了就呲儿他:‘瞧你那鼻涕,快擤擤!’他就赶忙抓一把抹在树上……我吆喝他干什么他都得干,今儿个我偏要犟~,你把他的电话给我……”“让我说,您翻那老皇历管什么,您揭故他没用,您不过是个什么老局长。挺大岁数甭~,找气儿生啦……”

☺ 解闷儿:jiě // mènr

1. 人在一块儿闲聊天儿,以解除心中的寂寞。

如,找气儿?当年他妈拽着他去央个我,说:“大哥,让小邦子跟您一块儿放羊吧?他不听话,您就捶他,就跟揍您儿子一样,您带着他,还能给您~,您一个人有时会闷得慌……”我说:“什么是~?说故事混过困劲儿就是～。”

●《石头记》卷十九，“宝玉说黛玉，受疼事小，睡出来的病大。我替你解闷儿，混过困去……”

2. 自娱自乐或在一起扯闲篇儿，以消除心中烦闷。

如，其实，我烦躁时我会自个儿～，比如我就扯开嗓子喊：“大风起兮云飞扬，高祖高祖兮鸟儿刘邦，小邦子兮快去追那大公羊，将来当政可别学那糟蹋文化人、唯我独尊的鸟流氓。”我还给他讲秦始皇用人肉构筑起那今日的辉煌城墙……我～的办法多着呐！

☺ 机器：jī qì

借喻小男孩儿头脑发达，淘气，能闹。

如，那时小邦子也能折腾，有时给小母羊扎小辫儿，要不就给它头上系朵花儿……可～着呐！

☺ 家去：jiā·qu

回家，家走。

如，●《石头记》四十，“刘姥姥便下席摆手道，别这样捉弄人，我家去了。”

☺ 家绕：jiā rào

往家里跑。

如，鸳鸯一听，赶忙喝令小丫头们：赶忙把姥姥拉上席去，怎么能让姥姥在这时～呢！

“绕”，口语里读一声。

K

☺ 苦不英儿：kǔ bù yīngr

1. 沏茶时茶叶放多了，茶水有些苦涩。

如，"您喝的是张一元的五里香的鼎高花茶，放多了，您就喝不出香味儿，反觉得有点～的味儿啦！"

2. 有的瓜果、蔬菜类，吃在嘴里略带苦味儿。

如，"呦，这香瓜儿敢情还不太熟，吃着——特别是靠瓜把儿的地方，有些～的味儿。卖瓜的，这可是你给我挑的……"

也可说"苦不津儿"。如，瓜把儿苦不津儿的，您别吃瓜把儿不就结了吗？再说，是您非要我给您挑的呀……

☺ 开通：kāi · tong

言行大方，不吝啬。

如，大周出去打工回来后，变得很～，拽着媳妇上超市，硬要给她买件坎肩儿。媳妇说，你一年不就挣两万块吗？照你这么～，够抖落吗？

☺ 坎肩儿：kǎn jiānr

一种没有袖子的上衣，有夹的棉的毛线的。前边开扣儿，春秋季，一般穿在外边。

如，双双试了几件～，只有一件杏黄的大小合身儿。她说，可心是可心，就是有点儿忒扎眼……

☺ 可心：kě // xīn

满意。

如，大周说，只要你～就得了。现在年轻的女的，就爱穿扎眼的，叫什么引人眼球儿，让我说，越引越坏事。

☺ 看家菜：kān jiā cài

北京人特指冬储的大白菜为看家菜。

如，王关雨说："得，买了这一件黄坎肩儿，这一冬冬储的～钱没了。"大周说："瞧你这小气劲儿，回去还吃得下饭哪？钱是王八蛋，没了再赚！"旁边的黄梨儿搭茬儿说："可不是吗，干嘛活得那么累呢，该吃吃该喝喝该玩儿玩儿！"

☺ 可不是：kě · bu shì

常用来表示赞同。

如，大周接着说："人是聪明，但地球早晚要毁在人手里。现在都争抢南北极，冰山都要没了。再说，这地上、水上、空中，有多少冒烟儿散热的东西呀？要不干嘛老天爷把人热得四脖汗流的呀！"黄梨儿说："～嘛，聪明反被聪明误，人在给自个儿掘坟墓！"

☺ 可了儿的：kě liǎor · de

可惜，有心疼、痛心之意。

如，"小军，你在车棚里踅摸什么呢？你那破自行车，我前儿个20块钱给你卖了。不然，叫人今儿给卸个车把、明儿拆下个轱辘，糟践了怪～也。""我踅摸我姐那辆车呢，肯定又让小贼儿给偷走了。"

☺ 口风：kǒu · feng

从言谈中有意无意透露出来的信息。

如，"咱们得赶紧托人哪，不然，路路的大学就念不成了，听付所的

～儿，路路绝不是帮忙儿偷一辆车的事。你说这孩子好不容易考上个大学，他背地里都干些什么了？”“我去托黄处，要是黄处的～儿也紧，就得找咱爸的铁战友了……”

☺ 吭哧憋嘟：kēng·chi—biē dū

形容很费力气很吃力。

如，还行哎，用不着再～向上托人了，黄处说，这事儿还不算严重，就到他这儿打住，但要好好教育教育他，你们～好不容易供他上大学，再犯什么事不白费了吗。

☺ 口气：kǒu·qi

1. 通过语言直接表现出身份、地位的情绪色彩。

如，兆乡长说：“钉儿，你碰上的那主儿，敢情是县上有名的早年的暴发户！人家说：‘怎么，轧伤我爹赔三万就算得了？要是那样，我叫我儿子开车把他们一家子全轧死！’你听听这～就知道了，所以，你在县上赶紧再托托人儿吧……”

2. 通过言辞委婉透露出的意思。

如，小钉儿一听兆乡长的～，就知道他是意在推辞……

3. 通过话语流露出的个人性情。

如，当然，乡长这样的～，跟他处事圆滑，遇事推诿的性格也不无关系。

☺ 抠抠缩缩：kōu·kou suō suō

形容心疼钱物，出手不大方的情状。

如，你看你，～的，孩子初次跟你见面，叫你一声爷爷，你就～的给五十块钱，这是21世纪了！你没看他姨儿不高兴，待言不语儿的。

☺ 哭丧着脸儿：kū・sang・zhe liǎnr

脸上流露出心里不高兴的表情。

如，●《石头记》卷三五，"玉钏儿给宝玉送荷叶汤去，宝玉问这问那，玉钏儿就是待理不理的。宝玉见她还哭丧着脸儿，便知她是为金钏儿的缘故。待要虚心下气地哄他，又见人多，不好下气的。"

☺ 抠手心儿：kōu shǒu xīnr

1. 比喻极小。

如，对，对，你就会数落我、损我，老叨唠院子小，就～那么大地方，还硬又盖了两小间儿……可是，每月七百租金，我这一月的嚼谷儿全有了，要不是～那块地方，我还不定多业障呢！

2. 形容很少。

如，我也知道给孩子～那么一点儿拿不出手，要不为什么趁她妈出去的工夫我忙塞给孩子兜里呢？要真趁，我比那姓于的会行事、会做长脸的事，以后别净说面和的……

☺ 可气：kě qì

令人生气。

如，我一听他提那于光国，气不打一处来，说：你真～！你怎么又提那侵吞他人科研成果、人品败坏恶劣到极点、"文革"中还有案底的漏网家伙呢？

☺ 抠：kōu

1. 形容过分吝惜钱物，很小气。

如，你跟我没那个之前，许诺上麦莎专柜给我买个迪奥手袋和一双任我选购的红蜻蜓；现在只给我买了个八十八元的水货拎包儿，红蜻蜓呢，也忒儿楞飞啦？真小～儿！这不能不让我——哎，秃小子，咱们骑驴看唱本吧！

2. 摆弄琐细物件。

如,你那儿～弄什么哪你,～持起来没完啦,我的话你听见了没有?

3. 将钱物等严加控制。

如,“大妮,不是我死～舍不得,实在是没那么多钱,除非我给你东陵盗墓去……听人说,一撬开棺材盖,立即异香扑鼻,异彩流光闪烁,见慈禧嘴里衔着一枚夜光珠,有人赶忙去拿,谁知手指刚一沾边儿,珠子便掉进她的嗓子眼儿里啦……”“你～就～,还胡诌什么呢。”

4. 用手从物体上或地里往出剜东西。

如,●《石头记》卷四八,“见香菱只在池边树下,或坐在山石上出神,或蹲在地下抠地……是呀,在这儿怎么瞜见香菱了呢,看走眼了吧?”

5. 与“小气、抠抠缩缩”义同。

如,后来我才知道,他一则确实手头儿紧,二则过去把他给穷怕了,干什么都～,一个钢镚儿能掰成两半儿用……哎,我不能真逼他去盗墓犯法呀!

☺ 砢碜:kē · chen

1. 特指该花钱时过于小气,也自感脸上有失体面。

如,今儿个去出份子,人家都是一百二百的,最少的也是五十,我给了三十……哎,随后怎么想怎么觉得怪～的,我快赶上葛朗台了……

2. 言行出现差错,自感十分遗憾,很是难看。

如,更令我无地自容的是,今天我凭想当然,把漷县的“漷”念成姓郭的“郭”了。下了课,几个学生善意地给我指出。哎,今儿个算是当众嘬了～了,字音已出,奔驰难追呀,真有点臊不搭脸的……

☺ 揢：ké

1. 指动用手段，在钱物方面治人，使人吃亏。

如，那您给我买个家庭称吧，就要精良衡器厂出的那种，很准，有些二道贩子忒黑，变着法儿在秤上～人……

2. 又指为人所治而吃亏。

如，有了它，我平均一天就能少花几块挨～的钱，一个月下来也能省上一二百呢！

3. 不松快，卡。

如，美美，明儿个出去买菜时，先到天意二楼 33 号把我这双一脚蹬给换双 37 号的，这双忒～脚，前头紧箍得特难受！

☺ 可着：kě·zhe

1. 尽着，尽量。

如，没什么好的，就这几样儿菜，姨夫，您就～口儿吃吧，吃完您还得给我拉车西瓜去呢。

2. 在一定范围内。

如，姨夫，我跟卖西瓜的说好了，到了地里，就～您这 130 车帮装，反正一车五百块钱，不多装白不多装！

☺ 口重：kǒu zhòng

指吃物过于咸了。

如，"你炒的菜都～，我血压高不能吃～的，现在养成习惯了，一吃～的就叫水儿。""咳，那还不好办，您就坐在树下吃西瓜嘛……"

也说"口沉"。如，真新鲜了，怎么高血压的人都爱吃口沉的菜呢？

☺ 侉：kuǎ

1. 非北京地区口音，一般指离北京较近地区的。

如，容儿人长得不错，就是口音挺～的，是房山以南一带的。

2. 人的长相难看。

如，容儿挺秀气，结果她找了个～大个儿。

3. 穿戴不合身份或时尚。

如，你别看她是大学毕业，她不会穿戴，你瞧她那一身花里胡哨的，多～呀，整个一个乡下老赶！

4. 家具门窗一类做得笨重。

如，侉大个儿拥有一座四合院，房子盖得挺地道，挺四衬的，就是门窗做得太～了。也不错，侉大个儿、容儿的穿着，都～到一块去了，谁也甭说谁……

也说"侉拉吧唧、侉子"。如，"这年头儿，你再趁，只要仪表侉拉吧唧也会常挨涮，常让人逗闷子玩儿。不是吗？没等五个月，容儿就生了个大胖小子，多可心呐！""谁知侉子成天郁郁寡欢，他说那胖小子不一定是他的，他准备做 DNA 呢！"

☺ 快嘴儿：kuài zuǐr

多指嘴快，爱传闲话、搬弄是非的。

如，这事跟～李翠莲有关，李翠莲原是侉大个儿旧情人。大个儿与容儿结婚后，她一直在里边搅和……

☺ 坑人：kēng // rén

害人。

如，李翠莲小卖部昨天挨坑了，干赔了五十——收了一张假五十的，还找给那小子四十。她说那家伙就是容儿的同学，她说他甭～，早晚我会憋着她们两个，再打大个儿手机，捉贼要赃、捉奸要双么……

☺ 开门阖户：kāi mén—hé hù

指门开了关，关了又开。多形容小孩子们出来进去玩儿闹的情景。

如，翠莲儿贼(zēi)着谁呀？她那小铺整天价～的。她忙得狗颠屁股的时候，还要叫她妈去贼(zēi)着买东西的。

●《石头记》六三，春燕笑道，“依我说，咱们竟悄悄地把宝姑娘、云姑娘、林姑娘请了来，玩一回子……袭人道，又开门阖户地闹！”

☺ 快性：kuài · xing

1. 头脑灵活，反应快。

如，槐花儿虽没学历，但比影视里的那个大眼睛要秀得多，听说话儿，你就知道她是个～人儿，你把她搂到了手，真造化了你！

2. 做事麻利快当。

如，她干什么都很～，答应你三天取活儿，其实两天就保证给你做完了，绝不会误你的事。

☺ 开拔：kāi bá

走，说走就走。

如，刚过了初一，大罗来找她，说票他买好了，再不走票就作废了，叫了我一声阿姨，说了声～，都没容我说话，槐花儿紧跟着他屁股后头就～了。你说这槐花儿、这闺女、这年头儿、这人的兽性儿……

义同“拔腿”。如，肯定俩人事先捏咕好了，不然怎么能说声拔腿就颠儿了呢！

☺ 磕头碰脑：kē tóu—pèng nǎo

形容人多。

如，今天大卖场头天开张，瞧那人哪，真是摩肩接踵，乌泱乌泱～的那叫挤呦！其实，商品、价钱和别的超市都差不多，人买东西就爱扎堆子、凑热闹儿、起哄。

☺ 搭瓜子儿：kè guā zǐr

比喻掉眼泪。

如，娜娜，咱们干脆到大栅栏步瀛斋去买吧，别在这儿凑热闹了。

瞧瞧，你怎么～啦，我没说不买呀？这儿多挤呀，还有打架的，瞅你那小样儿！

☺ 开：kāi

1. 备办，摆放。

如，乐书记聘闺女，在院子里搭棚座席，原拟～48桌，谁知人们缕缕续续地一个劲儿来，最后又多～了17桌……

2. 用砖头等硬物用力朝头部砍去，将脑袋砍破了，也说"开瓢儿"。

如，忽然小麦跑了进来说：不好了，有人趁热闹儿偷汽车，让老疙瘩给发现了，打了起来。老疙瘩抄起一块半头砖，把那小子脑袋给～了，血咕嘟咕嘟往外冒……

3. 吃东西。

如，接着老疙瘩也慌慌张张进来了，说：婶儿，有现成的面条儿吗？我～点儿得赶紧走人，出去躲躲，那小子没气儿啦，我得赶快撒丫子！

4. 收入，发。指工作所得的报酬。

如，我每月～的那几个子儿，您先给我领了存起来。

☺ 开丫子：kāi ‖ yā zi

跑，颠儿，走人。丫子，指脚丫子。

如，"婶儿，再给我几个盘缠，我得快点儿～，不然……""开什么丫子？他是贼，把他开瓢儿是为国家除害，再说，开死他只是你失手，该多少钱，咱们给多少钱，这都有法律规定，你～干什么呢你！""那，恐怕我也得进去吧？"

此义也常说"开路"。如，不，说什么我也得开路，后悔死我了，婶儿！

☺ **开眼：kāi // yǎn**

开始见到新奇事物、长知识为开眼，常说“开开眼”，亦说“开眼界”。

如，疙瘩，他老杜没出过国，他也算不得～的人，知道吗？阿联酋投资三十多亿美元建了座七星级大酒店，一个最便宜的单间儿是六百多美元，而总统套房需要一亿多美元。这是目前世界上最豪华的酒店了呀！走，我领你去开～，跟我到阿联酋那个酒店去打工！

☺ **开瓢儿：kāi // piáor**

比喻将脑袋打漏。

如，“咳，我现在心里老膈漾那把人～的事，没心思想别的……”“傻呀你，只要一出国门不就消停了嘛，这头儿又有人给你出钱出力……”

☺ **抠门儿：kōu ménr**

非常吝啬。

如，回头跟我那～掌柜的说，等抽空儿让他陪我也去买一件你这样儿的坎肩儿。

☺ **开春儿：kāi chūnr**

开始进入春天。

如，●屈原《九章》，“开春发岁兮，白日出之悠悠。”

你听，还悠悠呢，酸不？你也别等抽空儿啦，他就那么忙嘛？都～了，还慎着什么哪，再愣腾回头就没货了呢！

☺ **框外：kuàng wài**

1. 指生活框架以外的。

如，“夏欣，你那主儿真就那么抠门儿吗？”“反正够呛，～的一点儿都舍不得花。""给你买件坎肩儿怎么能说是～的呢?""反正够死性,够抠的,你老公多开通啊!""哎,人说小气不一定就是啬皮,国外有的大富翁不乱花钱,让手下人给买飞机票,一定要买打折的,不花～的,讲究节约才是人家的真作风!"

2. 指某种工作范围以外的。

如,他除了干他的力气活儿,家里的活儿算是～的,什么都不伸手儿。

☺ 喀哧:kā·chi

1. 用刀具将东西刮掉。

如,哎,你老公是不是成天家找拆迁的地方去～砖啊?听说他～砖～海了,够盖一座别墅的啦!

2. 比喻人小气,贪吝,净算计、获取他人的钱财。

如,萌芽,笑话我呀?人摊上这么个老公还有什么法子呀?实跟你说,最让我气不忿儿的是,他常鼓动我回家去～我妈的那点儿退休费!

☺ 磕磕绊绊:kē kē bàn bàn

1. 多指腿脚不灵便的老年人行走时的情状。

如,丽水,你爷爷走道儿～的,咱们打车回去得了。

2. 道路不平,难走。

如,司机同志,前边一段路～的,请你开慢一点儿,老人怕颠。

☺ 坎儿年:kǎnr nián

传统说法比喻人生中的几个生死重要年限,像33、73、84等。

如,今年是你爸的～,身体还真不错,抬起腿来就去延庆看你文平叔去了。

☺ 可身儿：kě shēnr

指衣服合身，可体。

如，你爸那件雅戈尔衬衣，买了八年了，前五年穿正～，现在穿就绑在身上了。

☺ 扛活：káng huó

即打工。旧时称长期为他人干活为“扛长活”，短期的则称“打短儿”。

如，你爸认为：为人～吃粉笔末儿，穿名牌儿有点儿糟蹋衣服，一般的也就可以了。这样，你就知道他～一辈子，虽说也买过两件好衣裳，但没穿过几天，都喂虫子了……

☺ 开锅：kāi // guō

比喻爆竹声、枪炮声之类连续不断地响。

如，梦云，你往东看，今年过年，郊区的星空灿烂，鞭炮声跟～了似的，人们盼过年，忙于过年，其实过的就是眼下这个裉节儿，眼面前儿一过也就没意思了……

☺ 裉节儿：kèn jiér

1. 关键时刻。

如，一切在外学习、经商、打工、只身在外的，乘飞机、赶火车、坐轮船……都要争取在三十晚上这～之前赶到家里团聚……一过初三，人们又该陆续往回返了。真有意思，忙活了一年，钱都折腾给交通部了。

2. 比喻最重要的日子。

如，盼了365天了，在这个～上，家家儿都欢欢乐乐，喜气洋洋，就是当年的杨白劳还要给喜儿买上二尺红头绳儿图个喜庆、乐和呢！得了吧您呐，如今的事儿倒过来了：是喜儿于三十晚上从北京飞回家过年，给她爸白劳带回一个二尺长的手提箱，里边装有八十万元……

☺ 窟窿：kū · long

1. 孔，洞。

如，老杨叔，墙上那个小～是为您安装空调打的～眼儿。您还没改当年老帽儿的土气，喜儿妹经常给您往家邮钱，也没把您打扮出洋气劲儿来……

2. 比喻生活拮据，借了外债。

如，洋什么洋，哪儿有钱呢？连买房带装修，我又捅了 50 万的～呢。不过是从银行那儿捅的～，利息虽说不少要，但不会像黑咕窿咚的天儿时那样躲账七天不敢回家了，哈哈哈……

☺ 开张：kāi // zhāng

旧指早上开市或商店开始营业。

如，●宋，孟元老《东京梦华录》三《马行街铺席》，"夜市直至三更尽，才五更，又复开张。"

您瞧，当时生意忙碌情景不比现在差。

☺ 口外：kǒu wài

指张家口以北的地区。

如，"莱莘不是到～办口蘑生产有限公司去了吗？""是，早开业了，生意还挺兴隆。因为那边风沙硬，她那嫩皮嫩肉的，哪儿受得了哇，她爸另聘了个经理，莱莘就找喜儿去了……"

☺ 坷垃：kē · la

黄土（凝成的）疙瘩块儿。

如，其实像莱莘那样的，犹如黄土地里的土～，满地都是，喜儿为什么单单装潢她呢……真是一人飞升，仙及鸡犬啊！

☺ 口子：kǒu・zi

1. 水将堤垄冲开之处。

如，这大堤上三百米长的地方为什么光秃秃一棵树都没有？这儿正是当年永定河开～的地方，把大树都锯倒挡～用了，后来就再没有人栽树。

2. 人的肌肤破裂处。

如，当年永定河一年到头总有水，直接影响到北京的冷暖气候，那时冬天倍儿冷，大凡老干活儿的农民，手背上都裂有小～，一着水就沙沙地疼……

3. 物类表面破裂处。

如，那会儿京郊多水沟、稻地和湿地，一到三九天，夜里，水坑和稻地里的冰就被冻得裂开三四寸宽的大～，发出的声音跟打雷一样……

4. 夫妻间的相互称谓。

如，在那年月，就是在数九寒天，我那～也闲不住，满世界去凿冰窟窿捞鱼……

5. 人。

如，那时我们全家老少三辈儿九～，吃什么呀，主要就吃他这一～壮劳力啊！

☺ 夸嘴：kuā // zuǐ

1. 说大话，吹牛。

如，你听了以为我是～吧？其实我说的是真的；除了我们两个，那七口子老的老小的小，你联想一下，我就是那祥林嫂，他就是那贺老六哇，这，怎能是～呢！

2. 夸耀，显摆。

如，●《石头记》卷七六，"黛玉只看天不理他半日，猛然笑道，你不必夸嘴，我也有了，你听听。"

你也有了，当时你那满肚子文才能顶饭吃吗？不是我～，若是没有老六，这一家子八口子，我玩儿得转吗我？

中间常嵌入“什么”“哪门子”等词。如，有人说我爱夸嘴，我夸什么嘴呀？撑的呀我？谁家没有老爷们儿呢，夸哪门子他呢？

亦说“夸口”。

☺ 苦：kǔ

特指接近某一限度边缘。

如，我心疼他，不瞒你说，连他的手指甲脚指甲我都给他铰。他有时挺邪乎，嚷：呀，你别铰得太～了，回头铰着肉怎办呢？

☺ 磕打：kē · da

1. 通过敲打、碰撞（一般指硬碰硬）动作，使附着物掉下来。

如，那会儿，老六冬天也光着脚穿我给他纳的硬帮儿鞋，脚丫子黑哧裂光，回到家把鞋往地上～～，接着抽袋烟，把烟袋锅子一～，得，他这就算歇完了……

2. 撞击硬物以听声音。

如，冻梨是东北冬天的特产，拿起来一～，那声儿就跟～核桃差不多。一天他把一只大公羊搂在怀里，让它啃冻梨，那家伙越啃越来劲儿，猛然一口咬住他的大拇哥，疼得他直叫唤……

☺ 克：kēi

1. 打。

如，六子一下儿火冒三丈，手脚并用，把那只公羊猛～一通，晌午，大公羊竟死在羊圈里了……我当时就提醒他：你小心挨～吧！

2. 批评，训斥。

如，果不其然，他爸知道后，暴跳如雷，这一通儿～他，越～越上火，要不是老太太拉着，还真要动手～他，弄得爷儿俩连晌午饭都没吃……

☺ 啃：kèn

吃。指吃得很猛。

如，中午没吃饭，下午跑到他大爷家，让他大妈给抻面，你瞧他这个～呢，一连～了三老碗，还说欠一点儿，他大妈说：从来还没见你这么足～一通儿呢！

☺ 扛：káng

1. 比喻能够顶住、能够承受得住某种言行。

如，他说：钱是你管着呢，他央格你时，就看你～得住～不住了。你要是一心慈手软～不住，怎么能赖别人呢？

2. 比喻能顶住事物压力或难关。

如，"老爷子早就嚷嚷出来了，等老二回来就让老二结婚。没分家，你能不给他出钱吗？这事你也硬～？"他说："嗯，还没准儿人家从山西带回一个倒赔的煤老板土豪的姑娘呢？"我说："要真那样还～什么呢？净会做那美梦啊你……"

☺ 抠哧：kōu · chi

仔细反复摆弄、掰赤（某种东西）。

如，第二天晚上，我都钻被窝儿了。他在灯下也不知～什么，我说，"你干吗呢，背着我～什么呢？"

☺ 夸海口：kuā // hǎi kǒu

许大愿，说大话（程度上超过夸嘴）。

如，晚上，躺在热炕头儿上，他问我总共有多少钱，我扳着他手指头告诉了他。他说：你好好儿管家，不是我～，不出三年，我一定买辆上海普桑拉着你去逛长城、逛西安、逛西湖、逛海南……

☺ 侃大山：kǎn dà shān

高谈阔论，善说。

如，有人说，这两口子都能～；也有人说，这不叫～，说的都是实情，也说明这两口子小日子过得红火、和谐嘛！

☺ 看青的：kān qīng · de

昔日，每个村庄都有看青的。看青的就是看护庄稼的，村公所给他一定报酬。庄稼成熟时，他整天价拉着个棍子在地里转悠，逮着偷青棒子之类的，他就回村公所去敲钟，村民便知道有人偷庄稼了。

如，仰贵不爱干活儿，连年当～，他逮的自然都是穷人。一解放，得，仰贵自知有罪，三天两头儿到村公所向村长等人检讨自己当～时的错误，有时还痛哭流涕……

☺ 砍：kǎn

用硬东西用力向锁定的目标投去。

如，有时仰贵黑下也出去转悠转悠，但不敢进入庄稼地，只是溜边儿串。一次，他发现一辆架子车停在棒子地地边儿上。他刚一贴近，问干什么的。鸡蛋大小的石头便嗖嗖地朝他～来，他一边儿跑，一边儿说，妈吔，套着大车来偷棒子，这不是明火执仗地老抢儿吗？

L

☺ 捋：luō

1. 用手朝一个方向抹(mā)。

如，小洋洋在理发店学徒，没事儿就～胳膊挽袖子，站在门口儿看故意用鞋后跟儿敲地砖儿的阳光明媚们。有时老板就呲儿他：你老～胳膊挽袖子，抱着肩儿，站那儿干吗呀，给我招人呐？

2. 批评，训斥。

如，一次，他给一个少女洗头，抓挠起没个完，那女的急了：你怎么老使劲儿抓挠一个地方啊，你不疼，是吧？……老板也急了，火冒三丈地～他一顿，第二天就把他开了……

☺ 溜溜儿：liū liūr

1. 形容走路时间长。

如，洋洋知道他大姨夫从安徽老家来到北京南郊靠着永定河的鹅房，先是干装卸工，挣了两三万后买了辆农用车，每天夜里到永定河河滩里拉沙子卖，不到一年，便在河堤里盖了三间瓦房。他想投奔大姨夫想想辙。因为不通公交车，他走了～一天，才找到。

2. 指干活干的时间长。

如，他大姨夫说，偷沙子卖，是挣钱，可是现在不行了，让派出所逮着，连车都给你没收了。现在我给村里干——平整河床，干～一天，才挣一百二。

上述两项，也说“扯溜儿”。如，那一天干多长时间啊？你想啊，扯溜儿一天嘛，还不是十二三个小时？

3. 形容饭碗盛的多

如，晚上吃大米饭，白菜熬豆腐。洋洋吃了～三大碗。他大姨说，呦，你可是吃主儿，你那～～一碗，就够我吃两顿的了。

☺ 烂糊：làn·hu

1. 衣物破烂了。

如，大姨见洋洋光脚丫子，问他怎么光着脚穿皮鞋，脚不磨得哄。他说，袜子让鞋给磨～了，把它扔了。

2. 指肉、菜蔬等或可食的硬物被蒸、炒得过了曝，没了嚼头儿。

如，洋洋说，您添水添多了，米粒儿都～了，是溜溜儿三大碗，它就不可能是出了尖儿的三碗……

☺ 唠叨：láo dāo

说起事儿来没完没了(liǎo)。

如，他大姨说，你小子倒～起我来啦。这河滩里供电不足，黑不老影的，多添了点儿水，瞧你这～劲儿的。

☺ 露面儿：lòu miànr

出现，义同“照面儿”。

如，第二天吃了早饭后，洋洋说出去买盒烟，此后再没～。后来，有人说他骑个嘣子送快递，月薪四千八。他大姨说，这个数字有点儿离谱儿。他不～，赶明儿我找他去。

☺ 离谱儿：lí pǔr

离格儿，情况超常。

如，一天，大姨在一辆车帮上用红漆写的“少年不努力，老大送快递”的车前，等到一个戴墨镜的，一看，是洋洋，问，你跟人说每月挣四千八？他说，四千八忒～了，那是吹牛呢！我整天价挣命儿，差不离儿三千出一点儿头儿。四千八，一年以后再说吧您！大姨说，要不，你还住我那儿？

☺ 落好儿：lào // hǎor

得到称赞。

如，三驴和他媳妇樱桃打架，门儿的媳妇勺叨去拉架，一个尽儿数落樱桃不对，邻居都议论：两口子打架，没有隔夜仇。在三驴面前，你也甭想～，真是勺叨得没边儿！

☺ 领情：lǐng // qíng

接受对方的好心好意。

如，两口子罢战后，三驴跟樱桃说，你去给我买瓶牛栏山，今儿晚上得喝两盅儿。樱桃说，又想吃杏仁露炖黏鱼呀？美得你。勺叨说，你瞧，我劝了半天架，两口子谁也不说句～的话。合着我是猪八戒照镜子——里外不是人！

☺ 驴唇不对马嘴：lú chún bù duì mǎ zuǐ

比喻两下里答非所问或事物两下里不相符合。

如，门儿媳妇的脑袋瓜儿有时和别人不一样，她一搭茬儿，有人就说，～的又来打岔了，于是，立马儿不说了，但也有爱跟她逗闷子的……

☺ 立马儿：lì mǎr

立刻，当时。

如，哎，你说门儿哥哪辈子好事做多了，怎么娶了个勺叨媳妇……勺叨一听，～氽了，你这是明着摆着挑拨我们公母俩打光棍儿呢？说着就追着打……

☺ 老实巴交：lǎo·shi bā jiāo

为人拘谨，言行规规矩矩。

如，门儿～，除了干地里的活儿外，家里家外什么零活儿都干，闲不住他。

☺ 零活儿：líng huór

指零零碎碎的用不了多长时间就能干完的活计。

如，有时勺叨心疼他，就说："家里的一些～你甭管，我捎带手儿就把它干了，该歇会儿，你就躺会儿去。""不，我先瞅会儿《动物世界》。"

☺ 撂高撂高：liào gāo liào gāo

很高很高的意思。

如，呦喂，你看那豹子蹿上树了咳，还往上爬呢。勺叨说，它爬得～才保险呢，你瞧下边那狮子眼睛朝上，干瞪眼……

☺ 脸庞儿：liǎn pángr

脸的形状、轮廓。

如，看完《动物世界》，门儿没用三分钟就打起了呼噜。勺叨坐在他身边说，有人说你的～像驴脸，我怎么看怎么不像，方方正正的，明明儿是人脸盘儿嘛！

☺ 零花儿：líng huār

零用的钱。

如，勺叨问，哎，我给你那二十～花完没有？再给你二十吧。一个大老爷们儿，腰里也该装几个～钱。

☺ 练家子：liàn · jia zi

练武术的人。

如，李培终常跟生人找碴儿，动不动就说，我是天桥儿长大的，怎么着，你想练练？了解天桥过去情况的人，往往就说，我知道你是～，你用你的功夫去电车上抓几个小绺（小偷儿）好不好？老李一听，氽了。马上用一双睖子眼怒视对方。因为他曾让人联手儿给打拉胯了，以为对方是揭他秃疮嘎吱（痂）呢！

☺ 联手儿：lián shǒur

即合伙儿之意。

如，一天傍黑下，几个小绺后面趁着他，到了菜市口北边往西拐进一个小胡同时，其中一个小个儿的冷不丁儿蹿起，横着身子用脚把老李踹个大趴虎儿，几个人～拳打脚踢，把他打得连北都不知道了。所以，有人一提小绺～剋他的事，他马上就睖子眼……

☺ 睖子眼：léng · zi yǎn

斜眼怒视。

如，对方一瞧他那双～，也有点儿肝儿颤了，暗想，这小子可真够棱子的。得了，好鞋不趟臭狗屎，出门儿办事不惹事……

☺ 拉胯：lā // kuà

指胯股被打成重伤，行走困难。

如，李培终心想，这小子怎么知道我被人打～的事儿呢？真让我脸臊得哄，但这主儿长得虎头虎脑，别再栽给他……

也说“拉了胯”。

☺ 老着脸：lǎo · zhe liǎn

舍脸，厚着脸皮。

如，我本来没有上学的经济条件，上高中时还好凑合。上大学时，寒假全班所有同学都回家去了，只有我一个人没车钱回不去，到了暑假，我跟我的同学借钱回去了，我见了我妈高兴极了。到大二寒假，系上主动给我补助 25 元，后来，我妈便～跟人借钱让我回去……“你哥嫂不是都教学吗？干吗～跟别人借哪？”“咳，别提了，那女人忒抠特损！”

☺ 老家儿：lǎo jiār

指父母。

如，年轻时，一天到晚穷忙乎，母亲身体健康，就没多想过什么。等到～老了，也依然没有多想什么。直到～没了，自己退了，这才思前想后，才感到原来糊里糊涂，最后几年没有很好地孝敬～。为此，常后悔得老泪纵横，才想到自个儿就没做到“常将有时思无时”，只是“莫待无时思有时，空悲切。”但没有卖后悔药的……

☺ 嘹亮干脆：liáo · liang—gān cuì

1. 话语快捷，说话算数。

如，他大爷这人说话～，从不拖泥带水。是个说话落地有响声的人儿。

2. 形容动作快速，不拖拖拉拉，说做就做，很快做完。

如，跟他大爷手底下干活儿，就得讲究～，否则你就等着挨捋！

☺ 拉：lá

1. 用工具割断。

如，根据群众反映，今天你们带上锯，把朝阳西里小区路边人行道边，被雪压折、向下耷拉的树杈儿全都～下来，免得再伤着行人。

2. 被锋利的东西划破。

如，玉珠的手被树杈儿～了个口子，赶快去医院处理一下吧！别回头再弄成破伤风……

☺ 肋得：lē・de

1. 在传统被束缚的年代，形容衣服肥大不合身，且不洁净。

如，你瞧老潘穿的多～，真少找哇，也不嫌寒碜！

也说“嘞里嘞嘚”。如，老隽是个文化人，他不可能穿得嘞里嘞肋，一个人的穿着跟他是否受过高等教育也有关。

2. 爱说，但说话不利落，还说起来没完没了。

如，他呀，大舌头，见了人就穷～，一～起来就没个完。

此义也说“肋里肋嘚”。如，他肋里肋嘚老有话说，正份儿就是个肉滚子，再穿得肋里肋嘚，可真像个弥勒佛了！

☺ 落拓帮子：luò tuò bāng・zi

多指虽然生活潦倒，但还要摆谱儿、嘴不饶人的失意者。

如，他们家早先的日子还真可以，如今家道中落，潘爷现在沦为～啦！一天他到街前散散心时，忽见那边来了跛足道人，疯狂～，麻鞋鹑衣。他说：巧哇，这个道兄敢情跟我是一路货呀！

☺ 拉活儿：lā // huór

即干活儿。出租车司机、“黑车”司机的用语。

如，我一看到出租车司机一天到晚没明晓夜地～，我就想起祥子和高中语文课本上的一篇课文。

也自戏谑为“扫马路”。如，星期一，路人稀，今儿扫马路跑了四百公里才拉了二百八。

☺ 尥蹶子：liào juě · zi

1. 指骡马等牲畜跳起用后蹄子踢人。

如，你离骡子远一点儿，小友，那红毛骡子狗屄，爱～，别让它踢着你！

2. 常用来比喻人粗野无礼的言行。

如，小友，你爷爷说你是为你好，你动不动就顶撞他～，让爷爷生气，你找揳呐你！

☺ 了不得：liǎo · bu dé

犹言"不得了"。表示问题严重。

如，●李玉《清忠谱》六《骂像》，咱的爷爷啊！头疼啊！了不得，了不得！

休听他瞎咋呼，邪乎，瞧他那张八样儿，有什么～的，装什么蒜呢！

☺ 老小子：lǎo xiǎo zi

对言行令人憎恶的人的称谓。

如，李舜堂原本姓阴，因欠老李家的钱还不起，阴家就把他过继给李家。他说，人家给你赢得第一名，年末百分之五的提资指标，为什么没人家的份儿？陈人儿能这～也忒损了。再者，他就没看出当时已经没人扽他那根弦了。万利接着说，你～的招儿就不毒不缺德？你们都拿王叶糟践着玩儿，这上哪儿说理去？

☺ 赖皮：lài pí

1. 指善于蘑菇，以索取合理之外钱物的行为。

如，李佩忠这红娘当成了，自然我是要谢他的，可是他先行说明，他不要谢礼，要钱，先说一千五，后又死乞百赖要～，非要两千五不可。他说，他需要买好烟好酒谢谢老田，是老田给他出主意，他才要上学校旁边那套两居的……

2. 也指专耍赖皮的人。

如,我们原来就知道他是个～鬼,但不管怎么样,人家还是把桥给你搭上了,我看比一些黑职介可靠,再说,虽说他是个～,可不干别的歪门儿邪道的。他能倒腾,说他现在手里还攥着十一个女孩子呢,送给老田一个。这十个不管给谁介绍,保证飞不了,万一飞了,他给介绍第二个时不再要钱。

☺ 娄:lóu

1. 身体虚弱,没力气。

如,大春,七八十斤一袋儿大米愣是扛不动?你身子骨怎么那么～哇!

2. 桥梁、房屋一类年久失修。

如,我～?再～也没这桥～哇,这桥只能过一个人啦,哦,我要是扛一袋儿米走在桥中间桥塌了,再把我掉下去?您真是的,我懂!

3. 瓜果类熟得过火。

如,这桥说开春儿就修,可时至而今,就是不见动工,我今年种的西瓜都熟～啦!有的瓤儿都泄了,干着急,桥不修,运不出去呀……

☺ 拉下脸儿:lā xià liǎnr

1. 脸上流露出不高兴的神情。

如,香草拿出五十块钱跟我换零钱,我一看她那张上有"E"字,我就说你那张是假的。嗨,她马上就～,急了,说我胡扯,扭头就走。你说……我也得～来,我不能在钱上明着上当,吃你的哑巴亏!

2. 变脸后即有相应的行动。

如,本来我们俩人挺好的,因为一句话就翻车了,再见面儿她就箍着嘴儿扬着头儿走,你说她也真～来了。我呢,一瞧她那揍性,我干脆给她唱个里根儿隆。

中间常插入"不""的"等词。如,对于香草,有什么拉的下脸儿拉不下脸儿呢,这叫以脸儿还脸!

与“沉下脸儿”义近。

☺ 娄子：lóu · zi

惹出麻烦、乱子、祸事。

如，“我的姑奶奶，这回你可给我捅了～了！”“大妈你怎么了……”“你是不知道呀，蔓蔓她们家里可出了大～了啦！让公安给抄出四百克摇头丸儿，蔓蔓进去啦！”

☺ 搂头儿：lōu · tour

搂摸的好处、利益。

如，“咳，干那事儿～是大，不过，风险也大，你想，没什么～谁冒那险呐！”“再大的～，这事也不能干呀！”

☺ 拉倒：lā dǎo

算了，作罢。

如，“干那事儿的有几个干长了的？搂摸够差不离儿就歇手，别西瓜皮擦屁股没完没了(liǎo)，该～时就得收摊儿。”“～吧您呐，这年头儿，有搂头儿的事多了，可是不能干呐，吃好吃赖活个消停，自在比什么都强！”“得了呗，还得有媳妇，没媳妇吃什么喝什么都不香，不信，您去茶馆问问老林去。”

●《茶馆》第二幕，老林：“你看呢？”老陈：“还能白拉倒吗？”老林：“不能拉倒！当了十几年兵，连半个媳妇都娶不上，他妈的！”怎么样？都急得开骂了吧！

☺ 露怯：lòu // qiè

在某些方面无知，言行丢人，令人笑话。

如，“爷们儿，今儿个长了点儿知识：原来王八的学名叫甲鱼。饭店的服务员把盛着它的盘子放在我跟前了，这东西该怎么吃呀？我怕～，就把它转到黄姐跟前去了……”“哎，看来你比我机灵啊，那天咱这乡下老赶可～了：站在电梯门口儿敲门儿，叫人抿着嘴儿乐我……”

☺ 拉咕：lá·gu

1. 擅长用嘴结交人。

如，黄姐嘴能～，她说她哪个部门都有人，你托托她，我看能行。

2. 惯用某些手段拉关系。

如，她～人的办法谁都会，她惯用借花儿献佛的招儿去～关系。

☺ 露馅儿：lòu // xiànr

比喻隐秘的事儿暴露出了端倪。

如，你听她的，她就会吹。前天我儿子要去驾校学开车，要到指定的公安局体检站去体检，儿子视力不大好，有顾虑。她接过话儿来了：“那有什么呐，不就是要三十块钱吗？”我一听，便当即给她五十。随后她给办个“色弱”，接着我一去体检站，她～了：其实只需十二元。那剩下的钱呢，她是给大夫买两盒烟趟路子、拉关系用了，原先她也不认识那儿的大夫。一个娘儿们家什么事都干，不会是好鸟儿……

☺ 撂倒：liào dǎo

1. 使树木一类倒下。

如，环保的过来说：这么一棵大树又让你们给～了，谁批准你们干的？

2. 将大动物打死。

如，“野猪闻声朝我们扑了过来，二秃子一连两枪把它～了。”“它是三级保护动物，怎能把它～了呢？”“嗯，你说的倒好听，不～它，让它把我们～了呀，以人为本嘛，我们回去找马局去……”

3. 用来比喻人失利、失势。

如，“找什么马局呀，有人在暗中把他～了，现已停了他的职。失势的凤凰不如鸡！”“真的？那～他的人可真不简单哦！你想，如果没有一点儿敢把牢底来坐穿的劲头儿能行吗，想必费了大劲儿啦！”

☺ 劳驾：láo // jià

北京传统的文明用语。用于向他人有所请求时。

如，“～大妈，您知道打磨厂在哪儿？”“你问的是东打磨厂还是西打磨厂？”“大概是东打磨厂吧。”“那你往南，过了东单、崇文门再问问就行了。”“～您了大妈。”

也常说“劳您驾”“劳驾您”“劳驾了您”“劳您驾了”。

“劳您驾了”一般是在自己的请求得到回应后使用，以示谢意。如，“你问校厂口呀，在宣武门外，你坐 102 或 105 电车，就可以直接在校厂口下车。”“谢谢，大妈，劳您驾了。”

☺ 露脸儿：lòu // liǎnr

1. 受了表扬或获得殊荣，脸上有了光彩。

如，这次小熊在奥运会拿了金奖，这一～不大紧，追他的女大学生能用火车拉！

2. 在公众场合出现。

如，这二年他的成绩一路斐然，只是他个人很低调儿，不爱在公众场合～，常回避记者。

“脸”前常嵌入“不了”等词。如，2008 年要是露不了脸儿，他也就算吹啦……

☺ 浪：làng

1. 特指女性行为放荡不羁。多用于成年女性。

如，小熊妈说话也粗些，早吹出风儿：～娘儿们远远儿的，只要贞洁的传统美好懿行的。传统的也得看是谁家的，小家子碧玉还可，大家子的，嗜，你一看《石头记》就知道，都乱了营了。

●《石头记》，“平儿夺手跑了出来，急得贾琏弯着腰恨道，死促狭小娼妇儿，一定浪上人的火来，她又跑了。平儿在窗外笑道，我浪我的，谁叫你动火？”

2. 因为心中妒恨等原因，称长相出众、穿着打扮随意、惹异性喜欢的女性。

如，●《石头记》七四，“由于王善保家的使坏，王夫人一见水蛇腰，削肩膀儿，眉眼儿又有些像林妹妹的晴雯，便喝声出去，站在这里，我看不上这浪样儿！谁许你这样花红柳绿的妆扮？晴雯只得出来……而春燕也吃了挂落(lào)儿。”

3. 常用于夫妻间因彼此不满或猜疑行为偏斜而男者骂女者的话。

如，晴雯被赶出贾府，回到哥哥家后，病卧在床。她知道嫂子不满意哥哥。嫌贫爱富，常听哥哥骂嫂子：你今儿又上哪儿～去了，以后你要把心用在照顾妹妹的病体上！没事儿你再出去～，别说我要打断你的腿！

☺ 拉近乎：lā jìn · hu

含贬义。

1. 和不认识的人拉关系。

如，席姒，你是坡头的，我也是，不是跟你～，要不是老乡，说什么我也不帮你找住处哇，我怎能看着我的老乡露宿街头，等着出事呢……

2. 和认识但没有交情的人拉拢关系。

如，我今个儿不是跟您～，其实，您就是我的亲叔儿，您先叫我妹子席姒在公司住几天，等我给她联系好工作，再让她走人……

☺ 愣腾：lēng · teng

拖延时间。

如，“我已找了所长，他说这事儿先～一阵子再说，让双方都把气消一消，理智理智，如果还不行，他再出头，所以，就先～～再说吧。”“我看此事不宜再～下去了，俗话说，夜长梦多嘛！”

☺ 落忍：lào rěn

心安理得，内心舒服。

如，"当时你也没跟我商量，这事你也去求所长？到时不送大礼，咱们心里能～吗？""嗨，托谁你能白着哇？"

☺ 撂挑子：liào // tiāo · zi

1. 撂，放下。挑子，担子。挑挑子，是一种营生、一种劳动。比喻将正在干的工作放下不干了。

如，"蓓蓓在洗浴中心干了一天，今儿个她突然～走人了，工钱都没要。""这还用说，当然跟副经理季泰有关系啦！"

2. 比喻人死了。含贬义色彩。

如，"季泰才五十多岁，说～就～了！""他呀，早就该～！老不是东西，忒那个……"

☺ 老赶：lǎo gǎn

形容没见过世面，形象显得分外土气的人。

如，他哪儿像个作家？肋里肋嘚，走起路来风风火火，整个一个～嘛！

☺ 溜达：liū · da

散步。

如，他活得累，整天盯着电脑忙忙乎乎敲键盘，你什么时候见他闲～过？嗨，你不知道，人家家里有运动器械！

☺ 邋里邋遢：lá · li—lá · ta

1. 穿戴不洁净。

如，你这～的样子，怎么去串亲戚呀，给我换衣裳去！现在人人都讲卫生不知道啊！

2. 吃喝作风不讲究不利落。

如，她吃完，饭桌子上盆儿朝天、碗儿朝地，从不及时收拾。时间长了，她丈夫也皱脑门子，常磨烦说：你这么～的作风真够呛，我说雇个保姆，你又老挑肥拣瘦儿的……

与“邋遢”义近。

☺ 拉口子：lá // kǒu · zi

特指许诺，保证。

如，“你可是在人家面前～了，说春节前一定把款给人家打过去，如果～到时你不能兑现呢？”“咳，别瞎操心啦，真兑不了现，届时我把两辆奔驰 600 押给他。”

☺ 老鼻子：lǎo // bí · zi

1. 形容钱财极多。

如，“你是瞎操心，年终奖我们已经内定了，我心里有数儿。”“今年多少，又是什么～了是不是？”“～不～，等钱拿到手你不就知道了吗？”“你可别像去年那样，给我一半儿你留一半儿！”

2. 形容拥有的土地、物类极多。

如，原先他们在三环两边儿拥有的菜地可～了，现在也卖得差不离儿了。

与“海了”义近。

☺ 冷不丁儿：lěng · bu dīngr

出乎意料的。

如，那斯太尔从我身边开过时，大喇叭～一叫唤，吓得我一激灵！

☺ 溜边儿：liū biānr

沿着边儿。

如，“哏，那破车还经常走小车道儿，讨厌死了！”“小月、豆芽儿，咱们～走，不跟它开斗气儿车，出了事儿那玩意儿就该傻了！”

☺ 邋遢：lá · ta

多用来形容穿戴不整洁，不利落。

如，●《缀白裘》二集《烂柯山 · 痴梦》，“只是我形龌龊，身邋遢，衣衫褴褛把人吓杀！”

“大月儿，瞧你这一身儿，真是个～鬼！能吓死人，开车也不能这么～呀。”“我开黄河，开大货讲究什么，比不了小月儿。”

☺ 老爷儿：lǎo yér

太阳。

如，“我说，～要下山了，下班高峰也快过了，咱们该往回溜达啦！”“今儿中午～可真毒，把人晒得火烧火燎的，我躲在山洞口，喝了两瓶冰红茶，觉得有点茶，一躺下很快就着了，再一眨眼，嘿，～溜到山顶上去了……”

☺ 愣神儿：lèng shénr

1. 发茶，犯困的样子。

如，“还说呢，你刚躺下一会儿，就有个坏家伙奔你去了，你可能正～，我们知道他要冒坏，就赶紧喊你并站了起来，他一看是一伙儿的，说了句‘有病呀你们’，便朝下坡儿溜之大吉了……”“其实我当时哪儿是～呢，都见到周公啦，这么说，回到城里这顿饭我得请了。”

2. 发呆，出神。

如，“走哇，小婕，刚走几步又坐在石头上～，我看你就不应该跟小宁吹，吹了可经常～，魂不守舍！”“谁～了呀，人家累了嘛！”

☺ 老爷子：lǎo yé · zi

1. 敬称男性老人。

如，呦，～，您甭跟他这小半大儿的真生气，我看他不是诚心气您，是跟～您逗闷子玩儿呢！

2. 有的年纪较大的儿子称谓自己的父亲。

如，我们～不爱生闲气，利用月票，每周一次香山，一次植物园，常年如此，身体倍儿硬朗。

老帮子：lǎo bāng · zi

多称上年纪的男性。极含憎恶情绪。

如，"宋湘，你怎么骂六义呢？""他骂我爸～，我回敬他丫头养的，怎么啦？"

拢火儿：lǒng // huǒr

收敛心中怒气。

如，实话跟您说，骂他？要不是我一再～，我非揍他妹妹儿的不可！

老了：lǎo · le

1. 指炖、炒鸡、鸭等肉时，时间过长，肉不鲜嫩了。

如，●《石头记》卷五十，"凤姐对老祖宗说，已预备下稀嫩的野鸡，请用晚饭去罢，再迟一回就老了。她一行说，众人一行笑。"

2. 瓜果类熟过嘣了。

如，卖瓜的，这瓜熟～，里边的瓤儿都泄了，有臭味儿啦，还怎么吃啊！

3. 婉辞，指人死了。

如，祥林嫂不迟不早，偏偏在过年的时候～。四叔知道了，很是气恼……

楞子眼：léng · zi yǎn

1. 指困倦至极，上下眼皮已难睁开，昏迷欲睡的情状。

如，●《石头记》卷六五，"那边，鲍二的女人笑道，我可去了。说着，带门出去，这里喜儿吃了几杯，已是楞子眼了。隆儿寿儿关了门，回头见喜儿直挺挺仰窝在炕上。”

2. 瞪眼，用于表示内心反感的神态。

如，寿儿见喜儿横躺竖卧占了她的地界儿，便一脑门子气。隆儿说：你～管什么呀，把那不要脸的推到一边儿去不就结了吗！

☺ 姥姥：lǎo lāo

对对方的言行或条件极为不满，以示不能轻饶。属于骂人不带脏字儿的谩骂语。

如，“连她本人带装修我已经扔进三十来万了，一再往后推拖是安什么心？后悔了？～！想得美，没门儿！我闵大春的金银首饰、翡翠手镯不是那么好蹭的！”“大春，因是媒人介绍的，你俩缺乏感情基础，你拢住点儿火儿，也甭张口～闭口～，越这样越坏事……”

☺ 力巴儿：lì·bar

1. 称对某种活技、工作缺乏知识和实际操作能力很差的人。

如，大春够倒霉的，他今年租种的二亩大棚西红柿也完了，开春儿他雇了个外地的～，那人混了一个多月，骗他八百块钱就没影儿了。

2. 指对某种活路干不好或不会干。

如，随后雇了个木工，那人做桌子，先把四个桌子腿儿用绳子捆起来，再往桌面儿上钉……我一瞧，真是让人气笑皆非，原来他又雇了个～木工！那小子一拴桌子腿儿，就露出马脚了。你说，那样的人竟也敢闯江湖？

☺ 露出马脚：lòu chū mǎ jiǎo

指事情露出端倪。

如，●《石头记》七二，“王熙凤有病硬撑着，还是让人看了出来。平儿见问，叹道，这懒懒的，也不止今日了。这有一月之先，便是这样的。这几日忙乱了几天，又受了些闲气，从新又勾起来，这两日比先又添了些病，所以支不住，便露出马脚来了。”

棱子：léng·zi

形容态度生硬，一说话就瞪眼，话总是戗着说。

如，他原本脾气就暴，现在又遇到一些不顺心的事，得，更上一层楼了，别说话，一说就～，这脾气加心情可也够呛哦……

乱了营儿：luàn·le yíngr

比喻一时情景异常混乱。

如，突然闯进一伙儿身份不明的人连骂带砸，几个保安也抄起家伙一齐上，双方打作一团，饭店里一时～！有的食客钻进了桌子底下，直点儿筛糠……

遛弯儿：liù wānr

闲散步。

如，老熊～正赶上，赶紧给报了警，等警察来了，饭店里一片狼藉，行凶的早蹽了……

与“溜达”义同。

瞜：lōu

瞧，看。常叠用。

如，“哎，熊熊，你把你女朋友叫来，让我～～，我的眼里出西施。”

“有病呀你，你出什么西施呀，你～什么呀你？给～跑了你上哪儿赔去呀？”

老帽儿：lǎo màor

1. 说实在话办实在事的人。

如，小心眼儿，谁跟你争哪，你那么认真，～不是？

2. 不会穿戴,形象不入时,显得土气。

如,那天我一瞜,哎哟喂,够~的,憨厚得也忒可爱了,熊熊送给我我也不要。

有时“老帽儿”前边加“土”,则是指穿戴、长相很“土”并缺乏见识的人,含鄙视的意思。如,你说,街上女人那么多,一撸噜就一大帮,你说,熊熊还把她当宝贝儿呢,整个儿一个土老帽儿嘛,除了他,谁稀罕!

☺ 狼虎:láng・hu

1. 形容吃喝速度快。

如,“尝君,你慢慢儿吃,别那么~,没人跟你抢!”“我吃饭就是这么个~劲儿,十点钟一定得赶到簋街,今儿才拉了两个到朝阳门的小屁活儿……”

2. 形容动作急迫迅猛。

如,几个趴活儿的一块儿说笑,忽看前边有个拽着箱子的人,孟尝君可真~,钻进车里,往里一掰,“噌”的一下就蹿到那人跟前,三说两说,拉着那人就颠儿了……

☺ 脸皮儿薄:liǎn pír báo

1. 腼腆,害羞(一般性格内向)。

如,这闺女,都十六七了,一看见那床上戏就转脸看别的地方,有人说,你看那接吻的女孩多像你呀,她的脸“刷”地一下就红了……她的~到这种程度,这年头儿还真少找……

2. 自尊、传统,经不起现代化的戏弄。

如,刚从山沟沟儿出来到一个饭店打工时,不几天就有个男生冷不丁从后面抱住她,她竟然急了,说不干了。经理说,像你这么~的我还头一次开眼,你真好哇……野菜花儿,你刚来到这花花小世界,用不了一个月你就不脸红了,你现在已走到染缸的边儿上了,回头我染染你,你就不~了……

3. 自尊，经不起严厉的批评责备。

如，第二天，她没要工钱就颠儿了，谁知换了个饭店后仍然遇到类似情形，这里的经理严厉地呲对她，说，～值多少钱，你要知道，你是出来挣钱的！于是她哭着闹着要回山里，伙伴儿都嘻笑她的～，说她准是祥林嫂的后代，如今简直就没有，最后她还是被劝住了……

也说“脸皮儿热”。

☺ 落生：luò shēng

1. 指婴儿出生。

如，孩子一～，一听哭声，就知道小俊儿生了个男孩儿。

2. 即花生。

如，她婆婆事儿多，婚后，总唠叨让小俊儿多吃～，好花花搭搭地生啊！

☺ 懒骨头：lǎn gú · tou

多称不爱干活的青年男女。语气常表现为形贬实爱的情感。

如，婚前，她妈说俊儿是个～，现在她生了个胖儿子，也没人说她是～了，因为俊儿一天到晚托着儿子唱唱咧咧，要不就是拖地、洗尿布、刷马桶……哎，人生啊，大多时间都是黄连树下弹琵琶呦……

☺ 落褒贬：lào // bāo biǎn

偏指贬，即落(lào)不是、落(lào)埋怨。

如，小俊儿上班后，她妈也尽心照管，还学着《石头记》中凤姐的话说：“虽说我现今身子不好，想来也不至～。”其实，等小俊儿老了时，这“胖儿子”能拿出他妈现在的一半儿心对待他妈就算不赖了。

☺ 老胎：lǎo tāi

兄弟中排行最末的。

如，你两个哥哥的身体都比你棒，～，你身子骨儿可够管儿痨的。

☺ 料：liào

称比喻所厌恶、鄙夷的人。

如，得啦，羊猩猩儿，就你那块臭～，还说我管儿痨呢，你撒泡尿照照自个儿吧！那天起晌时，差一点儿淹死你！

☺ 邋遢鬼：lá・ta guǐ

指穿戴、吃喝方面很随意，非常懒散、形象肋脦的人。

如，就是那么一个为人所鄙薄的、穿带带儿鞋常不系鞋带儿，而且两只鞋的鞋带儿颜色还不一样的～，还总做梦去当什么形象大使呢……

与"邋里邋遢"同义。

☺ 虑论：lǜ lùn

在一起思索议论。

如，他常招人～：就你那德行货，还追人家丑妞儿呢，为此还给李大妈一个劲儿送礼，让李大妈做红娘去给撮合……

☺ 拉不下脸儿：lā・bu xià liǎnr

指碍着人情面儿，不好意思说不好意思做。

如，在那本书里，焦含搞的硬伤不可原谅。我仅举一个例子：作者用孟子的"乐岁终身饱，凶年免于死亡"的例句解释"年"字为"年成、收成"之意，而她给改为"时间周期，农历正月至腊月算一年"，这实在是驴唇不对马嘴呀！对此，我看在她爷爷焦大面儿上，我～训她忒无知，底子这么薄，还不学……

☺ 擂：lēi

1. 胡说。

如，小旦儿，你瞎～什么呢你，你当时在场吗？回头人家告你诬陷罪！

2. 打。

如，小谄儿，你给我～他，他胡吣嚼毛，不管管他也不行！现在讲法制了，给我惹什么祸呀你！

☺ 捋：lǚ

指用棍棒打人。

如，听见没有小旦儿？你再满嘴里跑马，胡吣嚼毛，别找我拿棍子～你！（此处读一声）

☺ 临了：lín liǎo

末了，最后。

如，她很不安分，怎么比得上祥林嫂呢？人家是顺着眼皮儿，红娃呢，眼睛嘀溜嘀溜儿转，贼着呐，～，走时还是偷走我一副白银手镯！说着，叶大婶儿马上撩下脸儿了。

☺ 撩(撂)下脸儿：liào xià liǎnr

即耷拉下脸儿，指不愿意、不高兴的神情。

如，●《石头记》卷二六，“宝玉说紫鹃，好丫头，若共你多情小姐同鸳帐，怎舍得叫你叠被铺床。林黛玉登时撩下脸儿来，说道，二哥哥你说什么？”

☺ 来劲儿：lái // jìnr

更上一层楼。

如，有人上坟时一夸二赖子有知识，二赖子便～了，张口来个“清明时节雨纷纷，天气预报摸不准。”二赖子不能夸，越夸他越～，人来疯！

☺ 锣粗锣奘：luó cū—luó zhuǎng

比喻人的身体粗奘壮实。

如，二赖子～，三十啷当岁儿，论劲头儿，你们两个人也不是他一个人的个儿，贼有劲儿！他～质量重啊……

☺ 遛嗖：liù·sou

1. 学话学得标准、利索。

如，你别小瞧罗曼，脑子可机灵啦，业余自学英语很有起色，在街上碰到老外就跟人家聊会儿，大山曾说罗曼的英语说得很～，也常见老外跟他伸大拇哥："OK!"

2. 口齿流利。

如，哎，真格的，你说大山的北京话怎么说得那么～呢？土语掌握得也不少，一说还就是成本大套的，倍儿棒！真不让北京的小青年儿！

3. 手脚儿麻利。

如，人家是干什么工作也都挺～，快性人儿，难得的多面手啊！

☺ 馏：liù

将放凉了的熟食再放在锅里蒸热。

如，罗蓝，你把剩馒头剩饼再～一～，就够吃的了。冰箱里的茄泥就甭～了，再拍上两瓣儿蒜，罗曼夜晚接班儿，别让他闹肚子。

☺ 里里拉拉：lǐ·li lā lā

1. 形容某些东西不间断地掉落(遗失)的情景。

如，人说夜间拉渣土的"黄大卡"都装出了尖儿，从丞相胡同北口一直到彰仪门，沿路～洒了一道儿，罗曼，是你干的不是？

2. 形容一些东西到处都是。

如，"雯雯，这厅里～净是水点子，你干什么来着呀？""不是我弄的，是罗曼洗完上衣在厅里抖拉的。"

3. 比喻某种关系从未间断。

如，罗曼和雯雯属于两小无猜，后来雯雯上中专，被分到天水，分开了好几年，那俩人的关系～也没断过，最后，罗曼调到天水，跟雯雯结了婚，这才叫真金恋情呢！

☺ 老绷：lǎo bēng

指花生、榛子等果粒成熟得饱满、实诚。

如，"进了十月份儿，地里的花生就熟～了。罗蓝，届时咱俩拾花生去。""能拾着吗？""能，一熟～，那花生把儿就糟了，所以拾的花生大都是～的。"

☺ 镏子：liù · zi

即戒指。

如，"红军，明天你跟罗蓝去菜百都买什么呢？""买莫泊桑的短篇名著。""瞎胡擂，人家那儿不卖小说儿。我想你给她买俩～，买副镯子什么的，到那儿看着买吧，老年的东西又时兴了，真是十年河东十年河西……""得了吧您，您听谁管戒指叫～啦？"

☺ 勒里勒嘚：lē · li lē dē

1. 语言表达不够清楚。

如，"二狗说话～，黑妞儿能瞧得上他吗？""嗨，他不是有钱吗。""有钱能让黑妞去洗汽车呀！"

2. 衣着肥大。

如，"如今的年轻女孩儿，要么就穿得～；要不就穿得紧紧绷绷，裹在身上。黑妞儿就是后一种，只图动物美了，可多难受哇……""二狗偏不要～的，就黑上那紧紧绷绷了呀……"

☺ 溜：liù

1. 用稀湿物堵抹缝隙。

如，这墙缝儿挺宽，狗子，开车去买一小袋儿白水泥，回来用108和了，把它～一～，新房嘛，看见有缝儿就心里别扭！

2. 成排成行。

如，告诉你：玉泉营建材城西门口儿往北那一～儿全是卖水泥的。

☺ 量规：liàng·gui

估量，计划。

如，军子，你念四年大学，爸今日就一次性给你四万块钱。你要～着使用——我知道不够用，这就要你利用学余～着去打工，我这样做的目的你应该清楚。

常叠用。如，爸，我初步～～，觉得差不多够用的；在钱上，您就甭管了，我会把四年大学顺利读完的。

☺ 愣愣磕磕：lèng lèng kē kē

神情痴呆，出神发愣。

如，"张松，你在那儿～的干什么呢？""我在想'惜春长怕花开早'呢……"

☺ 老年间：lǎo nián jiān

指比较久远的过去。

如，●老舍《我这一辈子》，现在的一个小官都比老年间的头品大员多享着点福。讲吃的，现在交通方便，山珍海味随便地吃。

☺ 缕絮：lǚ·xu

细软的丝状物。

如，哦，是你瞅见从杨树上掉下的有如毛毛虫一样的～，使你联想到"落红无数"了吧？那你赶快喊"春且住"哇！回头你就酒足饭饱了。

☺ 赖：lài

1. 言行不一。一般用于亲朋之间，戏语。

如，"小雅，你原说你用压岁钱请姥姥吃洋餐，今儿又变卦了，要～了呀？""您还不知道哇？近日洋餐涉红的事……哪里是我要～呀？""好啦，姥姥说你要～，是跟你穷逗呢，我对那玩意儿原本就不感兴趣。你若爱吃，等药费钱打过来，姥姥请你。"

2. 因故待在某处不走或讹诈的行为。

如，"小英儿，都12点啦，该下班了，你不走，我们怎么锁门呐，你就不饿呀？""你今儿不把问题说清楚，我就～在这儿，豁出去了。"说完，她索性躺在沙发上了。

3. 常与"不"字结合为"不赖"使用，不赖，是"好、挺好"的意思。

如，兴达中学还真算不赖呢，药费从来按时给报。朝代换了嘛，现在的大拿是朱校长了呀……

☺ 愣：lèng

1. 言行鲁莽，敢说敢干，不顾后果。

如，六子叫那人一声"老西儿"，那人就一边用眼憋咕六子一边朝他走来了……走到六子跟前蹭地一拳，就给六子一个满脸花，有人说那人太～，有病！也有人说都是六子叫人"老西儿"惹的祸，"老西儿"含有轻鄙的意思，那是过去的称呼……

2. 硬，硬是。

如，那人虽然比六子块头儿大，交手后六子～不含糊，接连上下出拳……

☺ 拉偏手：lā // piān shǒu

在双方动手打架时，装作调解的人拽或挡住一方，使另一方占便宜。

如，这时有人劝说并用身体挡那人，六子趁有人～之机猛给那人两个满脸花，那人鼻子被打歪了，血滋滋地往外冒……

☺ 冷碟儿：lěng diér

即冷盘儿，凉菜。

如，六子跟拉偏手的说，哥们儿，滴水之情得以～相报，拽住拉偏手的匆匆去了徽州饭店，点了两个～要了两个热的和两个扎啤小酌起来……

☺ 愣头儿青：lèng tóur qīng

言行猛撞，不顾是非深浅。

如，"哥们儿，不是你，我今儿就吃老西儿的亏了。""你还看不出来，那是个～，能玩儿命，是敢打死架的主儿！"

☺ 拉呱：lá guā

搭话儿，闲聊。

如，说真的哥们儿，我原本是想跟他～～，看他能不能帮我捣鼓捣鼓山西的老醋，我想开个山西老醋专卖店，名牌儿呀。咳，没想到这小子是个愣头儿青！

☺ 练：liàn

指进行心理、动作、技巧等方面训练。

如，一开始我就看出你不是他的个儿，心想，你非得让人家给～了不可，我看你挺面善的，不是欺生的人。不过，你不应该叫人家"老西儿"，那是以前对山西人的称呼，不尊重……

☺ 老嬷嬷子：lǎo mó · mo zi

称呼老年妇女(多为比较贫困的),含厌烦鄙夷色彩。

如,一次,书记从二楼往下一看,说:瞧,那个曾赖在这里不解决问题不走的自称～的又来了,我得躲开那小眼儿,那～要问我,你们就说我开会去了……

倘在“老嬷嬷”前冠之以“破”,厌恶色彩则是浓到了极点。如,那天,要不是她叫个大个子男生进行所谓谈话,那破半大老嬷嬷非挨俩嘴巴不可!

此处的“嬷嬷”,在生活中,前边的一定要读三声(mǒ),后边的读轻声。

☺ 拉拉：lá · la

1. 东西连续往下掉。

如,小虎,吃饭甭那么狼虎,你搛菜拿碗接着点儿,别把菜汤子～一桌子!

2. 沉下(指脸上带气,脸色难看)。

如,“小虎,没吃过白菜熬豆腐啊?下嘴不堪!”“哏,你听,他妈立马儿把脸～下来了,嫌我吓(xiā)唬小虎了,你瞧她这揍性,我是他奶奶呀!”

☺ 来人儿：lái rénr

1. 旧时进行交易作证的人。

如,先前买卖房子都得找个～写契约,如今那两家儿还用那一套办法,结果出现两家子十口人都挤住在一间屋里,说妻不妻,说亲不亲,形成双方争夺房产的混战局面……

2. 调节、说和民事纠纷的人。此义也称“说和人”。

如,两家都找了～,但～最终也协调不了,而法院判决原来的契约无效……

☺ 懒意：lǎn yi

懈怠。

如，我当时本想提醒他们，害人之心虽无有，但防人之心不可无，过去那套老办法已不灵了，你们得好好琢磨琢磨。可我当时一～，没说。

☺ 老油子：lǎo yóu・zi

待人处世油滑。

如，鹿鸣是有名的～，连街上云游的和尚、老道，他一看就知道是真是假，更甭说让他吃点儿亏了。

☺ 落空：là kòng

丢掉机会。

如，每当区上服务行业搞义务服务活动，鹿鸣从不～，不是让人给修理自行车就是修补皮鞋……他说人家出来学雷叔叔，你不能不配合配合嘛！

☺ 落儿：làor

（生活）有着落。

如，他一边让人修理东西，一边琢磨对方神态，斟酌情况，有时就向人哭穷。一次，他跟一个很时髦的理发女郎叨咕说：这月又没～了……女郎说，那你上我们理发店去干零活儿吧。

☺ 笼火：lóng huǒ

生火。

如，"都干什么零活呢？""累不着你，早起来～，打扫卫生什么的，好歹给你解决吃饭问题嘛……""～那营生烟人眼，且笼不着呢！""哏，你一个大老爷们儿还不如雪雁儿呀？"

☺ 冷话：lěng huà

常指不加思索说出的令人反感的话。

如，队长背后说小杨："你逮了一句～，老鹿可跟我不依不饶的……"

☺ 冷战：lěng zhàn

因寒冷或恐惧而浑身发抖。

如，一个三九天的周末，鹿鸣穿双破皮鞋又找蹭儿去了。让人给修鞋时，一个小伙子说："老鹿，你的羽绒衣后边开线了，我给你砸一砸""没有哇。""谁说呀，我帮你脱下来看。"在帮老鹿脱的过程，趁机给撕个小口儿，砸的时候，故意拖延时间，老鹿被冻得受不了，就喊："把我冻得直打～，你诚心耗时候，逗着玩儿是怎么着？有你这样学雷叔叔的吗？"

☺ 燎泡：liáo pào

多指被开水、火等所烫而起的水泡。疼而不易好。

如，"你手背上的泡是怎么弄的？""嗨，最近老走背字儿。前儿晚上停电，我把点上的蜡刚立好，又倒下了，烫得我直唏溜，随后就出了个大～。"不过，这比贾环烫宝玉还轻呢，他是烫在脸蛋子上。●《石头记》说"只见宝玉左边脸上起了一溜燎泡，幸而没伤了眼睛。"

☺ 拉亏空：lā // kuī · kong

因故借债。

如，"二半彪子，你因为买车而～，这会儿叫人笑话你，没钱还买什么车呢？""咳，铁哥们儿说，他手里有辆便宜夏利，是他的一位钢姐们儿以三万块钱让给他的，说保证八成儿新，说钱不够～也不应放过这便宜货。说我要要，只请他搓顿就得了。如果我不要，那他三万五，马上就出手。我一想，这没购置税呀，三险也给上着呢，所以就摘借了一万五买下了。”

与“拉饥荒”义近。

☺ 里外里：lǐ wài lǐ

正反两方面合起来。

如，彪子车一到手，就出去蹲活儿，哪知就那么巧，遇上仨小子不给钱，还揍了他。一百二十块钱没挣到手还不算，还得掏腰包去医院看肋条，头一天～就花出去六百多……

☺ 哩哩啰啰：lī lī luō luō

多形容说话口语不清。

如，别看蒙丘不识字，说话～的，人家在狼垡头条趁一所四合院儿，如今，那可是黄金地段儿，趁老鼻子啦！

☺ 拉脚：lā jiǎo

轰着骡马车辆运送东西。

如，北平一和平解放，他就轰着骡子车进了城给人～，不到一年就挣了那所四合院儿。据说当时是用一百匹白布就买下了，现在那所院子成了金不换了……哎，谁长着后眼呢？你知哪股云彩有雨呢！

☺ 老：lǎo

1. 家具、衣饰等式样儿年代久远。

如，蒙丘死后，几个儿女嫌那些家具式样忒～、太旧，便当作劈柴，仨瓜俩枣儿就给卖了……

2. 称子女中排行最末的。

如，他有四个儿女，他活着时最疼那～闺女蓝蓝。

3. 一再，一个劲儿，总。

如，死前，蒙丘～是嘱咐那三个：以后要多关照蓝蓝，蓝蓝小……

☺ **溜儿圆：liūr yuán**

形容很圆。

如，小蓝儿脸蛋子～，忒圆了也，俨然一个富士脸，没一点儿特点了。

☺ **溜号：liū // hào**

上班时间或开会时不打招呼，蔫溜儿。

如，一上班，方处就打电话把罗郧叫去训他："你作为一个科长开会时怎么能～呢？像你这种作风能带出遵章守纪的科员吗？他们在上班时间～怎么办？你能像我这样呲儿他们吗。再说捐钱的事，你领头儿捐五十，那你们科谁还捐一张、两张儿呢？我以前说过，科长至少捐一张儿，处级至少捐两张儿。""方处，我当时兜里就五十，我再补交五十……"

☺ **里手：lǐ shǒu**

特指靠左手的一边。

如，科长拿起电话："喂，小高，你从我办公桌～的抽屉，拿五十块钱给办公室老刘去，让他给记上一张儿""方处，您甭……"

☺ **脸子：liǎn · zi**

多指不愉快的脸色。

如，怎么啦？冲你这种表现，难道我还得给你点儿好～看！

☺ **冷脸子：lěng liǎn · zi**

脸色严峻。

如，"不，不不，方处，你本来就是个～的人，这我还不了解……""行啦，你去小食堂，看看今儿中午吃的有什么新鲜样儿的没有……"

☺ 抡：lūn

1. 用力挥动拳头(或手持物)。

如，大栓子又跟人打起来了，我亲眼见他～起拳头就给那人一个满脸花……

2. 引申为用话训人或被训斥。

如，他爷爷看见了，到他们家就～掇他爸爸一顿……

3. 指胡乱花钱，不讲或不会过日子。

如，他爸活了大半辈子了，有钱就烧包到处～，大栓子能学出好儿来吗？

☺ 搂：lōu

往自己方面划拉好处。

如，"咳，那些人早～足了，有了票子往哪儿挪不行啊，如今狡兔儿十窟！""对，谁～得越没缝儿～得越多，越欢实，也就越能高升。不过现在不行了，好多都进去了。"

☺ 裂：liě

上衣敞开扣儿。

如，"老李身体够棒的，这么冷的天儿也～着怀儿。""嗨，他～着怀～惯了，没退下来时，坐在主席台上他就没系过扣儿。"

☺ 拉骆驼：lā luò・tuo

旧时拉着骆驼驮煤、驮物的一种营生儿。

如，他身子骨儿棒是有基础的，他十来岁时他爸就带着他～，隔天一趟门头沟，起五更睡半夜，到了卢沟桥月亮还没下去呢！所以讲起～的故事，他一套一套的……

☺ 老妈子：lǎo mā zi

即什么营生都干的女仆。

如，那时他们家穷得叮当儿响，他妈也出去当～，一天到晚没时闲地干活，搬起二三斗米，百不咋！名儿一出去，有钱的人家儿都抢着让她去当～，她的身价儿自然也就抬高了，后来总算把老李供得小学毕业……

☺ 零嘴：líng zuǐ

零食。

如，别看老李头儿六七十了，爱吃～，兜里常有美国大杏仁、开心果什么的……

☺ 咧咧：liē liē

1. 指说话云山雾罩。

如，邢露听见风就是雨，说：老疙瘩把人开瓢儿啦，得，这回他也没命了，得，这回他媳妇该……他爸说：你这儿瞎～什么？没人夸你！

2. 小孩子没有眼泪干哭。

如，老疙瘩媳妇被吓得直点儿嗑瓜子儿，五岁的儿子也跟着～，她心里七上八下地抡掇孩子："你也跟着穷～什么呀你，凑份子呀你！"

☺ 拢对儿：lǒng // duìr

用话语拨弄是非，使他人结怨成仇。

如，于是有人就当着老疙瘩媳妇面儿幸灾乐祸地说：得，这回她就顾不得给人～啦，并哼哼道：里根儿隆，隆—隆—隆隆……

☺ 灵：líng

1. 顶用。

如，儿子的手机响了，奶奶抓起来，把机盖儿一翻就喊"喂"，七岁的孙女蓝蓝说，您得按这儿……奶奶接完电话，乐滋滋地说，这小玩意儿可真～，闺女在深圳就跟在眼面前儿一样……

2. 乖，机灵。多形容小孩子。

如，我孙女多～啊，刚七岁就会用手机了呀！当奶奶的老师啦。你说这年头儿嗨！

☺ 撂手 liào // shǒu

指事情结束，放下手。

如，都说今年年头儿不好。哎，这回不揪心喽，闺女说，那边的事儿马上就能～了，一～就回来……

☺ 遛食儿：liù shír

指饭后出去散步。

如，得喽，心里踏实多喽哦，吃饱了没事儿带着蓝蓝～去喽！

☺ 落：lào

1. 水位下降。

如，这几天，水库里的水得～下去一米多深，老薛把网又收拾好了，黑下又该去水库偷鱼去了……

2. 物价下调。

如，老薛干上一宿，也就弄上几十块钱。现在鱼价～下来了，鲤鱼才三块挂零儿一斤，草鱼略微贵点儿。

☺ 离眼儿：lí yǎnr

指视力一时发生的错觉。

如，那天黑下把老薛吓一跳：他刚爬上岸，一抬头，眼前站着两个人，心想，这回坏醋了，叫人逮个正着；再一瞅，眼前什么都没有，原来是看～了……

也说“走眼了”。如，他看走眼了，这跟他做贼心虚有关系，心里老突突的呀……

☺ 两下子：liǎng xià·zi

1. 有胆儿。

如，老薛越偷越上瘾，钱越挣越多，媳妇心里像开了花儿，就转着弯儿跟闺女夸他：钱儿，你爸真有～，他照这样一年干上两个月，你一年的学费都不愁了……

2. 办法，手段。

如，钱儿说：得了吧您，胆儿大不值得夸，应该说还是我爸有～，过日子有招儿……

3. 技能。

如，闺女，单有办法没～也不行。有的人去泡半宿，冻得直打哋哋也打不了几条，还得数你爸这～！回头咱们撺掇你爸去城里逛逛。对，老妈，我提议，您帮腔儿……

☺ 落：là

1. 放过，错过。

如，整一个九月，他从来没～空儿，倒腾了两千来块钱。

2. 丢，扔

如，老薛带着媳妇、闺女进城去逛朝阳公园，进了门，人多，他只顾在人流里东瞧西看，他媳妇喊他：哎，你净顾你了，把我们娘儿俩～在后头，回头再找不见你……

3. 遗忘，遗失。

如，出了公园儿，一家子又打车去植物园，下车时他把手里攥着的100元给了司机，人家该找他38，他看其中有张发绿的50的，便急忙攥在手心里，慌忙下了车，同时一个女孩儿弯腰儿上了车。老薛走出十几步一张手，原来没有发绿的；这时他媳妇问他：你的提包呢？老薛忽然想到提包～在车里了，里边还有200多块钱呢，车呢，早没影儿啦。嘿，他姥姥儿的！这可真是倒了血霉了……

☺ 拉家带口：lā jiā dà kǒu

指男人娶亲后养活全家老小儿过日子。

如，老薛说：想捡芝麻没捡着倒丢了个大西瓜，二百多呐，我在水里得泡二十几个钟头儿哪，我～的容易吗？嘿，这是怎么说的呢，真窝囊倒霉！

☺ 撂了：liào·le

指撂下了挑子，比喻人死了。

如，回家后老薛老磨烦这事儿，他媳妇急了，呲对他说：你老搁不下管什么用！你怪谁呀？都怪你财迷心窍……谁知半夜老薛～，据说是心脏病突发……有人背后说，这个家有老薛显不出什么，这回老薛～，他媳妇哭的时候在后头呢……

此义也说“撂挑子”。

☺ 拉疤：lá·ba

1. 物类表面粗糙。

如，前些时黑下，老薛在水库附近偷了两棵柳树，开了几块板子，板材表面太～，他媳妇自个儿动手，用刨子刨了刨，钉了个床板，支起来，就把老薛的尸停在上边……

2. 人体某部位皮肤粗糙。

如，守灵那两天，有时他媳妇坐在床边儿，抚摸着他的手哭诉：他爹呀，你为这个家你的手没有一天不～的时候呀，大秋时，有时～得都让我感到扎得哄啊。他爹啊，我还上哪儿找你这～人去呀，啊哈哈哈……

☺ 老气：lǎo qì

1. 常形容人虽然年轻(或长的少相)，但言行却很老诚稳重。

如，别瞅秦秦人儿不大，但说话做事却显得很～，让人放心……

2. 指人穿着不鲜艳，式样儿陈旧不入时。

如，有人说：秦秦说话做事老气让人佩服，可是穿的也那么～，有时就像个乡下老赶，这就大煞风景了，令人感慨真是人无完人呐……

☺ 老模喀哧：lǎo mú kā · chi

形容人年事已高，老态龙钟的形象。

如，清明时他在玉渊潭看樱花儿，听旁边有个小子跟一个女孩儿说：先别照，别把那～照进去，等他走过去……他一看身边儿，没有～的呀，难道是说我～的？素质低劣，水平太洼的家伙！

☺ 捋唇：lū · chun

（捋，下例口语里读一声）。

1. 指用树的枝条或鞭子类抽打人，被抽打处随后出现突起的红肿痕迹，重的还冒血津儿。

如，不想老王的激动自语被那小子听见了，于是一边问他："你说谁呢？谁水平洼？瞧你老丫头样！"一边还撅下一根儿迎春树树杈儿，照老王头上劈，老王用手去挡，手背上很快就出现两道～……老王不答应，周围人也都指责那浑小子，一起把他拽去园内派出所……

2. 用手使劲儿挠人肉体时，被挠处随后出现的突起的红肿（或带血）痕迹。

如，这时那女的上前矫情拉偏手儿，那女的又趁机挠他脸一把，脸上立即又起了三道儿～。之后派出所的人来了，把他们带走了。围观的都说：不但要罚那狗男女的款，还应关他们三天，他们是从石头缝儿里蹦出来的？他就没有爹娘，活畜生！也忒野了……

☺ 蹽：liāo

1. 走，跑。形容人走得快或车船等行驶速度快。

如，十里地，飞飞一会儿就～回了，借来一辆雪铁龙，我们上了车，从琉璃河上了高速路，70 分钟就～到了保定，那叫快……保定的饭店比北京少得多，最后瞜见一家同和记，吃了饭，买了一篓咸菜和几个西瓜，就又开始往回～，用了80分钟就又～回来了……

2. 悄悄地离开，溜掉。

如，回到家，小珠儿急哧白脸埋怨说：嘿，你真有一门，我还在门口儿傻等呢，结果你们早～了！你们～了后还关机，那么点儿光都不让沾，你们真行！

3. 跑，去的次数勤。

如，哎，哪儿呀，你不是老往乱涨价儿的肥姐那儿～吗？把你带走去玩儿，她怎么办？她一寂寞就该埋怨我们了……

☺ 啷：lāng

指白吃白喝白拿白要。

如，咳，今后我也不能给她仗腰子了。她乱涨价儿也得搂着点儿了。要不我也不能进饭店～上一顿、进超市～点儿便宜货啦。人家这回查出我的缝儿，拿我这小百姓开刀，我这身蓝皮差点儿就给扒了，现在先察看我仨月。哎，什么事呀，那～楼房～银行卡的不管，倒审查起我这小不禁由的来了，真是倒霉。

M

☺ 卖好儿：mài // hǎor

向人表明某事，意在让人知恩、致谢。

如，●老舍《老张的哲学》三，"张先生，不是我在你面前卖好，错过我，普天下察学的，有给教员们出法子的没有？察学的讲究专看先生们的缝子，破绽……"老张连说是。

随后他想：勿论如何，一定要破费几斤从树上掉下来、有虫子的伏地的金黄的大土杏儿。督学大人跟我～，不就是为了让我破费点儿么？可恨院中这棵杏树今年挂果少，这要怪老天爷：旱枣涝梨么，你老下雨，叫我拿什么～去？让我～的多着呢，不行，还得贴张学堂招生广告，私办的嘛，上蒙管家下蒙百姓，得蒙且蒙……

也说"买好"。

☺ 蒙事门子：mēng shì mén · zi

用虚假的骗人。

如，"如今的广告，～的事可真多。""怎么老有～的呢？都是人类共同的娼妓（金钱）闹的，有的～的家伙打一枪换个地方！"乐红说着，气儿又上来了……

☺ 秘起来：mì qǐ // lái

将捡来的或可以化为己有的钱物，秘而不宣，变成自己的。

如，晚上，两个正在长椅上搂着疯狂亲热的情侣，将手包蹭在了地上，旁边饭店的乐红瞅见了，趁势把包儿拾起，便给～。他这是趁热儿发财呀！

☺ 没事吧唧：méi shì · ba jī

没有什么正事儿。

如，“乐红，人家茜茜有男朋友了，你～还找她干什么呢，你想显摆你发的那点小财呀？烧包啊。”“哎，我说香春，你～提它干什么呐？”

☺ 没影儿：méi yǐngr

1. 没有了踪迹。

如，哎，刚才那个侉女人还在桥上神侃，怎么一眨眼的工夫就～了呢？有人说，她准又上景山公园了，她常在这两个公园来回串游。

2. 所说没有事实根据。

如，侉女人说，那天，有个年轻女孩儿在崇祯上吊的那棵歪脖儿树上上吊，呦，吐着大舌头，俩眼珠子都努努出来了，吓死人……听的人说，听她的，她净说些～的事。派出所早晚得教训教训她。

☺ 明摆着：míng bǎi · zhe

明显地摆在眼前，说明事情非常清楚。

如，她还说是一个瘸老头儿上去抱住，把女孩儿救了下来，但已经没气儿了。这～是瞎胡勒吗，一个瘸老头儿怎么能抱得动上百斤的女孩儿呢？

☺ 买卖人：mǎi mài rén

做生意的。

如，有个女人一大早儿拉着一架子车豆腐，给超市送货。水里里拉拉往地上滴答。有人说，你这～可真够卖劲儿的。她说，～跟～不同，像我们，也叫～，是卖苦力的那一种。

☺ **卖劲儿：mài jìnr**

干活儿做事尽最大努力，不惜力。

如，她说，初中没念完，就急着出来挣钱。其实，钱，哪儿那么好挣啊，你没文化，再不～干活儿，懒，那怎么行呢！您说呢，大哥。

☺ **没大没小：méi dà méi xiǎo**

不讲年纪大小。

如，“嗨，我都扒六十边儿啦，你那点儿年纪管我叫大哥，～的，倒省得吃亏！”“呦，大爷，别挑礼，汗珠子淹了眼睛，我没看清您……”

☺ **卖：mài**

指卖身（隐语）。

如，像这样的姑娘够本分的，一心纳实靠卖苦力挣钱吃饭；有的就不行啦，进城不久就开始～，她爹妈见钱眼开，也不问问那钱是怎么来的……

☺ **卖山音：mài shān yīn**

显摆自己有见识。

如，“咳，我说老樊，怎么什么事儿你都门儿清呢？”“告诉你老黄，我绝不是跟你～，如今，你在街上一看，就能看个八九不离十，有的都挂出相来了；有的干脆不要脸，直接用‘服务’这个词儿问你……”

☺ **麻麻亮：mā · ma liàng**

天色略为发白，将要亮。

如，这只老母鸡，从天～就开始炖，一下炖到晌午。晚饭前又回了一次锅，它怎么能不稀糊泥儿烂呢？

☺ 摸黑儿：mō hēir

在没有灯光的黑下进行活动或劳作。

如，贾老太正吃得上口儿，说，真比德州的脱骨扒鸡还烂糊儿。这时，忽然停电了，一时又找不到蜡烛，贾老太说，真扫兴，这后半顿儿～吃呀！赶紧找府上的电工大牛、大黑子……

☺ 忙忙叨叨：máng·mang dāo dāo

形容非常忙碌。

如，电工马鞍山来了，抱怨说，今儿我忙了宁府忙荣府，忙得两脚朝天啦，还得招电工呀，不然，得给我长工钱；要不，这样一天到晚～，没时闲儿，我该挪窝儿啦！

☺ 茅坑儿：máo kēngr

指厕所(茅厕、茅房)里的大便坑儿。

如，贾老太喊鸳鸯，说，快，拿根儿蜡，我内急，得去蹲～。这野鸡炖得稀活泥儿烂，酒肉穿肠儿过喽……

☺ 麻利：má lì

1. 快，快点儿。

如，贾老太急得又叫鸳鸯：你倒是～点儿呀，你让我拉裤兜子里呀……鸳鸯说，您叫我时，我也正急着哪，这不刚收拾完，连手还没洗……

2. 指做事迅速快当的人。

如，鸳鸯是个干什么都很～的人，让她伺候贾老太是最合适不过的了。

☺ 末末了：mò · mo liǎo

最后。

如，贾府的丫鬟，哪个不是由府上拿事儿的摆弄，鸳鸯～竟给贾赦做小了……

☺ 没门儿：méi ménr

不行、没有商讨余地，不饶的意思。

如，他追尾撞坏我的保险杠，张口说没钱，多新鲜呐，～，姥姥儿！

☺ 没辙：méi zhé

面对某人某事没有办法。

如，没门儿？好车就怕遇上农用车、黑三轮之类，他是撞了你了，可是一则你没时间跟他穷耗；二则他没准儿真的穷得叮当儿响，遇上这主儿，丧气，～，说什么姥姥，说舅舅也～啊！

☺ 磨蹭：mó · ceng

1. 行路缓慢。

如，你快点儿骑呀，别老在后头～，回去还有活儿干呢！

2. 干活不着急，慢腾腾地磨洋工。

如，反正就这么多活儿，大家抓紧干，别～，早干完早休息。

☺ 闷儿着：mēnr · zhe

1. 默不作声儿。

如，老师提出鳏、寡、孤、独这四个词后，问谁能用孟子的原话解释，结果大伙都～，没一个举手的。

2. 不爱出门，总在家里憋着。

如，赵太爷被划为地主分子后，儿子赵一便背上成分高的包袱，放学回家后，总在家里～看闲书，他完全能按要求回答问题，可是他有顾虑……谁知老憋在屋里～的赵一，后来竟闷儿出一个名作家来！真是塞翁失马啊！

上述 2 也说“猫着”。

☺ 没治：méi zhì

1. 形容无可奈何，没辙。

如，她妹妹笑婕，经常来借钱，有时就是硬要，你说让我怎么办？我也～，有时我想还是穷点儿好，“穷居闹市无人问”么！

2. 极好，好得难以形容。

如，笑婕原与一个烟草专卖店的老板好得简直是～，就在婚前，一个宠物公司的老板娘插了进来，两个老板如漆似胶又好得～，把笑婕给气得净骂咧子：都是他妈遛洵遛的，狗男女！

3. 坏，形容坏到没了办法的地步。

如，后来，笑婕精神颓废……去了戒毒所，我看她这人也～了。

☺ 磨烦：mò · fan

翻来覆去地叨咕某事。

如，老妈，事儿过去已经半年多了，你还老～它有什么用？咱们抽空儿多去劳教所瞧瞧笑婕比什么都强。

☺ 面和：miàn · huo

1. 某些瓜果吃在嘴里沙而又软。

如，“你这香瓜儿吃在嘴里是～的，没滋没味儿。”“我这瓜是面猴儿瓜，除了香气袭人外，特点就是～，没牙的老人吃着合适……”

2. 比喻为人老实，好说话。

如，“驴善人骑，人善人欺。老徐他也太～了。”“比面猴瓜还～，可是你欺负这样的人又算什么本事呢！”

也说“面了吧唧”。如，像老徐那样面了吧唧的也忒肉了。

☺ 闷得慌：mèn · de huāng

寂寞无聊。

如，●《石头记》卷二二，“贾母说贾政，你在这里，他们都不敢谈笑，没的倒叫我闷得慌。”

你～只是一时，老皮呢，一个人整天价天马行空，独来独往的，他就从来没说过什么～，就是你事儿多，拿穷人解闷儿、开心惯了，老贵族！

☺ 面：miàn

多用来形容人的性情温弱。

如，老徐这人这样～，找个厉害的女人背拉着最合适了。

与“面和”有义近处。

☺ 没着没落：méi zháo méi lào

1. 形容心里空荡荡。

如，“这两天不知怎么了，心里～的，也特烦！”“下岗了，搁谁谁也烦。”

2. 又指嘴里感到“寂寞无聊”。

如，“我把烟也戒了。”“你行啊！”“就是嘴里感觉～的，所以没事儿就买点儿瓜子儿嗑……”“戒烟靠的是意志力，靠别的都是瞎掰！”

☺ 门脸儿：mén liǎnr

做生意开舖子的临街的门窗(一般称生意不大的)。

如，您这卖干货的～装修得不赖，花了多少啊？

也称“门面”。如，咳，一个小饭馆儿的门面还算凑合着看得过去吧！

骂大街：mà dà jiē

1. 在公开场合(如街上或阳台或房顶等处)指桑骂槐或公然叫骂。

如，今儿个上午"开业大吉"一完，六秃子媳妇就叉着腰站在饭馆前边～，说我的空调外机挨着她的门口儿，热气都跑她家串门去了……你说，这……门儿挨着门儿，不都是这样的吗？我隔壁的也紧挨着我门口儿啊，家家儿都～呀？

2. 认为事情不公，心里憋得慌，通过谩骂来发泄心中怒气。

如，●老舍《我这一辈子》，臭脚巡："事后，我听人家说，这次的兵变是有什么政治作用……什么政治作用？咱不懂！咱只想再骂街。可是，就凭咱这么个'臭脚巡'，骂街又有什么用呢！"

没正形儿：méi zhèng xíngr

形容人的言行多变，且不合情理、礼仪。

如，谁不知道她这个人～呀，您跟六秃子好言好语解释解释，甭和她一个～的人怄闲气……

眯瞪：mī · deng

1. 头脑昏沉(欲睡)。

如，"她说夜里没休息好，上午老犯～，忽然一时昏了过去，就赶紧送医院了……""早醒过来了，您甭着急！""怎么，没人陪床啊？"

此义也说"眯眯瞪瞪"。如，中午前后她一直老眯眯瞪瞪的，真让人着急。

2. 短时间的小睡。

如，大夫让我们回来的，说让她～会儿，下午再去看检查结果。

面子：miàn · zi

情面。

如，她属超速，我拦住她要驾驶证。他张口儿就骂，叫板说扣车都不怕……接着副队来电话了解情况……你说，不看僧面看佛面……这不给～行吗？

☺ 抹不开：mò · bu kāi

1. 推掉他人情面，不讲面子，心里过意不去。

如，本该把她带走，可是10分钟之内，就有三个电话过问、说情，还开来一辆林肯……这……实在～了，得，算我瞎眼、倒霉，放人，了事！

2. 顾虑他人脸上下不来，过意不去。

如，最后她的嘴虽说老实了，可我仍感到很窝火儿，想给她几句，但一想，刚才她那么冲，又怕她～，得，回家打自个儿嘴巴去算了……

☺ 满满当当：mǎn mǎn dāng dāng

很满的意思。

如，城里人这回可逮着便宜瓜了，把130卡车装得～，车一开，直往下滚，我直心疼，便说：你们倒是堆实了，别都碰坏了呀！

☺ 骂秧子：mà yāng · zi

因故不服气，口带脏字，特意骂咧子给对方听，进行挑衅。

如，你这地里不平，车一摇晃，它能不掉吗？真是不明理儿！她下车站在那儿叉着腰～，我一看，遇上夜叉母老虎了，得，算菜，咱吸取教训吧……

☺ 没话答拉话儿：méi hùa dá · la hùar

(因缺情、短理等)一时尴尬而上赶着跟人找话儿说。

如，当我把地上摔裂的瓜给她往车上捡时，她又～说什么这司机是二把刀，尽找不平的地儿走……

☺ 没边儿：méi biānr

1. 没有事实根据。

如，喂，老爸，我们刚下飞机，正在大巴上呢，什么被海啸……咳，哪儿跟哪儿呀，～的事儿，放心，一会儿就到家啦……

2. 形容水面的面积大，望不到边沿儿。

如，我们跑到半山腰，回头一看，嗷，发生海啸涌来的海水呀，一眼望去，像高原平川，～没沿儿的……

☺ 猫打拉儿：māo dǎ・lar

不屑一顾的。

如，在我看来，你一时激情看中的什么模，实际上是充当老板和白领人玩物的人，是有钱人招之即来，挥之即去的人。咱们不能去甘当人家的～，葭葭，咱不吃那青春饭，咱要自尊，要考大学，要出去留学，要当白领儿！你瞅人家氡氡背个相机，到处采访，就不错！

☺ 描着边儿：miáo・zhe biānr

对于要说的事儿，拐弯抹角，不照直说，即“打擦边球”。

如，那天我们去村里采访，一位村民说：“你说先进的事呀，这不，庄南盖起一些楼房，支书不开捷达改换高顶儿奔驰 600 了，黑玻璃，里边特宽敞，有的管它叫防弹车……”村民这么～一说，我们心里已经清楚了……

☺ 卖葱：mài // cōng

装傻充愣的意思。

如，小白听后，咬我耳朵说，这个村民真会～。我说，他装疯卖傻装得好，让我瞧，这是一种反映情况的艺术，因为他直说他并不了解事情的内幕啊，怎么能说他是～呢？

☺ 猫儿腻：māor nì

1. 比喻彼此之间不能公开的利益交易把戏。

如，村民只知道地是一块块儿被卖出去了，一片片楼房盖起来了，支书的车也鸟儿枪换炮了，但他和开发商的～有谁能知底儿呢？

2. 为自身利益所做的某种迷糊人的手脚。

如，一次他去星级酒店前还在前边车牌子上粘上“永结”两个字，故意跟交警玩儿～，不想还是让电子眼把后边的车号给录下来了……

☺ 芒芒：máng · mang

指脸色阴沉，不高兴。

如，你说洋洋他妈这人，真不怎么样。那天她跟我债借四百块钱，我说这月花亏空了，就一百多了，而且离月底还有一个礼拜呢。嘿，今儿个在胡同里碰上了，我主动跟人家说话，你猜怎么着，人家～着脸，带言不语的。你说，至于吗？怎么那么小性儿呢！

☺ 闷得儿秘：mēn dēr mì

将他人钱、物，秘而不宣，化为己有。

如，洋洋妈一上车，见座上有个手机，还是松下 MX6，就赶紧关机装进兜儿里。司机从后视镜瞧着她说，“大姐，您要是把它～，就给我带来麻烦了。”她反问道，“我把什么～啦？你别胡勒……”司机又说：“客人手里有票据，一会儿公司该给我打电话啦……”

☺ 毛拉呱唧：máo · la guā jī

做事粗心，忙忙乎乎，常出差错。

如，大标子，前儿个让你去买酱油，你给我买回一瓶醋来；今儿个叫你去给你姐送伞去，结果你坐过了站，你姐倒先回家了。你怎么干什么都～的，这以后娶了媳妇你也这样？那还不净是挨呲儿的货！

☺ **满嘴跑马：mǎn cuǐ pǎo mǎ**

比喻说话随意，不负责任。

如，"妈说你是为你好，马大炮从小没人调理他，十几岁就～，弄的一点人缘儿都没有，四十来岁的人了，还打光棍儿呢！你想，他那样儿的有了媳妇，净～，媳妇都摸不着他的准儿，谁愿意跟他怄气呢？""谁愿意？嫁鸡随鸡，嫁狗随狗，嫁个扁担还要抱着走呢！""行了，你别瞎勒了，没有的话！"

☺ **没有的话：méi yǒu · de huà**

没有的事儿。指所说无根据。

如，●《石头记》卷七七，"王夫人因找不到上等人参而焦躁地埋怨彩云，彩云道，想是没了，就只有这个，上次那边的太太来寻了去了。王夫人道，没有的话，你再细找找。"

☺ **磨磨叨叨：mò · mo dāo dāo**

不停地自言自语或不觉厌烦地与人唠叨。

如，花朵儿的儿子被人拐卖了，花朵儿成天念念不忘，～说非找到儿子不可；要不就说：儿子去找他姥姥去啦，解脱啦，可享福啦……整天～的傻乐，简直就成了当今的祥林嫂……

☺ **没跑儿：méi pǎor**

没问题，没错儿，表示肯定。

如，这辆车是大巴子的，～，我们俩住对门儿我还不知道？嘁，你甭不信，我敢打赌，绝对～！

☺ **没起色：méi qǐ · se**

特指没出息。

如，大巴子活了多半辈子就没干过正事儿，这人忒～，兔子还不吃窝边草呢，你远远地去偷呀。眼下，又十了五儿的偷起车来了……哎，整个一个鸡鸣狗盗之徒！

也常在“没”后嵌入“一点”、“什么”之类。如，他，提不起来，没一点起色！

☺ 满打满算：mǎn dǎ mǎn suàn

充其量，都算上，总计。

如，他偷鸡摸狗，一个月下来，～也就刚能维系他的生活，他是派出所的常客，常挨罚……他哪儿有时迁的本事呢？

☺ 明着大卖：míng·zhe dà mài

公然，不避他人耳目。

如，如今有的小青年，不管什么地儿，大庭广众之下，就～抱着狂吃猛啃……嗨，就是在你眼前，当着你的面儿，也跟没事人儿似的，我一见就说：动物哦！

☺ 没事人儿：méi shì rénr

形容并未感觉到什么，满不在乎。

如，●《石头记》四，“这薛公子原早择下日子，要上京去的，既打了冯公子，夺了丫头，他便如没事人一般，只管带了家眷，走他的路，并非为此而逃。”

☺ 闷：mēn

1. 比喻好的心情猛然受挫。

如，正当西瓜快要熟的裉节儿上，一场冰雹，把瓜农赚钱的心气儿一下子就给～回去了。

2. 不出门儿，总憋在家里。

如，把老七给气的，那几天就不出门儿，总～儿在家里，心里掂量人定胜天是疯话，我干脆还是出去打工吧！

☺ 明灯蜡烛：míng dēng là zhú

指夜晚屋内或院子里灯火通明。

如，●《石头记》七一，"尤氏道，你说说，这早晚园门还大开着，明灯蜡烛，出入的人又杂……"

☺ 满脸花：mǎn liǎn huā

满脸开花，形容打个正着。

如，老鲁一拳给镇关西一个～，打得那叫作实！镇关西直点儿龇牙咧嘴……

☺ 没气没囊：méi qì méi náng

比喻不顾个人尊严的行为表现。

1. 该生气的不生气。

如，随后，老镇脸上贴几贴创可贴，跟没事人儿似的，依旧在街面上晃来晃去，整个一个～的窝囊废！

2. 该恼怒的却无意记仇记恨。

如，后来见了老鲁，反而抱拳说道：鲁哥，那天叫你生气了，今儿我在渭水饭庄请你。他媳妇立时憋不住了，不带好气儿地呲对他说：呸！～的东西，好了伤疤就忘了疼！

☺ 没家没业：méi jiā méi yè

没有家室，没有产业。

如，老鲁对那媳妇说：弟妹，你也原谅我吧，我是个～的云游和尚，见的多了，像老镇这样的兄弟，不多，说真的，我很想交交这哥们儿……

☺ 满世界：mǎn · shi jiè

到处。

如，有的工人跟爱红飞眼儿，跟她逗咳嗽，她大不唧的，不理那茬儿，后来他们就喊她“红蚂螂”，老爱跟她泡。随后经理数落她：你怎么～贱招哇，你手里老攥着一卷儿报纸干什么，连民工也跟你穷逗？你是大学生，也太不自尊自爱了……爱红皱着眉头反问：我说你怎么什么都管呢？除了报纸，我还～去借闲书看，这叫学习，连这个你都不懂啊？

☺ 抹搭：mā · da

1. 上眼皮下垂貌(思考问题的情态)。

如，爱红当即顶撞道：“谁贱招哇？你才是真正贱招呢！还说人呢你？”此后她一直～着眼皮儿，不吭气儿，也不把经理放在眼里……

2. 上眼皮下垂，显现出不愉快怠慢的神态。

如，经理说：问题不能总这样儿，你也别净箍着嘴儿，你表表态。爱红似乎是自言自语地嘟囔道：那元曲选里郑德辉《倩女离魂》二，“休想我半星儿意差，一分儿～。”她显出无所谓，很冷漠的样子……

☺ 妹妹儿的：mèi meir · de

骂人的话。京骂之一。

如，当经理说炒她鱿鱼时，爱红忽地站起，一摔袖子就往出走，同时扔出一句：“臭～，摔死几个工人又跟我有什么关系，我又没让他去死！”

“妹妹儿的”前边还常加“老”或“小”字。如，老妹妹儿的，你怕承担责任，愣往我身上扣，流氓！

☺ 眯盹：mī dǔn

形容困倦欲睡或短时的轻睡。

如，爱红坐上出租车，叫司机拉着她先围着三环转。到马甸儿了吧？方才犯～，要睡着了，不管是哪儿，我下车……哇，好大风啊，不下去啦，司机师傅，干脆把我送到人大学生公寓吧！

☺ 眯：mī

1. 短时的蒙胧小睡。

如，小姐，不是要睡着了，而是你已经～了一小觉儿，你～了一会儿我跑了二十多公里……咦，小姐，刚才还好好的，你怎么又哭了呢？

2. 尘埃物类进入眼中。

如，不是哭，方才一开车门儿，让沙子～眼了，我，真是喝口凉水都塞牙……

☺ 满街筒子：mǎn jiē tǒng · zi

即满街道的意思。

如，呦，这儿怎么～的人啊，密密麻麻的出什么事了吧？像这样慢慢悠悠往前尬悠得磨蹭到什么时候哇？真让人起急……

☺ 茅厕：máo · ce

茅房，厕所。

如，●《石头记》卷四一，"板儿没了他姥姥，急得哭了。众人都笑道，别是掉在茅厕里了，快叫人去瞧瞧。"

"哎，我说师傅，前边有个～，我去净净手；你放心，我把手机搁车上……""小姐，看来，上哪儿你心里还没谱儿。""是，我刚被丫的给开了，你方才没听我哼哼《拉兹之歌》？"

☺ 门子：mén zi

1. 可以依赖的人或门径。

如，●《茶馆》第二幕，刘麻子："二位爷，别那么说呀！我不是也快挨饿了吗？您看，以前我走八旗老爷们、宫里太监们的门子，这么一革命啊，可苦了我啦！"

2. 家，家子。

如，●《石头记》卷四二，"探春笑道，都是刘姥姥一句话。黛玉忙笑接道，可是呢，都是他一句话。她是哪一门子的姥姥？"

☺ 妈妈论：mā · ma lùn

自古传下来的说法。

如，"我说他就是贪玩儿，有那么严重吗？""不严重？少壮不努力，老大徒伤悲，这是自古以来的～，贪玩儿能有出息？"

☺ 门道：mén dào

办法，路子。

如，"你是北京人，你有～没有哇？""我呀，秃子头上的虱子——明摆着哪，还用我说吗？我要有～能开出租车吗？""你家里人呢？""父母没地位，我年幼不懂事不争气，他们不愿烧香拜佛——他们当时其实也真想不到公务员会这么吃香！哎……"

☺ 铆劲儿：mǎo // jìnr

1. 使足力气。

如，开出租怎么啦？能挣钱就得了呗！哥们儿，你趁年轻～干，将来把广场租过来，到那时你不发大发了才算怪呢！

2. 合伙用力。

如，"嚯，没看出来，你真心比天高！甭说是我，就是你们一个班的同学捆在一起～干，那也是一枕黄粱罢了！""师傅，其实呀，我想钱是次要的，最难办的是你得养一个团的私人大兵，保证不能让人在广场上闹事儿。所以我想倒不如联合一些大腕儿～租下神农架，开辟一个供人们穿戴枝叶儿、过野人生活的返祖原始区呢！那要不把钱挣老鼻子才怪呢！”

苗头儿：miáo tóur

显现出的端倪。

如，“租广场、神农架？我想，除了小姐之外，恐怕没人这样想过！你的话也露出个～：那就是一旦你有了条件，你是敢做惊天动地大事的人！”

明儿：míngr

1. 明天。

如，“师傅，其实呀，人在走投无路时是什么都敢想的……哇，前边是师大科技楼吧？我下车，～见师傅！”“～还坐我的车呀，那记着我的电话。”

2. 改天，日后。

如，●《石头记》卷四三，“凤姐说尤氏，我看你利害，明儿有了事，我也丁是丁卯是卯的，你也别报怨。”

忙活：máng · huo

1. 干营生儿。

如，蒸包子、熬小豆粥、熬豆汁儿、炸油鬼……杜太白从四点一直～到六点。

2. 忙碌。

如，到了六点钟，他一个人～不过来，还得搭上他媳妇青莲给他打下手。

☺ 摸门儿：mō // ménr

了解（情况），会，能（干）。

如，太白初来北京时，俩眼儿黑的忽儿，干什么都不～，后来在绒线胡同干，又挪到白纸坊一家早点铺子落下脚儿当伙计，因为老成好学，时间一长，一通百通，干什么都能～了。青莲虽是乡下人，但很明快，给他当个助手绰绰有余。

☺ 摸黑儿：mō // hēir

1. 在黑夜里行走赶路。

如，有时白天来不及，太白就～去赶早市买菜什么的。

2. 在黑下进行劳作。

如，他们的早点铺起初在城中村，黑下常停电，两口儿半夜起来就～干，现在好了，把铺子开到广内大街上了，用不着～干活了。

☺ 蒙松雨：méng sōng yǔ

细雨，毛毛雨。

如，他们一出门儿，老天下起～，一会儿，～越下越大……

☺ 满满登登：mǎn mǎn dēng dēng

形容很多很满的样子。

如，七点开场，太白、青莲六点半一进场，嚯，里边的人已经～的了……

☺ 毛：máo

1. 因害怕而有所惊慌。

如，七点来钟，左边太平门那儿一时大乱，人们都～了，以为发现炸弹了呢！

2. 幼小的，不成熟的。

如，一打听，原来是保安抓住两个～贼儿，是十来岁的～孩儿偷手机的……

毛丫头：máo yā · tou

多指尚未出嫁的女孩儿。含小看、轻视的意思。

如，●《石头记》卷十九，“李嬷嬷说袭人，我偏吃了，看他怎么。你们看袭人，不知怎样，那是我手里调理出来的毛丫头，什么好物儿！”

门儿里出身：ménr lǐ chū shēn

出身于某种行业家庭或某种专业门类。

如，晚上闲聊，太白说，小莲说书、唱落（lào）子，那是～，没说的，今儿个吃完早点她又送给咱们两张票，以后怎么答谢她呢……

没说的：méi shuō · de

1. 没有可挑剔的。

如，听老人儿说，她说书，比当年的黑妞、白妞、柳敬亭还要棒得多，真是～，绝了！

2. 不会构成问题。

如，我问她，你常赠票给我，这会影响你们的收入啊，她说这～，小小不言的事罢了……

3. 没有二话可说，没商讨余地。

如，那天你不收她早点钱，她说：那贵贱不行，我吃你早点，是你的早点品味儿高，有人气儿；如果我不给你钱，等于我在向你强行卖票，增加个人收入，是人品问题；我给早点钱，这～，否则，我只能换早点铺了，可我又实在不愿意换啊……

☺ 妈的：mā · de

1. 骂语。无目标地谩骂。

如，今儿开门儿仨钟头了，还没卖出一件儿，来的几个主儿～穷试一通，一试都说～不好看……

2. 骂语。有目标地骂。

如，有个小子说话还气人呢，试着试着说："妈的不好看。"仨钟头没开张，我正烦着呢，就说："～你骂谁呢？你开口～长～的短，什么素质！"

☺ 卖不动：mài · bu dòng

指所卖的东西卖不出去。

如，真逗，杨玉环干不了这一行，一时不开张～就骂骂咧咧，沉不住气……

☺ 骂骂咧咧：mà · ma liē liē

1. 无目标地骂人行为。

如，别瞅是个女的，她可够冲的，那天一个外地女的试着衣裳，瞧她～的，真有点儿怵她，不买怕她骂到头上来，很不情愿地买了一件……

2. 有针对性地谩骂，让对方听。

如，俗话说，常赶集，哪儿有碰不到亲家的。前儿有个天津口音的二半彪子试穿一件红色唐装时，看她～不是善茬儿的，就叫阵说："哎，我说姐们儿，敢情这外地人比北京人还野，张口儿就带脏字儿～的，我骂人就不吐核儿，你再～的我叫你好瞧……"

☺ 骂咧子：mà liē · zi

与"骂骂咧例"义近。一般指骂闲话给人听。

如，玉环儿一听，也叫板道："哎，哥们儿，要买就买，不买走人，别在这儿～撒野，姑娘我好歹也是在天桥儿长大的，要想练练，门儿外头等着，一会儿就有人来给哥们儿治治皮痒信不？”

☺ 没时闲儿：méi shí xiánr

没有闲空儿，形容特忙。

如，二半彪子接茬儿回敬说：“大姐，干吗呀这是？在你们北京地面儿打群架，欺负我们外地人是怎么着，那算嘛儿本事？今儿个爷们儿的狗不理忙得～啊，这工夫我是刚送我的小蜜去北京站，抽空儿来结识大姐的。这么着，白天都～，晚上我来会会大姐，怎么样？”“滚你的蛋，你再胡吣嚼毛，姑奶奶我把你这野小子废了！”说着，玉环就去拨电话，是真有点儿急了……“急嘛儿嘛姐们儿，跟你说过白日～，晚上见嘛，先告辞了姐们儿……”

☺ 没理会儿：méi lǐ huìr

1. 没留意。

如，二半彪子走了，玉环问：“这小子的狗不理在哪儿呢？”“他刚才说是在西单北大街。”“嗨，我常从那儿过，怎么～那儿有个狗不理呢？”

2. 没往心里去，没把事放在心上。

如，玉环当晚也～这事儿，第二天早上一到店铺，熬夜儿的说都十一点多了，来两个小子敲门，说找什么妞儿掌柜……我说别逗了，看，街上老有警车转悠，找什么事呀兄弟……玉环说：当时说说罢了，我还真～，看来还真得提防点儿那王八蛋冒坏……

☺ 冒坏：mào // huài

指出坏招儿用坏招儿。

如，过了两天，玉环早晨一到店铺，见门口儿两边贴着：“本店小妞儿专卖唐红宋绿，买不买请您进来试试野鸡。”她马上氽儿了：打手机马上报警，说：就是天津卫那小子～干的，提供线索，要求传讯那个

～的又损又缺德的臭流氓，扬言非让那～的小子从生意和精神方面进行赔偿不可……

☺ 牤实：māng · shi

1. 形容植物类的种子发芽后芽儿长得很粗壮。

如，如今，一些人为了钱，心都黑了。市场上卖的豆芽儿，看起来又白又粗，挺～挺爱人儿的，其实那是因为用了激素、增白剂……

2. 用来形容幼儿身体长得胖实。

如，瞧，卖豆芽儿的抱着的那个小孩儿长得多～，小胳膊小腿儿跟她卖的豆芽儿一样～吸人眼球儿……

3. 也用来形容某些幼小的牲畜、动物长得壮实。

如，你瞅给送豆芽儿的毛驴车旁边那头小驴儿，毛烘烘的，多～，多好玩儿，什么动物都是小时惹人爱……

☺ 抹不丢：mǒ bù diū

内心自愧，对不住，不好意思。

如，那赶毛驴儿车的叫二蔫子，他每天都能挣一百二三。一天晚上回来，因为没挣够那个数儿，道儿上拉个老太太，虽说挣人五块钱，但心里老觉得～不是滋味儿……

☺ 迷迷瞪瞪：mí mí dēng dēng

常指因睡眠不足而心里犯迷惑。

如，他媳妇在家里泡豆芽儿，日子虽说还凑合，可她每天起早儿贪黑，下午经常～的，日子长了怎能不落下病呢？怨不得佛说人来到世上就是受苦受累来了……

☺ 磨：mó

特指幼儿因病等原因而老纠缠、腻烦人的表现。

如，月末，媳妇跟二蔫子告白：前些天小宝儿感冒总～我，两天没干活儿，加上花钱买药，所以这月没挣够总数儿……

☺ 忙个颠儿：máng gè diānr

形容人很忙。

如，二蔫子说：没挣够就没挣够，你整天～的，也够你受的了，下月我铆足了劲儿干，争取把这月的亏空捞回来……

☺ 面儿：miànr

1. 脸儿。

如，毕业后，我和蓝天就从没照过～，30 年了啊，要不是这次聚会，就是走到对～撞个满怀，没准儿还要吵起来呢！

2. 情面。义同“面子”。

如，你当上了纪委书记，就不能顾～，不然啥事都干不成。

☺ 摩挲：mā · sa

1. 用手一下一下抚摸，或将物类上的东西抹净，胡噜掉。

如，●《汉书》卷七二下《蓟子训传》，“后人复于长安东霸城见之，与一老人共摩挲铜人。”

2. 比喻会谄媚奉承上司。

如，“她刚来两年就当上部门经理了，也没看出有什么本事呀！”“嗨，这你就不懂了吧，人长得漂亮，又会～上司，这就是本事！”

☺ 摸头儿：mō tóur

（对事物情况）了解，熟悉。

如，一天快下班儿时，他提个精美的纸盒子，过来说：有些情况还不～，还请您多批评指点……我说：你客气，我也不太～，互相学习……

☺ 门儿清：ménr qīng

1. 比喻对某种专业知识很精通。

如，"听说马连道的茶叶便宜多了，那儿三四十的花茶在大茶叶店要卖一百多，那儿一般的碧螺春才六七十，而大茶叶店要卖二百来块，那儿的福建铁观音……""我瞧你对茶叶倒挺～挺内行。""哎哟，哪儿算得上～啊，茶文化是门儿大学问，要～也不容易……"

2. 比喻对某些事情的内情十分清楚。

如，"你应该多钻研跟你工作有关系的知识，对工作做到～。""您说得对，但现如今对各种关系也得～，如一个科员为孩子上学去找科长，科长托处长，处长估量怕不是对手，干脆去找区长、书记……上边制定政策时常用'原则上'一词，这一'原则上'不要紧，下边执行时就可以相差十万八千里！所以什么就近上学呀、不能乱收费呀……为什么总解决不好？这里边门道多了去了。""我说你对社会问题可真够～的，佩服……"

☺ 眯拉马糊：mī · la—mǎ · hū

1. 不较真儿。

如，我说你还得跟你那老同学贴实点，您想啊，到时候他掖着个税务检查证儿，开着车，到你饭店一转，是较真儿呢，还是～呢，那可差远了去了……

2. 看不太真切。

如，哎，十几年了一直没来往，他现在的为人我还有点～，弄不好适得其反，看看再说吧。

☺ 马后课：mǎ hòu · kè

事前没有想到，事后才有所醒悟，并着意亡羊补牢。

如，你呀，尽干～的事，真没辙……

☺ 满载儿：mǎn zàir

1. 形容厅堂馆舍等场所挤满了人。

如，我往那饭店里一看，嚯，里边～，还有一些人站着等座儿。得了呗，先饿饿老肚，且在路边椅子上消停会儿再说吧！

2. 形容车船里边塞满了东西。

如，你说这年头儿人们怎么有那么多东西可寄的呢？我瞧那邮车里装得～，净是大包儿小箱子的，有的包裹腌不臜，这要没有物流行业，可怎么办呢……

☺ 没骨头：méi gú · tou

1. 没骨气，没志气。

如，我那小子忒～。单位推荐她媳妇水莲去美国学习深造，结果人家去了跟了老外。大伙儿都说：你媳妇开洋荤了，老于，另想辙吧，别活受罪啦！急了我也损他：她是二手货啦，你～，非傻等她啊！

2. 软腰子，自轻自贱。

如，他说：哎哟我的妈，您还想找个一手的呀？您打着灯笼去踅摸去吧，得累死您！再说，我人品不好有了名，不是我说句～的话，洋人把她咂摸透了，也就该把她蹬了。她也就该回头是岸了，就等漏儿吧咱们！

N

年过货：nián guò · huo

指过年时吃用的东西。

如，“还有三天就过年了，一点儿～还没买呢。”“买什么呢？年下三十午饭全家去全聚德，多新潮哇！”“得了您，咱又不是大款，一套烤鸭就二三百，够我买～的了！”“咳，这不是过年嘛！”

年下：nián · xia

过年的时候。

如，●《石头记》卷七，“凤姐回说今儿甄家送来的东西，我已收了。咱们送他的，趁着他家有年下送鲜的船，交给他带了去了。”

瞧，大～的，都忙，也不一定人到礼到，人不到礼到也可以嘛！

蔫乎乎：niān hū · hu

形容人慢性子，干什么都不着急。

如，连女士，今后这么着：遇到闹天儿时，您来个电话，我免费让伙计给您送到家，还要保证让您吃得热乎。您也知道，我这伙计人品没说的，就是～的性子，不然，叫青莲亲自给您送上门儿？

蹍：niǎn

踩。

如，我这伙计，就是马路上有个虫子他都怕给～死，拿大顶时，手都怕摁着蚂蚁，您说他心善不心善？

☺ 拿大顶：ná dà dǐng

身体倒立，多为贴墙而立。

如，他～时，先要踅摸眼前有没有活物。

☺ 齉：nàng

1. 鼻内堵塞，发音粗重。

如，叶儿眉感冒了吧？鼻子发～了。

2. 鼻音重给人的感觉。

如，不是，她是绥德人，鼻音发～，声音就那样，这可不是感冒引起的。

☺ 能为：nóng wéi

1. 办法，招儿。

如，●《石头记》卷六五，"三姐直将二人禁住。弟兄两个竟全然无一点儿能为，别说调情斗口，竟连一音响亮话都没了。"

2. 本领，能耐。

如，她是绥德高中毕业，没什么～，来北京找我给介绍个营生儿干……咳，美女嘛，好找营生儿！

☺ 您：nín

京味儿色彩极浓的礼貌用语，以下几种情形需要使用它。

1. 小辈儿跟长辈说话时必使用。

如，苗妙对三叔说：我爸叫～抽空去我们家里一趟，有事跟～商量。

2. 职员跟上司说话时要使用。

如，苗妙问：老板，～和孙局去首尔的机票订哪一天的呢？

3. 彼此年龄相仿，平素也不曾往来，但基于某种因素需要尊重对方时，这种情况也应使用。

如，哦，孙局，～也是师大96届的呀，咱们是同届的，那，我那鸡场的事就请～多关照吧，大恩我必谢，谢者日方长……

4. 当有求于对方时，即使对方比自己年纪小，也以使用为宜。

如，苗妙把电话打到文采编辑部，问：钱倩女士，～是说我的议论笔墨色调过于鲜亮、秦腔化了？还有，请～把王副总编的电话告知我，好吗？

5. 当双方为了权利等大的利害而内心互不服气，在斗智斗勇时，不管男女长幼，彼此之间都往往使用。

如，苗小姐～过谦了。我老八的权势虽说远不如～，但我老八有个优点，那就是牢记并奉行慈禧奶奶说的一句：谁叫我一时不舒服，我就叫他一辈子不痛快！其实，不用说白了，～已经懂了，也就是说本人我爱记死仇儿，并绝对心狠……

6. 在北京人当中，出于个人修养，长对幼也有用“您”的。

如，大爷，万柳河离这儿还有多远？咳，～脚底下就是万柳河，～具体找什么地方吧？

例外的是，上级对下级、上司对下属，不用“您”而用“你”；拥有金钱财富而自恃无恐的人，除面对其需要敬畏的政要外，一概用“你”不用“您”。

尚需连带说明的一点是：这个人称代词没有复数，不说“您们”，生活中确也没有用“您们”的。当非用复数不可而说话人又感到说“你们”不礼貌时，便被“挤兑”出一个界于“你”、“您”两者之间的第三音来，这便是“拧(nǐng)们”一词。

☺ 拧们：nǐng men

1. 表复数。称谓长辈或应该尊重的人。

如，爸、妈，～甭去了，挺累的，在家歇着吧，我回头跟他们解释一下。

2. 表单数。用于长辈或应该尊敬的人。

如，大爷，～甭管了，有我呐。

3. 有时省略“们”，但同样表复数或单数。

如，爸、三叔，白酒、饮料都是现成的，～在家先喝着，我一会儿就回来。

又如，妈，～着什么急呀？不让我婶儿知道不就得了吗！

☺ 苶：nié

1. 显得困乏，没精神。常指幼儿某种病兆或病中情状。

如，小哈儿不爱玩儿，发～，哪儿不合适了呀？

2. 有时指孩子挨打后或某种愿望得不到满足时没神儿的情态。

如，他老腻隈我，让我给了两巴掌，刚号丧完一会儿，他～就～，没事儿，甭管他……

☺ 腻隈：nì · wei

1. 多指幼儿用言行纠缠长辈。

如，钱钱，别老～奶奶了，一会儿爷爷回来，让他带你去吃麦当劳。

2. 异性成年人之间的示爱行为。

如，“影视剧里一些激情戏，有的演员还真借机猛～！”“有的还真～到一块儿了，钱钱的爹妈不就是个例子？”“哏，有的日后不定又～上谁呢，他们有的也忒花哨了……”

☺ 你大爷：nǐ dà · ye

不带脏字的骂语（骂人的省略语）。常用来表示气愤与不服。

如，“懂什么，～的？那是导演给规定的动作，你没看我腻隈完，我接连啐了两口唾沫？”“骂谁呢～的！睁着眼睛瞎胡勒什么，你还是演员呐？～的，你小子找揍呢是不是？”

☺ 娘儿们：niár · men

1. 晚辈妇女和长辈妇女间的合称。

如，●《石头记》卷十一，秦氏又道：婶子，恕我不能跟过去了，闲了的时候，还求过来瞧瞧我呢。咱们娘儿们坐坐，多说几句闲话儿。

2. 长辈妇女间的合称。

如，“今儿个天气好，咱～去天安门广场遛遛弯儿。”“哎呀，从天安门又溜达回隆福寺，今儿可把咱～给累坏了，还不如去地坛看秧歌大赛了呢。”

3. 称谓年纪较大的妇女。非礼貌用语。

如，扭秧歌的都是些花红柳绿的老～，练身子骨呢，还都练得挺硬朗！

4. 男人小视妻子的鄙薄称谓。

如，你不说话，没人把你当哑巴卖了，一个臭～家懂个屁！

5. 骂语。

如，里金花她爷们儿说她时，一口一个臭～，因为她老嚷嚷他在外边靠行医玩儿弄女性，一次她竟揪住她爷们儿的老二拿剪子要给他剪掉，说省得让它在外边惹事儿！她爷们儿当时还真不敢骂～了，嬉皮笑脸地求饶说，那是人类的命根儿……

☺ 蔫坏：niān huài

指明着很好，暗地里冒坏。

如，也甭说，当地农民都说，那姓姚的小子～，借给开假条儿和返城的借口，可没少糟蹋女知青，有几个都怀了他的种儿，他听说有的女知青要找他算账，就赶紧调到钢厂去了……

☺ 啮眼儿：niè yǎnr

表示心里挺对劲儿，合得来。总用于否定式。

如，你指的是那个只会溜须拍马、不屑一提的无能之徒吧，嗨，我跟那玩意儿从来不～，谁尿他呀！他有真正的学历吗？

☺ 拧筋：nìng // jīn

性情执拗，倔强。

如，不给能行吗？你真是个～，犯起拧来，一辆大奔也拽不动你！他跟你拿搪不就是想敲你点儿吗？为你孙女你能犯～么？让我说，先烧香，烧完香，咱的目的达到了，再往外吹风儿抖落他，这也是帮政府反贪的好办法。

与“拿糖”同。

☺ 拿搪 ná // táng

因故不直说，而作为难之状，以迫使对方考虑说出使自己满意的。

如，他还甭装孙子，甭～，事儿不办了，我也不会去求他这孙子货！

☺ 努：nǔ

1. 说。

如，去你的，猪嘴里长不出象牙，你就～不出人话来！

2. 用力过猛，致使体内受伤。

如，二猛，说真的，你扛不动就别硬扛了，回头把身子～着，那可是一辈子的事儿！

☺ 挪窝儿：nuó // wōr

离开原地。

如，“他虽然是个小小的掮客，但也是个官儿，他自然不会～，然而我不能不～，此地刁难爷，爷自有去处。”“想去哪儿？”“东征渤海湾！”

☺ 蔫不唧儿：niān · bu jīr

悄悄，偷着。

如，“最近怎么没见元元呢？”“人家到渤海公司上班去啦。”“我说呢,他怎么～就溜啦？咱们应该跟他好好碰碰杯话话别呀……"

☺ 捏咕:niē·gu

背后议论人。含贬义。

如,有的人老在背后～元元,有话干吗不直说呢,净是小人,专会使眼色、努嘴儿!

与"唧咕"义近。

☺ 努嘴儿:nǔ // zuǐr

双唇向前耸动,伴之以眼神,用于向人示意。

如,●《石头记》卷三六,"宝钗道,啊呀,好鲜亮活计,这是谁的,也值得费这么大工夫。袭人向床上努嘴儿。"

☺ 能耐:néng·nai

指一个人的本领或专长。

如,"这年头儿,真有～的人,年薪三四百万已不稀奇。""你的～就不小呀!""我有什么～呀?这不还为儿子婚房犯愁吗。"

☺ 拿下:ná·xià

将人擒捉,逮捕。

如,●《三国演义》六六,操连夜点起甲兵三千,围住伏完私宅,老幼并皆拿下。

凤姐一气之下,说:咱也学学老曹,把那种可憎的势利小人～!先绑起来关几天再说!

☺ 拿人:ná // rén

抓人,逮人。

如,●老舍《茶馆》,宋恩子:"都叫你咂摸透了,你想的对!现在,连我们也欠饷啊!"吴祥子:"是呀,所以非天天拿人不可,好得点津贴!”

☺ 哪门子：nǎ mén · zi

什么。常用来表示反问。

如,“山里红愿意跟我结婚,你生～气呢你？这也不是什么眼儿热就可以解决的事,真新鲜!”“我生～气？苟谷,你不真了解她,她都换了两个主儿啦,不久她就会再跟你拜拜的……”

☺ 拿捏：ná · nie

1. 故意别扭、为难人,以使自己下怀得到满足。

如,我说的怎样？你和她刚结婚几天儿？她知你不愿意离,现在是故意～你。不能受她～了,别再犯傻了,小心届时人财两空!

此义与“拿糖”义近。

2. 矜持。故意做出稳重的样子。

如,●《石头记》卷八四,“贾政道,既如此,你还到老太太处去罢。宝玉答应个是,只得拿捏着,慢慢地退出,刚过穿廊月洞门的影屏,便一溜烟跑到老太太门口。”

☺ 蔫：niān

1. 植物因病或干旱而花叶开始枯萎下垂貌。

如,山里红老不回家,苟谷东跑西颠地去找,家里这盆儿水仙倒霉了,花儿都～朵了,没人浇水啦……

2. 也常用来比喻人精神萎靡不振。

如,苟谷找遍了承德,也不知山里红隐匿在何处,他最近真的打～了,咱们得开导开导他,不然他真敢殉情,值吗？

☺ 蔫不唧：niān · bu jī

1. 精神不振作。

如,喂,童心,梆子这人～的,怎么啦？

2. 性格内向，慢性子。

如，不怎么啦，房子着火，梆子也不待着急的，人家生来就是那种～的性子！

☺ 蔫得儿匪：niān · der fěi

指性情内向、言行隐秘的人。含一定的贬义色彩。

如，“楚熊，你这个～，你去天津倒是跟家里说一声呀，特别是手机怎么也关了呢？可把我们给急死啦！”“谁是～呀？没电了有什么办法……”

☺ 蔫丸子：niān wán · zi

比喻为人慢性子，做事不爱声张的人。如同炸丸子时丸子下锅时一样“蔫出溜儿”。

如，你说熊熊呀，他～一个，媳妇跟别人跑了，他也不会火冒三尺……

也说“蔫拉吧唧”。如，因他蔫拉吧唧，有人常拿他逗闷子玩儿，他也不理会儿。

☺ 蔫出溜：niān chū liu

1. 常指不声不响的动作。

如，在化学课堂上，我的同桌沙牛突然举起手。老师用手一指他，他说：我要下气。一些同学“哄”地笑了。老师把脸一耷拉，没理他。他就开门儿出去了，随后又进来了。我小声儿跟他说：出什么洋相啊，你把它在裤兜子里～了不就得了吗？他说；我估计是响屁，再说，你不怕臭哇。我说，你出了门就回来了，还不是把臭味儿又带回来啦，你闻闻，恶臭恶臭的……

2. 不吭不声、悄悄地离开(某种场合)。

如，在礼堂听政治辅导报告时，你怎么坐一会儿又～了呢？当时我以为你又去下气呢……有事你也该跟我说一声儿呀？别老溜号了！

上述2亦即“蔫溜儿”之意。

☺ 念秧子 niàn // yāng · zi

1. 特意当面儿念叨(某事)。

如,今儿乌容当着我的面儿~,故意让我听,越是这样我越要跟她较较真儿,看看咱们倒是谁该谁的?

2. 向人念叨,以便让人把话传过去,以达到自己目的。

如,“小乌,我就纳闷儿。你说李路是真没钱还是假没钱?借我三十块,仨月过去了,黑不提白不提,还(hái)不还,我炸油饼赚俩钱儿容易吗?”“树田,你甭跟我~,直接跟他要哇!”

☺ 纳闷儿:nà // mènr

心里疑惑而一时又不能判定情况。

如,●《石头记》卷二六,“只见那边山坡上,两只小鹿,箭也似地跑来。宝玉不解何意,正自纳闷,只见贾兰在后面,拿着一张小弓追了下来。”

☺ 那嘛:nā · ma

1. 用心想,很好地思索。

如,“这东西是谁留下的呢?晚上来的那个矿长秘书?走时没见她靠近藏珍阁呀?要不就是那个区长助理?他一进门儿,说两句就走了呀?真叫人~不透哇……要不就是前头来的那个办公室主任……卓亚,家里的事儿可不能在外边胡说八道,跟你姨儿也不能提……”“知道。~什么呀,你们累不累呀?”“我得好好~~,要是那个矿长秘书得跟你爸提一下,那种人嘴上没把门儿的……”

2. 品评味道,想想后味儿。

如,哦……我这回~出来了,他说的不是车匪路霸,是说让你哥明天去接一辆路霸,不然去4S店干什么呢?

常重叠使用。

☺ 茶不子：nié bu · zi

特指食物变质有了异味儿。尤其是油质食物。

如，“哎呀，老妈，这盒儿宫廷小窝头儿不能吃了，都拉黏弦了，~啦！是谁送的呀，缺德，想药死人是怎么着？以后送这类的您可要坚决拒之门外！”“傻卓亚，那种东西是形式……不能往外说……”

口语里“茶”读一声。

☺ 腻：nì

1. 烦，烦人。

如，●《石头记》卷十九，“黛玉叫宝玉别处去闹会子再来。宝玉推她道，我往哪里去？见了别人就怪腻的。黛玉听了嗤的一声笑了。”

2. 腻磨，使……不愉快。

如，说着，女人“啪”地给腿边儿的闺女一巴掌，并十分暴躁地说：“你别老~我好不好？去~那小白脸儿去吧！”“我说这是你当妈应该说的吗？冲你这种人性，谁也跟你长不了！”

☺ 拧：níng

用大拇指等三个指头用力捏住肉厚的地方拧(nǐng)的动作。

如，●《石头记》卷四二，“宝钗一面说一面走上来，把黛玉按在炕上，便要拧她的脸。”

☺ 囊实：nāng · shi

1. 形容动物身上的毛厚实。

如，冬天，天越冷，禽畜身上的绒毛越~，适者生存嘛！

2. 形容地里细软的野草之类长得很旺盛、很密实。

如，那片地里的热蔓草长得特~，那可是牲口过冬的好饲料哇！

3. 形容人的头发很密实。

如，你说人家是怎么保养的，都七十挂零儿的岁数了，头发就跟地里的热蔓草一样，还是那么～，还倍儿黑！

☺ 能耐耿：néng · nai gěng

含讽刺义。

1. 形容某人与众不同，总有邪招儿。

如，“这厕所门口儿正对着楚楚家门口儿，结婚那天怕亲朋来了不好看，小二～，你给想想办法。”“让我看，回头跟街道说说，把厕所门口改一下，朝西开。”

2. 办法多，人儿能。

如，“那又挨着李妈的后窗子啦……”“李妈不在这儿住了，她租出去了……”他妈听见了，马上说他：“二的，你充什么～啊？回家给我吃饭去！”

☺ 拧着鼻儿：nìng · zhe bír

形容言行违背意愿的心态、神情。极含勉强之意。

如，楚楚按二的说的，去找街道居委会主任，主任起先不同意，提出两点意见。后来楚楚死说活说，表示按其中一点要求去做并写了保证，主任才～同意了。

☺ 苶儿拉巴睁：nièr · la bā zhēng

形容刚睡醒，即睡眼惺忪状。

如，你看她～的，眼还没睁开呢，就喊着要吃和路雪……

☺ 腻磨：nì · mo

1. 指小孩子有目的地纠缠亲人。

如，看，一个和路雪下去，小罗敷也不～人了，精神头儿立时上来了。去吧，下楼玩会儿回来好做作业，不然，以后不给你买嘴吃了！

2. 成人纠缠人的行为。

如，你长点儿出息，别老去～黔江，小罗敷奶奶是过来人，她眼里不揉沙子，小罗敷爸爸再有半年就该回国了……

与“腻限”、“腻烦”义近。

☺ 年头儿：nián tóur

1. 年代久远的或近的。

如，“绍兴会馆里，鲁迅当年坐在它下边，透过枝叶看星空的那棵老槐树可有了～啦！”“如今有几个白领人晚上没事儿看星空的？不去找东洋妞就找西洋的……是这～呦！”

2. 指社会所处的某个时段。

如，“这～，谁家有个什么星，谁家就发大了！”“这没什么好奇怪的。妙龄女孩儿倘若有才艺、知识，能领引时尚新潮，就很容易成为世人瞩目的明星，因为这～是追星年代，要的就是她们……”

☺ 拿架子：ná // jià · zi

把自己看得比别人强，表现出使人难以接近的神态。含贬义。

如，萋萋是个脸相没特点的女人，又没什么真能耐，还整天～，谁来买你的账啊，孤芳自赏啊，有什么用？

也说“拿大”。如，●《石头记》卷六，“姥姥说，想当初我和女儿还去过一遭。他家的二小姐（王夫人）着实爽快，会待人的，倒不拿大。”

☺ 蔫有准儿：niān yǒu zhǔnr

指嘴上不说什么，但心里有数儿。

如，姥姥看人看的是表面儿。其实，二小姐是个～，没到她发狠话、拿大的时候呢！

☺ 那个：nà gè

无定指代。常指代当众不好出口的事，而别人也知道指的是什么。

如，萋萋的架子终于散了，如今她见人就说：他跟我没～之前说得多好哇，可～以后就很快变态了。秦罗敷们哪，真得小心纨绔子弟玩儿花活呦！

☺ 能个儿：néng gèr

1. 有叫人羡慕的本事。

如，别看王拔子小学毕业，可够～的，先是倒腾汽车，这几年又拆了东墙补西墙地倒腾楼房，现在是奔驰500开着，发大发了！

2. 指幼儿有了某种本事。夸耀小孩儿的用语。

如，王拔子的女儿鸭鸭在幼儿园也似乎比别的幼儿聪明，老师天天夸鸭鸭～，什么会这个会那个呀……有人就说："一人飞升，仙及鸡犬！"哎，这话不够礼貌，干吗要厌恶和尚连及袈裟呢！

☺ 拿手：ná shǒu

1. 把握，希望。

如，●《石头记》卷十，"先生给秦氏诊完脉对贾蓉说，吃了我这药看，若是夜间睡得着觉，那时又添了二分拿手了。据我看这脉息，大奶奶是个心性高强，聪明不过的人，但聪明太过，则不如意事常有，不如意的事常有，则思虑太过……"

2. 擅长，专业特长。

如，二龙戏珠是李先生生活中的一道～菜。当然，最～的卓绝才学是侦破疑难大案，他因此被誉为世界东方神探，令福尔摩斯们望李兴叹，五体投地！

☺ 黏糊：nián・hu

1. 米、面等做成的粥状物富有黏性。

如，小妹说，做棒子糁粥时放点儿碱，熬出来的粥就～，好吃。

2. 比喻人的关系异常亲热。

如，秦观一边吃小妹熬的棒子糁粥，一边敲锣边儿冲小妹说：不怎么～。东坡说，得了吧你，不怎么～你们俩能入洞房吗？

☺ 牛：niú

1. 自我吹嘘，说大话。

如，小妹说："少游，要想入洞房，你得给我对出个下联来。"秦观说："嗨，不是我～，那还不是小菜儿一碟儿！"

2. 傲慢。

如，小妹看看门儿里门儿外的皎洁月光，信口儿说道："闭门推出窗前月。"之后摆出一副十分～的神态，等待下联…… 少游一时吭哧憋嘟，急得抓耳挠腮……这时东坡捡起一块瓦片儿投向院中观鱼湖，少游往湖中一瞥，马上以～的神态哼出下联："投石冲开水底天！"

3. 倔脾气。

如，小妹道："大哥哥，就冲你从中捣乱，这婚我不结了。"说着，一抖袖子就往外走。秦观说："瞧，～劲儿又上来了，我让你～。"说着，早把小妹抱了起来，说："你不结我结！"

☺ 娘儿：niángr

称呼姑母。

如，过两天老苏的妹妹去看侄女，小妹诉说道："～啊，我这婚是让大哥哥硬给撮合成的，我要跟老秦离异，还过我的丁克生活哦……"

☺ 挠头：náo tóu

感到无奈，很棘手。

如，她娘儿说：老丫头，你真叫人～，别犯拧了。男大当婚，女大当嫁，你不知道这是自古以来的妈妈论儿。我听说小秦恨不得把你当糖球儿含在嘴里，你还不知足哇，也别再叫小秦为你～了……

☺ 那会儿：nà huìr

表示过去或将来的某个时候。

如，"我前几年想把你说给陈师道，～你刚十三，他～才几岁，怕你不愿要小女婿，谁知一眨眼的工夫你已嫁给秦太虚了”“当然不愿意啦，人说女大八，像个妈……”“那是指你们老了～，你也忒邪候了！”

☺ 扭搭：niǔ · da

走路时浑身扭动的样子。

如，小妹说声“馊主意”，便～着身子走进厨房。

常叠用“扭扭搭搭”，如，她走道儿不扭扭搭搭还显出少女本来的风度，一扭扭搭搭，得，倍儿难看！

☺ 扭捏：niǔ niē

1. 指走路时浑身故意扭动。

如，小妹说：我打小儿走道儿就～着走，开始大概是故意的，后来就成了习惯了。走路～着身子是难看，我得决心改改。

2. 形容人的言行故作姿态，不大方，不爽快。

如，说话做事也是，如果有意～拿腔作势，没一点儿痛快劲儿，也使人反感，何必呢！

☺ 扭扭捏捏：niǔ niǔ niē niē

1. 指说话不利落、不爽快，别别扭扭。

如，●《石头记》卷二七，“小红一口气儿说完四五家子的事儿，凤姐听完夸她道，好孩子，难为你说得齐全，不像他们扭扭捏捏蚊子似的。”

2. 形容人的举动、态度，拘谨不自然。

如，●《石头记》卷六，“刘姥姥见贾蓉进来，坐不是，立不是，藏没处藏。凤姐笑道，你只管坐着，这是我侄儿。刘姥姥方扭扭捏捏在炕沿上坐了。”

与“扭搭、扭扭搭搭、扭捏”有义近处。

☺ 馕：nǎng

(接连)往嘴里塞吃的。

如，小妹掰了块儿发面饼就往嘴里～，她娘儿说：你嚼没嚼哇？饿急啦？这么狼虎啊！

☺ 黏弦儿：nián xiánr

像胶水一样具有延展、附着性质的细丝状物。

如，小妹一嚼，不对味儿，用手再一掰那饼：哎呀，昨儿个做的饼，今儿个就拉～啦，这老爸可真抠门儿，宁可浪费东西，硬是舍不得买台"海尔"！

☺ 囔囔：nāng nang

多指有所不满而低声连续索要某物的话语。

如，子瞻问小妹：你瞎～什么呢？有什么不顺心的跟哥说，不然，你～来～去，不怕费唾沫呀？唾沫可是好东西呀……

☺ 腻烦：nì · fan

1. 心中烦闷，无精打采。

如，●《石头记》卷二六，"袭人劝宝玉出去散心。宝玉道，可往哪里去呢？怪腻腻烦烦的。袭人道，你出去了，就好了，只管这么葳蕤，越发心里腻烦了。"

2. (形象令人)讨厌。

如，小妹一咧嘴儿说：嘿，我从心里～他那副尖嘴猴儿腮的德行样儿！你真是哪壶不开提哪壶！

3. 因言行频繁使人反感。

如，他老在我跟前显摆他的所谓才气，我真～死他啦！哥，我要跟他拜拜！

☺ 哪儿跟哪儿：nǎr gēn nǎr

多指言行令人费解、奇怪。

如，说什么呢你，～呀？你想学卓文君啊，没门儿！以后这种～的话少说，也忒开放了你，现在离 21 世纪还早着呢！

☺ 哪一出：nǎ yī chū

戏曲用语，一个独立的剧目为一出。如，一出戏，两出戏。生活中常用来表示不知对方所云是什么意思。

如，你唱的是～呀，怎么出来个 21 世纪呢，哪儿跟哪儿呀？

☺ 那儿：nàr

1. 指某个时候。

如，从他对不上我的上联～起，我就知道他只会耍贫嘴，没有真才实学！

2. 那里。指代地点。

如，小妹又说，书曰：憎人者，憎其房上之雀。我现在非但腻烦他，就连高邮～的文人我也鄙薄……

☺ 年根儿：nián gēnr

年底，年关。

如，东坡说，当年刘秀给他妹妹介绍对象时说过"事不谐矣"，我今亦颇有感慨：女人的能耐倘超越一般男人，则这种女人十之八九很难有真正的幸福可言。这样吧，现在已到～前了，你先跟大秦凑合凑合，等过了年儿，你俩干脆去办理离婚手续……

☺ 闹了归其：nào le guī qí

1. 原来(表示刚发现)。

如，老鲁说：～你是个没心肠的人啊，早知道你是这么个人，我真不会动用八极拳打你,原谅老哥啦?

2. 到底,最终。

如,他媳妇怒气冲天接茬儿说道:谁原谅你啦,接拳!老鲁一伸手接住她的手腕,感慨不已地说:老镇,~还是媳妇疼人啊!我算是没人疼的人喽!

☺ 娘娘架:niáng·niang jià

1. 形容所搭建的不牢固。

如,大尾巴,你瞅那脚手架都直点儿晃悠,~怎么行呢?能不出事嘛!

2. 人的体质差。

如,最近来工地工作的几个大学生,有个叫艾唱的女的,身体忒痿,一走三晃悠,跟林如海闺女似的,纯粹是个~,可男的都挺爱和她逗着玩儿……

☺ 撵:niǎn

1. 用言行逼迫,使人走开。

如,有个工人黑上她了,下班后竟然去宿舍找她,她一见,气不打一处来,说:"哈,你以为我嫁不出去啦,我有的是朋友!你是谁呀,京城哪一少哇?……"她一看,用话~不走他,便又假装儿给男朋友打电话相约去仙人湖酒吧……

2. 追赶着,将其轰走。

如,哏,怎么着~越~越坏事,艾唱干脆打辆车,谁知那主儿也打辆车在后面紧紧~她,于是她急中生智,干脆直奔派出所儿……

☺ 攮:nǎng

1. 刺,扎。

如,●《儒林外史》六,"半夜里不见了枪头子,攮到贼肚里!"

艾唱一想~在肚子里的情景就肝儿颤,知他腿肚子上有把攮子,昨天他还扬言："谁要是把我逼急了,我就跟他白刀子进去红刀子出来,～了他我再～自个儿……"你看,这个敢玩命的家伙,还挺光棍……

2. 塞,一般多指背着人将钱物硬塞给对方。

如,艾唱心里盘算:不然～给他点儿钱?可是他要是一心好色呢……我怎么走到哪儿都要碰上这种登徒子呢……

☺ 蔫溜儿:niān liūr

多指在有关人不注意的情况下,悄悄儿地离开(某种场合)。

如,就在这时,艾唱早～了,第二天她结了账就走人,云游四方去了……

☺ 蔫头搭脑的:niān tóu dā nǎo · de

形容人没精神。心理经受重压的一种精神状态。

如,那个工人得知艾唱蔫溜儿之后,好几天吃不下饭。有人说他:你毫无自知之明,人家有学历,你现在整天～有什么用啊……

☺ 拿时候:ná shí hòu

指耐饱、不爱饿。

如,有人揭故他说:什么吃不下饭,那小子爱吃核桃仁儿落生仁儿一类的,兜儿里常掖着核桃仁儿,没事儿吃着玩儿,吃那类油性东西～,所以到吃饭时候常吃猫食儿……

☺ 拧着头皮儿:nìng · zhe tóu pír

形容对不甘心情愿的事勉强而为之的神情。

如,随后班长找他,说:近两天你干活儿像秧打了一样,要不你就开路,不开路每天扣你十块钱。这是项目经理说的,结果是他不愿走,～同意扣钱……

☺ 蔫不溜儿：niān · bu liūr

不与人打招呼，悄悄儿地离开(某种场合)。

如，但不久发了工钱，他就～离开了工地。后来跟他关系不错的一个人在京北南口镇碰上他了，惊奇地问他：咱俩挺好的，你～走了，怎么都不跟我说一声？他说，不然怎么叫鲇出溜儿呢？

与“蔫不唧儿”义同。

☺ 鲇出溜：niān chū · liu

形容不声不响地溜掉。

如，●老舍《赵子曰》第十一，李顺跟赵子曰学舌：“干脆说吧，他把李先生骂跑了。先生知道李先生是个老实头，他一声也没言语鲇出溜就搬了。”

与“蔫不唧儿”、“蔫不溜儿”、“蔫溜了”义近。

☺ 拿：ná

致使。

如，“你瞧那路边的玫瑰花儿，花骨朵儿还没绽开就都发蔫、枯萎了。”“那是让病～的，你没看见那叶子背面尽是黄腻虫……”“老万这小子怎么蔫头耷脑的，走几步就要愣愣神儿？”“他呀，病～的，他得了一种罕见的病，全球才有二十几个……”

☺ 拧骨头：nìng gú · tou

性情执拗倔强，遇事往往不听人劝。用此词时，在口语中常带有疼爱的情调。

如，牛牛，既然你三天见不着珑珑就像丢了魂儿似的，那为什么不去找她，说句软话呢？真是个～你！

☺ 拧：nìng

义同"拧骨头"。在口语中则无疼爱色彩。

如，●《儿女英雄传》四十，"玉格这孩子真个的这么拧啊！"

牛牛还比我们那小子强，我们那锥锥，犯起～来，西班牙斗牛也不是他的个儿，甭提多～啦！

☺ 拿事儿：ná // · shir

1. 在官府某一层面上掌权。

如，"你是琮楚班主任，琮楚的爸在医院～，听说是个副院长，你去找他还用得着攮红包儿吗？再说，你丈夫在检察院也～，你妹夫由区刑侦队队长提到了市局～，你比他不软，他也有求你的时候嘛！""咳，瞧你说的，哪儿都是～的？我那口子是政协的，在检察院挂个虚衔儿，他哪儿能～呀？"

2. 也指在家里什么事儿都管不了或不管或什么事儿都管。

如，琮楚的爸在家里就不～，我说呀，你还不如直接到家里找他夫人，家里外边真～的是她，什么事儿她一拍板，她爷们儿就得执行，就跟凤姐一样……

☺ 馕和：nǎng · huo

即"暖和"之意。

如，你说屋里～。哏，外边比屋子里还～，大晴天儿，没风儿。

☺ 闹天儿：nào tiānr

天气不好，多指要下雨下雪或刮风。

如，哎呀，前些天不是雾霾阴天就是下雨雪，总～，这回好了，霾到外国旅游去了，我们这儿放晴消停了。

☺ 脑袋瓜儿：nǎo dài guār

1. 代指脑筋。

如，唐池说：小时候，春天老刮大风，满天家是黄沙，一到深秋常下大雾，我们都不理会（往心里去）儿，现在一说就是什么霾，老霾，霾什么哪？荷叶说：我说你呀，你～忒死性。雾，指空气中有水气；霾，是指空气中有小的金属、石头之类的颗粒，人吸进去对身体有害。唐池说：哪来那么多乱七杂八的呀？荷叶说：如今，天上飞的地上跑的海上游逸的，都要放气呀，还不都放到空气里呀，你的～也太不活泛了！

2. 头。

如，唐池说：我的～是不如你，你～里装着大学文化，霾，还不是你们嚷嚷出来的。我，就念几天儿初中，你少呲儿我！我的～不好，我也照样儿吃鸡鸭鱼肉……

☺ 闹气儿：nào qìr

因心中不满而生气。

如，荷叶说：嘁，你说你，这也值当～？干什么都得讲道理，你都～还有个完？唐池说：谁跟你～啦？

☺ 脑门子：nǎo mén・zi

头的前额。

如，你说话～都皱起来啦，还说没生气，其实没必要这么小肚子鸡肠子。你忘了，你曾说我不会采藕，只会吃，是吃货！你那不是损我无知吗，我皱～了吗？

☺ 脑勺子：nǎo sháo・zi

头的后部。常用来比喻事已忘记了。

如，唐池说，是吗？我早把那话忘到后～了。你们知识分子记性好，行啦，嚷嚷这些也没人给银子。

O

☺ 怄气儿：òu // qìr

1. 因和他人闹别扭而生气。

如，●《石头记》卷八十一，“黛玉说，见宝玉这个光景，倒吓了一跳，问是怎么了，合谁怄了气了？和谁？谁敢呢，凤姐也不敢呀！”

2. 引逗，使生气。

如，●《官场现形记》十，谁知此时他二人，一个是动了真气，一个是有心怄他，因此魏翩仞拦阻不住。

“气”前常嵌入“什么、哪门子、了或他、你”之类的词。如，你说你们姐儿俩撑的啊，怄什么气儿呀？怄哪门子气儿呢？

☺ 沤：òu

1. 浸。指汗渍或湿气将衣物等洇湿、浸潮。

如，荆棘昨天有应酬，回来将～潮的白衬衣脱下，说她要去海口，让荆芥用洗涤剂给洗净，谁知她妹妹把白衬衣和自己的本色红连衣裙扔进洗衣机里泡上，就忙个颠儿和男朋友去康西草原玩儿去了……

2. 用水等液体长时间浸泡。

如，三天后荆棘从海口飞回，一打电话，荆芥还在草原蒙古包里。荆棘一下儿气翻儿了，说：多好的衣服这么～着也得～糟了，再说，能把不是一样颜色的搁在一块儿这么～着吗？你这死丫头净想什么呢！

P

☺ 呸：pēi

1. 表示不服或愤怒的斥责声。多为女性所为，常是反击或骂语的开头儿。

如，荆芥不服，当即回敬她姐姐道：～！还说我呢？真是老鸹落在猪身上了！

2. 多为女性相互玩笑时的斥责语。常用在话语的开头儿。

如，●《石头记》卷八二，"紫鹃道，你快吃了茶去罢，人家都想了一天了。秋纹啐道，呸！好混账丫头！说得大家都笑了。"

☺ 片儿鞋：piànr xié

即松紧口儿的布鞋。一般为黑条绒面料，塑料底儿。多为北京胡同里一些男性青年所穿。

如，"妈，您去西四商场顺便给我买双～，要 42 码的。""那～不结实，买双皮鞋顶五双～。""咳，皮鞋焐汗，再说～便宜。""那你自个儿买去吧，破～你还穿不够！"

☺ 趴架：pā jià

多指所搭的架子之类塌架或房屋塌顶。

如，"院里的葡萄架～了，我得找人帮忙把它支起来呀！""当时我就说那是娘娘架，你哥硬说没事儿，这一～损失好多嘟噜青葡萄……"

☺ 拍唬：pāi · hu

一般指男性长辈对晚辈(也多为男性)连说(数落)带骂地进行训斥。

如,今儿个下班后,在南横街儿东头儿,因骑车发生了冲突,一个老头儿把一个永安商场的年轻人小荬给～这半天,原来那老头儿是陶然商场的头儿。小荬最后嘟囔道:真是倒霉,今儿让他倚老卖老,把我给～一通!

☺ 派：pài

指责,教训。

如,●《石头记》卷四六,"凤姐以理力劝邢夫人,不要让贾赦娶鸳鸯。邢夫人反感,说,我叫了你来,不过是商议商议,你先派了(我)一顿不是。"

☺ 嗙：pǎng

1. 说。有炫耀、显示的意思。

如,回到家里,小荬又跟他爸学说这件事。他爸说,那是老马,当年是根儿正苗儿红的主儿,准又～他当年在永安商场当书记的事了吧?他也不想想现在谁还买他想当年的账啊,可悲!

2. 吹牛。

如,可不是,他挡住我不让我走,就开～了,最后我说:您～什么～,现在是什么年头儿啦,您就是当时紫红了,如今又能怎么样,还想让别人夸您两句啊?

☺ 偏疼：piān téng

偏爱。

如,因为他特别～老闺女,那两个儿子也不待见他,三个和尚没水喝了呀……

☺ 皮贼儿：pí zéir

长辈支使晚辈，晚辈且不动换时所用的气愤语。

如，老马支使姑爷去添块煤，姑爷老哼着哈着不动换，老马说：你真是个～，你就是吃我喝我来能个儿！

☺ 皮掌儿：pí zhǎngr

钉在鞋底儿上的胶皮。

如，那天在门框胡同路口儿，钉鞋的正跟他刮划他的布鞋，说：您这双鞋钉个～，还且穿呢，钉个～才几个子儿呀……

☺ 谝：piǎn

显耀。

如，就听老马说：我这鞋是原先我当书记时手下的一个伙计从怀柔厂家直接买来的，步瀛斋卖一百多呢，我这才四十块钱……小樊心里说：他是走到哪儿～到哪儿，又跟钉鞋的～他的光荣史呢……

☺ 贫嘴呱舌：pín zuǐ guā shé

说起来没完没了，令人厌烦。含贬义。

如，●《石头记》卷二五，"宝钗笑道，我们二嫂子的诙谐是好的。黛玉道，什么诙谐，不过是贫嘴呱舌的，讨人厌罢了！"

小懒说：你瞧，这没有保护伞、孤苦伶仃的黛玉，竟敢在老虎嘴上拔胡须，她能有好结果吗？她的嘴也忒尖刻了。

义同"贫拉吧唧"。如，凤儿嘴上贫拉吧唧，还最爱干献殷勤儿的事，更没人缘儿！

☺ 贫：pín

特指嘴能说还往往爱显人儿能。

如，小懒，你怎么那么～呢，那事你管得了吗？你就会耍～嘴，穷刨划！

☺ 跑堂儿：pǎo tángr

指旧时在饭馆儿或澡堂子等行业里招呼客人、干服务差事的。

如，受他爸的影响呗，他爸是～的出身，那嘴不贫能成吗？

☺ 刨根儿：páo // gēnr

1. 把植物或树木的根部挖出来。

如，刨人参可有讲究：先把地面儿上的梗儿用绳儿捆好，再慢慢儿一点点儿往下～，连须子都不能碰掉。

2. 引申为追根究底。

如，"小懒爷爷是干什么的呀？""你这孩子，什么事儿都爱～问底儿，他爷爷就是那许大马棒……"

☺ 扒搂：pá · lou

1. 用工具把东西归置到一起。

如，这个懒蛋，他把蜂窝煤碎块儿好歹～到一块儿就不管了，你倒是顺手把它活成煤饼呀……

2. 又指用筷子将饭菜匆忙拨进嘴里。

如，●《石头记》卷四九，"宝玉却等不得，只拿茶泡了一碗饭，就着野鸡爪子，忙忙地扒搂完了。贾母道，我知道你们今日又有事情，连饭也不顾吃。"

谁说不是呢，等到吃饭时，我们小懒回家～两口饭就又没影儿了，也不知道他都忙乎什么。

也说"扒拉"。

☺ 贫嘴：pín zuǐ

1. 嘴能说但尽是些废话。

如，你这小子，～呱舌，闲话流星，说点儿正事好不好！

2. 指嘴能说,有理没理穷掰扯,常说得使人反感。

如,●《石头记》卷二五,"黛玉红了脸,啐了一口道,你们都不是好人,再不跟着好人学,只跟着凤丫头学的贫嘴,一面说一面掀帘子出去了。"

☺ 碰巧劲儿:pèng qiǎo jìnr

偶然碰巧了。

如,那天,喜子骑辆破车从我跟前过,我一边说"下车",一边拍他肩膀一下。他"哎哟"一声栽倒在地,原来他肩上长了个粉瘤,刚动了手术……谁知他胳膊腕儿摔成骨裂……人都说,这都是~的事,可是我得陪他去医院哪,你说我这不是平白无故找事儿吗?

☺ 平白无故:píng bái wú gù

即无缘无故。

如,这下我~白扔八百块钱,不然,他老找我泡蘑菇也熬头人哪!

☺ 泡蘑菇:pào mó·gu

故意纠缠以达到某种目的。

如,喜子是有名儿死磨硬泡、能~的主儿……哎,真没想到闹着玩儿也会捅出娄子来……

☺ 破廊破户:pò láng—pò hù

形容房屋、院落破旧狼藉的情状。

如,我一到门口儿,呵,柴门蓬院,檐下蜘蛛网、马蜂窝,窗户玻璃也没了,真是~,可能得有几年都没住过人了,这,不装修怎么住哇?

☺ 贫骨头:pín gú·tou

称谓嘴能说,人虽不愿听,但对其又并无真正恶感的人。

如,老疙瘩,你~,不够你蘑菇的了,又不是你住,管那么多干什么？大不了阿娱请你撮一顿……

“骨头”前可加入“什么、哪门子”。如，你贫什么骨头呢？你倒牛舌头——揽得宽，贫哪门子骨头呢？

☺ 跑马：pǎo mǎ

比喻说话不靠谱儿，不可信以为真。

阿娱说，老疙瘩，你满嘴～谁不知道哇，我不想让你耽搁我的事……

☺ 跑腿儿：pǎo tuǐr

经常奔走在外给人办事儿。

如，●《石头记》卷九一，“和薛蟠好的那些人，见只有薛蝌在那里办事，年纪又轻，便生许多觊觎之心，也有想插在里头做跑腿的，也有能做状子的……”

大姨，您瞧自古以来，人都愿意当～的，您把房租再往下落一点儿，我正给鹤生堂～呢，遇到好土产，我给您捎回点儿，不也就背勒过来了……

☺ 陪送：péi sòng

青年人结婚，女方送给女儿的嫁妆(一般送摆设儿、穿戴或日常所用)。

如，“行啦，明儿个再说吧，我还得跟我闺女去买小天鹅呢！”“您不是有台爱妻吗？”“小天鹅是～闺女的。”

☺ 擗哧：pǐ chì

1. 将某种东西扯裂，弄坏。

如，“咱们在南戴河友谊宾馆吃饭，人家送给那两把纸扇子呢？”“妈，大壮拿到手里就给～了，还找呐您？”

2. 借喻花钱。

如，行了，咱们在这儿玩儿三天了，我带的六千多都快～完了，明儿上午结账，再到秦皇岛转转就往回蹽，天黑前能颠儿回去。

☺ 破费：pò fèi

1. 即抛费，指往出花费钱物。

如，●《石头记》卷四二，“凤姐叫平儿把给姥姥的东西打点好。刘姥姥道，不敢多破费了。已经造扰了几日，又拿着走，越觉心里不安起来。”

阿娱心想：这姥姥就是诚实。我不行，先把租房的事往后愣腾一阵子，不然，到时赶上她聘闺女，少说我也得～二百……

2. 有时为客气语，以示谢意。

如，届时钱我掏了，至多落句：“阿娱，这回叫你～啦，喜事儿那天怎么没见你人影儿呐……”

☺ 骗腿儿：piàn tuǐr

指侧身的同时抬起一条腿的动作。

如，拐进铁树胡同，到了门口儿，老疙瘩一～下了平板儿车，一个人就把小天鹅给背进屋去了。

☺ 刨斥：páo chì

1. 指鸡、狗等动物用爪子刨地。

如，“大姨，您那地界儿属城中村，原来那家儿在院子里养了三百只鸡，院里给～得又脏又乱……”“看，你又来了不是？不饿呀，先吃饭……”

2. 引申为吃饭时用筷子在盘碗里乱扒楞，挑着吃。

如，“哎，我说疙瘩，吃菜不挨着排儿吃，你在盘子里～什么呢？”“找鱼子呢，那是高蛋白！”

☺ 皮了：pí · le

1. 原本脆的东西不脆了。

如，大姨，您这花生豆儿是刚买的还是搁的时间长了？怎么都～，一点儿脆生劲儿都没了……

2. 对他人的言语数落已经木然，不当回事。

如，哎，疙瘩，你小皮贼儿，对我的话你都～，为什么胳膊肘儿总朝外拐呢？真新鲜，邪了门儿嘞！

上述2也常说"皮贼儿"，但厌烦情绪淡薄。如，您老数落我，张口闭口儿皮贼儿长皮贼儿短的，我不皮也得皮了……

☺ 屁股蹲儿：pì · gu dūnr

屁股猛然落在地上的一种动作。

如，老太太踩在香蕉皮儿上了，一出溜，摔了个大～！你说这吃香蕉的把皮满地扔，没有一点儿文明意识，真够缺的！多亏一个开着沃尔沃车的女人，见老太太这～摔得够呛，把车停下来，问感觉怎么样，把老太太给送到家后走了……

☺ 跑外：pǎo wài

称常在外面做销售、采购、收账等工作。

如，柳明干了几年的～工作，可发了，现在她一动换不是瑞典的沃尔沃，就是英国的坐骑陆虎，听说还趁一辆中凯呢……这年头儿～的都贼肥！

☺ 皮实：pí · shi

1. 形容物品结实，耐用。

如，"日本东西虽说是一遭儿烂，可还～，我这块西铁城摔了几次了，没事儿，从没修过。""那是你碰巧了，我那块樱花儿就不行。"

2. 也指人的身体抵抗力强，不爱生病。

如，“小石头长这么大连诊所还没去过，身体特～，一星半点儿的头疼脑热，就拿不住他。”“可是你要知道，这种～的人一旦去诊所就不是小病儿！”

屁轻屁轻：pì qīng—pì qīng

形容没有分量，很轻。

如，这个萝卜不小，可是拿在手里～，里边准糠了。

这个词语一般不拆开使用。

屁颠儿屁颠儿：pì diānr pì diānr

形容非常高兴、异常兴奋地来回奔跑的神色、举动。

如，殊荼有幸参加李咏主持的《幸运52》，还果真梦想成真，得了部手机，瞧把她乐得～的，还拥抱了主持人。我们几个趁她狗颠屁股时，也就大鸭儿梨蹭她一顿儿……

此词一般不拆开使用。

碰瓷儿：pèng // cír

蓄意找开车的讹诈而找碴儿进行要挟(或行凶)的行径。

如，到了地点，那三个小子，一个付钱，一个站在车头右前方，一个在后车门左侧。司机刚一打轮转向，后边那小子就喊叫，前边那小子往前一蹿，把车拦住，说压着人了。司机下车一看，后边那小子左脚的片儿鞋前头是有车带压的印儿。司机立即认定遇到～的了，那三个小子不让报警，司机没时间跟他们纠缠，自认倒霉，最后给了他们300元了事。

破鞋：pò xié

借喻女人性生活淫荡不羁。

如，其中一个叫齐扭的，刚娶了个～，那女人逼着他去找钱花，不然就治他。他又没真能耐,真也没辙,就先去干碰瓷儿的事……

☺ 泡:pāo

分量轻而质地疏松的。

如,凡是生长速度快的树,其木质都很~,不能用来做家具。泡桐树就是如此,正如麻秸秆儿一样,看起来很粗,其实~得很,拿在手里屁轻屁轻,所以俗语谓"麻秸秆儿打狼——两头儿害怕"。

☺ 泡落:pāo lāo

指某些吃的看上去个儿挺大,但分量轻或质地疏松。

如,吃的也有泡的,像这花生、这大枣儿,你别看它个儿挺大,其实都是大~ ,不信,你拿在手里,凭手感你就知道了。

☺ 喷粪:pēn fèn

比喻人的素质低下,与人谈话或稍略激动,就口带脏字。

如,"喂,你这样骑车猛拐,不要命了是不是?""谁不要命了,你怎么张口就~呢,你开辆广本有什么了不起的,还不定是给哪个孙子开的呐,神气什么呐你!""嘿,你小娘儿们儿怎么满嘴~哪,找抽呐是不是?"有个看热闹儿的人笑道,真逗,两个人无非是半斤八两。

☺ 平白:píng bái

无缘无故。

如,●《石头记》卷二四,"倪二问贾芸,这会子哪里去?贾芸道,告诉不得你,平白的又讨了个没趣儿。"

你说现在这人怎么都是那个揍性,屁点儿事张口就骂,今儿~的又怄了一肚子气,真是吃不起饭馆了,净~吃枪药吃的!

☺ 撇儿咧儿：piěr liěr

指脸上因为嘴的动作而流露出鄙薄他人的傲慢神情。

如，你瞧她说话时～的样子，就知道她酸文假醋，好谝自个儿，不好惹。

☺ 赔不是：péi bú shi

道歉，认错儿。

如，●《石头记》卷九，"茗烟等闹学堂，贾瑞又央告宝玉，后来宝玉说不回去也罢了，只叫金荣赔不是便罢。"

～？现如今很多事儿不是～道歉就能解决的，那不值钱，傻老爷们儿！

☺ 破唧拉撒：pò·ji lā sā

指穿戴破旧，且不洁净。

如，如今，人都势利眼，就你这身～的，进了峨眉东坡酒家，怕不会有人向你弯腰说"欢迎光临"，大饭店你都进不了门儿！让我说，大饭店不准～的人进去是有道理的，你想，你再有钱，不修边幅，谁愿意挨着你坐，影响生意呀，大煞方方面面的风景啊！

☺ 趴虎：pā hǔ

脸朝地背朝天栽倒在地的动作姿势。

如，20 世纪 80 年代，二青头他就曾光着膀子，穿条大裤衩子，趿拉着拖鞋，硬往玛克西姆饭店里走，保安拦截他，他还要三青子，结果保安用脚一蹬他，他就栽了个大～，还好，没磕着门牙。

☺ 泡：pào

1. 将东西浸在水里。

如，茶店主问道："客官，吃甚茶？"茶客道："吃个～。"怎么会是～

呢？应该是先放茶叶后用开水冲嘛！连～都不懂的怯老勺！咱这地方说“沏茶”。

2. 比喻男人沉溺于女人怀里。

如，你别看大疤瘌不会吃菠萝，可他会～妞儿，有时还带回家来。

☺ 泡汤：pào // tāng

1. 一般指把米饭或饼等主食放在荤汤里。

如，人们爱吃老孙家的牛肉泡馍，洋溢呢，从小爱吃～儿饭。

2. 指不好好学习或做事，无谓地浪费时间。

如，洋溢的爸常数落他：你不抓紧学习，净～、贪玩儿，还说考什么北大，歇菜吧你！果然他哪儿也没考上……

3. 比喻事情受挫，没了希望。

如，工作后，洋溢干得还真不错。本来他是奔着第二把手儿去的，谁知他媳妇找到单位指名点姓叫他的小蜜站出来。得，这么一闹，鉴于舆论压力，他提干的事儿也就一时～了。

☺ 炮儿打灯：pàor dǎ dēng

1. 比喻事情不可靠、没准儿。

如，他提干的事怕是～了，都怪他媳妇没水平，偏在这节骨眼儿闹。其实，假如他的事一～，她连自己也毁了，头发太长的净干坏醋的事……

2. 没有希望，吹了。

如，哎，你真说着了，老洋不但提干～，没提成，为此，他还生病住院了呢……

3. 比喻不值、没有用处或小事儿一桩。

如，咳，以前说了那是以前，现在你还请他不请他，我看请不请是～的买卖了，没什么深层次的内涵了嘛……

☺ 趴活儿：pā huór

车在马路边上等候拉客。

如，大播子下岗后，买了一辆二手北斗星，整天在外边～。夜里，他常熬到天上的北斗星没了才回家，平均每月也就是千把块钱。他跟他媳妇说，还真有人开着奥迪来～，不行，得勒裤腰带，换辆城市牛仔……

☺ 捧臭脚：pěng // chòu jiǎo

捧托他人之脚。比喻帮腔助势。

如，●《隋书·王劭传》，（隋文帝）欲上高山而不能得，崔彭捧脚，李盛扶肘得上。劭曰："此梦大吉。"

天桥的把式绝对达不到～的目的，而大播子连天桥的把式都够不上，属于茅厕坑里的石头又臭又硬的主儿，他不下岗才怪呢！

☺ 破头烂齿：pò tóu làn chǐ

多形容工作没干完，剩下的活儿挺零乱。

如，一次库房主任说他："没完成上午的工作量，扔下～的活儿就家走了，下午又告假，谁接你那～的活儿呢？"他顶撞说："大不了我第二天晚下班，把～活儿着补齐，怎么样？"主任说："哦，你想怎么样就怎么样，单位有单位的制度！"

☺ 劈了：pī·le

1. 竹子或空心儿一类植物的杆儿开裂了。

如，"那根儿竹竿儿没用了，中间儿～，买的时候你就没仔细瞧瞧，白花钱。""不行，我找他换去。""他要说是你自个儿弄～的呢？""他敢，我吃饱了撑的我把它弄～？"

2. 实木或某些硬物类裂了缝儿。

如，还行咳，那卖主儿挺通情达理，说：湿度大的，风干得快，有时就出现局部～的情况，你瞅我这把椅子后背的棍儿，有一根儿就～，工人做椅子的时候，这根儿就潮湿不干，跟你换就是了……

☺ 撇溜儿：piē liūr

1. 形容河流、湖泊的水充盈，将漫过堤岸。

如，这场大雨把官厅水库下得～～的，水库将要开闸放水，永定河卢沟桥段有关单位已获得这一信息……

2. 形容碗、盆器具类里的羹汤盛得很满，将要溢出。

如，"大永，你碗里的鸡蛋汤为什么盛得～～的，怎么下嘴呀你，那还怎么下勺子呀？""您真是的奶奶，我先用嘴忒儿拉两口嘛，赶紧吃饱了我们好去永定河里捡蹭儿鱼……""那～一大碗稀的就解饱了？你再掖个烧饼走……"

此词叠用的时候多。

☺ 漂悠：piāo · you

1. 漂浮。

如，"嚯，奶奶，这汤上～一层什么油哇？""小磨香油哇。""得了吧您，这肤层～这么多，怎么一点儿香味儿都没有，地沟油吧？还小磨儿呢，真逗您！"

2. 比水轻的物类漂浮在水上。

如，"永子，奶奶年轻时候，那时永定河常发大水，每到那时，穷人们站在卢沟桥上看，那汹涌澎湃的水面上～着的什么都有：男人趴着，女人仰着，大墙柜、房柁、檩条儿、牛、猪、羊、苹果、海棠……有的瞅房柁、大檩条儿～过来了，就转身从桥南面纵身跳下去用一只胳膊挎住它，再慢慢往河边上挎它……""奶奶，那种～物您只能在梦中看啦，永定河河床都让拉沙子的给弄得没模样儿啦！"

3. 没分量轻盈的物类在空中飘动。

如，嗨，宛平城东门里头一家饭店今儿开张时，放了好多彩色气球，那些大彩球不知～到哪儿去了……

☺ 片儿：piànr

某个较小的地方。

如，我们这～的居民还算文明，因为大多数是老宛平的人。

与“弯儿”“疙瘩”“块儿”等义同。

Q

☺ 吣：qìn

1. 呕吐。

如,“你瞅饭店前边那叫腌臜,除了出来就在汽车轱辘上撒尿的外,还有的出来就喔啦哇啦地～一地,真恶心人!”“～的腌不臜,味儿特难闻,饭店的服务员也是得过且过糊弄差事,这家饭店春节前不关张才怪呢!”

2. 指说难听的话,甚至是谩骂。

如,春风,你学好吧你,人儿不大,满嘴里胡～些什么!

这个意义也说“胡～嚼毛”。如,你就胡吣嚼毛吧,甭学好你这孩子,照这样下去,你有不了成水!

☺ 戚鼻子：qī bí・zi

表示厌恶情绪的面部表情。

1. 因闻到不好的气味儿而将鼻孔略微上耸再闻,同时略皱双眉的动作。

如,明媚一下车,一闻到那酸拉吧唧的气味儿就～,问:什么气味儿啊?

2. 因看到讨厌的人心里不舒服而将鼻孔稍略上耸,同时略皱双眉的动作。

如,她再一看那鼻梁子塌了下去,还畸溜着一只眼的保安,一～,跟司机说:熬头死人,走,换地方……

☺ 戚鼻子瞪眼：qī bí · zi dèng yǎn

一种生气、恼怒的面部表情。

如，保安说：怎么，走哇，不撮啦？司机～地说：别挡道儿，让开！保安说：嘁，你跟我～干吗嘛？

☺ 嘁：qī

这个词在口语中，只用来表示各种厌烦、感叹、鄙夷等心理语气，仅用于话语的开头。

如，司机说：～，你瞧我多待见你呢！保安说：～，你还甭小瞧我，这饭店是我大姨儿开的，我是来闲帮忙，你不就开辆三十来万的宝马吗？哈，你上后院看我那辆是什么车？司机说：～，一个歪瓜裂枣，就是开辆法拉利又怎么样？没人疼！

☺ 睛好：qíng // hǎo

等候，坐等好处。

如，大叔，这车的事儿您甭着急，好歹咱们还认识几个人，我一会儿就去交通队，便宜不了那小子，～吧您就！

☺ 起腻：qǐ // nì

多指小孩子在家长身边蘑菇。

如，“你别总跟我～好不好？人家在局里的关系比咱硬，妈正犯愁呢！”“野火，别～你妈了，要好好学习，将来考上清华，咱们再去牛津，到那时当了大官儿，我就不信干不过他小土鳖暴发户！”“得了，海归的有谁当大官了？真没听说。”

与“腻烦”义同。

☺ 穷事门子：qióng shì mén · zi

1. 琐碎事，麻烦事。含厌恶感。

如，“小辫儿，说你多少次了，你倒是把阳台上整理整理呀，你瞧那乱七八糟的，该卖的把它卖了，你就是哼着哈着老不动换！”“哎老妈，您真是的，哪儿那么多～呢，烦不烦呐您？”

2. 事儿多，爱叨叨，事儿妈。含厌烦意。

如，我说老妈，歇着吧您，老唠叨什么您？～？现在的孩子都熟得早，春风不是女孩儿——是女孩子您又能怎么着呢，天天跟着她？

3. 指尽搞折腾人糊弄人的事。饱含厌恶情绪。

如，他们单位经常开这会那会，今儿挂这横幅明天贴那标语，职工烦透了，你说老搞～那一套干什么呢？让人安静安静好不好呢！

也说“屄事门子”。如，屄事门子的事儿少搞点儿吧，别让人反感啦！

☺ 前后脚儿：qián hòu jiǎor

在时间上相差无几。

如，你瞧，风儿妈刚出门儿你就来了，～的工夫，趁她走得不远，赶紧打她手机！

☺ 前半晌：qián bàn shǎng

上午。

如，我～还给她打手机，怎么没等我来就走了呢？是不是因为那天我抢白她几句就有气儿了呢？

也说“前晌”、“前半天儿”、“上半天儿”。

☺ 抢白：qiǎng · bái

不讲情面，直接指责。

如，●《石头记》卷四六，“金家媳妇去找鸳鸯，指望一说必妥，不想被鸳鸯抢白了一顿，又被平儿、袭人说了几句，羞恼回来……”

气包子：qì bāo · zi

比喻爱生气的人。

如，没准儿，春风妈是个～，有酒儿想起无酒儿事，平时就爱生闲气儿……

曲里拐弯儿：qū · li guǎi wānr

形容弯弯曲曲的情状。

如，她侄女住的地方叫龙爪子胡同，反正～的，挺迷惑人的，不好找。

觑着眼儿：qū · zhe yǎnr

眼花或近视程度深，看东西时眯缝起眼睛看。

如，●《石头记》卷六九，“贾母忽见凤姐带了一个标致小媳妇进来，忙觑着眼瞧道，这是谁家的孩子，好可怜见的……”

觑觑眼儿：qū · qu yǎnr

天生的眯缝眼儿，俗谓觑觑眼儿。

如，母亲是天生的～，眼又早就花了。儿子要带她去大栅栏大明眼镜店配副花镜，她说：我～怎么啦？又不找老伴儿。我又瞎字不识，戴那玩意儿，装什么洋蒜呢！

前儿：qiánr

前天。

如，●《石头记》卷七四，“贾琏拍手叹气道，好好的又生事，前儿我和鸳鸯借当，那边太太怎么知道了？”

哏，没准儿是傻大姐给说出去的，她～来过这儿。

☺ 齐集：qí · ji

1. 多指动作一致，整齐。

如，●《石头记》卷一一〇，“凤姐受了责备，忍悲含气出来，又叫人传齐了众人，又吩咐一会儿。说大娘婶子们，可怜我罢。我上头受了好些话，为的是你们不齐集，叫人笑话。”

2. 指人齐全。

如，“咦，今儿人来的怎么这么～呀，一个不落(là)哎？”“她侄女家亲戚多，都到～了得有一二百号呢，平时都应酬腻了，正准备到门头沟山里去盖别墅，搬走呢……”

3. 东西准备齐备。

如，听说在饭店包了六十五桌，烟酒糖果，什么都准备～了……

☺ 齐齐：qí qi

旧时，称谓妇女的天足。

如，“呦，大婶，刚发现：您原来是～呀，别人一直以为您是小脚儿呢！”“咳，我小时是缠了十来个月，后来我就反抗封建，放开啦……”

☺ 起早儿：qǐ // zǎor

1. 一大早儿，早清儿。

如，他们家的司机也够忙活的，今儿～他就都把司机派出去接人去啦……

2. 早一点儿，尽快。

如，我当初就给他们捎信儿，不如～把事儿办了，愣腾什么劲儿呢……

3. 当初。

如，听传说，他们觉得这门子亲事有点儿门不当户不对，可～干什么去了呢？现在说什么也来不及了……

黢黑：qū hēi

形容很是黑暗。

如，我还曾跟他们说过：你们搬到山里那也不管事儿，俗话说，富在深山有远亲，白天会照样门庭若市，除非你爸爸退下来……再说，到了晚上四周一片～，不怕恐怖分子啊，越说越让人肝儿颤……

勤谨：qín·jin

指眼里有活儿，手脚儿勤快。

如，●《石头记》卷八九，“宝玉已经自己叠起。袭人道，二爷怎么今日这样勤谨起来了？宝玉也不答应。”

他们那些公子小姐哪儿去过山里野游，他们哪知山里人原先～朴实，可现在为了钱，也净干偷斤缺两、蒙事门子的事，也净耍尖门儿呐……

沁头拍子：qìn tóu pāi·zi

形容常耷拉着脑袋，努不出人话而食亲财黑的人。

如，我们班有个叫流油的，就是山里的，花钱那叫冲，他爸原是个挖煤的，外号叫～，是能把钱攥出水儿来的主儿……后来打工认了个比他大五岁的干爸，叫得那个亲就甭说了，之后就跟随他干爸又往西去了，三年之后，嚯，～也发大发了……

雀盲眼：qiǎo·máng yǎn

夜盲。

如，流油和～同桌，流油经常抄～的作业，随后和～拜了把子，～也管沁头拍子叫干爹。一天，干爹给他写个条子，让他去一家大医院看他的～，嘿，还真就瞧好了！～自此常说：以前说学好数理化，走遍天下都不怕；如今我要说：天大地大，不如有个好干爸！

☺ 鞧候：qiū · hòu

1. 将就，凑合。

如，"附近没有旅馆，都过半夜了，你就先跟臭脚丫子一起～一宿吧，赶明儿个再解决你的住处问题。""您让我跟他在一起～呀……"

2. 感到冷而身体下意识蜷缩状态。

如，我在臭脚丫子那破屋子里～到天亮，冻得我脚就没暖和过来，根本就睡不着，天刚亮嗖，我就起来找旅馆去了。

☺ 沁：qìn

一般指头下垂的情状。

如，淼淼，孩子的头～着哪，多难受哇！你把他抱好喽，别让孩子～头耷拉脑袋。

☺ 栖附：qī · fu

1. 指向前凑身，一点点儿向前接近。

如，他们喝多了打架，你抱着孩子往前～什么呐，找让孩子吃瓜落儿呀？

2. 围拢着。

如，你说这些国人真有一门，那儿打架都～一堆。你们都～在那儿干什么呐，光瞧热闹儿没伸张正义的呀？

☺ 亲的热的：qīn · de rè · de

指关系亲近的人。

如，原来他们是给孩子过满月包的席，都是～，怎么喝着喝着还吵起来了……

七嘴八舌：qī zuǐ bā shé

1. 形容人多，乱说、乱嚷嚷的情景。

如，现在不动手了，但门里门外～，乱说一通，都听不清因为什么……

2. 形容大伙儿意见不一致。

如，好像是因为没有请他老姨儿，他老姨儿知道了就自个儿找来质问："是不是因为我穷就没给我信儿？瞧不起我是不是？打算跟我断了这门儿亲戚是不是？"这样的几个"是不是"，就弄得大伙儿～，向着哪边儿说的都有……

起眼儿：qǐ yǎnr

引人注意。

如，"那个出门儿就骑一辆破自行车，穿得又不～的人，原来是个副区长！""这人我在潘家园旧货市场见过他，那天他买一个很不～的帽筒，花了850块，还让我给他掌掌眼，我看他也挺内行。""区长怎么也淘换起古玩来了呢……""不想他回去时在路上让人给剐蹭了一下，人不～了也没好处……"

多用于否定式。

气不忿儿：qì · bu fènr

看到不平的事，心中气得鼓鼓的，非想搭茬儿不可的情状。

如，●《石头记》卷三一，"宝玉一面说道，你们气不忿，我明日偏抬举他！"

咳，我说你搭什么茬儿呀，这事跟你有什么关系，你干吗～呢？不累呀你！

☺ 怯：qiè

1. 衣物不合时尚，难看。

如，哇，那女主人穿得多～呀，她屋里的家具也都够～的。

2. 一般指离北京较远地区的口音。

如，她不是城区周围的，她的口音稍为有点儿～，倒还不算太重。女人嘛，改变得快。

与“侉”义同。

☺ 全口：quán・kǒu

1. 家庭成员多，长幼辈分的全有。

如，他们家三代同堂，人口～，过年时，人都聚齐了，摆一桌子什么小吃大吃的，准备得很丰富，还真热闹。

2. 物类很齐全。

如，他们家的儿子、儿媳都是留法博士，会吃，物美超市的东西又挺～，就在他们楼前，吃喝特方便。

☺ 起小儿：qǐ xiǎor

从小时候起。

如，我跟古诚呀，青梅竹马，～就在一起玩儿，一块儿长大的，后来就自然黏糊到一块儿了，所以别瞅我们俩经常吵嘴，其实，有时是有意无意逗咳嗽玩儿，～铸就的感情嘛，戗戗归戗戗，没事儿……

☺ 戗戗：qiāng・qiang

争吵。

如，蔡花问：“你前儿夜里两点多才回来，又泡妞儿去了，你以为我不知道？”“你知道就知道呗，知道还问？”“你承认就好，咱们离！”“离就离，你吓唬谁呢？”……你说，半夜三更的，这两个同床异梦的～起来还没完了，还～什么呢，这年头儿，连三条腿的蛤蟆都有……

☺ 起哄架秧子：qǐ hòng jià yāng·zi

常指双方发生口角时，围观者中，有的人听出一方可笑的或无理的话把儿，便边手舞足蹈、边呜呼喊叫的嬉笑行为。

如，第二天，俩人同时上班，在胡同口儿分手时，蔡花说："今儿晚上甭回来了，那个日本妞儿香。""咳，反正比你棒多了，你甭眼馋，我回头给你领回来让你瞜瞜……"旁边的几个知根知底儿的小青年儿，便呜呼喊叫，嗷嗷地～起来……

☺ 全活儿：quán huór

隐语。卖身的暗娼所为。

如，那天有个三十来岁的日本女人，打听古诚家在哪儿，我一瞧，就是干～的，心想，别给蔡花添熬头了，便给她瞎马骑。我说，你走瞎了，雇三轮儿到椿树胡同找去……

☺ 缺嘴：quē // zuǐ

缺少吃喝。

如，在吃喝方面，我没把豆蔻儿当成保姆，她在我这儿不～，我们有时还带她去吃洋餐呢！

☺ 呛：qiàng

吸入有刺激性气体后感官的感受。

如，"大妈，炸辣椒呢吧？怎么这么～人哪！""做水煮鱼呐，～鼻子是不是？你没听大妈也一个劲儿打喷嚏，开会儿窗子吧！豆蔻。"

☺ 起哄：qǐ // hòng

1. 因故一些人在一起戏闹哄笑。

如，豆蔻结婚那天晚上，有七八个人～简直出了边儿，竟把豆蔻的肋骨给压伤了！结果没入洞房，入医院了……

2. 在某种场合，抓住某人的言行缺漏恣意戏闹。

如，在医院，大夫说："这一根正在软肋上，不能接了……"其中一个一块儿去的黄毛儿说："什么，软肋上？我摸摸。"另几个便嗷嗷地～乱叫起来，大夫忙着制止说："这是医院，医院！连起码的常识都不讲了，请出去！"

与"起哄架秧子"义近。

起根儿：qǐ gēnr

事情的开始，一开始。

如，"哪儿有那么闹的呢，那不是熬头人吗？""咳，一～谁也没有想到，后来一想，还有点儿复杂，这里头有几个是豆蔻～那男朋友的铁哥们儿，也有曾对豆蔻流过哈喇子的……哎……可能是诚心起哄熬头人……"

戗行：qiàng // háng

1. 将从事某种生意、工作的人挤对走，自己干起来。

如，"李姐的发廊干得挺火的，怎么让光头给～啦？""嗨，那么能挣钱，光头眼儿热，要不是李姐豁出去了……光头早就～了，还容这会儿！"

2. 引申为对男女异性的相互占有。

如，咳，光头的女人先前叫李姐的男人火栓～啦，后来又让火栓给卖到东北老家一个农村暴发户……

雀子：qiāo · zi

即脸上的雀斑。俗谓雀子。

如，●《石头记》卷四六，写邢夫人为丈夫说妾，细看鸳鸯的情景。"只见他穿着半新的藕色绫袄，青缎掐牙背心，下面水绿裙子，蜂腰，削肩，鹅蛋脸，乌油头发，高高的鼻子，两边腮上微微的几点雀斑……"

你别看她长一脸～，她还偏不去美容院，偏要顺其自然。那个鲁豫秦说：她要不是长一脸～，她就不会那么酷了，老贾爱的正是那满脸～。您听听，一脸雀竟成老贾眼里的西施了！

☺ 焌：qū

1. 点燃。

如，走到胡同口儿，一个野小子正用烟头儿～一个要饭人的脏被子，咳，他愣给～着了。要饭的赶紧赶来用脚踩灭了……

2. 用点燃的烟头、香头一类烫人。

如，我在路边上等车，那个小子用烟头～我胳膊，疼得我激灵一下。我一看他那臭德行样儿，没理他，因为你理他就等于贱招，他反倒十分兴奋……

3. 将点燃的烟头、香火一类弄灭。

如，他上车后，售票员对他说：吸烟的先生请把烟～了，车上不能吸烟。他装作没听见，正巧售票员旁边站着一位民警，民警让他把烟～了，他才把烟头儿扔在地上，用脚踩了。

4. 一种烹调方法：锅热后先放油等佐料，再放菜蔬等。

如，回家后我妈问我想吃什么，我想想说：您给我煮碗～锅的龙须面吧！

☺ 七扭八歪：qī niǔ—bā wāi

形容不直，来回弯曲。

如，我吃着面，老妈说："你瞧鸡娃子都五十多岁了，可是他写的字还是～的，人说文如其人，我看字亦如此。"咳，要有名人把他推出去或是有关的人得了实惠一起哄，鸡娃子～的字，还能自成一家了呢！

☺ 圈：quān

1. 占领地盘儿的一种办法。

如，二宝，你下班后去买五十米铁丝儿来，我把窗前的空地～起来，种些茉莉、芍药，不然，不够跟鹅和孩子们劳神的。

2. 限制，管理。

如，“李嫂，你们家那两只鹅净到我们家窗前‘呵哦、呵哦’地叫唤，你想办法～着点儿吧，要不中午我们都休息不成！”“你们家亲戚多，三天两头儿来，一来就把汽车扎在我们窗户前边，走时车一起嗡嗡嗡动，谁管什么中午和晚上啊，你怎么～来呀？说说你们的好经验，我也学学，把我的鹅～起来……”

3.（某种）范围。

如，“那是文茉的文墨姐们儿和哥们儿，是她们文学～儿里的，晚上在我楼上闹腾，我也……哎，没法子，艺人们穷折腾，有钱嘛！”“您错啦，要笔杆子的能解决温饱就不赖了，有几个像莫先生能得几百万国际奖的？咳，还是脑子里没有～好。”

☺ 嘁哧哭哧：qī · chi—kū · chi

1. 形容在烂泥塘里跋涉的声音。

如，走在烂泥塘里，两只脚～，真费劲儿！

2. 形容粥状物将熟时在锅里发出的声音。

如，婷淑，听锅里～的，粥快熟了，把火关小了吧，再添点儿水，不然就更糊了！

☺ 齐了：qí · le

1. 事情已准备就绪。

如，大芯板、瓷砖、水泥、涂料等一切装修材料都已备～，只等装修工了。

2. 在钱物上谁也不欠谁的了。

如，等你们把活儿干完，我再付给你们剩余的一万五，咱们就～。

☺ 欺生：qī shēng

即欺负生人。

如，那个安徽的小汪，原本不是他们一伙儿的，所以从楼下往上背水泥、背瓷砖等重体力活儿，他们都让小汪干，无非是～呗，那个叫小高儿的最孙子！

☺ 清汤寡水：qīng tāng guǎ shuǐ

1. 指水多米少的稀饭类。

如，他们吃饭时，给小汪盛的稀饭～的，都能照见人了。

2. 多指熬菜时放的油少，菜汤里没油星儿。

如，吃饭时，有人责备小汪熬的菜～的，小汪说该买油没人去买呀……

☺ 㗫：qiā

1. 狗、猪类相互咬打架。

如，他们刚出楼门口儿，两只狗在他们身边～起架来，接着又跑来几只，尾随他们身后乱～一通……

2. 比喻人互相吵架。

如，万耘常耍小性子，一耍就和我～架。有一次我跟她开玩笑，说，咱们不要孩子了，加入丁克族。嘿，谁知她抓住这点儿嘎巴起我来没完没了，说那只占白领儿阶层的百分之二，说我刚白领儿几天，就晕头转向，飘飘然，洋化……把我损得终于忍无可忍，就火冒三丈地跟她～起来了，最后她还先动了手……

☺ 穷酸：qióng suān

1. 穿戴不值钱的，或很破旧的。

如，付斌穿的都是从早市上买来的，怎么不带～样儿呢？

2. 家底儿薄，吃的穿的用的舍不得买好的。穷将就穷凑合。

如，●《石头记》卷三五，“怎奈那些豪门贵族，又嫌他本是穷酸，根基浅薄，不肯求配。”

有人说：付斌，你要想靠你妹妹再暴发一次，就让屋里屋外旧貌换新颜，瞧你那杏黄色的沙发布黑咴裂光、腌不臜，那座上的弹簧有的都露出来了,哪儿敢坐呀,真怕把屁股给扎了。哎呀,连你妹子都吃你那～劲儿的挂落(lào)了呀,还想借她的光儿呢!

☺ 怯老勺:qiè lǎo sháo

1. 称呼没见过世面的人。

如,一开始,她管我叫～,说我是从黄土高坡上走下来的人。

2. 穿戴落伍,不入时。

如,我呢,则管她叫怯老乡儿,她虽说是野火春风斗古城的,但她不会穿,打扮得特别侉,比～还～。

☺ 全乎:quán—hù

指东西样样儿齐全。

如,她妈一直反对我回黄土高坡去做我最想做的事。其实我家乡的工农商文卫等各方面也发展起来了,什么都挺～,而她也不同意,说谁不想往北京栖附哇,再～能和北京比吗?过去有人连五年的恋情都不要了,因为怕离开北京。我说,那叫爱情吗?那叫爱城,狗屁不值!

与"全口"义近(在说到家庭人口时不说"全乎")。

☺ 敲锣边儿:qiāo // luó biānr

不直说其事,启示或煽动他人去说。

如,每当我表示想回老家去参与房地产发展时,她就～,于是她妈就大发脾气地阻拦。哎,其实我想在家乡发展个子公司,让乡亲知道我这个右派的儿子翻身腾达得摆不开了,让右派爸爸阳蹦阳蹦,所以我常说她:你干吗老～冒坏帮倒忙呀……

☺ 怯老乡:qiè lǎo xiāng

指形象像乡下人。含贬义。

如,当年我这～,如今是京城房地产的重量级人物,顶级奢侈品的符号喽!

与“怯老勺”义近。

☺ 跷蹊：qiāo · qi

悬，危险。

如，还提当年呢，当年哪儿～你上哪儿去玩儿，没把人急死！一次，你出溜到两块立土夹缝儿中间去生疯，上边的下边的人都说你：哎呀，那儿多～呢……最后把绳子扔给你，你顺着绳子才出溜下来……

☺ 赙受：qíng shòu

多指继承产业。

如，行了，当年勇就不提了。我正在对两个儿子进行教育，不能有～我的产业就可以坐吃十辈子的想法，须知，将来～父母产业是要纳税的；目前，在美国～产业要纳百分之二十三的税，在德国，子女～产业要纳百分之五十以上的税，目的是激励你个人必须有奋斗和创新作为。可是这对我们的大多数子女来说是做不到的，我看，欧美的这种政策在中国还不行。

☺ 屈脚：qū jiǎo

1. 脚的大拇指紧顶鞋头儿，使脚的大拇指不能舒直。

如，毛斌紧打圆场，说：您还提我脚上这双破皮鞋呢。那是毕业前一天，一进校门儿，我那双皮鞋一只耍圈儿了，正好让白石头瞅见。他说，多寒碜，给学校现眼啊！你跟我来，到他办公室，他从床底下趟出这双鞋，说：这给你了，穿走吧！我一穿～，后来就凑合着穿。现在大拇指向外手斜了，就是～屈的。

2. 引申为不愿到某处或见某人。

如，“您还说呢，从那儿以后，我真懒得去办公楼，去那儿总有点儿～，像缺他的情……”那个且接过话茬儿说：“对，去着～，回头从我那儿提(dī)拉一双进价六块的还给他，干吗让它～呢！”

☺ 骑裉：qí kèn

裉，裉节儿。比喻遇事内心十分矛盾，处于进退两难的境况。

如，一个月过去之后，毛斌也没去还白石头的鞋。他想：不还，总感到缺白石头的情；还嘛，一来二去，时间已经这么长了，这……所以，这点儿屁事倒～在这儿了……

☺ 气性：qì xìng

指人之气质，性情。

1. 人之常情的本能（心理、生理等素质）的抗争意识。

如，●《昌黎集》六《猛虎行》，"自矜无当对，气性纵以乖。"

他媳妇跟一个野小子睡了几次觉了，他知道了，竟然没一点儿～，反说：动物世界嘛，你睁开眼看看，所有的动物还不都是那么两下子！

2. 嬉笑怒骂、血性方刚的性格。

如，依我看，人要是没点儿～还不如动物呢，有几个窝囊成那样的人呢！

☺ 糗：qiǔ

泡，指常待（赖）在某处不走。

如，所以那野小子就三天两头儿跟他媳妇那儿～。他媳妇有时也数落那小子：你说你老在我这儿～什么？完事儿就走人，你不给窝囊留点儿空子，窝囊也有不窝囊的时候！

糗，实则为"朽木"的"朽"，在口语中流传时间长了，便慢慢地走了音。

☺ 起色：qǐ · se

1. 出息。

如，窝囊上小学时就没～，把啃完的西瓜皮抽冷子放在女生座儿上……

2. 羞臊，羞耻。

如，上了中学，课堂上老走神儿，课下拿过别人的作业就抄，他妈三天两头儿数落他：你忒没～，还梦想考北大，考家大吧你！

3. 成绩，进步。

如，他对学习失去了信心，终于不念了去看摊儿，嗨，干这个他倒挺有～，主要是他能拉祜顾客……

☺ 怯阵：qiè // zhèn

指临场害怕。

如，后来一提起上学时老考不好，窝囊就说：一到考试就～，真是邪性，监考教师总站在我身边儿，两只眼老贼顾着我……

☺ 睛等：qíng děng

坐享，坐等。

如，他妈接过话茬儿就唪儿他：你平时考试总～别人答案，哪个老师不了解你那点心机，她们能传舌着哪，想要你好儿瞧或要较真儿时，还不死死儿盯住你？

☺ 且：qiě

1. 亲朋。

如，一天，他们家来了个～，是在西单开鞋店的老板娘的丈夫，窝囊的表叔。

2. 表示需要很长时间，长时间地。

如，他妈叫他出来见见客人，只听他在里屋干答应，他妈解释说：这孩子的臭毛病可～改不了呢。你要叫他干点儿什么，嗨，他～给你磨蹭呢！

3. 完全可以长时间地。

如，在闲聊时，那个人说：听说你上学时整天跟篮球儿泡，回头我送你一双艾弗森穿的篮球鞋……窝囊当然高兴死了，但他妈一口儿回绝，说：他整天看摊儿，有双几十块的皮鞋～穿呢，不能给，回头他又该穷显摆臭美了！

☺ 苘麻菜：qǐng · ma cài

一种野菜，可吃。叶子与柳树叶儿相似，长出一两片叶儿时，有些嫩，长两三片叶子时最宜吃。用清水洗净，大多用于凉拌或蘸黄面酱，吃在嘴里脆生，略带苦味儿。

如，段枚说，我在西城长大，后来随夫落户西山，开始认得～。吃～最好用它蘸黄酱，稍微有点儿苦不津儿的。贴饼子就～，倍儿带劲儿！

☺ 起灯儿：qǐ dēngr

火柴，洋火。

如，眼下山里虽说通电了，但偏远一点儿的地方还不行，家家都有～，做饭烧柴得靠～点火。

☺ 起火儿：qǐ // huǒr

因心里着急而发火儿。

如，因为连阴天，有时下毛毛雨。做饭时，段枚一连划了十几根起灯儿都点不着火。心里一～，把起灯儿往锅台上一摔，说："这破天儿，不是涟涟儿地下，就是阴死不拉搭，今儿甭吃饭了！"平文赶紧说："别～呀！段枚，甭跟老天爷怄气儿，你怄不过它。先把起灯儿放在炕头上焐焐再说……"

R

☺ 饶舌：ráo shé

指抓住话茬儿，嘴不饶人，掰死理儿。

如，●《石头记》卷六六，"柳湘莲无意娶尤三姐，执意索回定亲之物(剑)。贾琏咬文嚼字不同意。湘莲笑道，如此说，弟愿领责领罚，然此事断不敢从命。贾琏还要饶舌。湘莲便起身说，请兄外坐一叙，此处不便。"

☺ 人五人六：rén wǔ rén liù

含讥讽意。

1. 充当知名的。

如，"何三算什么东西呀？专凭拍马屁上去的家伙居然也～，称什么'专家'，真叫人浑身起鸡皮疙瘩！""怎么，人家～你不服哇，这你不是没事找气生吗？"

2. 原本素质低下，却还要在人前装模作样地显摆，出风头。

如，何三儿抓住县长例行视察的机会，油头粉面、西服革履，～地围着县长神飞色舞，可是县长从没正视他一眼。

☺ 人尖子：rén jiān · zi

特指追名逐利很难对付的人。

如，"何三儿笼络了几个专排斥人的～，这几个～有的还是县市的先进专业户，自然也就成了何三的有力打手……""哎，其中有的倒不是～，属于有背景的。"

与“刺儿头”义近。

☺ 肉：ròu

1. 吃的东西不该软和而软和。

如，王老闷儿干什么都肉，就连他卖的这西瓜，瓤儿都是～的，真难吃死了！

2. 比喻人的言行不干脆(为人一般也懦弱)。

如，老闷儿这么～，三脚你也踢不出一个屁来，媳妇六斤半怎么能不跟别人跑了呢？

义 2 亦说“肉枣”。如，这年头儿，这样的肉枣在家里外边都吃不开。

☺ 人核儿：rén húr

也即人精。指“精”得没人沾、没人惹的人。

如，这六斤半也是个着三不着两的人，怎么跟那～柴狗子混到一块了呢？

☺ 挼：ruá

1. 衣料之类手感柔滑。含有不结实之意。

如，“安妍，单位让我们俩来看望你，并把单位发的一身西服面料给你带来了。”“这种面料忒～，又是杏黄颜色，不素雅，没几个人喜欢。”“咳，你不喜欢，连店铺老板也不喜欢，可是，采购这种面料的人喜欢呐！”

2. 人病后健康尚未完全恢复之状。

如，你大病刚愈，身子骨儿还～，甭急着上班儿，再休养几天再说吧！

人性：rén · xìng

人品，性情（人性有好坏之分）。

如，●《淮南子·修务》，“人性各有修短。”

“真的，这是头儿说的，咱们头儿挺有～的，不会扣你工资。”“我没说他～不好，可有的一提起他就口带脏字儿，说‘他妈拉八子的’，他还什么～哦，就会变着法儿挎赤人！”

惹眼：rě yǎn

1. 颜色鲜艳，引人眼目。

如，“怎么买杏黄色的呢？是够～的，穿它走在街上，人还以为是清洁工呢？”“嗨，那还用说，那种～的卖不动，只有卖给团购的……”

2. 东西引人注意。

如，安妍男人是废品公司经理，其实那里边常有一些～的东西，像电缆、井盖儿一类，上头不刮风，下边儿不下雨。

3. 指行为扎眼。

如，光天化日之下，一个半老头子用力摇晃小公共的站牌子，然后扛起它就往废品公司那边走，够～的吧？但沿路的人大都瞅着他笑，就没人管……

嚷：rǎng

1. 喊，喊叫。

如，有个黑车司机～他：“嗨，扛站牌子的站住，站住！”那个半老头子扔下站牌子，回过头来冲着那司机～道：“你～什么，有什么可～的？还怒气冲冲朝那司机走去……”

2. 大声吵。

如，司机忙说：“别老～啊，你还来劲儿啦，真想～到森罗殿啊——跟你逗逗咳嗽玩儿……”半老头子说：“别看你乘辆破夏利，懂什么你，瞎管闲事……”司机说：“你再～，不怕 110 啊？”半老头儿一听，扔下站牌子绕了。

☺ 肉眼翻胎：ròu yǎn fān tāi

形容人的眼泡儿虚囊膀肿的样子。

如，半老头儿～，怕是有心脏病吧？你别小瞧这～的半老头儿，社会知识懂得的还不少，我瞅他是破落户的文化人。

☺ 绕：rǎo

跑。

如，正议论着，忽见一辆交管车截住打头儿的黑车要开罚单，另一辆交管的朝他们后面开去，这是要截住两头儿……有人说：要动真格的……快～，赶紧～哇哥们儿！于是中间的几辆把车蹿上马路牙子，撒丫子就～了……

"绕"，口语里读一声。

☺ 人来疯：rén lái fēng

爱凑热闹。越有人，言越多；人越多，行越狂。多用来形容小孩儿或某种年轻人。

如，"你的话匣子又打开啦是不是，这儿没人夸你，整个一个～！""～是能耐，你能喝酒那算什么本事，这里边就属你挣钱可怜，还说我……"

☺ 软骨头：ruǎn gú · tou

1. 比喻为人懦弱，不敢直面强人。

如，你哥是个人来疯，你是个～，我怎么生了你们这么两块料呢！

2. 比喻人性情善良，容易迁就他人的要求。

如，二邦子蔫性子，好说话，常吃些小亏儿。他爸数落邦子说：回头我给你托人说个厉害媳妇，让她管管你，咱不能净图好人缘儿，处处～呀。

☺ 软拉吧唧：ruǎn · la bā jī

1. 形容吃的本该是脆的硬的，结果却是很软。

如，哎，伙计，这新鲜蟠桃儿吃在嘴里怎么～的，发肉，这还卖得上价儿去？还有，你这黄瓜、茄子都晒蔫了，～的，你还不赶紧甩卖呀？

2. 比喻人的性情懦弱，遇事不敢拿主意。

如，他这人～，认死理儿，你劝也白搭，等他纳过闷儿，这东西也就该扔了。

☺ 认生：rèn shēng

专指小孩子不愿见生人或见了不肯说话。

如，"来，荞荞，来吃蟠桃儿，就是肉点儿。""你躲什么呀荞荞？你不认识你姑啦，都十岁了，也不叫人，还～呐你，真处窝子……"

☺ 人儿能：rénr néng

含贬义。

1. 能想出特殊办法（未必是好办法）。

如，人家是远近有名的洋星星，～，鼻儿勾！

2. 泛指总爱显示自己，好逞能。

如，洋星星～一辈子，也没混出个人模样儿……

☺ 日子口儿：rì · zi kǒur

特指某种时日。

如，今天旅游局召开会议，在这五一黄金周的～，要求各大旅游景区都必须加强安全措施，杜绝一切意外事故发生。

☺ 人模狗样儿：rén mú gǒu yàngr

特指在外形上刻意把自己装扮得很够派头。饱含嘲讽意味儿。

如，顺唐今儿个为抢个镜头，仰着那张核桃脸，也～地在台前走来晃去，谁往眼里夹他呀，记者也绝，都不给他镜头！

☺ 软不囊：ruǎn · bu nāng

1. 形容吃在嘴里的东西软乎乎的。

如，“哎，我说，吃在嘴里～的这是什么东西呀？”“那就是木瓜，傻帽儿！”“咳，够难吃的……”

2. 形容拿在手里软乎乎的。

如，“这个呢，拿在手里～的？”“这叫寿桃。”“啊？怎么叫寿桃呢，倒有点儿像洋香瓜儿”“这东西放到～的时候才好吃一点儿……”

与“软拉吧唧”义近。

☺ 肉麻：ròu má

1. 言行直露或不庄重 。

如，●《石头记》卷六二，“香菱拉着宝玉泥污的手笑道，这又叫作什么？怪道人人说你惯会鬼鬼祟祟，使人肉麻呢！”

香菱说的不对，没人故意吹捧他，他也不稀罕别人捧他，怎么会让人～呢？

2. 刻意追求，一味吹捧，使人感到极不舒服。

如，走了一个王伦，又来了个宋江，作者硬叫有能耐的吹捧无能的“及时雨”，众星捧月，捧得着实让人感到～，浑身起鸡皮疙瘩！大凡文学作品里作者刻意雕琢的，往往正是作者的败笔所在。写人记事，行文当“如风行水上”才是，如此，读者自然不会有～之感。

☺ 人手：rén shǒu

专指具体做事的人。

如，大哥，后天家里办事时～够不够？不够，您说话。

☺ 软乎：ruǎn · hu

1. 食物类发软。

如，行，骆强，你就给我干采购吧，刘家的馒头蒸得既～又筋道，你跟刘家联系好。

2. 使用的物类很松软。

如，还有，这沙发是昨天买的，都说坐垫太～，你拿发票去跟他换硬点的，没有就退货。

3. 指人性情温和，缺乏应有的抗争力。此义同“面乎”。

如，骆强一说没有就退货，卖主儿一口锁定不退。骆强真急了：“这发票上写着‘三日内如发现质量问题可退货’呀，怎么？人善人欺，驴善人骑呀，看我～是怎么着？”对方说：“你～不～我怎么知道哇！”

☺ 绕嘴：rào zuǐ

1. 事情不易说清。

如，大头去找那卖主儿，说：当然，东西一出门儿，说起来显得有些～了，不过，当时我和李小姐怎么说的，都还记忆犹新……那人说，这绕什么嘴，只要有根有据——只是你们那个人……

2.（口语表达）不顺口儿。

如，大头一想，骆强是有那毛病：越着急说起来越～，越～自己也越起急……

☺ 肉枣儿：ròu zǎor

比喻人不善言辞，做事迟缓拖拉。

如，骆强跟我那小子差不多。我那儿子就是个～，娶个媳妇又赶上个蔫得儿匪，干什么都没一点快性劲儿，你说这两个～怎么凑到一块了呢！真是“不是一家人不进一家门”哦。

☺ 肉拉吧唧：ròu · la bā jī

1. 言行不干脆不果断。

如，谁不知骆强～的性情啊？你就不应该派他去办事儿。

2. 吃物嚼在嘴里本该脆生，但却很软乎。

如，"大头，你怎么买这秋桃儿招待人呢？""怎么啦？""还怎么了呢，你尝尝，～的真没嚼头儿！"

与"软拉吧唧"义近。

☺ 人遗子：rén yí · zi

本指遗腹子，市井民间根据传统观念，将其演绎为令人讨厌、可憎的人。

如，那家伙是个～，偏会欺负人家大骆强，什么时候咱哥们儿修理修理他，当然得讲究一下方法，不然，起码你得花千十八百医疗费。

☺ 肉头：ròu tóu

指吃在嘴里既软和又有嚼头儿。

如，敏子点的那盘虾，嚼在嘴里很～，肯定不是一般的。那经理前来解释说，是服务员报错了，那虾 15 块一只呢！对不住，少给您上个普通菜，抵消一点儿。不然，饭店就亏大了。我们勉强同意了。

☺ 揉磨：róu · mo

多指小孩子在亲人身上，头、手并用的起腻动作。

如，我的小荒儿也不正经吃，老在我身上～，弄得我也没吃好，也没什么一般两般的感觉。

☺ 认脚儿鞋：rèn jiǎor xié

在北京流行的圆口儿黑布鞋。穿它的一般为中老年男性。

如，那天从饭店出来，顺便去西富买了双冲锋呢面的～，当时挑了两三双，最后也没看，回家再一试，咳，原来都是右脚的，一只不认脚。又回去换了一趟，可那卖鞋的还穷矫情。

☺ 嚷嚷：rāng · rang

1. 即喧嚷，吵闹。

如，穿认脚鞋一般都穿白袜子，黑白分明。嗨，我那儿子看我穿了，他眼儿热，整天～他也要买一双穿，其实那不是二十来岁小青年儿穿的，死说活说也不能给他钱。

2. 声张，言传。

如，哏，几天后那小子也愣穿上一双臭显摆，我问老伴儿：你给他钱啦？老伴儿说：我上哪儿偷那百八十块去呀？随后她跟我挤咕挤咕眼儿，接着悄悄说：这跟美人蕉有关系，你就别往外～就得了……

☺ 人山人海：rén shān rén hǎi

形容在某种场合聚集的人极多。

如，咳，谁想我们的二秃子也嚷嚷着要买，买呗！我们爷儿俩没去王府井去了步瀛斋，一进门儿，嚯，里边～，乌泱乌泱的，原来是几个柜台的皮鞋、布鞋大甩卖，花了一百多给他买一双，就赶紧挤出来了。

☺ 绕圈子：rào // quān · zi

1. 常比喻说话兜圈子。

如，蔫得儿匪，你有话就直说，要瞧病就瞧病，甭～，干吗用啊？

2. 指走了冤枉路，兜了圈子。

如，去积水潭医院干吗还要倒 5 路呢，你坐 14 路不就得了吗，何必～呢！

☺ 软和：ruǎn · huo

1. 用手触摸，感觉柔软。

如，这香瓜儿都～啦，还怎么吃啊？坚强，瓜果类不能买～的。真废物你，没吃过猪肉也没见过猪跑啊？

2. 比喻人性情软弱。

如，坚强，为什么后来管你叫坚强啊？就是因为你为人～，屄蛋包。你的优点是不惹事，缺点是常挨欺负。处世待人太～了不行，俗话说，人善人欺么！

上述 2 常说“面和”。

☺ 热心肠儿：rè xīn chángr

1. 待人热情，上善若水的性情。

如，坚强不但从不招人惹事，他还是个～的人。他看谁上楼下楼提的东西重，就主动帮人忙儿；一个老太太买了十几棵大白菜，他瞧出老太太发愁往上搬的神情，就把那些大白菜给搬放到四楼老太太门口……了解情况的人说，我们的社会需要这种～的人，宣传机器应大力宣传惩恶扬善的事，使坚强这种～的人越来越多。

2. 心肠儿软，富有同情心。

如，小区里有个老人跟人诉说儿子不孝，净帮助不是人的媳妇给她气受时，说着说着，哭了。坚强也眼花儿转，他抹了一下泪水，离开了。在场儿的几个人都说，这孩子～。事后，他一见到那位老太太，就大妈长大妈短地叫……

☺ 擩：rǔ

1. 插。

如，他走时，外边黑不老影的，路边的下水道箅子丢了，他一脚～到那里头，疼得他起不来，这时有个人帮忙拽他……

2. 送，塞。常指暗中将钱物塞给人。

如，按说这是个好事儿，嘿，谁想到那个拽他的人趁火打劫，把他走时我～给他的一千块钱给掏走了！你说，人心叵测，多黑，多损呐……

☺ 饶头儿：ráo tóur

常指买东西时卖方多给的那点儿。

如，蔫得儿匪走时跟我要坐车的钱，我说，你小子真行，还要点儿～啊，又给他三十，让人暗算的事儿过了后儿他才跟我说的……

☺ 认死门儿：rèn // sǐ ménr

指认定某个道理，不再改变。比喻人性情固执、迂腐。

如，他说小区里一些孩子骑车忒野，所以他什么时候来我这儿都紧擦道边儿走，这次黑灯瞎火的一脚蹬空了，吃了亏跟他这人～有关系。

☺ 人味儿：rén wèir

指人的道德、品格。

如，"那个浑水摸鱼的家伙也忒没～啦，""咳，没～的人多了去了，连有的公家也这样，白纸黑字，十年过去了，哎……一个人还讲什么～不～呢！""你总忘不了那房补的事。""多新鲜呐，切身利益嘛！"

☺ 人头儿：rén tóur

1. 称谓人品低下的人。

如，也倒是，如今，为了钱、权、色，什么招儿都用的～有的是，如果你两眼净盯着那被戴手铐偷鸡摸狗的～，就只能说你没看透这大千世界的后面……

2. 指人的品德。

如，让我看，投井下石的人固然～次，但那为虎作伥、给搬石头的～更可恶！

☺ 饶：ráo

1. 宽恕，宽容。

如，●《石头记》卷十九，“黛玉说，我就知道你是骗我呢，说着，便拧。宝玉连忙央告，好妹妹，饶我罢，再不敢了。”

2. 另外添加。

如，刘姥姥买了三斤鸭儿梨，约（yāo）完了，她说，卖梨的，你的秤杆子还有点儿沁头，约的不喜欢，说着，就拿起一个广梨，说，得了，再～我个广梨吧，并咔哧咬了一口。卖梨的说：嘁，这老太太，你怎么这么小贫呢，有这么～的嘛，那一个广梨至少得一块呢！

此外，这个词也多用于句子开头儿，但没有实际意义，只是用来强调某种心态、语气。

3. 强调责问语气。

如，●《石头记》卷十九，“宝玉给黛玉讲完故事。黛玉说，我就知道你是骗我呢，说着，便拧。宝玉连忙央告，好妹妹，饶我罢，再不敢了，我因为闻见你的香气，忽然想起这个典故来。黛玉笑道，饶骂了人，还说是典故么？”

4. 强调歉疚、遗憾的语气。

如，咱不说宝黛俩人穷磨咕的事。说真的，～你给我办了事，还不让我说感谢话，我心里总不落忍……咳，您是我老师，有什么落忍不落忍的。

上述 3、4，在口语中常说“饶的”。如，“小子，饶的你吃了我的灌肠儿，反说我这肠儿不干净不是味儿，得了便宜还卖乖呀！”

☺ 绕脚：rào // jiǎo

指不顺路，绕远儿。

如，一次，他说：老师，有什么要帮忙儿的，您打个电话就行了，我这个单位地界儿忒背，挺～的，黑下还常有野小子来撒村。您就甭亲自跑了。

S

☺ 撒村：sā // cūn

指动辄说话粗野、打骂的行为。

如，●《石头记》卷一〇三，“周瑞家的说，哪里跑进一个野男人，在奶奶们里头混撒村混打，这可不是没有王法了？”

哏，那家伙，就念过几天书，还跟他妈～呢，他妈也没招儿，就那么一个传香火的……

☺ 扫边儿：sǎo // biānr

常指不直接说出真相，只透露点儿信息、风向，即沾点儿边儿。

如，有人～跟我说，那浑水摸鱼的像说二混子……

口语中“扫”读二声。

☺ 三只手：sān zhī shǒu

指手脚不干净，有偷偷摸摸的行为。

如，我一听，没准儿是二混子，小区的老太太大都知他是～，会算计人儿……

☺ 耍贫嘴：shuǎ // pín zuǐ

不管人爱听不爱听，一个劲儿地唠叨说笑。

如，●《石头记》卷五四，“尤氏等用手帕捂着嘴，笑得前仰后合，指他说道，这东西真会耍贫嘴。”

混子妈常念叨，说她儿子虽爱～，可有肺无心，别瞅有时犯混、撒村，其实是个顺毛驴儿……

☺ 顺毛驴儿：shùn máo lǘr

指在与人交往中吃软不吃硬的脾性。

如，她说，你越和他较劲儿，他越跟你要颡帮子，你顺着他给他两句好话，他就不知道北了，～的人好哄，还托我对机会给二混子扫听个媳妇……

☺ 扫听：sǎo・ting

从侧面探听信息、口气儿。

如，说心里话，我明知那是个犯混时就绷脸、有时连爹妈都不认，春秋季儿常在朝阳的干松的楼跟前儿躺着晒老爷儿的主儿，～什么～，有合适的也不能管呢！

口语中"扫"读二声。

☺ 撕破脸儿：sī pò liǎnr

指翻脸。

如，有人说，犯不着跟她～，尤其是车尔尼，还经常说他妈人性好……

☺ 上心：shàng // xīn

1. 老放在心上挂念着。

如，你有媳妇，人家红颜有没有男朋友碍着你肝疼了，你干吗那么～呢？

2. 肯于花费心力，非常用心。

如，●《石头记》卷七五，"贾政说宝玉不肯念书，到底词句不雅。贾母道，这就罢了，就该奖励，以后越发上心了。贾政道，正是。"

嗨，这贾老太倒懂正面鼓励的道理。我们红颜用不着那套，对学习自个儿主动～，决心先不谈朋友，立志要当"霍金第二"呢！

☺ 身量儿：shēn · liàngr

1. 指人的个头儿高矮。

如，"哎，洪彤云怎么刚来就当领班啊？""咳，人家在别处就是领班。再说，她～高，一米七三，这也是她的优势。"

2. 人的身材。

如，还有，她的～苗条，瓜子儿脸、柳叶儿眉，眉梢儿上扬，吸人眼球，迷人……

☺ 使坏：shǐ huài

冒坏，出坏招儿，暗算人。

如，"她爱抠鼻子。""谁说呀，我怎么没发现啊？""小胖儿、大脚都这么说，还说要请经理注意她呢！""你们别给人家～，都是出来挣俩钱儿，干嘛呀？"

☺ 顺溜：shùn liū

特指人的身材好。

如，哎，现在的人哪，真难说。你的身材不～，长相像东施，人们恶心你；而有的身段特～，长相比得过西施，于是有人就暗中编派她，哎，做女人难，像我这庸中佼佼，不着风雨，倒还也偷闲自在……

☺ 上粪：shàng // fèn

给庄稼施肥（肥，多指牲畜粪）。

早先，有个农大来我们村实习锻炼的夏甜甜，见我们赶着大车往麦子地里拉粪。她说大冬天的，干吗往地里拉粪啊？我们告诉她，趁着农闲，把粪拉到地里，堆成堆儿，到了开春儿再给麦子～。她说，～不就是施肥吗？

☺ 说不来：shuō · bu lái

1. 不懂，说不清楚。

如，甜甜说，一到农村，有些名词儿真～，搞教材的真该到农村里来锻炼锻炼，学些土语名词儿……

2. 说不到一块儿。

如，她还说，我还是北方人，这要是南方学生来我们京郊锻炼，那更得了，十句得有五句～，京郊人说的好多都是土话。土话很有意思……

☺ 晌午：shǎng · wu

中午。

如，老爷儿正中的时候，我们说中午，你们说都～了，该家走吃～饭了。

生活中，“晌”读二声。下面“晌午饭”、“晌午觉”的“晌”同此。

☺ 晌午饭：shǎng · wu fàn

午饭。

如，刚来时，一天，干着干着活儿，繁大姐跟我说，甜甜，收工了，家走吃～了，我当时听了直纳闷儿，原来你们管午饭叫～呐……

☺ 晌午觉：shǎng · wu jiào

即午睡。

如，还有，你们吃完晌午饭，接着就睡～，这一点跟我们学生差不多。

☺ 收工：shōu // gōng

停工，停止劳作。

如，又如，不干活儿了叫～或是“收了”，我们一向叫休息或下班。

可遇到没时闲儿的人,你喊~,她就不理你那茬儿,好像她就不知道什么叫累……这北京话可真丰富多彩呀!

☺ 时闲儿:shí xiánr

闲时,闲着的时候。

如,有人跟她男人百灵鸟说,你叫百灵鸟,按理说,你也该是个很能哨的。百灵鸟笑道,要是那样,我们俩在家里没~地哨,我闺女堵着耳朵做作业呀!花花贫嘴呱舌的,她有时瞎胡勒,你们多担待,没法子,随她去……

☺ 随他去:suí tā qù

在这里是由着他去的意思,即爱怎么着怎么着之意。

如,百灵鸟说,狗改不了吃屎,~吧!因为她这张臭嘴,我也有时听见有人跟我甩片儿汤话,我回家臭骂她两句,还能怎么样呢?闺女都上初中了……

☺ 甩片儿汤话:shuǎi // piànr tāng huà

即甩闲话,不直说,而说让人心里明白是怎么回事的话,为难对方。

如,其实花花是直肠子,你们知道她的人性,多帮帮她,不必~给我听。我不是告白过了吗,实在是没法子的事……

☺ 善赶着:shàn gǎn · zhe

1. 主动跟人说话,以讨好对方。

如,赵一忍过了十年的阶级斗争,此后儿女都当上了干部,又成了未庄新时期的赵太爷。小D父子见了赵一,总是要~跟赵一打招呼。

2. 主动为人去做某事。

如,嗨,你别说,这年头儿好人还真有,那天赵一的闺女赵元元把驾驶本、身份证全丢了,谁知今儿有个北方女孩儿~找到未庄,给元元送到家里来了。赵一说,人家～给你送上门儿,你得给她掏点儿,别伤了人家的好心……

也说"上赶着"。

☺ 讪皮狗脸:shàn pí—gǒu liǎn

指小孩子(多为男孩)在家长面前或嬉皮笑脸或噘嘴生气,反复无常地起腻、蘑菇人。

如,小桦,去做作业去,别在我这儿～的,将来考上清华我奖励一万!

☺ 撕皮捋肉:sī pí—luǒ ròu

形容青少年在一起嬉戏打闹。

如,你们老在我们窗子前边～地闹,我们小桦怎么做作业呀,啊?远远地去闹!

☺ 耍巴:shuǎ·ba

用手持物挥舞的动作。

如,小桦,你撑的呀,拿棍子来回～什么呀,回头好闪了腰再打着人?

☺ 闪:shǎn

因身体猛然扭动而使腰部筋肉受伤而疼痛。

如,"我练太极呐!""瞎说,你猛不丁儿使劲,别把腰～了。～了腰,好要钱找出溜儿是吧!"

☺ 耍圈儿:shuǎ // quānr

指鞋帮和鞋底儿接连处开了胶或开了线裂开了。

如,"呦,奶奶,坏醋了,腰没闪,可鞋～了。您瞧,前边一张嘴儿,再走几步就～了。谁让您老说给钱找出溜啊……"

☺ 身子骨儿：shēn · zi gǔr

体格。

如，小桦奶奶年轻时当过兵，～特别结实。现在腰杆子还挺得倍儿直，三天两头儿组织小区秧歌队扭秧歌，她给擂大鼓：嘣嘣嚓，嘣嘣嚓……

☺ 神聊：shén liáo

义同“山聊”。

☺ 撒野：sā // yě

指胡闹，言行放肆，骂人打人的行为。

如，●《石头记》卷九，“茗烟一把揪住金荣，骂得十分牙碜，贾瑞忙喝茗烟不得撒野！金荣气黄了脸，说‘反了’！”

王五哪里把金二放在眼里，说金荣：“咳，小子，你敢在我跟前～，我立马办了你信不信？”“哎，哥们儿，我～还是你～，横什么呀你，认识局里老五不？”

☺ 㞞蛋包：sóng dàn bāo

形容人软弱，胆小怕事。

如，这年头儿，不管你碰上黑道儿的还是白道儿的，我看还是当个～好，你又没钱又没势，惹得起谁呀？横什么横，人家一提老五，得，瞎菜了吧，瘪子啦吧！

☺ 捎带手儿：shāo dài shǒur

顺便，附带着。

如，红红，你买鞋回来～买几斤大葱，晚上咱们吃大葱爆羊肉。

☺ 撒丫子：sā yā · zi

撒腿，形容放开腿跑。

如，红红愣不怕那小子，一边抓住手机不松手，一手跟他狠抓挠，拼命叫喊人，那家伙无奈，松开手～往麻绳胡同里跑了。

☺ 傻拉吧唧：shǎ · la bā jī

1. 形容人相貌憨痴，样子不机灵。

如，看她那～的样子，稍为机灵一点的男的谁能看上她！

2. 形容人因为无知而无所顾忌的行为。

如，她看人家进美容院了，便～也进去了，你舍得花那笔钱吗？

☺ 捎带脚儿：shāo dài jiǎor

1. 顺便，顺路。

如，晚秋，你跟我搭伴儿出去，我给妈买件衣服，回头托冯爽～给带回去，并告诉家里，我过了五一再回去。

2. 顺便载人载物。

如，师傅，没公交车，您行行好，～把我们俩捎到李村，我们租的是李书记家的房子——给您抽盒红塔山……

与“捎带手儿”有义近之处。

☺ 死皮赖脸：sǐ pí—lài liǎn

不顾脸面，硬着头皮去说去做的行为。

如，我说着，管赶车的同意不同意呢，我们俩就～拽着车往车上爬呀！

☺ 撒欢儿：sā huānr

1. 多指小孩儿因为高兴而尽情戏耍、跑闹的动作。

如，那赶车的真坏，出了怀山镇后，他一边喊“打，打，嘚儿，嘚儿”，一边用鞭子～抽那骡子……

2. 牲畜因兴奋而尽情跑的情景。

如，于是那骡子就～跑哇，把我们俩给颠起老高，颠得屁股那叫疼！

散架：sǎn jià

1. 指木头、钢材等构建物散乱、坍架。

如，我们紧喊："师傅，不怕把你的车颠～了哇？""放心，车～不了！"

2. 比喻人劳累不堪，浑身松散难受。

如，我们还一个劲儿地喊：师傅哇，把我们颠得浑身都～了呀……我内急，得下车呀！

撒开了：sā kāi · le

1. 尽量。

如，"什么？下车？甭找辄溜子，门儿也没有！谁叫你们硬往车上爬呀……你们就在车上～尿吧！"

2. 随便。

如，"大哥，我的眼镜刚才给颠得掉了，我是雀盲眼……""那你就在我车上～找哇，它虽然有腿儿但还能跑到哪儿去？"

3. 到处。

如，哇哈，快到山根儿啦，前边要拐个死弯儿，车到这里自然直，谅你们～跑，也跑不出我矮脚虎的地盘儿喽！

山根儿：shān gēnr

山底下，山脚儿。

如，●庾信《游山》诗，"洞底百重花，山根一片雨。"

瞧，这里还下了一阵子雨呢。只要一过这～，就离我那独具山光秋色的山旮旯儿不远啦……

☺ 山旮旯儿：shān gā lár

山的偏僻处。

如，一到～边上，你们就能感受到“竹喧归浣女”的山中夜晚环境诱人之美啦，怕是用我手中鞭子轰你们，你们也会迷上我们这～，乐不思蜀喽！

☺ 说着了：shuō zháo · le

说得很中肯。

如，“哇，大哥，你用竹子换那么多美女呀，这回姐……可坏醋了……”“坏什么醋？以前老韩不是说美女多多益善嘛！”“大哥，你比皇帝老儿还色呀，那么多，你怎么打发呀……”“得，你算～，这不我们这儿也常来城里招聘的吗，靓女可是首选……”

☺ 烧包：shāo // bāo

有了钱就想花，不花心里烧得慌。

如，“大哥，这儿还有鸭子……”“两个傻丫头，这儿叫‘秋暝休闲娱乐山庄’，来的都是城里的，干哪行的都有，有钱～，没事儿到山沟儿里来吃虹鳟鱼、吃野菜、摘野山里红，泡泡金池银池，坐在小河边儿上涮脚丫儿，对着空山明月吟诗，唱月落乌啼、月儿弯弯照九州……其实有的也没几个屁钱儿，穷酸舍不得真花，见人骑马他骑驴罢了……”“他们不～您怎么会咧着嘴乐呢！”

☺ 说了归其：shuō · le guī qí

说到底。表示言谈的结果。

如，“那～你是不是矮脚虎王英呢？”“哈哈，到现在你们还犯傻呢，我是逗你们玩儿吓唬你们呢！谁叫你蒙我呀？这一带哪儿有李村啊？这黑不老影的……我想你们俩女孩儿找遭殃呢！我当时就决定当一回雷叔吧，先把你们捎到我们山庄住一宿……明儿个有回城的再把你们捎进城……”“哇，大哥哥——你～是雷叔叔，谢啦，你们这儿怎么还有马车呢？让我们住山庄，你能做主儿吗？”“我们这儿备有各类车辆，任人所需嘛。你们说一个餐饮部的副经理能不能做这点事儿的主儿呢？”“那你能不能给我们安排个工作呢？”

☺ 死眉瞪眼：sǐ méi dèng yǎn

多指遇事瞪着眼不动换。显现出呆傻、懒散或紧盯着什么的神态。

如，●《石头记》卷一一〇，“偏偏那日人来得多，里头的人都死眉瞪眼的。”

听见了没有？你们来到灯红酒绿的地方，遇事机灵点儿，别～的，招人不待见。我是瞧中你们俩有戳个儿，在服务业打工，戳个儿很重要……

也说“直眉瞪眼”。

☺ 说话：shuō · hua

1. 指在一起谈话。

如，前面那灯红隐约处是餐饮大堂，你们先去那儿等我，跟人～时要文雅大方……

2. 指时间很短，一会儿。

如，告诉你们：我叫胡然，我去车马科，～就来。

3. 开头儿，说事，挡箭牌。

如，还有，事情成不成主要靠你们自己，不要张口闭口就拿我～，我无非是个小部的副经理……

☺ 搡掇：sǎng · duo

1. 以手用力推(或连续推)人的动作。

如，到大堂门口儿，俩人愣了一会儿，晚秋猛然～她姐一下，早秋就先进去了……

2. 以生硬的语言说话，令对方难以接受。

如，里面的坐堂小姐见进来两个生虎子，便～起她们俩……这时，胡夫人上官秀眉副总经理正经过这儿，问怎么回事儿，哪儿来的？

☺ 四六不懂：sì liù bù dǒng

俗谓古代骈体文为“四六”，因为全篇是以四六字组成。四六不懂，是指不识四六诗文。后引申为不懂规矩没有教养的人。

如，胡夫人问：这黑灯瞎火的，胡经理是从哪儿把你们俩给弄来的？稍微一愣又说：钱芊，对于～的不能要，谁有工夫去培训她！

☺ 数落：shǔ luò

批评，责备。

如，●贾仲名《对玉梳》三，猛见他面目事不当初，不合将他千般数落十分怒，料应来命在须臾。

胡夫人正～着早秋她们俩，胡然忽然颠儿过来了，说：你甭来回～她们。

☺ 说道：shuō dào

1. 学说学说（有弄清是非的意思），说说。常叠用。

如，胡然继续说，我把她们俩的情况～～……我看她们俩挺顺溜的，可以收下先观察试用几天……

2. 念叨，商量。

如，胡然向他夫人挥挥手，说：“嗨，这点儿事何必小试牛刀呢？走你的副总，回头我跟人事部～一下不就结了……”副总说：“不管怎么～该培训就培训吧。生手儿，还有点儿野拉吧唧的。”

☺ 少相：shào xiàng

面相显得年轻（用指年纪较大的人）。

如，晚秋扫了上官的后影儿一眼，似乎是很羡慕地说：“经理，您的夫人真够～的……”“得了，～什么，老瓤子啦，没什么新鲜的了……钱芊，你验证一下她们的有关证件，如无问题，你就先给她们安排食宿。”

☺ 随：suí

1. 跟（在后面）。

如，好，咱到人事部去，你们俩～我来。

2. 像。

如，“看长相，你们俩就不像亲姐妹……”“是，我～我爸，姐～我姨儿。古来不是说男的像叔，女的像姨儿吗？人都夸我长得帅……”

☺ 上脸：shàng liǎn

指人言行没分寸，得寸进尺，惹人反感。

如，●《石头记》卷四十，“刘姥姥忙打了一个巴掌道，下作黄子，没干没净的乱闹，倒叫你进来瞧瞧就上脸了，打得板儿哭起来。”

☺ 四衬：sì chèn

多指群体建筑物之间部局相衬、协调合宜（如座向、高低、式样、用料、色调等综合景观）

如，钱姐，这山庄盖得真棒，亭台楼榭依山傍水，高低错落有致，特别是那灰墙红瓦，古色古香，又不失之现代化的格调，多～呐！

☺ 嗉子：sù zi

1. 禽类颈下临时储存吃食的囊状器官。

如，哇，拔丝海棠，炒鱼仔鱼泡儿……真让人流哈喇子了呀，咦，这盘儿是什么肉哇？啊？是炒鸡～，鸡～也能吃啊？咳，那鱼泡鱼油以前谁吃它呀，如今都变成盘中钱，没有糟蹋的玩意儿啦！

2. 一种盛酒的瓷器器皿。

如，“姐，他们这儿餐桌上摆放着的细瓷儿器皿是干什么的呀？”

"那叫酒～，喝白酒用的，记得爸说老年间兴那个，哪个饭馆的桌子上都摆着酒～——哎，我说你怎么那么贫嘴呱舌的，兴奋过度了你？"

☺ 手巾：shǒu jin

即毛巾，擦手擦脸所用。

如，●《太平御览》引《汉名臣奏》，王莽斥出王闳，太后怜之，闳伏泣失声，太后亲自以手巾拭闳泣。

对，是有点儿高兴，姐，把你后边的～递给我，怎么我直点儿冒汗儿呢！

☺ 死劲儿：sǐ jìnr

使出最大的劲头儿。

如，姐，愣着什么哪？咱俩下～吃，把这三碟儿菜全给他包圆儿喽！

☺ 手贱：shǒu jiàn

多指小孩子手不老实，闲不住，动不该动的。

如，我没说你呀，你～呐你？手没地方搁了，老摆弄茶壶盖儿干什么呢？给摆弄腌臜了好挨说是吗？

☺ 撒呓症：sā yì · zheng

1. 睡眠中的话语、动作。

如，半夜三更的，你一边儿呼呼大睡，一边儿～叫胡然，叫人知道不笑话死你！

2. 昏昏欲睡或醒后依然昏迷欲睡的状态。

如，晚秋，都六点半了，还～呢你？该起起，刚来得争口气！

3. 熟睡中起来闲逛或干活。

如，有人说～的人真怪，他呼呼大睡时起来去街上闲逛一圈儿，回来继续睡觉，但他并不知道去街上遛弯儿的事……

☺ 时气：shí qì

1. 时节气候。

如，多穿点儿你，眼下正是杀冷子的时候，～不好，一不小心就透心儿，准病了不成。

●《石头记》卷五七，“宝玉伸手向紫鹃身上抹了一抹，说道，穿这样单薄，还在风口里坐着，时气又不好，你再病了越发难了。”

2. 时运，运气。

如，钱姐，头一次出门儿就碰到胡哥，胡——胡副经理……我们姐儿俩～不赖……钱姐，安排我们吃饭吧，我真饿得慌啦……

☺ 死活：sǐ huó

贵贱。形容态度坚决。

如，吃完早饭，钱芊让早秋姐儿俩先给海棠树苗儿去浇点儿水。晚秋～不去，说要见胡副经理说道说道，并质问钱芊是干什么的……

☺ 甩闲话：shuǎi // xián huà

1. 指说不贴情理的使人反感的话。

如，钱芊说：你少跟我～，有话跟胡经理说去！

2. 故意说风凉话，给人听。

如，你～给谁听呢？这活儿是经理的安排，是让我来执行的。

☺ 甩鼻子甩脸：shuǎi bí · zi shuǎi liǎn

把不高兴的情绪表现在脸上给人看。

如，钱芊说，我只是个大堂的小经理，你干嘛跟我～的？我也是磨道的驴，真是的，有能耐跟胡经理～去……

义同“甩脸子”。

☺ 丧气：sàng qì

1. 倒霉，不走运。

如，晚秋一个劲儿喊～，并依然表现出鼻儿脸儿的……钱芊说，什么叫～啊？旁边一个服务生说，这都不懂呀，真……

●《石头记》卷九二，“贾琏说凤姐，老太太还没开口，你便说了一大些丧气话。说着，便把两件东西拿了出去。”

2. 情绪沮丧、低沉。

如，早秋虽未吭声，但也越想越～，心想，别找事儿了，干脆走人，出山吧……

☺ 上冻：shàng dòng

因寒冷而结冻。

如，钱芊看她们老茓菰眼儿，又解释说：出门儿打工，什么人什么事都会遇到。你们刚离开家门儿，还嫩着呢，会让骗子骗得咕咚咕咚的！不说这些了——因为山里冷得早，地要～了，所以要抓紧给幼苗儿上粪、浇水，你们不愿意也没什么，双向选择，不愿意，拔腿就可以走人嘛……山庄一～就进入淡季，哪儿有那么多正事呢，因此我们这些人有时逮着什么就得干什么……

☺ 稍干儿零碎儿：shāo gānr líng suìr

1. 指零碎东西。

如，刚才我瞅那边装一车～，那是进城的吗？是呀，卖山货去的……

2. 比喻乱七八糟的。

如，你们待时间长了就知道了，每逢淡季，我们这些人什么～的都得干，不过，这儿的人并不那么阴损、缺德……

☺ 痠疼：suān téng

即酸疼，指浑身乏力，肌肉疼痛。

如，●《石头记》卷十九，"黛玉道，我前儿闹了一夜，今儿还没有歇过来，浑身痠疼。宝玉道，痠疼事小，睡出来病大。"

钱姐，我是昨晚坐车生给颠得的，浑身～，今儿能不能让我们两个先歇歇儿呢？

☺ 上门：shàng mén

1. 入赘。俗谓"倒插门儿"。

如，这我得跟胡经理请示一下，有的他也做不了主儿，他是个～女婿……哇，挺有男子汉味儿的胡然敢情是～的，那他不受气吗？

2. 关上门。

如，受谁的气呀？胡经理才逗呢，说：晚上一～儿，上官就是耗子，我就是猫啦！

☺ 手软：shǒu ruǎn

不忍心下手。

如，有时副总把他给逼急了，他举起手来又慢慢放下，说：我在她跟前儿怎么就老～呢……晚秋说，胡经理像吃野食的人……

☺ 散德性：sàn // dé xing

(常指当众)暴露不知羞耻的言行。

如，早秋搡掇了一下晚秋，不带好气儿地说："～呢你，胡嘞什么呢！"

☺ 散花：sǎn // huā

1. 成包、成捆的散开了。

如，"什么撕票儿呀，我发现你说话有点儿云山雾罩。""她们要求今儿歇歇儿。”“胡经理昨晚的车绕(绕,读一声)得多快呀,连我袋儿里的化妆用的都颠～了,两只唇膏都颠飞了……”

2. 用木头等搭建起来的散了架。也比喻身体酸痛。

如,没别的意思胡经理,我是说一包子东西都颠散花了,我的骨头架子还不～了,由于浑身酸懒,所以想先歇半天儿……

☺ 怂掇:sǒng·duo

指怂恿人干不敢干或不应干的。

如,胡经理用眼憋咕一下早秋,说:早秋,我看出来了,你可别让晚秋把你给～坏了……晚秋说:什么叫～呀,说什么呢您,我们是姐儿俩,您真是的……

☺ 酸懒:suān lǎn

身体疲倦不适。

如,你说浑身～,我看懒是根本原因,我们这里可不养活娇姑娘小姐儿啊……

☺ 折:shé

1. 亏损。

如,钱芊把她们俩带到果园,跟她们说,自己是职院毕业的,一开始开个饭馆儿,后来～本儿开不下去了,三转悠两转悠便转悠到这里打工。

2. 断。

如,她说她也在这果园干过活儿,并嘱咐她们俩干活时要小心,别把树苗儿弄～了,弄～了经理知道了要罚款的……

☺ 撕罗:sī·luo

1. 把盘根错节植物幼苗的根儿择(zhái)开。

如,苗圃里的幼苗儿密,移栽时要把它们的根儿～开。

2. 比喻遇到麻烦事，要把是非分清楚。

如，钱芊说：出门在外，一是一，二是二。碰到该～清楚的事，特别是钱的事，一定要～清楚，不能含含糊糊背黑锅、落嫌疑。

●《石头记》卷九，"李贵说贾瑞，你老人家，到底有些不是……还不快做主意，撕罗开了罢！宝玉道，撕罗什么？我必要回去的。"

☺ 身子：shēn · zi

1. 有了身孕。

如，正说着，从果园办公小楼里走出一个女的。钱芊说，她是我同学，因～不便，胡经理把她安排在办公室，叫白雪，是管你们的……

2. 人的身体。

如，到了跟前儿，没等钱芊说话，晚秋就走上前说，白姐，我们是刚来的，请多关照，白姐也要多注意～，看样子，快了呀……

☺ 晒老爷儿：shài lǎo yér

晒太阳。

如，有个职工告诉她们该怎么干后，就钻进一个大棚去了。晚秋说：姐，走，到那山根儿先～去，这老胡今儿还挺厉害，真还摸不透他……早秋说：你没看他那劲头儿，还敢去～？小资产者嘛，说炒你就炒你！先凑合两天再说吧……

☺ 勺叨：sháo · dao

嘴快，多语。有意无意抢在别人前头传播不该说而说的人或事，常因此引发是非。

如，你从哪儿听来的桃色传闻呀，管那些闲事干什么？怎么那么～哇你？到时候不怕二青头要三青子，扇你大嘴巴？

三青子：sān qīng · zi

1. 张口就说戗茬儿话，蛮横，并且常是戗顺不吃。

如，怎么着？说我媳妇什么？背后编派我是不是？爷就爱耍～，我还不管你是公儿是母儿，把爷我惹急了，你就是孙二娘，爷也要给你扒下一层皮来做胡弦儿，信不？

2. 也称呼那种人。

如，有人见了我就小声儿叫唤：呦喂，～来了！也有人说：～就得让他媳妇圈管着……其实我不吃人，我就专治那爱欺负人的孙子货！

丧谤子：sāng bàng · zi

形容出语生硬，说话不近情理。

如，●《石头记》卷三五，“那玉钏儿先虽不欲理他，只因见宝玉一些性气也没有，凭他怎么丧谤，还是温存和气，自己倒不好意思的了。”

一次，三青子媳妇数落他：你该学学人家贾宝玉的脾气儿。干吗一说话就那么～？街里街坊的，别动不动就跟人要～，这年月，多交一个人就多一条路……

口语中“谤”读一声。现实生活中，不用“谤”，而用“邦”“梆”。

死气白赖：sǐ qi bái lài

形容过分请求或谦让。

如，今天一上391路车，又碰上我那同学售票，她～不让我买票，说你甭管了，可是次数多了我也不大好意思啊……

仨瓜俩枣儿：sā guā liǎ zǎor

1. 表示事小，没有多大价值。

如，咳，她怎么会让你买呢？不过是～的事嘛，以后对机会你请请她不就齐了。

2. 形容东西不值钱。

如,"对,您说的也倒是——哎,虹大爷,您要不要我爸那辆二八老飞鸽呀,卖也值不了～,您要就把它推走得了……""就是～我也得给你爸,在钱物上不能含糊了……"

☺ 臊气:sāo qì

1. 引申不愉快。

如,我在鑫百万吃饭,谁知那狗眼儿夜叉带着个土地爷坐在了我的前边,心里感到很～,我立马儿挪了个地方。

2. 晦气,倒霉。

如,今儿个够～的,遛弯儿时又碰上那家伙,还踩了一脚狗屎!

☺ 说出大天:shuō chū dà tiān

这个语词本身无实际意义,只用来表示(多为否定的)态度非常坚定的一个前提。

如,老黑,你们甭费劲儿,今儿～来我也得告他绿豆蝇,我就不相信刑不上大夫!过去,他一见我们妞子就讪皮狗脸的,我还不知他要拉什么屎?不想他居然——不行,这回人证物证,～我也得告他!

也说"说破大天"。

☺ 事儿妈:shìr mā

好(hào)事,常惹是非。多指已婚年轻女性,含厌烦色彩。

如,"对,我支持您,告他坏小子!""欢欢,我的～,你不说话没人把你当哑巴看待,你没事儿吧唧掺和人家的事儿干什么呐?你和坏三儿倒配上对儿了:～加色洋,都有名儿!"

☺ 色洋:sè · yang

在人面前以逗笑的表情和乖巧的言行逗乐儿,使人开心。

如,你们瞧坏三儿这块料那～劲儿,他还说襄南台那新闻节目主持人～呢，人家那不叫～，叫风趣，叫幽默！

口语里“色”读二声。“洋”为轻声。

☺ 耍嘴皮子：shuǎ // zuǐ pí zi

1. 指头脑聪明，口齿灵敏，爱说，能说。

如，你羡慕他说话溜嗖，能～，其实，那是事先都背下来的，傻妞们儿！落得你，我瞧你也行！

2. 光说得好听，但不见行动。含贬义。

如，●《茶馆》第二幕，唐铁嘴说王利发：“你的嘴呀比我的还花哨！”王利发：“我可不光耍嘴皮子，我的心放得正！这十多年了，你白喝过我多少碗茶？”

☺ 顺口儿：shùn kǒur

1. 饭菜做得可口儿。

如，“琼姐，你的小炒儿我们感到很～，都爱吃，我们那组长吃小炒时你多给她放些油，油脂抹滑，让她没法儿吃。”“你们不是说她是事儿妈吗？她不～那还不跟我来事儿妈？”

2. 不加思索。

如，你就装作没听见，～唱起你最拿手的“雾里看花”气死她事儿妈……

☺ 松快：sōng kuài

1. 比喻经济宽裕。

如，小美，你要是手头～，先借我三百，我去天意买衣服去。

2. 穿着舒服。

如，“我很得意这身衣裳，穿着～，小美，我可不喜欢穿你那绑在身上的，只顾线条儿招人了，活受罪呀！”“咳，女为悦己者容嘛，要是你男朋友喜欢你受罪呢？”“等有了——哈，也保不齐他喜欢～的呢，男喜女者好(hào)哇……”

☺ 说嘴：shuō // zuǐ

显摆，夸口。

如，"行了，行啦，我男朋友还在镜子里呢。""那你就先甭～了，我估计呀，你就等待受罪的日子吧！""你说的也在理儿，事没临头，还是少～的好，省得到时候自个儿给自个儿堵嘴……"

有时中间嵌进"什么""哪门子"等词。如，"也倒是，这年头儿，特别是儿女的事，说什么嘴啊，像张婶儿，刚夸完她闺女多老实，回家后，二丫就跟她说已经有了……张婶儿说，妈呀，天呐，先一会儿我还为你说嘴呢……""真是的，您没事说哪门子嘴呢，你别忘了您年轻时候怎么追我爸的……"

☺ 水灵：shuǐ · ling

1. 形容人漂亮而活力四溢。多用于少女。

如，"小美长得倍儿～，穿着又招人，难怪几个款儿爷都宗上了她。""凌波仙子开得再～，可惜花开三日鲜呀！""所以如今的女孩儿都牢记曹操的人生感叹，都在尽情挥霍那最～的三日……"

2. 常形容刚刚绽开的花朵儿鲜明艳丽。

如，黛玉荷锄望着桥边纷纷凋零的芍药，满腹愁绪道：侬今葬花人笑痴，他年葬侬知是谁，～三日便凋落，侬之今日亦自知……

3. 幼小的花木长得玲珑挺拔、勃勃生机、极富生气活力。

如，紫鹃悄然从后面走来道：小姐，一切生物都是～那么几天，你看那棵芍药底下又长出几棵幼小的，勃勃向上，多～哦，可它～几天就会慢慢走向枯老的呦，一切时刻都在进行着新陈代谢哕，何必悲乎哀哉呢——哎，想起来了，宝二爷正找你呢……

☺ 酸不溜丢：suān · bu liū diū

1. 形容人有架子，酸文假醋，不易接近。

如，"安静长得不怎么样，还～！""我看～也是一种魅力，有的就专看上她那～的劲儿，邪门儿直呐！”

2. 食物味道发酸。

如，“这红毛丹的味道～的，没什么吃头儿。莲雾也不行，那寿桃更得，我看还就是山竹吃得过儿”“你嫌～给安静啊，她就爱吃～的……”

☺ 酸文假醋：suān wén jiǎ cù

1. 与“酸不溜丢”“1”义同。

如，你给她，她又该～拿架子，说什么不稀罕那玩意儿，早吃得够不够啦！

2. 形容说话总爱用文言字眼儿，即“转(zhuǎi)文”。

如，“她说话～，还总转呢。”“转什么转，我问她‘四书’指哪四种书她都不知道，还～呢，酸什么酸！”

3. 形容人假模假样儿，装腔作势。

如，●《石头记》卷一〇九，“宝玉跟五儿说道，我怕冻着他，还把他揽在被里窝着呢！这有什么的，大凡一个人总不要酸文假醋才好。”

☺ 损：sǔn

1. 挖苦。

如，“俗话说，打人不打脸，揭人不揭短。仇五，你说话干吗老爱～焦光秀呐？能不让他反感吗？”“他反感又能怎么样？”原来，仇五娶了个接脚妇。这女人带了个儿子，比仇五小十四岁。这小子硬不改姓名，还叫焦光秀。一次，见了仇五的原岳母金琼，张口就是“老金”。此后，仇五便常～他，称呼他“领导”。

2. 用阴毒的绝招儿治人。含贬义。

如，立秋后的天气是尕个儿天，中午的老爷儿还是挺毒的。那野小子去城东河里洗澡。不知谁抽冷子把他衣服给偷扔了。他爬上柳树，撅些树枝，抱在怀里跑回家。他妈听说后，是谁这么～啊，我的焦儿要不会想辙，还不给冻死在河里！你记住，咱们以后绝不跟坏人学

～招儿治人！

☺ 傻眼：shǎ // yǎn

当没有料到的不良后果出现时，一时瞠目不知所措，后悔莫及，心里沮丧无奈的情态。

如，老逞能呀，这回你的千里马追吻上人家歌后迈巴赫的屁股啦，一下～了吧？你是生虎子，手潮还开得那么快！

☺ 生虎子：shēng hǔ·zi

1. 对于所干的差事很生疏或不懂行，即生手。

如，“我开车上路还不到十天，属于～，你又来个急刹车……”“什么话呀，我说你——我不刹车行吗？变灯了呀，交规呀——不跟你废话！”

2. 素质差，言行冒冒失失的人。

如，大姐——其实我平时老这么叫你来，当然你听不见……我说呀，你甭跟他置气，他咋咋呼呼的，是个～……大姐，您是公众名人，您……您的车……就是右边尾灯有个口子……大姐您就雾里看花，把他这～当作屁，放了他吧，他兜里只有几十块，赔不起……

☺ 馊主意：sōu zhǔ·yi

不高明的，甚至于使事情败坏的办法。

如，“哎，你倒会给他圆场儿，他是你什么人哪？”“大姐，小内弟。”“哎，称呼谁呢你？怎么说话哪你？”“大姐，误会……您今儿晚上有没有演出活动……以后您再来区上演出，我给您托人砍价儿，多要两万出场儿费，不就结了吗？”“哎，你——用得着你帮忙呀，该干吗干吗去，你裹什么乱，瞎想辙出～呀！”“大姐，一看您就是挺随和的人……”

☺ 随和：suí · he

言行能与人为善，有一定的忍性，不与人争执、对抗。

如，●《石头记》卷七，“秦氏嘱宝玉道，宝叔，你侄儿年小，倘或言语不防头，你千万看着我，不要睬他。他虽腼腆，却性子倔强，不大随和些是有的。”

☺ 死磨硬泡：sǐ mó yìng pào

言行耍赖，磨咕。

如，“二子，这事林琳不同意就算了，你跟她～也没用 。”“说的也是嘛，～什么呐，你得尊重人家的选择，这不正是人与动物的区别嘛！”

☺ 神砍：shén kǎn

1. 说的离奇，神秘。即所谓神乎其神。

如，二子那天那叫～，说银河系那个黑洞，口胃会越来越大，地球离它才 2.6 万公里，不定什么时候一高兴，就会一口把地球吸进去……他真够～的，净捡耸人听闻的说，其实，地球离那个黑洞的距离是 2.6 万个光年，差悬乎啦！

2. 最爱传说令人担惊害怕的。

如，我们对门儿开黑车的那个拴子比他也不眼呜，有点空儿就在门口儿～，经常～得唾沫星子四溅：喂，知道了吗？开红富康那个女的被坏人捅了！当时我一看那两小子的眼神，就知道不是好鸟儿，所以我就不拉他们，结果她说她拉。我还小声跟她说，天快黑了，大晚上的，要不，我后边趁着你？她硬逞能，说不用，没事儿，结果……哎。

☺ 手潮：shǒu cháo

指某种技艺没过关，处在二把刀阶段。

如，“我还～，把车开到木樨地就让给我二哥了。”“～不～，自己清楚，这可不是硬逞能蛮干的事儿！”“而甲三儿却说我完全可以带徒弟了。”“他是个二百五，你不知道？”

☺ 㞞奸软：sóng jiān ruǎn

常称动用心计利用他人，自己从中看戏或得利，但又不会受到什么威压责备的人，也管这种人叫“阴扇子”。

如，他是出了名儿的～。一次，他说，事关大伙儿切身利益，你完全占理，逼急了，游游行，这有什么了不起的，再说，公家也保证人有人身自由嘛！结果，关起两个领头儿的。他又说，人家不让去闹市区，你非奔那儿不可……不过，没事儿，写份检查不就得了吗？有人说：你就会耍～净说面活的，听你的准坏菜！

与“敲锣边儿”义近。

☺ 甩大鞋：shuǎi dà xié

不讲究过日子，有了钱就花，而且花得不适宜。

如，大狗过日子～，这不，前几天又买了一辆大洋摩托，其实上班的保安公司离家只有两站路远，买它干什么呢！花了钱还让人看着不顺眼……

☺ 顺眼：shùn yǎn

1. 让人看起来能产生好感。

如，●《茶馆》第二幕，王淑芬说李三的辫子：“你看，咱们这么一收拾，不比以前干净，好看？……可是，你要还带着小辫儿，看着多么不顺眼哪！”李三：“太太，你觉得不顺眼，我还不顺心呢！”

2. 环境、住处让人感觉惬意舒适。

如，我知道，买了房子你就顺心了。保定是个老省会，古城，曾是野火春风与之相斗的地方，吃的菜蔬类很便宜，市中心挺热闹，周围环境又开阔，我怎么瞅怎么～，等把钱攒够了，我在那儿买套房，没事儿住那儿去……

☺ 手脚儿：shǒu jiǎor

1. 代指行为动作。

如，夏茉干起活来～挺麻利，比以前的几位都可心。

2. 代指偷偷摸摸行为。

如，后来有些事让我怀疑起她有～不干净的嫌疑，所以还是把她辞了。

3. 代指暗算人的动作。含贬义。

如，随后我雇一个叫春莓的，这个春莓来了没三天，就知道我的零用钱在什么地方放着，原来她与夏茉是一个地方的人，是夏茉背地里做了～，她们之间有猫腻儿，一时虽说不错，但我心里膈应她，结果我又辞了一个……

☺ 色花儿：shǎi huār

颜色，代指某种人。含贬义。

如，就王胡那～，要相貌没相貌，要戳个儿没戳个儿，要能耐没能耐，我吴妈嫁给他那种～？让他做南柯梦去吧！

☺ 慎：shèn

愣腾，等候，不急于行事。

如，"那你也不能老～了，一则你年纪大了，宁可草里找花儿，也不要去花里挑花儿，再则你毕竟让阿Q动过，还老～着什么呐你？""我～着是要找个神聊的。王胡一脚都揣不出一个屁，整个一个窝囊废！"

☺ 时兴：shí xīng

流行。

如，"等呗，碰呗，我有洛阳纸啊，真没梦到现在～神聊，你看电视台的铁嘴儿有多多，特别是港台的主持人，那语速快得简直让你听不清，口才多棒啊！""嚯，没想到你还这么新潮呢，现在～的海了去了，你赶得完吗你？”“哎，恨生不逢时，糟蹋了卿卿的老命了哦！”

臊模耷脸：sào · mu dā liǎn

因内心羞愧而尴尬的不自然神情。

如，“实告诉你吴妈，是王胡托我来做中介红娘，要是你把他撅了，他一出门儿就会～很难为情的，毕竟是个地地道道的农人嘛……”“噢，原是王癞胡想的辙呀，嗨，我也实跟你说，在晚上下班的时候，他三天两头儿在赵氏梦幻公司门前老槐树下转悠，有时我都不瞧他一眼，一给油，我的奥拓嗡的一声就颠儿了，他哪里懂得什么叫～？”

碎嘴子：suì zuǐ · zi

唠唠叨叨，不顾他人厌烦，常说些没用的，也难保说出些是非。

如，●老舍《赵子曰》第十一，赵子曰听说欧阳病了，忙打断李顺的话，说：别碎嘴子！他在哪儿呢？

与“勺叨”义近。

瘆：shèn

怕，可怕，使人害怕。

如，我刚毕业不久，让我去农村搞普查。那是个傍山的村野小院儿。一进小院儿就觉得～得慌，正房住着一个孤老太太。西房两间，里边那间有一铺土炕，外边那间停放一口棺材，村干部安排我住在里间儿。天呐，甭说黑下，就是天亮了，屋里屋外也总是“这里的黎明静悄悄”，空寂～人，可是我又不能说我害怕，因为我是所谓的干部……

傻不愣瞪：shǎ · bu lēng dēng

义同“傻拉吧唧”。

如，我头一天夜里浑身净一阵阵儿起鸡皮疙瘩，头发也一阵阵儿激激灵灵立起来。再加上那炕席底下虼蚤啐儿多，咬得我就没法儿睡！第二天中午来一个～的小伙子，说是专门儿来跟我这大学生就伴儿的，我兴奋得直点儿喊他“好兄弟”……

☺ 省油灯：shěng yóu dēng

比喻好说话、好接触、好办事的人。多用于否定式。

如，原来这好兄弟并不是个～，第二天他竟然向我说，说我有补贴费，每天要给他五块钱。我说，补贴费才七毛五分钱啊！全给你怎么样？他摇头说，不行，否则还让我浑身起鸡皮疙瘩……

☺ 少来这套：shǎo lái zhè tào

少用这招儿、这办法。

如，我说：你～，想乘人之危呀你，欺生是怎么着？

☺ 生人：shēng rén

没有见过，不认识的人。

如，●明，陆灼《艾子后语》，“艾子蓄羊两头于囿，羊牡者好斗，每遇生人，则逐而触之。”

☺ 水音儿：shuǐ yīnr

特指非北京地区人说话的口音。

如，傻不愣瞪说话有～，像沧州一带的，他怎么也出现在这大西北了呢？

☺ 哨：shào

1. 鸟儿叫。

如，常想起年轻时在终南山里劳动的日子，九月的天气，早晨天一亮嗖，听吧，山沟里的鸟儿“叽了啁了”～得真动听，自然也感受到了“蝉噪林愈静，鸟鸣山更幽”的真实意境的美，而跟我住在一块儿的大屁股给人留下的印象也难忘怀……

2. 比喻人特别能说。含一定的贬义色彩。

如，大屁股么，小时在天津长大，智能高下且甭说，论嘴皮子，能～着呐，甭看你能神砍，反正你还～不过他，有名的京游子，卫(天津)嘴子嘛！

☺ 甩手掌柜的：shuǎi shǒu zhǎng guì · de

多指不张罗家务，愿图清闲的男人。

如，他在家里是个～，什么都不管，心里不搁事儿，吃得饱，睡得香。

☺ 山响：shān xiǎng

形容声音特别响亮。

如，大屁股还有一绝技：放屁～，咚咚儿嗙嗙的，犹如小钢炮儿！

☺ 飕：sōu

1. 形容风声和风速快。

如，昨天下午环卫工人可乐了，～～的西北风把马路给扫得一无所有。

2. 形容风刮得清凄、遛嗖。

如，他们够辛苦的，冬天天还黑着呢，就冒着冷～～刺骨小风儿工作了……

3. 刮，搜索。

如，人行道上，除了坑坑洼洼的地方有些纸屑、脏物，其余的地方都让一宿的西北风给～干净了。

4. 吹。

如，他见我买了一袋子白薯，就给我介绍一种吃白薯的方法：冬天，把蒸熟的白薯放在阳台上或房顶上，让风～干，然后什么时候想吃时，把它洗净，填进嘴里，哏，嚼起来牛筋儿牛筋儿的，您不信就尝试尝试……

☺ 擞：sòu

把铁通条插进炉眼儿里抖动，使炉灰漏下去。

如，大红，以后天快亮了时，就得起来把炉子～一～，添上煤，然后投米、和面、蒸包子、炸油鬼……接待吃早点的……

☺ 水皮儿：shuǐ pír

水的表面儿。

如，“呦，这米真够次的，～上漂着一层稻皮儿。”“那不碍事儿，你多投一和(huò)，关键是要把握好搁水多少，把饭蒸筋道。”“哎，大妈，如今说～的忒少了。”“可不是。先前这词儿常挂在北京人嘴边儿上。京味儿大作家老舍写赵子曰早起顺着护城河溜嗓子时，就这样说：‘啊——哦——儿吓啊——把河中的小鱼吓得都不敢到～上来浮，苇丛中的青蛙都慌着往水里跳……’”

☺ 顺口搭音：shùn kǒu dā yīn

指顺着事因或别人的话茬儿说。

如，●老舍《我这一辈子》，比方吧，有人来报被窃，巡长和我就去察看。糙糙的把门窗户院看一过儿，顺口搭音就把我们在哪儿有岗位，夜里有几趟巡逻，都说得详详细细，有滋有味儿……

☺ 说事：shuō shì

(以某种情况或人)当作借口。

如，她拿那儿被窃～，实际上是骆驼弯那儿太背，没几个人光顾，你把她的铺子盘过来就有人啦？找赔钱哪你？

☺ 说碴了：shuō chá·le

指双方说着说着便急了，即说崩了。

如，你不知道，我的姑奶奶！以前我跟她男的一块儿喝酒时～，我一酒瓶子瓶在他头上，把他打残了，现在就是替她经营，我也得管呐，不然，我就得吃官司坐大牢！你愿意我吃官司吗？

☺ 松口儿：sōng kǒur

表示有所应诺的话语态度。

如，天呐！你背着我都干了些什么！这财权可是在你爸手里攥着呢，他要是不～，又怎么办呢？你敢跟他说真着吗？

☺ 上论：shàng lùn

指见于经典的，传统的。

如，●《石头记》卷八五，“老祖宗说句话儿，都是上篇上论的，怎么怨得有这么大福气呢！”

口语中“上论”中习惯插入“了”。如，也倒是，虽说亲兄弟，明算账，这是上了论的妈妈论儿，可是，我们是父子啊，子不教，父之过。这也是上了论的呀！我怎么样，我爸他绕（rào，口语里读一声）得了吗？他也有过啊！

☺ 酸不津儿：suān bù jīngr

吃或喝在嘴里，有些酸味儿。

如，“这枣儿怎么发酸呢？”“瞧您说的，这是用酸枣树嫁接的，所以个儿小一点儿，略有一点～的味儿，有人专爱吃这种枣儿，说～的，还开胃……”

☺ 酸拉吧唧：suān·la bā jī

指吃的东西味道发酸。

如，“你这樱桃也掺假呀，有的怎么～的？”“您别大声嚷嚷啦！不是一棵树上结的嘛，品种不一样；再说，也不是像您说的那么邪乎，什么～，只不过是略微有那么一点酸味儿罢了，更何况稍微酸一点儿能刺激胃液，助消化，增加您食欲……掺假、～，多难听啊……”“行啦，行啦，我看你倒够能砍的，开胃，老太太我还想瘦身呢！甭穷矫情，你把～的掺在甜的里头一块儿卖，这不叫掺假叫什么？我侄子在工商所当副所长，我给他打电话，叫人把你抄了，信不？”

此义也说“酸不溜丢”。如，什么酸不溜丢，你尝了一个又一个，尝够了，来个酸拉吧唧，贫嘴呱舌的小市民！

☺ 筛糠：shāi // kāng

比喻因恐惧而浑身哆嗦。

如，别介呀您，我这小本儿生意，禁不起抄！您看我全身都～啦，得了，我的亲妈，给您抓一把回去哄孙子吃吧，别让我～行不行您呐，亲妈……

☺ 涮：shuàn

1. 戏弄。

如，得，我今儿个让这破老嬷嬷子给～了，这哪儿是什么酷帮客呀，纯粹是个买十尝五的啬皮小市民！不过，你蹭我的那一小把儿，十个得有八个是酸拉吧唧的，吐酸水去吧你，破老嬷嬷子！

2. 在水里洗。

如，老太太把樱桃在水里～～，叫道：老伴儿，快来，尝尝我买的“树儿难栽”！（俗语“樱桃好吃，树难栽”）。

3. 蒙骗。

如，“嚯，老伴儿今个儿开口子啦，竟舍得买树儿难栽啦！”“哪里呀，一个神聊的小帽儿叫我给～了，我一掏玩具手机，他真有点儿傻眼啦……”

☺ 㞞：sóng

1. 形容人胆小、懦弱。含看轻、小看的意思。

如，你那东西只能蒙乡下老赶，吓唬～人，要注意，这年头儿～人不多啦……

2. 不好的。形容人身子骨差(弱)。

如,那小子横不了,瘦得跟猴儿似的,他那～身子骨儿还敢跟人叫板?

3. 形容人没能耐,没本事。含鄙视的意思。

如,你这一说,我也听出来了,看来那也是个凑合活的大～人,都是民众阶级的末等人,应该相互同情才是,以后,你可别再欺负人啦……

4. 指物类质地次、赖、不好。有看不上眼、看不起的意思。

如,以后你少拿那～东西去蒙人,万一露了馅儿,那么大岁数怪丢人的!

㞞骨头:sóng gú · tou

与前条"㞞"的1、3义同,但渗透一定的疼怜色彩。

如,你侄子不就是个～吗,让跟他一般大的欺负了连屁都不敢放的东西,还腆脸说他是什么副所长,你现在怎么也学得……

算计儿:suàn jìr

1. 数儿,心计,计划。

如,●《石头记》卷六十,"探春评议赵姨娘,这么大的年纪,行出来的事,总不叫人敬服,……耳朵又软,心里又没有算计儿,这又是哪起没脸面的奴才们挑唆的。"

2. 谋划,暗算。含贬义。

如,你甭和那小丫头儿打交道,她爱～人,到头来,她哪样儿都吃不了亏!

说长道短:shuō cháng dào duǎn

多指爱唠叨的人评议是非。

如,●《石头记》卷六十,"赵姨娘无法,只得同他三人出来,口内犹说长道短。都怪赵姨娘中道不着,还说呢!"

☺ 使性子：shǐ xìng · zi

放纵性情，耍脾气。

如，她一不合适，就～给人个没脸儿，让人下不来台，她婆婆都怵她一头……

☺ 损气：sǔn qì

1. 送人的东西因价钱过于便宜而使人反感。

如，他去医院瞧他娘儿，在水果摊儿买三斤皮儿都黑了的处理香蕉，他表妹一见就撇嘴，气不打一处来，问他：你从哪个垃圾筒里掏来的呀？～不～呀？我们都嫌丢人、寒碜！去去去，腌不臜的，你给我扔到外头去，别给我添熬头！

2. 吃穿用等类的出手（自感）有损于面子。

如，他被踐了出来，反复瞧着那袋儿黑皮儿，自语道：是够～的……但她当着人拿话噎我，也真够拉下脸来了的……

"损"，在口语中读二声。

☺ 上不来：shàng bù lái

1. 话不投机半句多，说不到一块儿。

如，我跟熊三～，他总跟别人想的不一样，忒各（gě）；他爸妈也不跟他过，说跟他～，老两口儿单过。

2. 性情各（gě），不合群儿，跟谁都不合拍。

如，谁都跟熊三～，结婚不到一年，媳妇也把他蹬了，整个一孤家寡人！

☺ 丝丝拉拉：sī sī lā lā

1. 身体某部位的一种疼痛感。

如，"怎么了呢？我这一阵儿肚子～的疼，就像墙裂了缝儿那样……""是不是饿了？前'墙'挨着后'墙'了吧。"

2. 指蓬蒿野草或丝软一类的东西纠缠在一起的现象。

如，上午去了一趟郊区，郊区的房子这二年没人住，院里蓬蒿野草～都缠在了一块儿，院子中只有一条鸡肠子小道儿……

拾掇：shí · duo

1. 采集，收拾。

如，●陆龟蒙《杞菊赋序》，前后皆树以杞菊，……及夏五月，枝叶老硬，气味苦涩，旦暮犹责儿童辈拾掇不已。

真的嗨，哪如在院子里种些杞菊，又不费什么事，到五月，～完了，好歹晒晒，往药房一送，就是钱！

2. 整理，归置。

如，咳。老伴儿老说，种那些管什么呢？倒把院子弄的乱了咕咚，到处挺腌臜，哪如把屋子里里外外～～，看着也顺眼！

说说：shuō · shuo

1. 指把问题提一提，讲讲道理。

如，这事儿都怪白华儿，要不是当初他把持这房子，还不是早租出去了？回头见了你叔把这事得跟他～，不然你叔还会埋怨你浪费资源呢！

2. 数落，批评。

如，“爸，华儿哥的事我不好插嘴。”“那好，回头我好好～他，在家靠父母，出门儿靠朋友，言行没谱儿怎么能交人呢！”

顺：shùn

1. 形容偷，比喻偷东西的动作。

如，一天，白华儿来到钱千的杂货铺儿，从大衣袄袖里褪出一个脉冲电警棍，问钱千给多少钱。钱千说：“哥们儿，从哪儿～来的？”白华儿一瞪眼，说：“胡勒什么呢，什么叫～呢，你给多少吧？”

2. 按照愿望去说去做。

如，几天后，白华儿让他大爷这一通呲儿，他总～口儿答音儿地哼哈，哪儿敢倭刺儿？因为他深知他大爷吃软不吃硬的脾气，遇事不能戗着他，只要～着他说，什么事儿都没有……

3. 没遇到什么大碍，顺利。

如，华儿常说：知足常乐。我这人没什么大能耐，活了大半辈子，甭管干什么都挺～的，没碰到什么卡脖子的事……

☺ 上夜：shàng yè

即夜里值班。

如，●《石头记》卷六二，"晴雯悄笑道，他们查上夜的人来了。这一出去，咱们就好关门了。"

☺ 烧：shāo

1. 除燃烧外，多用来比喻手头儿上一有点儿钱（或发点儿小财）就得把它大手大脚地花掉。

如，白华儿手里别有钱，一有钱就～得连姓什么都不知道了，非把它抡掉不可。

2. 比喻极具钱物，便随意将其抡（挥霍、毁）掉。

如，最近报上登载一条～的消息：一个孩子把路边一辆白色儿大奔给划了两道儿，车主儿不叫那孩子走，那孩子打通电话后，一会儿开来十辆嗙儿红的大奔，一个腆着大肚皮儿的男人指挥几个手下人说，给我把那辆划道儿的车砸扁了……然后对那孩子说："孙子，这才叫划车印儿呢！"说完，扔下一百万，便扬长而去……围观的人都唏嘘惊讶，说："好家伙，有钱的人就～得这样儿？比尔·盖茨是世界首富，人家是绝不这么干的！中国人学西洋真是学什么都要过头儿，这阿Q的余毒也忒厉害了……"

☺ 㞞事门子：sóng shì mén · zi

形式的、虚假的、哄弄人的。

如，白华儿说：这种人如今有了钱，便都有了不少头衔，可他们什么都不信，一提起开会，就骂骂咧咧：开什么会呀，净搞那种～，白白浪费我们纳税人的钱还不说，还尽让人脑袋疼，烦死人不觉照！有人听后说：这种人不是俊杰！

☺ 耍：shuǎ

1. 赌博。旧时多指打牌(推牌九)、顶牛等。

如，钱千说，兄弟，说实话，那天我～钱，叫你爸给碰上了，我怕他告诉我们老爷子，不知怎么就没话儿答拉话儿提起你来了……这都怪我一时心虚，～钱的错儿……

2. 玩儿弄，捉弄。指对待他人的态度、手段。

如，白华儿马上氽儿了，说："你甭瞎扯淡，你～钱怎么扯起我来了呢，你是故意～我是怎么着，找扇呢你大爷的？""行了行啦，你甭跟我来那套，假门假式还要跟我～三青子怎么着？"

☺ 手头儿短：shǒu tóur duǎn

指手中缺钱花。

如，钱千知他最近～，想要要二百五，就说：你～了说话，哥哥我没多有少，三天不能还可以五天还，可不能跟我耍二青头……

也说"手头儿紧"。

☺ 水饱儿：shuǐ bǎor

饿了时，因吃干的少喝稀的或喝水多而产生的"饱"的感觉。

如，●老舍《我这一辈子》，"我有八个烧饼才够，就硬吃六个，多喝两碗开水，来个水饱！"

☺ 十分九厘儿：shí fēn jiǔ lír

多形容病情严重，病危的程度。

如，华子抹了抹眼，又接着说：最近老泰山病得～了，夫人老逼我，说眼看他爸病入了什么肓，我也不着急，其实我早知已经～了，我是甘着急帮不上手哇……

☺ 死性：sǐ · xing

1. 指人的头脑不灵活，没办法没招儿。

如，昨个儿她又找我，我说你怎么那么～呢？你不会去找千哥啊……

2. 指不肯帮助别人结交人，性格很拘谨。

如，我说她，你跟三只眼好，你怎么不找她想想办法呢？我媳妇说，你不知道她特～啊，你让我去碰钉子？

☺ 死的鬼儿：sǐ · de guǐr

形容有冒死危险。

如，两人正说着，钱千的媳妇一拽门出来了，一脸的旧社会，指着白华儿说：干吗呀你兔崽子，你不知他是～，前几天警察要把他带走你知道不？干吗呀这是，这年头儿有钱的人多了去了，干吗老跟一个不知～的泡哇？我们该你的不成？接着又跟钱千说：不知～你，我瞅你敢借他一分钱！瞅老娘怎么收拾你……

☺ 塞：sāi

特指用手往嘴里填东西、捅东西(多指吃物)。

如，虎牙说：你都这么大了，怎么跟小孩子一样，一回家就往嘴里～，老也～不饱，你就是个饿死鬼儿！回头惹急了我，我撕你的嘴岔子，让你～！

☺ 撕：sī

1. 即用手捏住(某物),用力往怀里或一边拽。

如,别介呀,夫人,把我腮帮子～肿了,还怎么往嘴里塞吃的呀?

2. 将纸张一类或薄软之物,按需要扯开。

如,华子,要下大雨了,你把那块牛毛毡～成两半儿,准备挡窗户用。

☺ 山聊：shān liáo

指嘴能说、爱说,说起来就没完没了。

如,白华儿说:你真事儿妈,什么事儿一到你嘴里,白的也得成黑的,要不人都叫你～呢?不就掉几个大雨点子嘛,下不起来,哪儿那么邪候哇?

与"神聊""神砍"义同。

☺ 说和：shuō・he

调解纠纷,使矛盾的双方和解。

如,●老舍《赵子曰》第十二,老赵一面溜达,一面想:我总得给老莫欧阳们说和呀,我走这么几天,这群小兄弟就打架……

虎牙说:嗨,华子,你还别说,针对小区里有打架的,听说街道办事处要组阁一个什么民事矛盾调解科,有人说我平常常给人～事儿,建议我去找找白主任,套套磁,在科里当个～人儿,遇事儿给～～,动动嘴皮子,也不累,每月拿个千儿八百的……白华儿说:得了吧你,那不能光凭借一张嘴去瞎～,首先你得对官方的政策门儿清,你行吗你?

☺ 舍脸：shě // liǎn

1. 指豁出碰钉子,硬着头皮儿向人摘借钱、物类。

如,华子又一想,这也倒是个机会,不行,世路难行金作马,舍不得孩子套不着狼,豁出～去,找大头借两千,这种差事攘给两千也就差不多了……

2. 虽说没有把握，还硬要请人给办事儿。

如，华子把凑来的两千元到银行换成二十张整的，顺便跟人要个钱袋儿装了进去，心想，我是头一次～求人办这种事呀，心里真有点儿突突儿的……进了白主任办公室，正赶上屋里没有别人，心想，好机会，于是像做贼一样，忙说："白主任，您的哪个抽屉空着呢？"主任说："干吗呀，都半空着呢，你瞧——"说时迟那时快，华子把钱袋儿往抽屉里一塞。刚一推抽屉，进来一人，华子一惊之后才瞅出是虎牙。主任说："呦，今儿你们两口子要干什么呀，瞅神情还是在我这儿邂逅呢……"虎牙说："他来干什么我不知情，我是～求您给我找个差事……"

☺ 施翻：shī · fan

寻找、翻腾东西。

如，华子又换话茬儿说："主任，您说的那本画册，您这岁数不适合看那个，您送给我吧……我给您俩钱儿也行。""咳，那是我不在家时，孩子从床底下瞎～出来的，你瞜了一眼，瞧你倒还真上心了……"

☺ 折耗：shé hào

多指额外的损失伤耗。

如，"我说主任，您怎么绕不过弯儿呢，那玩意儿有点儿黄，让孩子们看了更不好。您～烟酒什么都不在乎，怎么在乎起那种伤眼的东西了呢？您真是的……""哎，我说一个大老爷们儿你可真够能泡的。我～什么啦？没事吧唧穷磨菇什么呢？得啦，华儿爷，工作的事我尽量帮忙。那也不是说话就成的事儿，我该下班了……"

☺ 说话就得：shuō hua jiù dé

说话，是立马儿、马上的意思。就得，得，完的意思，形容快。

如，主任一边锁门一边自语说：别以为我是捏糖人儿的，拿起糖稀,一捏咕,~。找工作不仅要靠人际关系,还要看你本事,人家需不需要……

口语里还常说“说话就好”“说话就完”“说话就去”等。

☺ 丧不由魂:sàng·bu yóu hún

愿望得不到满足而无精打采的样子。

如,华子~地往回走,心里暗想:咱走着瞧,到时候什么事都办不成,干嘛我两千,姥姥儿,我不想法儿给你点儿厉害,我就是老娘儿们儿!

☺ 松分:sōng·fen

1. 指家庭经济宽裕。

如,主任说:咳,现在找工作的可海了,有的也不是手头儿不~,过不下去了,反正都是往好了过呗。我刚撂下我亲家母的电话,她说她小儿子去伦敦上什么剑桥了,她的经济很不~,想找个挣钱多的打工差事……其实她们家的经济挺~的,没事儿让儿子上那儿的剑桥去玩儿,中国的桥还少哇,卢沟桥、赵州桥什么的……这不是自找不~吗……

2. 所穿的衣服肥大,穿着有松快感。

如,她接着说:瞧,你们两口子的褂子穿着多~哪,瞧我的多紧绷,我就不爱这箍着身儿的,可我闺女老给我买这贴身儿的,说什么可以帮我减肥,有线条儿什么的……我跟她说:我都老帮儿瓠啦……以后可别再买这紧紧巴巴不~的啦,难受死了……

3. 指住的宽敞或有富余。

如,华子说:咳,反正您住的~,一回家把那紧箍咒儿一扒一甩,在屋里撒着欢儿抡胳膊、打把式,一下浑身就~了……主任说:你说的话糙理不糙,是那样儿。咳,要不是我那口子正管着开发商,住的哪儿能这么~呢,哎,这年头儿都得有所靠……

☺ 松心：sōng xīn

1. 指家庭经济宽裕，不为吃喝穿用所束。

如，我们俩怎能和您比呢，戴着草帽儿亲嘴——差远啦！您家的日子过得多～呐！

2. 指家庭成员上下左右和谐相处，没有气生。

如，您就俩闺女，早都出了门子，俩闺女商量好了，三天两头儿带着外孙女、倒换班儿来看您老俩，老伴儿又不花，一心扑在工作上。您有什么气生啊，多～啊！无非晚上有时要熬熬夜儿……

☺ 十了五了：shí · le wǔ · le

1. 有的时候，接长不短儿。

如，华子故意套她："那您家三天两头儿得有开发商去串门儿吧？""哪儿三天两头儿呀，那还不把我家的门槛儿给踩平喽哇，反正～就有人去。"

2. 零零星星，多多少少。

如，"那您家喝的抽的用不着自个儿买了。""咳，那玩意儿值几个子儿呀？反正我～的也得准备点儿……咳，一有人来我就躲进我的房子里，人家谈正事儿，我在场儿干什么哪？""对，您到一边听话茬儿，等漏儿……"

☺ 十头八块：shí tóu bā kuài

指数额不大，小意思，一般人不往心里去。

如，●老舍《我这一辈子》，……赌局还照旧开着，敢去抄吗……可是，又太不像话；怎么办呢？有主意，检着那老实的办儿案，拿几个老头儿老太太，抄去几打儿纸牌，罚上十头八块的。巡警呢，算交上了差事。

☺ 挑脚：tiāo jiǎo

即挑夫，挑挑子的。旧时给他人挑行李、货物的人。

如，●《石头记》卷六三，“明日起迟了，人家笑话不是个读书上学的公子了，倒像那起挑脚汉了。”

哎，听说他爸原先是个～的，看来，到他这辈子也没混出个人模样儿，好像连个手机都没有呢！回头跟你爸说说，别挑饬他了，该办的给他办了得了。俗话说，皇上还有三门子穷亲戚呢！

☺ 挑饬：tiāo · chi

1. 挑拣。

如，他来了，我给他端过一盘儿栗子，你瞧他一边往嘴里着活，一边扒楞着捡，我说：你来回扒楞～什么呢？

2. 挑礼。

如，●《石头记》卷九七，“贾琏道，就是明日过礼罢，只求姨太太不要挑饬就是了，说着，捧过通书来。”

☺ 耍钱：shuǎ qián

赌博。

如，华子说，说起耍钱，您说的那是过去，柿子净捡软的捏。如今，怎么罚也罚不到主任头上。主任说，如今我早不～了，也怪，一来就输，一输就暗地里嘬牙花，何必呢，拿好端端的钱打水漂儿……

☺ 食亲财黑：shí qīn cái hēi

只认得钱，不认得人，形容异常贪吝。

如，华子听后，心里骂道，你～，六亲不认。甭忙，你爷们儿早晚让人举报，让政府给抓起来，到那时，也得稍上你。你再～，也得把爷我那两千块给我吐出来！说着，华子掏出手绢儿，搌搌眼角儿，顺便擦了下脑门子……

☺ 傻二哥：shǎ èr gē

言谈不中肯，性情愚懦的人。

如，主任说：华儿爷，心里想起什么动心的事儿，起急起来了，脑门儿直冒汗儿，我说～，什么事儿弄得四脖子汗流的，值吗？华子心里骂道：喊，我是～，你丫瞎眼了……

☺ 捎上：shāo shàng

连带着的意思。

如，华子说："我这人心软，您一说嘬牙花，我的牙根儿也就疼起来了。""呦，这么一说，我嘬牙花也把你～了，弄得你直冒汗儿，这真……哎……"

☺ 四脖子汗流：sì bó zi hàn liú

形容大汗淋漓的情状。

如，●老舍《我这一辈子》，看他端着大碗，跟着我们吃热汤儿面什么的，真是个痛快的事。他吃得四脖子汗流，嘴里西啦胡噜地响，脸上越来越红，慢慢地成了个半红的大煤球似的；谁能说这样的人能存着什么坏心眼儿呢！

☺ 山墙：shān qiáng

平房的承重墙，有东山墙、后山墙、西山墙之称，也叫东房山、后房山、西房山。

如，华子住的是老平房，后～早就裂缝了。他担心下大雨后～的缝子会不会裂更大了……

☺ 潲：shào

1. 雨点子被风所吹，斜着落下来，窗户纸被拽(zhuāi)湿。

如，虎牙说他，你赶紧用塑料布把窗户挡上，别把窗户纸～湿了！

2. 用扫帚沾水洒地。

如,华子说:这屋地上怎么粘脚哇?虎牙说:我要扫地,先~了点水,谁知天上来得这么快……你说嗨,一眨眼的工夫,天放晴了!虎牙说:外面有个吆喝沙瓤儿西瓜的,你去看看,便宜的话,买一个解解馋……

☺ 杀口甜:shā kǒu tián

特指西瓜品种好、熟得好,吃在嘴里又沙又甜。

如,卖西瓜的正切一块儿让一个人尝。那人说:嘿,真是~!中间沙,越往边儿上吃,越甜,水儿头儿越大。你车上就有仨啦?我全包圆儿啦!华子一听,赶紧从车上抱起一个说,你再切一块,我也嘍嘍是不是~。得勒,您别尝啦,这人都包圆了。这时又有两个人听说~,也赶忙抱起一个。原来要包圆的人急了,把切剩下的那一块,拿在手里,说:谁说~?瓤儿是沙,但跟面猴儿瓜一样,淡不拉唧的,没味儿……

T

☺ 天上来了：tiān shàng lái le

指天上乌云翻滚，暴风雨即将到来。

如，在街心公园里打扑克的老太太，见身边刮起小旋风，一抬头儿，说，呦，瞧西北那股～，多恶呀！赶紧家绕（绕，读一声）哇！一个老太太刚往前走两步，便摔个大趴虎儿。正闲溜达的淘气儿见状，把老太太背起来给送到家里……

☺ 疼：téng

关心，喜爱。

如，老太太的老伴儿麻四爷拉着淘气儿的手说，听说你爸小结实挺～你。孩子，他要不～你，你跟爷爷说，我能治他……

☺ 太阳地儿：tài yáng dìr

指晴天时，太阳直接照射的地方。

如，四爷说，这孩子大了，做事儿很招人喜欢。那天趁着有～，我和张爷蹲靠东墙根儿聊天儿。他走过来说，二位爷，垒这墙时，没怎么砸根脚，我瞧这墙悬，您挪个窝儿吧。嗨，真让他说着了，我们刚挪开十来分钟，那堵墙就咕咚一声倒了，你说这多悬！

☺ 偷偷儿：tōu tōur

1. 暗中，悄悄地。

如，四爷把200块钱～塞进淘气儿的裤兜儿里……

2. 瞒着别人，不让人知道。

如，淘气儿回家后，发现这200块钱，估计准是四爷家的。他～坐电车，特地去森泰茶庄用那200元，自己又添了100，买了三两花茶，看机会，送给四爷大儿子麻子荣……

☺ 提神儿：tí shénr

使精神兴奋。

如，麻子荣新近得了一种怪病：他老犯困，跟人说着话儿时，竟然眯起眼睡着了，使对方扫兴，无奈走人。淘气儿听说喝浓茶能～，想让麻子荣喝喝浓茶试试看……

☺ 淘气：táo qì

（多指小男孩儿）顽皮。

如，淘气儿是小结实捡来的养子。可是他媳妇美容嫌他忒～，常揪她闺女小辫子玩儿，有时爬上树，坐在树坎儿上拿弹弓子崩人找事儿。她一再提议把淘气儿轰走，但小结实老说，等他大点儿就好了……

☺ 烫：tàng

1. 特指把酒温一温，热一热。

如，区力力说，老爸，菜还没炒好呢，您先愣愣。我刷刷酒素子，把酒给您～一～，喝点儿～酒暖肚子。

2. 用热水和面。

如，爸，您不是还想吃～饺子吗，等我炒完菜就～面。您想吃什么我知道，可是我常腾不出手来给您做可口儿的，小升子忒淘神……

☺ 淘神：táo // shén

多指幼儿的玩耍、活动，使大人费神。

如，他爸整天出去拉活儿，小升子才两岁，正是～的时候，弄得我一天到晚也干不了什么活。

也说“劳神”。如，说的也是，可多劳那也是爱人儿肉哇！

☺ 趟浑水：tāng // hún shuǐ

比喻受到说不清道不明的牵连。

如，白主任说大黑偷了她的手机，你赶忙跑去给解释什么呢？有你这么没心没肺的吗？你这不是去～吗？

☺ 腆：tiǎn

1. 使……蒙受羞耻。

如，大黑不务正业，一没钱花，就～脸去找丈母娘要，有时呲对他几句，也不给他，特别是他手脚儿染上了不干净的毛病，让人憎嫌……

2. 挺，挺起。

如，他媳妇也是的，明明怀着个杂种儿，还老～着大肚子到处转悠、显山露水，也不怕人议论、戳脊梁骨……

☺ 甜乎：tián·hu

1. 使……受益。

如，哎，副队，我这三只鸡真～人，正一天三个地下蛋呢，等它一歇窝儿我就拆，我也知道这一溜儿自建棚都拆了，我这也……

2. 令……满意。

如，你要顾全大局，我们不能考虑鸡～你不～你的事儿，不管歇窝儿不歇窝儿，最后通牒：限期一周，不然，我们动手！

3. 动听，好听。

如，“哈，老嘎也真翻儿了！”“你甭听老嘎说得～，很明显，他是故意拖延时间，跟他甭客气，给他拆！”

☺ 抬杠：tái // gàng

因看法不同而争辩。

如，“淘气儿，你俩戗戗什么呐？别～了，还脸红脖子粗的，赢金子还是赢银子呀？”“妈咪，小不点儿问我什么是性骚扰，我说就是母的逗公的，他说是公的逗母的……您说呢”“妈吔，我还以为你们是为学习～呢，行行行啦！这么点儿小崽子从哪儿学的这肉麻话呀？上网上的吧，真是的……”

义同“搬杠”。

☺ 淘换：táo huàn

寻求。找不易找到的东西。

如，“这花瓶儿是大刚从潘家园旧货市场～来的，少说着也得赚十倍！大刚也慢慢成了行家里手啦。”“明清年间的古董，在民间还能～到，就是不懂行怕打眼呐。”“请大刚给你掌眼，难道他还给你瞎马骑？”“咳，一涉及钱，人心叵测哟……”

也说“淘货”。

☺ 挑眼：tiāo // yǎn

指摘毛病、漏洞。多用于礼节方面。

如，今儿个人多，特忙活，有照顾不到的地方，您可别～啊大妈。

☺ 铁：tiě

比喻彼此关系亲密牢固。

如，嗨，你跟她儿子关系特～，是有名的～哥们儿，她还挑什么眼呐。

☺ 挑礼：tiāo // lǐ

与“挑眼”义同。指出礼节方面的缺漏。

如，“他大婶儿，你给别人引见了，为什么把我接过去呢？怕我不掏拜钱还是怕我掏不起拜钱？”“哎哟，他大妈，你可别～呦，咱们姐们儿有什么说的呀，你要～就怪我因为人多太忙，脑子都乱了套啦……”

☺ 偷嘴：tōu zuǐ

指偷吃东西。

如，我去年雇了个爱～的宛月，不过她乖巧，嘴甜，不要小性子，讨人喜欢。之前那个倒不～，但有时还得我伺候她呢！

☺ 推让：tuī ràng

彼此客气，互相尽让。

如，哎呀，你们主仆俩混得挺好的，该吃就吃，还相互～什么？

☺ 头年：tóu nián

去年，上一年。

如，宛月是～十月那场大雪过后来的，一眨眼一年多了！

☺ 梃：tìng

挤，顶，替代。

如，宛月跟我说过他哥叫人家给～了的事儿，她说他哥是学医的，还是个研究生，他到一家二甲医院求职，科主任说还真有个名额，答应他了，并说月底来签约。他月底去时，还给主任带去两瓶五粮液和两条大中华。谁知主任说，事情崴了，院长前天通知他，说那个名额要给一个大专生留着。主任说，我自然想要你，可是你硬让大专生给～了，我没辙了呀……

贪嘴：tān zuǐ

嘴馋。贪吃，好吃。

如，●《石头记》卷五二，“要这爪子做什么？拈不得针，拿不动线，只会贪嘴吃，眼皮子又浅……”

托儿：tuōr

一伙儿中起烘托、帮衬作用的人。

如，奶奶，我去买五花肉的时候，一个人拿张狐狸皮挡住我，跟我说，这是个小狐狸的……这时忽然围上三个人，问那人：你就这一张吗？还有没有哇……我一瞅，甭问，那三个都是～，于是我撒丫子就走了……

头里：tóu·li

前面，事情的前头。

如，谁知那个人走在我～，跟我瞎贫，说什么不愿卖给他们，愿卖给我，价钱还可以再便宜点儿……我跟他说，我说我可把话说在～，你要老腻我，我可要喊人啦……

套近乎：tào jìn·hu

拉关系。表示亲近。

如，他说，别介呀，听口音你也是长白山那疙瘩儿的……我说，你甭～，都是那疙瘩儿的，你还想蒙我！

也说“拉近乎”。

捅窟窿：tǒng // kū·long

比喻借了外债。

如，他说，他刚娶了媳妇，家里～了，想急着还债，不然，利滚利……死说活说让我帮帮他……

☺ 挑费：tiǎo fèi

指吃穿用等生活费用。

如，我说，有这么帮的吗？你说都是一疙瘩的就帮你？再说，我两个弟弟都上初中，家里的～多大呀？我出来做保姆是为帮家里一把……

☺ 吐口儿：tuǐ // kǒur

用话语表示意愿、态度。

如，他磨咕半天，见我不肯～帮他，说，我白两眼泪汪汪了……我说，你纯粹是瞎掰，你说得倒挺面和，我有病啊！我也是打工的呀……

☺ 团弄：tuán nòng

指用手揉弄东西。

如，他把那张狐狸皮往提兜里～～，就找那三个托儿去了。

☺ 套磁：tào cí

多指用钱、物等拉关系。

如，对，宛月儿，这年头儿就得多长点儿心缝儿，甭说他跟你要贫嘴，就是动点儿真格的，比如用钱物和你～，你可也不能见钱儿眼开……

☺ 趿拉鞋：tā · la xié

把鞋后帮儿踩在后脚跟儿下(指布鞋)。

如，●《石头记》卷二五，“宝玉便趿了鞋，走出了房门。”

哎，你别～呀，别学宝玉，他是男孩子。你是女孩儿，～会给人懒散的感觉……

☺ 挑食：tiāo shí

1. 人在吃食上的好恶、选择。

如，“奶奶，我看小猛儿倒不～，什么都吃……”“谁说的呀，不～为什么单去吃卤煮哇？我看现在的孩子都是欠饿的缘故！”

2. 禽、畜类在吃食上挑挑拣拣。

如，您说得对，咱家那大白猫就够～的，没有荤腥儿的它就不吃……

☺ 忒儿喽：tēir · lou

1. 鼻涕从鼻孔淌出再被吸回去的动作及音响，过去多用于小孩子。

如，如今狗蛋开着皇冠，带着小蜜到处兜风儿，凡人不理。想当年，他的鼻涕经常流到嘴边儿上跃跃欲试。别人说，狗蛋，瞧你那鼻涕正准备过河呐，这时，他一～，那两筒鼻涕就像耗子见了猫，刺溜一下，又跑回鼻眼儿里去了。

2. 指吃面条时面条儿被吸食进去的动作及声音。

如，如今他爱吃臊子面，蹲在地上，用筷子将臊子面挑起，放到嘴边一～，得，那一箸子面条儿便全然～进肚了。嗨，吃得那叫淋漓艺术就甭提了！

☺ 填补：tián bǔ

1. 着(zháo)补。多指先吃点儿垫底儿。

如，●《石头记》卷六二，“姑娘们玩一回子，还该点补些小食儿。”

郭大说：当然喽，我就爱吃凉皮儿，特别是热天儿，吃起来凉个嗖儿的，又筋斗又解气。我常在熬夜儿时～一碗两碗的，又经济实惠，倍儿棒！

2. 弥补(某种不足或欠缺之处)。

如，狗蛋和郭大原是同乡小伙伴儿，一天，打电话给郭大说：你整天换大米能挣几个子儿，我这存折上有五千块钱，你拿去～一下亏空，甭急着还。郭大说：你忒小瞧人啦，笑话儿，我用你的钱～生活？

也说“点补”。

☺ 挑子：tiāo · zi

1. 担子。

如，章炎现在每天黑下挑一～海棠，在德外走街串巷，每晚至少能赚二三十块钱……

2. 代指所干的工作。

如，他本是蔬菜公司的职工，因为年终奖和经理吵了起来。他媳妇露露是怀柔的，老家近几年板栗、海棠等大丰收，所以一尥蹶子，撂～不干了，贩卖起水果来……

☺ 溻：tā

多指汗水将衣服洇湿。

如，有一天，我转悠一圈儿又挑回来了，因为城管的夜查。媳妇见我头上有汗，说，秋衣准～了，快脱下来，给你洗洗。

☺ 塌心：tā // xīn

心绪稳定。

如，露露说，你有个营生儿干，我也就～了，也省得你常甩咧子、骂秧子发脾气。这年头儿，甭跟自己过不去，白搭！但她想到以后的挑费，有时也偷偷儿掉眼泪，因为她快生了，而每月只有一千挂零的收入……

☺ 土鳖：tǔ biē

比喻没见过世面，为人吝啬，悖情逆理，不会行事。

如，他，老啮，活了多半辈子啦，一点人缘儿也没有，整个～一个！不过，他儿子小啮可跟他相反，有勇有谋，人缘也好。把个小店生意做得红红火火。

有时前边加“活”或“老”字。如，你可别当着小啮的面儿说他爹是老土鳖，再怎么着，那也是他亲爹。

☺ 体己：tī·ji

也作“梯己”“梯气”。

1. 个人私存的，即私房钱。

如，四丫，你把你的～钱拿出来，借给我们，等我们店铺开张后赚了钱先还给你。什么是～钱啊？咳，你看下边的解释：《通俗编·货财》引《心史》篇：“元人谓自己物，则曰梯己物。”这你就明白了吧？

2. 指关系特别亲密的。

如，●《通俗编·货财》引《山居新语》，尝见周草窗家藏徽宗在五国城写归御批，有云“可付与体己人者，即所谓梯己人。”

绿嫂，什么时候用，你说吧，我和绿哥在同学之中，可谓是～人，但我们俩怎么能跟同性恋扯在一起呢，有的人的嘴，简直是鸡屁股……

3. 指私下的，能相互沟通肺腑的。

如，老妈，您先和面，我和四丫先好好说说～话儿，回头我俩再帮您收拾。

●无名氏《争报恩》楔子，“我有心要和你吃儿盅梯己酒儿。”

☺ 熥：tēng

1. 将食物在干锅里热一热。

如，哎，妈，您先把剩烙饼在锅里给我～一～，我先填补点儿，饿了。

2. 烤，烘烤熟。

如，“对了，绿哥，我先给你～两块儿馒头片儿，怎么样？”“好哇，切薄点儿，软和就得，夹臭豆腐吃……”

☺ 挑刺儿：tiāo // cìr

1. 寻找商品、物类的瑕疵。

如，“哎，你这鸡蛋不但忒小，而且蛋皮儿上尽是雀(qiāo)子，别卖四块八啦，四块二算了，我包圆儿。”“您得啦，您是纯粹～，这蛋还小哇，‘咯咯嗒’下的嘛，恐龙蛋大，您上哪儿买去呢？那鸡子儿皮儿上的小黄点儿是鸡祖宗基因传下来的，反正我哼是没辙！您甭～来能耐，真有两下子，你给治治，不白治。”

2. 指摘人的言行缺漏。

如，“嗨，我说你是卖蛋呢，还是抬杠啊？”“你才卖蛋呢！怎么说话呢你？欺负乡下老赶是怎么着？”“嘁，你，这……这不是话赶话吗？你倒还挺能～的？你呢，我说你的蛋小，你就让我买恐龙蛋去，你这不是啐儿人吗？做买卖能那样棱子吗？再者了，俗话说，褒贬是买主儿，买东西～也属常情，买卖不成仁义在，这是自古以来的妈妈论儿嘛！”“得了呗，你倒不如说我这鸡子儿里有骨头呢。”“嘁，你又来了，那不是明摆着你又该～吗？”

☺ 秃露：tū·lu

1. 透露。

如，林木结婚的事儿，本来不想让他二姨花钱，瞒着她，结果不知是谁嘴快给～出去了，她给送来十只鸡，挨了她一顿埋怨。

2. 通过用水烫，使禽兽的毛脱落。

如，林木，你别用刚开的水烫，那样会连鸡皮都给～掉了，大喜事的，别让你丈母娘家说长道短的。

3. 有时指人所穿的裤子自上而下地脱落。

如，“林木，你的裤子要～下来了。”“是，知道，是刚才一哈腰时把腰带给绷折了……”

☺ 挑鼻子挑眼：tiāo bí · zi tiāo yǎn

指摘，挑剔（毛病）。

如，凡事你得想周全些，你丈母娘虽说上岁数了，可她依然尖酸刻薄，专爱吹毛求疵，能～着呐，是个典型的事儿妈！

与“横挑鼻子竖挑眼”义同，但情绪色彩较其略淡一些。

☺ 挺尸：tǐng shī

尸，尸体。借喻睡大觉。

如，●《石头记》卷四四，“贾母啐道，下流东西，灌了黄汤，不说安分守己的挺尸去，倒打起老婆来了！”

她也学贾母，动不动就说：你～去！我跟她解释说，人家贾家是吃皇粮的；我老～，咱们喝西北风啊？

☺ 褪：tùn

1. 脱掉，摆脱束缚。

如，●徐璹《题清连寺壁》诗，“衣褪香消红减玉。”

李大民那只藏獒～出了绳套儿，在他身旁四处张望巡逻，忽然朝右边叫唤两声……

2. 把东西藏进衣袖里的动作。

如，李大民一看，是魏徵过来了，赶忙抓住肩上那只鹰，把它～到袄袖儿里……老魏说，你甭～，我的视力1.5。

3. 往回退。

如，●沈与求《泛舟阻风》，“十篙八九褪，逆势何乃尔？”

老魏接着说，你为人君，不能贪玩儿，不能只会愚民，不能净给自个儿脸上贴金。你还没看清吗？现在是海潮汹涌澎湃，你是逆潮而动，前行十步，就可能～回九步，想到达对岸，难呐！

☺ 贴金：tiē // jīn

比喻粉饰，美化。

如，你及你的臣僚从来不承认自个儿工作有错儿，只会一味儿往脸上～，好大喜功。什么大唐盛世，别净摆花架子，功过应由众苍生评说。

☺ 头晌午：tóu shánɡ·wu

即午前。

如，你带鹰携狗已经玩了一～，还想玩儿一后晌啊？朝政的事，全凭臣僚们去混了？

☺ 忒：tuī

太，很，非常。

如，●《石头记》卷十四，"论理我们里面，也该得他来整治整治，都忒不像了！"

他，我知道他老想憋劲儿篡位，让他一边儿歇着去！里面外面虽然都～不像话了，但兵部要紧紧给我盯住外面，官兵要加强演练！

☺ 推推搡搡：tuī tuī—sǎnɡ sǎnɡ

搡，亦即"推"的意思，推推搡搡，即用手连续推的动作。

如，李大民问，午门那边人们～地嚷嚷什么呢？老魏说，那是黎民们要进来告御状，你的禁卫军～不让进。哦，哦，好，把他们推到护城河那边就得了。

☺ 听说：tīnɡ shuō

听话。多指小孩子。

如，老魏又说，草民们原本多～呀，你统治起来多省事啊，现在倒好，全叫你给愚弄明白了，我说水能载舟也能覆舟；你说你有抗洪大军，我再提醒你：这天下总有不姓李的时候！

☺ 投：tóu

1. 用水去掉脏东西。

如，麻姑，这次买的大米不太干净，你多～两遍，把～米的水倒在一个闲盆儿里。把米蒸上后，你把厨房的擦手毛巾好好～～，黑赤裂光，也忒腌臢了……

2. 将钱融入企事业。

如，河伯年初把钱都～到上帝商厦了，等分了红，还完债，咱的日子就该松宽了……

3. 砍，指用手将硬东西抛掷出去。

如，"麻姑，干吗呐你，叮啷当啷的？""水管儿底下有只大耗子，我拿鞋～它来……""咳，你就～得着它啦，这不是瞎闹嘛……"

☺ 踢啦踏啦：tī·la tā·la

指鞋大，不跟脚，走起道儿所带出的响声。

如，"我说麻姑，说起鞋来，我说你那双鞋～的，穿着走道儿多难受啊……""那是我姐的，她穿的比我的大两个号呢，您说怎么会不～的呢，咳，反正是在家里穿嘛，～就～呗……"

☺ 捅娄子：tǒng // lóu·zi

招引是非，惹祸。

如，我看河哥是个有想法的人，他在外不～不就得了嘛，您甭为他操那么多心，儿孙自有儿孙福嘛……

☺ 捅马蜂窝：tǒng // mǎ fēng wō

比喻招惹麻烦、祸事。

如，你哪里知道他前几年～的事啊，当时把我急得呀，派出所门口儿的台阶儿都让我给踩坏了。警察说他跟区长闺女有什么染……人家家长不同意，那闺女又跟了一个德国什么西门董事长的儿子，他要把董事长儿子的耳朵给拉(lǎ)下一个，结果不知怎么把下边的耳垂给挑豁拉儿啦……你说他，这马蜂窝捅得多大呀！

☺ 头子：tóu · zi

领头儿的，首领。含贬义色彩。

如，最近，据传房山有个长期在医院等处盗窃自行车的团伙，日盗量常在 100 辆左右，该团伙的～也是个满脑袋长过秃疮，还没长齐头发的，叫什么 PQ。警方正在蹲点儿，决心在春节前抓获 PQ……

☺ 停儿：tíngr

表示数量。

1. 将人按人头分，表示人数。

如，新城的人十～得有八～的人说：那秃小子在城内有根基，不然，那秃脑袋早让人给拧下来了……

●《石头记》卷三三，“这一城内，十停人倒有八停人都说他近日和衔玉的那位令郎，相与甚厚。”

2. 将物事分成份儿，一份儿为一停儿。

如，●《石头记》卷四八，“李纨等来看惜春的画儿，众人唤醒了惜春，揭纱看时，十停方有了三停，见画上有几个美人，因指香菱道，凡会作诗的，都画在上头。”

人说在 100 辆车中，有八～是八成新的。他们最近又盯上女人的电动车了。他们只要黑上哪个女人，那她准遭殃！

☺ 腿着：tuǐ · zhe

走着，即步行。

如，别瞅老皮是偷车王，他有个习惯，如果不是什么急事，十里八里的，他总～。他～着时嗖嗖的飞快，人称飞毛腿。一般人跟他一块儿～，都得走几步就得小跑儿几步……

W

☺ 玩儿完：wánr wán

1. 人死了。憎恶色彩浓烈。

如，便道上有人穷凶极恶地持刀行凶，小面司机见状，猛然打轮开上便道，不料用力过猛了，竟把要逃窜的杀人歹徒撞出两三米远，不一会儿那小子就～了；另一辆夏利把被歹徒扎伤的一男一女送到了医院。

2. 物类被毁。

如，车轱辘碾中一个手包儿，里边的手机等物全～了。

3. 指单位一类垮了。

如，死了的那小子叫思家，所在的公司～了，老板溜之大吉，思家就开始疯狂偷盗抢劫，打算弄一笔钱，回老家去做买卖……

☺ 崴：wǎi

1. 比喻事情败露，坏事了，夭折了。

如，我那香茗茶楼正红火时，让一个据说是老Q家乡的小娘们儿给露馅了，一下子就～了！

也说"崴泥"。如，茶楼崴泥了，我还去局里蹲了三天！罚款八千，有人说这跟老Q被逮有关，是他供的……

2. 指脚扭伤。

如，我太太那天下楼一脚蹬空了，把脚又～了，最近，倒霉的事接二连三！

☺ 歪：wāi

斜，斜着。

如，●《石头记》卷十九，“黛玉说宝玉，那边去老老实实的坐着，咱们说话儿。宝玉道，我要歪着。黛玉道，你就歪着。宝玉道，没有枕头……”

☺ 万人嫌：wàn rén xián

谁都讨厌的人。

如，包主任为人讨厌，外号～，一天中午他正走在食堂门口儿，一帮子学生从后边蜂拥而至，不但将他的鞋踩掉，而且有几个还用饭盒当当地敲～的脑袋瓜儿，当即一片哗然大笑，他虽喊，啊？谁？当然，他也不知都是谁干的……

☺ 窝囊废：wō·nang fèi

比喻软弱无能的人。

如，“你说你，他明明是逆行撞了你，你怎么反被人家三言两语给镇住了，～呀你？”“他们人多，都是愣头儿青……”“那几个小子溜了，这医疗费自个儿掏啊，我怎么嫁给你这么一个～呢！”

☺ 窝心：wō // xīn

因为受了欺侮或不能说不能道的事而心里憋着闷气难受。

如，“你说你还主任呢，在单位都讨厌你，常拿你开涮；在外边也常挨欺负，我一想起来就～，以后你再这样窝囊——拜拜吧！”“别介呀，我，我，混到如今这份儿上，我也～，我这不是没辙嘛！”

☺ 玩儿命：wánr mìng

1. 不顾身体健康。

如，老林为了供儿子上大学，他一年到头，起早摸黑儿，什么脏活累活儿都干，～地给人打工挣钱。

2. 豁出了性命。

如，晚上老林在垃圾桶里掏废品，见一歹徒拦路抢劫一个女人的手包，他飞步～追赶歹徒，歹徒回身捅他一刀，但他还是～地紧追不放……那女人算是有良心的，把他送进医院，又给他三千，说这种～君子实在太少了，现在社会忒需要这种人了……

☺ 王八货：wáng · ba huò

1. 称谓被戴上绿帽子的男人，也即“王八”。骂人的话。

如，你这个～，一个男人怎么连点儿公鸡翎儿都没有？宁可打光棍儿也不能要她！

2. 鄙视对方，发泄私愤的话。

如，哎，那个活王八平时大抵太寂寞了，见了外地小女孩儿就流哈喇子，可是别看人家年纪不大，大都是江湖老手，想玩儿弄人家，他还显得嫩了点儿呢！嘿，你跟他一个～生气，合得着吗？管他～不～呢！

☺ 乌泱乌泱：wū · yang—wū · yang

1. 形容人多而拥挤不堪的情状。

如，20 世纪 80 年代初，站在鲜鱼口儿往西一看，大栅栏儿里的人～的，真让人望而生畏，哪里敢去里边挤呀？

2. 形容动物密集而运动的情状。

如，你说到～这一土语，让我联想起养鱼塘的情景：你只要一站到那喂鱼的悬空木板上，池塘里的鱼立即从四面八方云集到你的眼前，呀，～的，那小东西反应怎么那么快呢？

☺ 味儿：wèir

1. 物质所具有的能使鼻、舌等感官有某种感觉的气味儿。

如，晚上，学校里甬道两边的紫丁香，花开烂漫，空气里弥漫着馥郁清馨的香～，而校外马路边上那木棉花开得鼎盛却闻不到一点儿香

～，只有树下排档桌上的清蒸鱼散发出缕缕鲜嫩而不腻、诱人花钱的刺激～，一些青年男女在悠闲地享受着，其中不乏演艺名人……

2. 言行富有情感色彩。

如，她虽然是演艺界大腕儿，可她在生活上非常体贴她那公司职员，很富有人情～。

3. 唱功艺术到位，赏心悦耳。

如，她听了日本平井莉莎演唱的《霸王别姬》，说平井莉莎的唱腔儿及举手投足都够～，颇具造诣功底。

4. 指话中有话。

如，平井莉莎回到公寓，再回忆那拉释的赞语及说话时的神情和话音儿，越想越觉得她的话不是～，干吗呀你，何苦拐弯抹角，动心眼儿嘲弄一个岛国的老外呢！

☺ 窝儿反：wōr fǎn

指一个家庭一个组织，大到一个国家或一个国际联盟的内部叛乱。

如，不知怎的，他们就～了，两帮人相约到燕郊，在潮白河畔这一通混战，结果被报警，都进去了。

☺ 窝火儿：wō // huǒr

心里憋着火。

如，混战吃亏的一方，老大撕开衬衫，大喊～！气不能出，发誓非得宰了紫茄子不可！

☺ 窝囊：wō · nang

1. 为人不能说不能道，而经常挨欺负。

如，其实紫茄子原本非常～，让人引上黑道儿后，硬是被逼成老大的，他一当老大后，敢情比谁都心狠手辣，谁还敢说他～。

2. 因为无能、怯懦而常被人欺侮。

如，了解紫茄子当初为人～的人，无不为他今日竟然成为一个赫赫有名的响马而惊诧，说：一个人由～到不～，这个质的飞跃是被欺侮出来的，被逼出来的。

与“窝囊废”义近。

☺ 委咕：wěi · gu

与“摆弄”“鼓捣”义同。

如，真邪门儿了这孩子，你老～人家的电动车干什么？～坏了你赔呀？

☺ 玩儿去：wánr qù

1. 一边儿去。含反感色彩。

如，有你什么事，你充什么大头儿蒜？你管得着？你抱着脑袋～！

2. 打发小孩子走开。含气恼情绪。

如，去去去，一边～，没你们的事儿。你们这帮孩子干吗都栖附在这儿，这儿又没耍猴儿的！

☺ 弯儿：wānr

1. 指走路绕道了。

如，哎，去北京站为什么不直走前门，而从虎坊桥南去永安路、天桥、菜市口呢？你是故意给我绕～，以为我是外地人是怎么着？

2. 弯曲，不直。

如，是，咱们走的这条路线是拐了几个～，原因是：刚才广播说了，今儿 9 点至 10 点半，天安门至前门地段暂禁车辆通行，有外事活动，珠市口往东的路面拓宽工程还没竣工。您看咱们走的这条路线车辆比平时就多得多，其中一些就是跟咱们一样绕～的，这正如一根铁丝儿，直了不行时咱们就把它撅个～，再不行再撅个～，总之，得尽量不能让您误了火车不是……

3. 比喻说话兜圈子。

如，“师傅，您说话直言不讳，佩服！”“为什么不直截了当，要绕～呢？”

4. 与“片儿，块儿，疙瘩”等同义。

如，“您在什么单位工作？”“斜街劳动保障局，家在米市胡同。”“哦，南横街以北那～的平房可有年纪了，拆迁有信吗？”“我住的那～有信儿。哎，你要不开出租了去找我，我给你安排个好工作，这是我的名片……”

☺ 弯儿转儿：wānr zhǎnr

特指对人动用心计。

如，那人下车时要了票，少给 10 块，后来我才知道他的姓名、电话都是假的。你说，看起来仪表堂堂，为了 10 块钱，怎么那么多的～呢？为人真够卑劣的！

☺ 歪瓜裂枣儿：wāi guā liè zǎor

比喻人形象不佳。

如，得了吧你，那小子还仪表堂堂呢？无非是打扮得人模狗样儿，你没细瞅他那揍性，其实是个～！

☺ 屋里的：wū lǐ · de

旧时称呼妻子。

如，满堂常和同行夸他媳妇萧瑟，一说就是我～的如何如何好……

☺ 卧：wò

将鸡蛋去壳后整个儿放在开水锅里煮，也叫“卧果儿”。

如，他说，每天一早儿给我准备吃的时，总给我～两个鸡子儿……

☺ 晚半晌：wǎn bàn shǎng

下午接近黄昏时。

如，一到～她就开始熬棒子糁小豆粥，还要放点儿碱面儿，那叫黏糊就甭说了！我一吃就是两老碗！

也说“晚半天儿”。

☺ 无可不可：wú kě · bu kě

欢喜、喜爱得不知如何是好。形容心里非常满足。

如，●《石头记》卷三七，“老太太见了这样，喜的无可不可。见人就说，到底是宝玉孝顺我。”

其他都是哄人的，我媳妇疼我才是真的呢！这样的媳妇打着灯笼上哪儿找去呀？高兴得我～，我也憋着劲儿疼疼她……

☺ 外带：wài dài

另加上。

如，那天我给她买条花围巾，她特高兴，但一上手一问价钱，又心疼起钱来了……我说这条 168 元的不算，还～一条 78 元的红纱巾呢！她说，哎呀，你今儿撑的呀，不过日子啦？

☺ 万儿八千：wànr bā qiān

一万或略少于一万。

如，我说，今儿碰上俩老外，放着汽车不坐，坐我的洋车去雍和宫，还净让我多串胡同儿，为的是看中国民情及百姓生活。好咧，一下我就挣他四十五美元，今儿个算抄上了……我估摸这一年下来，咱们怎么也得净剩～，呵哈……瑟瑟。又熬倭瓜粥啦，里根儿隆，隆～隆～隆隆……

☺ 窝工：wō // gōng

指因雨天等情况而不能出工干活儿。

如，瑟瑟说，瞧把你乐的，又里根儿隆起来了，你还有～的时候呐，满满儿明年该上小学啦……

☺ 伍的：wǔ · de

“什么”之类。

如，瑟瑟说，居委会让献爱心，给灾区捐钱捐物呢。满堂说，捐啊，把咱们归置出来的棉的单的～捐上几件，一到灾区那都是好东西……瑟瑟说，我也怪心疼你的，说了归其，咱们还是罗锅儿上山，不然，就像●老舍《我这一辈子》里说的，“你每天弄两盅酒儿伍的，叫俩可口的菜……”满堂忙说：得嘞，别来两盅～啦，我已满知足啰！

☺ 窝脖子气：wō bó · zi qì

憋在心里的闷气。

如，今儿刚到梁家园儿，碰到一个找碴儿的，我这口～非出不可！

☺ 外手：wài shǒu

靠右手的一边。

如，有个小子在我～里把右脚伸到～车轱辘底下，说我压着他了，非要讹钱，我气儿一上来就给了他一拳。那小子没还手，警察来了，我说，他在我～把脚伸到车轱辘下……故意找碴儿讹我，警察说，讹你不对，你打人也不对呀……最后给那他丫的五十……

☺ 乌眼儿青：wū yǎnr qīng

眼眶儿发青。

如，事后一想，都怪我只图出口恶气了，为什么给他眼上一拳，打他个～呢？应该扇他耳刮子……不行，以后遇上生气的事还得压压火。

☺ 窝主儿：wō zhǔr

藏匿坏人或禁物的人家儿。

如，今儿走到里仁街，一家门外有好多人瞧热闹儿，还有两辆警车……我一问，原来是有一家儿给坏人藏匿假币，正搜～呢！

●《石头记》六一，"平儿道，我待要说出来，但只是这做贼的，素日又是和我好的，一个姐妹窝主……"

☺ 玩儿飘：wánr piāo

玩儿花活，形容自感精通门道或技艺而逞能的行为。

如，这小子骑车骑得贼快，还经常～大撒把，人见人躲，都说是愣头儿青……

☺ 焐：wù

用热的将凉的温热。

如，●《石头记》卷五一，"用手摸了一摸，也觉冰冷，宝玉道，快进被来渥渥（渥 wò，即"焐"，今说"焐"）罢！"

警察屋里一搜，这家伙被窝里还有一把左轮儿呢，手枪～的还挺热乎。

☺ 无冬离夏：wú dōng lí xià

指没有冬天和夏天，即一年到头的意思。

如，有人说，这小子一年到头～，常见他挎着个小提琴盒子，原来那里边装着的是手枪，冬天兜儿里常掖把小搂子，胆儿可大着呢……

☺ 兀秃：wū · tu

1. 消息一时不通，心中憋闷。

如，伍茜到底关在哪个监狱了？赶紧托人打听打听啊，别老这么～着，～到什么时候哇，真让人着急哦！

2. 事情搁置下来。

如,前些天茜茜她妈还在我这儿跟我叨唠说,她的意思赶紧把事儿给伍茜办了,都二十七八了,别老这么～着,可对方把这事硬是～着不急,不吐口儿,谁想,哎……

3. 温乎水,不冷不热。

如,你别喝那～水了,那水放了老半天不好喝了,我给你开开饮水机,你稍微愣愣……

☺ 瓦凉:wà liáng

形容特别凉。

如,哎呀,痛快死了,喝到肚子里～～的,舒服极了!

常叠用。

☺ 兀兀秃秃:wū·wu tū tū

与"兀突"义同。特别是"兀突"的第三义项常以此表示。

如,我跟你说那水～的,不能喝,还不如喝凉水痛快呢,怎么样?

☺ 微:wēi

1. 炭火火力微弱了。

如,别喝凉的呀,等我给你坐壶开水,一会儿就得……呦,坏事了,火～了,得赶紧添煤,不然就死了。你瞧,怎么就没人瞅着点儿炉子呢,让它～到这样,这得且缓呢……

2. 借喻人因病或因老,身体健康状况衰弱,不如先前了。

如,●《石头记》卷二五,"那凤姐躺在床上,连气息都微了,合家都说没了指望了……"

老布 20 世纪 80 年代,还和夫人没事儿骑自行车,在北京串胡同儿玩儿呢,瞧见老百姓门口儿的火炉子该添煤了,就喊:火～啦,快添煤喽……如今他的身体～多了,人不服老不行……

☺ 玩艺儿：wán yir

1. 玩具。

如，如今小孩子玩儿的～真是各色各样儿，多了去了。咳，最好上大商场去买，倒是放点儿心……

2. 某种东西。

如，小A说，“喂，你提的那个家伙是什么～？”“这个呀，叫电雷。”“它怎么还喊‘我要爆炸了’呢？”“电池让它喊的呀！”“你那兜子里是什么呢？”“是激光笔，买不？”“咦，那～有辐射危害。”“我说，在大街上，你别让那～大声喊叫好不好？”“怎么啦？我看你真是牛舌头——揽得宽！”

3. 将人比作东西，骂语。

如，小A心里骂道，你什么～，二百五，唯恐天下不乱！那人似乎听出小A骂他什么～了，一双棱子眼瞪得啐儿圆。小A为了不惹气，说：没说你，刚才我看电视，有个相声演员学人家结巴说话取笑观众，你说他是什么～呀？

也作“玩意儿”。

☺ 搣：wēi

使细长的东西变弯。

如，那个二百五见小A有点儿服软，就用粗铁丝～成的铁钩子，勾起那玩意儿大摇大摆扬长而去。那玩意儿一道儿喊“我要爆炸了”……

☺ 玩儿弄：wánr nòng

戏耍，摆布。

如，力巴儿的媳妇紫丁香跟人跑了。他经常坐在马路边儿跟外来的女孩儿逗咳嗽，有的一看他那揍性，根本不理他；有的一跟他拉咕，他就晕菜，心想能～对方了，他哪里知道对方虽然年纪不大，却是个江湖老手,结果是白给人家买瓶儿可乐……

☺ 围脖儿:wéi bór

即围巾。

如,一次,他晕头晕脑,迷上一个外来妹,说他有一套楼房,只身一人,硬跟对方死磨硬泡。那女的还真跟他去看那套房,最后,白搭进一条红~,也没沾人家一点儿便宜,白让那女的说他几句二赶子……

☺ 完菜:wán cài

完蛋之意。

如,了解力巴儿的人说,力巴儿算~了。这都坏在他的那个跟人颠儿了的媳妇身上。想当初,力巴儿要跟大春结婚,那媳妇猛插一脚,挖了大春的墙角儿……

☺ 挖墙角儿:wā // qiáng jiǎor

拆台。

如,大春和力巴儿是发小儿,按理说,俩人没跑儿。谁知紫丁香老跟力巴儿妈说大春是斜棱眼儿,笨手笨脚,就这样她~成功了。后来力巴儿想起来,总想哭,后悔死了……

☺ 倭瓜:wō·gua

即南瓜(多为圆形)。

力巴儿小时跟他妈一起卖过~,什么样儿的~才是干面干面的。他一眼就能看出,准没错儿……

X

☺ 小气：xiǎo qì

多指抠抠搜搜，吝啬不大方。

如，●《石头记》卷四十，“贾母又嗔着凤姐儿，为什么不送些玩器来与你妹妹，这样小气。”

你呢，支书聘闺女，全村人出动，人家出份子，至少三五百，独你给一张儿，连记账的都说：就属你韩臣显得土鳖忒～了，该出手大方时绝不能～了，哪怕回到家里打嘴巴、嘬牙花去呢！

☺ 瞎话：xiā huà

缺乏根据的话，谎话。

如，大发的媳妇芦叶儿听说后急了，说，他就会说～，我连影儿都不知道，怎么是我给闹的呢？你拿钱胡抡，外头养小蜜，还满口～骗我。我也豁出去了，以后我见天下馆子……

☺ 小蜜：xiǎo mì

情妇。新流行语。

如，他的～是南方人，我看过她照片，也见过她本人。人头儿是够蜜的，用老北京话说，是个尖果儿。据说是从他的一个好朋友手中挖过来的。为了这个～两个酒肉朋友还争起风吃起醋，成了敌人了。

☺ 先来后到儿：xiān lái hòu dàor

即先后顺次。

如，他朋友说：你忒不是东西，干什么总得有个～吧，哈，玩儿小蜜还论什么～，真是胡搅蛮缠，水平忒凹！

☺ 瞎马：xiā mǎ

看不见道儿的马，比喻故意骗人。

如，一次，我问大发，那次你带回家的那个女孩儿，听口音是南方的。他说，哪儿呀，她是新疆的。我说，你甭给我～骑。南方人说话我听不出来？他说，你真傻帽儿，她是以前上海知青的后代……

☺ 瞎道儿：xiā dàor

错道儿。引申为人的行为出轨、不正当。

如，我趁他没脾气，就说，你都五十开外的人了，别在外边走～了，年岁不饶人，身子骨儿要紧。他说什么叫～呀？你挣的钱，都是从正道儿来的？还～呢！别瞎说八道……

☺ 下馆子：xià // guǎn zi

去普通的饭馆儿吃饭。

如，其实，芦叶儿说的是气话，她哪儿舍得整天价～呢？她小拇哥儿又长出一个小拇哥儿，成了六指儿，她都怕花钱，舍不得去动手术……

☺ 小拇哥儿：xiǎo mǔ gēr

手(或脚)最末的一个指头。

如，有人劝她把那多余的东西拿掉。也有人说，那个东西不一定是好玩意儿，现在什么怪事没有哇。芦叶儿说，咳，多一个～，不碍大事，就那么凑合得了……

☺ 闲钱：xián qián

生活费用以外的多余的钱。

如，她说，钱都让大发掌握着，他每月给我三五千没准儿。我还得顾着小孙女，哪里有什么～呐！

☺ 想头儿：xiǎng·tour

想法，念头。

如，她说，我都这么一把岁数了，还有什么～呢？男人嘛，他名分上不把我休了，我也就忍了……

☺ 嘻嘻哈哈：xī xi —hā hā

心里宽敞，说说笑笑。

如，邻居也说，芦叶儿说得很实在。她过门儿以后，爱打哈哈着呐，经常～的，有时还跟她舅妈开玩笑呢。为了这个家，她给街道干活儿，从不歇工。

☺ 歇工：xiē // gōng

停工休息。

如，我那时在街道糊起灯盒儿，干一天才挣块儿八毛的，那我也不～，挣点儿是点儿，总是有点儿进项嘛！那时我就不知道什么叫闲在。

☺ 闲在：xián·zai

悠闲自在。

如，那时大发当兵去了。我在家里既顾老又得顾小，一天到晚忙得两脚朝天，哪儿有什么～的时候。

☺ 小小不言：xiǎo xiǎo bù yán

不在话下，不值一提。

如，得了感冒，头疼、闹肚子，把它看成～的事，好歹吃点儿止疼的，也就扛过去了，也不歇工请假。

☺ 小贫：xiǎo pín

指没见过什么，总爱占点儿小便宜。

如，那时，街道上有人嫌我～，其实……是日子过得忒艰难了呀……

☺ 小力巴儿：xiǎo lì · bar

指在店铺、车站等处学徒、干杂活儿、粗活儿的小年轻儿人。

如，她说大发十几岁时也吃过不少苦，那时，人都管他叫～。后来退伍回来，豁出去了，吃贷款搞基建才肥了起来，如今，外边的人管他叫什么大亨……

☺ 先偏了：xiān piān · le

京味儿礼貌用语。即自己正在就餐或刚刚吃完了，此时见到了长辈而打招呼时的用语，过去常用于婚丧嫁娶的座席场合。

如，●《石头记》卷十四，"凤姐正吃饭，见他们来了，笑道，好长腿子，快上来罢。宝玉道，我们偏了。"

有时在后边加"您呐"。如，二爷，先偏了您呐，您里边儿请……

☺ 下作不堪：xià · zuo bù kān

特指吃喝时太狼虎而不顾体面。

如，"石铸，你瞧你在大庭广众之中那种～样子，好像你八辈子都没吃过一样，不嫌现眼！""我出份子座席来了，面对四盘俩碗儿，不吃白不吃，客气什么呐！跟谁客气呀？什么～呀，现什么眼呐？"

☺ 小性子：xiǎo xìng・zi

心胸狭窄，常因敏感或小事而闹脾气的言行表现。

如，●《石头记》卷二二，“只是那一个不领你的情，一般也恼了。你又拿我作情，倒说我小性儿，行动爱恼人。”

莎莎，你呀，单纯得犹如夏日的晴空，跟她们要什么～嘛，其实是她们羡慕你呢，她们谁不想得宠啊，傻呀你！

☺ 下作：xià zuò

下流。

如，●《石头记》卷三十，“只见王夫人翻身起来，照金钏儿脸上，就打了一个嘴巴子，指着骂道，下作小娼妇，好好爷们，都叫你们教坏了！”

咳，她们会玩儿假道学，说你忒～，管他呢！女的就是二十郎当岁儿那么十来年的事儿，趁着那时的娇媚容姿、风月年华，管他～不～呢，先找个好人家是真的……

☺ 歇手：xiē shǒu

京味儿礼貌用语。这是过去人在一起座席（吃饭）时互相布（夹）菜时的用语，即请对方不要给自己夹菜的意思。

如，“大姐，就菜呀，来，吃这母蟹……”“你～吧，我自己来，够得着。”“您～吧，甭张罗我们啦，不是还有大人物要来吗？忙别的事去吧！”

☺ 小瞧：xiǎo qiáo

看轻，轻视。

如，你可别～序九，人家虽然小学毕业，可曾任区委副书记职位，主管过科技、文教等工作，后升任人大主任。你大学毕业，管什么呀？无非是磨道驴，真不能～人家的真能耐……

与“小看”同义。

☺ 瞎掰：xiā bāi

指所说所做达不到目的，白费事儿。

如，小亚呀，不管你把钱丢在哪儿了，你报案管什么用？就你那几百块钱还给你立案呀，纯粹是～妄想！

☺ 心尖儿：xīn jiānr

比喻最亲爱的。

如，亚颜，你可不能为那800块钱想不开，你是我的～！钱算什么东西呀，它是娼妓，它是王八蛋，丢了咱们再赚！

☺ 小子：xiǎo · zi

1. 旧时长辈称呼晚辈。

如，●《孔雀东南飞》，“小子无所畏，何敢助妇语！”阿母跟我氽儿了，拍着桌子说：你～竟敢站在媳妇那一边儿说话？

2. 对男性青壮年的轻蔑称呼。

如，●《三国志 · 蜀志 · 费诗传》，“孟达小子，昔事振威不忠，后又背叛先主，反复之人，何足与书邪！”

我三叔也帮腔儿说：咳，～，你混蛋要不听你妈的，把她气坏了，我不剥了你的皮！她一人把你带大容易吗？

3. 对男孩子、男性婴幼儿的亲昵称谓。

如，●《石头记》卷四九，“偏他只爱打扮成小子的样儿，原比他打扮女儿更俏丽了些。”

我跟兰芝商量，咱们说话注意，别戗着阿母，拖些日子，你争口气，生个大白胖～，那时备不住她会说你甜乎仲卿家，老焦家有了香火，不准离异了呢……

☺ 邪候：xié hòu。

1. 本可承受却表现出难以承受的情态。

如，你的腿不就蹭破点儿皮吗？就爹妈地叫唤，挺大人，你怎么那么～哇？要不是大象驮着你跑上半山腰，在鲨鱼肚子里去叫唤吧你！

2. 又指话说得离奇，耸人听闻。

如，让他这一说，整个苏门答腊都从地球上消失了，说得也太～了！

也说"邪乎"。

☺ 小肚鸡肠子：xiǎo dù jī cháng · zi

心胸狭窄，计较琐事，不如意时则形之于色。

如，"既然孩子把她的花盆儿打了，你当时就该给她扔下两块钱，你不知道她～，你爱看她那张烧饼脸？""哎，我刚搬迁过来时间不长，哪儿知道她～呢？"

☺ 邪魔：xié // mó

1. 情形异常又莫名其因。

如，"这老天爷也～了，说不下是不下，要是下起来就没完没了，咱们这儿变成江南了。""我的腰也～了，有时一闹天儿，就疼；天一放晴，马上就好，跟老天爷的脸色摽上了，你说～不～？"

2. 指人异常特殊的行为。

如，我跟你说嗨，清早儿有个男的在电线杆儿跟前愣一会儿，接着就咚咚地用脑门子使劲儿撞那电线杆儿，真～了，你说现在怎么什么事儿都有呢？让我说呀，一切的一切，都是让孔方兄闹的！

☺ 血丝糊拉：xiě · si · hu lā

形容血液附着在皮肉或物体上的情状。

如，"我一看，哈，满脸血肉模糊，～的，都看不出人模样啦，好吓人噢!”“你别说啦,我就怕那～的东西,一想起,心里就嗝应的慌……”

☺ 踅摸:xué · mo

1. 左顾右看地寻找。

如,“哎,祁雪,你们两个大清早儿在操场上～什么哪?”“昨天晚上我们在这儿溜达来,回到睡的地方,发现我那索爱 T628 没了……”“哎呀,真是当局者迷,祁连山把你的爱都索光了,你应该在他身上去～呀!”

2. 也指两眼暗中盯住心中的目标。

如,哎,江水流,你别再雪上加霜,给她出馊主意啦,早晨一起来,她俩眼老～我,早把我锁定为犯罪嫌疑人啦……

也作“寻摸”。

☺ 邪门儿:xié // ménr

情况反常但不知其因。

如,“那你说哪儿去了呢?宿舍里又没别人,门、窗都插着……”“是呀,我说也真～了呢?哎,祁雪,你要真怀疑我,那咱俩分手吧,还有什么意思呢?”

☺ 消停:xiāo · ting

1. 不忙乱,生活平静。

如,●《石头记》卷四,“薛姨妈道,或是你姨爹家,他们家的房舍,极是宽敞的。咱们且住下,再慢慢的着人去收拾,岂不消停些。”

2. 精神安静。常叠用。

如,“祁霜,你别在屋里跟你姐胡唠叨了,要说,上外边大槐树下说去,让我也～一会儿!”“姐,大哥刚出事儿,爸妈心里正烦着呢,你和祁连山分手的事就先别提了,等爸妈心里～～再说……”

☺ 现眼：xiàn // yǎn

现丑，丢脸。

如，“向东，我以为你买票了呢……售票员一查你，我一看你假门假式摸兜儿的样子，我心里就知道你这回～了，接着你又说什么是不是掉在地上了……你不知道售票员的眼啐儿贼？哎……你说你，几块钱的事儿，当众多～多寒碜呐……亏得我没跟你站在一块儿！”“咳，活～的多着呢，我这算什么！”

☺ 血性：xuè xìng

比喻热血奔放的刚烈劲儿。多用于男性中青年。

如，老八进门儿，哇，他媳妇正跟一个野小子在床上死去活来呢！老八呢，看了一会儿，说，“一对儿狗男女！”说完，扭头便出去了。哎呀，你说，一个大老爷们儿，怎么没一点～啊！

☺ 悬：xuán

1. 危险。

如，大晚上的，仨外地男的打她的车说到开发区，她就拉，还有点屁颠儿屁颠儿的……怎么敢干这种～事呢？

2. 难以预测。

如，我跟她说，大黑天儿的，可～，你甭挣那 60 块，她逞能不听，并说他男的老八是下三烂，这个家是靠她支撑呢。结果 12 点还没回来，老八说这趟活儿～了，准瞎菜了，并报了警……

3. 挂起，惦念。

如，到了后半夜，她家里人的心一直～着，踏实不下来，越想心～得越高……

也作“玄”，也说“玄乎”。

☺ 下三烂：xià sān làn

形容所说所做有损于尊严与人格。即言行不顾羞耻。

如，你认识她是谁呀，人家鞋带儿开了，你追着要给她系鞋带儿？有你这么～的吗？她要吐口唾沫，你还不趴到地上添了啊，有你这么下贱的吗？

☺ 下贱：xià jiàn

地位一般低微，言行只顾自己娱乐，不顾羞耻。

如，对，我是臭下三烂，像我，还管什么～不～，我活着只能图个自娱自乐，我不～又有谁能给我快活呢？

☺ 暄腾：xuān · teng

松软。多指发糕、馒头一类食物蒸得富有弹性。

如，"哎，紫娟，你这甜馒头在哪儿买的？""王大嫂那儿，怎么啦？""这馒头又～又有甜味儿，好吃。""听说她干不了几天儿就要歇业了，准备去一个小区物业当会计。""咳，你管王大嫂什么事儿呀？瞧，这片沙土地多～，多干净啊！等吃完了，咱们在这斜坡上打打滚儿，疯狂疯狂再走吧……"

☺ 小家子气：xiǎo jiā · zi qì

指出身低微、言行表现不大方。

如，"哇，没想到紫娟这么～，出去野游带馒头，少找这抠门儿的主儿！""什么～呀，她爸是村里的公侯角儿，是她愿意吃馒头夹咸菜，她花钱从不抠抠搜搜，家里趴着一辆凌志都没人开。"

与"小气"义近。

☺ 小月子：xiǎo yuè · zi

即流产。指怀孕后胎儿不正常产出夭折。

如，听说你们家雪雁儿～啦？怎么搞的呀？那天郊游她胡闹的吧，要不是累的？

●《石头记》卷五五，“凤姐儿因年内外操劳太过，一时不及检点，便小月了，不能理事。”

也称小月、小产。

☺ 小菜儿一碟：xiǎo càir · yi dié

形容事情轻而易举，算不了什么。

如，对于爱好广泛阅读的高中生来说，高考语文无异于～，好歹也拿它个 120 分。

☺ 香火：xiāng huǒ

代指儿孙后代。

如，“她这么大岁数也不能生了，这回他们家算是断了～啦。”“咳，往后谁家都有断～的时候，再说，这年头儿什么都受欧美影响，如今职业女性决心丁克到底的可不是个别的。”

☺ 现成儿：xiàn chéngr

原本就有的，无须动手。

如，什么香火不香火的，今儿个不点火了。走，咱们去肯德基啃～的去。

☺ 显摆：xiǎn · bai

用自己感到非常骄傲的东西，想方设法显示给他人。

如，张诩坐在他刚买来的新加坡的红木床上接待荆女士，想～他的红木文化，而荆女士坐在他对面的沙发上高高翘起她的二郎腿，慢悠悠摇动她的脚丫子，招摇～她脚上的红蜻蜓，俩人忽然对视一刹那，便不禁心照不宣地都笑了……

☺ 闲篇儿：xián piānr

指与正事无关的。

如，然后荆女士说，行啦，你的目的达到了，我还急着去银行取个大额去买法拉利呢，没工夫跟你扯～啦，改日且看我的法拉利！

☺ 先头：xiān tóu

1. 前面的。

如，我们的～部队已和敌人的主力遭遇了，这是一场恶仗！

2. 指时间，在这之前。

如，102 师及独立团～和敌人这支部队碰过，不行，就给他们留个缺口儿，让他们通过。目前形势不一样了，这回他们是从西往东撤，我们～要在承德拦截、吃掉他们！

☺ 下晚儿：xià wǎnr

傍晚时分。

如，庄秀电话里说～她还在府右街北口等你，叫你甭骑车了。

☺ 瞎抓挠：xiā zhuā・nao

不讲究计划，没条理。

如，她姐夫下岗后到昌平承包个大棚，她老提醒他，一年到头，你的大棚里该种什么菜，一茬儿接一茬儿，你得心中有数儿，不能～，瞎忙活。

☺ 细发：xì・fa

形容精细。

如，得了吧你，你就不是～人嘛，我家的保姆虹虹干什么都挺～，人品又好，我就是省心。

☺ 稀溜：xī liū

指粥、稀饭等稀而匀适。

如，虹虹熬粥就特别细发，把棒子糁粥熬得甭提多～多匀和啦！

☺ 细高挑儿：xì gāo tiǎor

身材细长的人。

如，虹虹说，现在年轻女的时兴瘦身减肥，穿的又倍儿紧，街上～的女的真的多起来了。

☺ 喜兴：xǐ · xing

值得高兴和庆幸的。

如，还说呢，我娘家侄子小木墩儿找了个细高挑儿女孩儿，他傻乐得合不上嘴，说：我虽然三尺高，结了婚，生个儿子随他妈，从此我们家就淘汰小矬个儿啦。邻居都撇嘴儿，说：瞧把你～的，细高挑儿能让你搂住吗？你～得也忒早啦，不定什么时候鸡飞蛋打呢！

☺ 下手：xià shǒu

1. 指在座次上，晚辈所坐的位置（即在长辈的下边）。

如，●《石头记》卷四十，"黛玉听说，便命丫头把自己窗下常坐的一张椅子，拿到（贾母）下手，请王夫人坐了。"

2. 动手。

如，坐我下手的一个女的说：丢什么人？不是不买，是没零钱呀，下车你就大大方方扬长而去，反正现在也没人敢随便～打人……

☺ 邪行：xié · xing

1. 形容特殊，表示惊异。

如，这些年老天爷也～了，这一大冬天，北京竟然就没下过雪！

2. 形容奇怪，不可思议。

如，你也真～，它爱下不下呢，干吗老跟老天爷干上了呢？你怎么不～南极、北极的雪山都没了呢！

☺ 小样儿：xiǎo yàngr

多指脸上流露出不高兴的神情。如今大多为青年男女之间所用，说者无所谓褒贬，听者亦无所谓好恶。眼下则属一个“黏”拉吧唧的时尚词儿。

如，伊莎，瞧你那～儿，又怎么啦？我可没招着你呀！

☺ 瞎摆活：xiā bái · huo

特指能说，但往往不着边际。也即所谓耍嘴皮子。

如，“我感觉你就会～，可你又当不上什么主持人。”“谁说的呀，我准备去兰天婚庆公司当司仪去呐，不好吗？”

☺ 瞎迷了：xiā mi · le

事情没了希望，即所谓吹了。

如，伊莎，我去兰天当司仪的事儿坏醋了，算是彻底～，有个叫圆圆的小子，他姐是文明办的副主任，人家还自带一辆奥迪 A6，这小子一下把我顶出一万八千里……不过，白云那儿～不了，我姨儿的闺女在那儿当会计，那个公司就是小了点儿，先混着干呗！

☺ 邪魔怪道：xié · mo guài dào

多指求神弄鬼偏邪的不正经言行。

如，●《石头记》卷八一，“宝玉的干妈，竟是个混账东西，邪魔怪道的，如今闹破了，被锦衣府拿住。”

听说圆圆他妈在家里净糊小人儿小鬼儿的，成天家在一间黑屋子里神神道道搞那套～的，你说现在还有这人，真邪了。

也说“邪魔外道”。

☺ 斜楞：xié lèng

1. 眼球不正。

如，香姑要长相有长相，要身材有身材，要礼仪有礼仪，可惜就是那副～眼儿把一个绝代佳人儿毁容了。这女娲造人也忒随意了啊，为什么不造个十全十美的呢！

2. 又指物体歪斜。

如，香姑，那根电线杆～好长时间了，你们倒是得找电信局呀，不然，不定哪一天倒下，砸坏你们的房子事小，伤人事大啊！咳，你说我们这一块儿当初怎么没有县上的头头儿住呢？现在，大伙儿只盼望早点儿拆迁这一块儿，届时，它爱～不～呢。

☺ 醒腔：xǐng // qiāng

醒悟，悟透（道理）。

教务处老甄说：附近的饭店他都尝过了，就是没去过“塞外香驴”，我当时就没～，随后有人就请他吃了香驴……

☺ 戏：xì

1. 指希望。

如，之后呢，老甄就说应聘的人太多，没提继续聘我的事儿。我知道继续在那儿打工是没～了……不过，令我欣慰的是，我闺女小鹃竞选居委会主任有～，这是街道办事处透露出的口风。

2. 指具体内涵。

如，“咳，当居委会主任没什么真～。”“什么有～没～的，那总算是个正经八百的官儿啊！”

☺ 行事坐卧：xíng shì—zuò wò

1. 指生活中一般礼节及常情。

如，由于我重视家教，闺女在生活中的～没挑儿，与她接触过的人常夸她知情达理。

2. 处世待人的言行。

如,小鹃比我强,她年轻,但把世事看得很透,~能适应社会风尚。

☺ 解得开:xiè · de kāi

想得开,想得通(道理)。

如,她遇事能~那理儿,不像我总钻牛犄角,穷较真儿。

☺ 小九九:xiǎo jiǔ jiǔ

1. 心中早就思谋好的道理。

如,是,咱们这岁数的受旧时思想的影响忒深了,我儿子就常说,您的那套~早落伍了,跟不上形势了!

2. 比喻算盘(会算计)。

如,我那儿媳妇更得,心里老揣着个~,遇事心里噼里啪啦一算,针鼻儿大的一点儿亏都不会吃……

☺ 歇业:xiē // yè

1. 指人没活儿干了。

如,眼下萧史~在家,心里烦,火气挺大,动不动就甩咧子骂大街……

2. 店铺关张。

如,他和弄玉儿两口子开的仲春娱乐洗浴中心最近~的,让公安给封了,听说还罚了一笔……

☺ 瞎:xiā

1. 胡,乱。

如,我就知道兔子的尾巴长不了,招十几个外地小姐,在那里边公开卖,你不守法~来,不裁才怪呢……

2. 事情没有头绪，事未办成。

如，弄玉儿还让她爸老秦出头去找老部下，到现在事儿还～着呢，你这等事，找谁都是～！

☺ 小玩儿闹：xiǎo wánr nào

专指特别熟悉北京人的生活习惯、地理环境、风俗人情，并善于与人开涮、相逗的一些年轻人，多为老北京的第三代、第四代。

如，你看，树下那几个穿拖鞋、连说带笑的，都是从缸瓦市那儿搬迁过来的～，他们差不多天天都要碰碰头儿，是地地道道的京油子。

☺ 揳：xiē

1. 打，揍。

如，要是以前，你惹着他们这些小玩儿闹，说～你就～你一通；现在一般只是耍耍贫嘴，拿你开开涮逗个乐儿罢了。

2. 将钉子一类的砸进某物。

如，如果有的车惹着他们，特别是名车，他们就可能冒坏，说不准还给车胎上～个钉子……

☺ 涎脸：xián · lian

1. 涎皮赖脸，不知羞臊。

如，●《石头记》卷二四，"宝玉见其白腻不在袭人以下，便挨上身去，涎脸笑道，好姐姐，把你嘴上的胭脂，赏我吃了罢！"

2. 多指小男孩儿好动，能折腾，言行有些出圈儿。

如，说到宝玉的～，他们就吐舌头或拍巴掌喊"哎呦崴"…… 其中最～的要属胡为，他的小拇哥儿，前年就让长虫(蛇)给咬了！ 他上树去掏胡不喇(一种鸟儿)的窝，手刚一伸进去，就挨了一口，原来是长虫占据了那个窝，这不怪他～得出边儿了？

☺ 小跑儿：xiǎo pǎor

常指因跑不动或有意地慢跑。

如，当时我儿子怕是碰上毒蛇，他一伸头儿，几个人抬起胡为～把他送到职工医院，一听大夫说不是毒蛇，是普通草蛇才放心了。

☺ 芯子：xìn zi

1. 蛇的舌头。

如，把手瞧好后，胡为常去那棵树下贼着那个胡不喇窝，一次他瞧见那条蛇露出脑袋吐着～，很得意的样子，他说了句“你大爷”，撒腿儿就跑回家去……

2. 爆竹之类的捻子(导火的)。

如，他把几个爆竹捆到一块儿，把爆竹～接长，点着～，用竹竿把爆竹送进窝里，就听窝里闷声闷气咚咚地响了几声，那蛇携带着浓烟刺溜一下摔掉在了地上……

☺ 歇晌：xiē // shǎng

夏天午饭后的休息。

如，这帮子小玩儿闹中午也不～，有时叽叽嘎嘎，弄得蓝老头子歇不了晌，关上后窗户也白搭，还急不得恼不得……

☺ 小绺：xiǎo liǔ

小偷儿，扒手，剪窃的。

如，●《北平风俗类征·市肆》引《同治都门纪略·都门杂咏》，“街头杂乱属今年，小绺新添几万千。”亦作“小李”。●赵翼《檐曝杂记》卷二，“又有藏利刃杂稠人中，剪取腰间杂佩，或至割衣襟一幅去，混号谓之小李。”

胡为说他爸的手机叫～给偷了，他就约上两个哥们儿下班儿后到359路车上去逮～，嗨，车回到总站时，还真逮着一个，胡为把～的两部手机攥过来,说:你这部诺基亚属于物归原主,没我的事儿,可他们二位呢,一部怎么处理?～说:怎么,还要现钱呐,黑了点儿了吧?我,至多……二百五……胡为说:你大爷,找抽呐你,你才二百五呢!走,前边就是派出所!并警告～不准说他们敲了他……～说:得,我今儿算栽在你们三个京油子手里了,说着,撒腿就绕(rāo)。

"小绺"的"小",在口语中读二声。

☺ 星儿:xīngr

1. 数儿。

如,其中一个叫秋风的说,你喊什么喊,你眼里就没～,那是个惯偷儿,他跟派出所的人很熟,弄不好你到手的手机都落不住……

2. 表示数量很少。

如,胡为说,既然你这么说,看来一～半点儿你也不在乎,那一部手机你俩就瞧着办吧……

☺ 洗手:xǐ // shǒu

指放弃某种差事、工作。

如,另一个叫无霜的说,胡为你小子真精,你得了便宜还要把自个儿摘落清,想把我们两个给涮了,谁比你傻多少哇!说着就往派出所门儿里边走。胡为赶紧拦住他说,别耍小性子呀,小绺是已经跑了,让我说,明儿咱们再弄一部手机,以后～不干了,不就得了嘛……

☺ 先不先:xiān bù xiān

表示首要的条件。

如,无霜说,这事是你抻的头儿,分赃时你～说什么手机物归原主儿,没你的事儿了,什么玩意儿呀你?

虚囊膀肿：xū nāng pāng zhǒng

多指人面部浮肿的情状。

如，小青，你爸的脸～的，跟猪下膗似的，是不是有心脏病啊？

下膗：xià chuài

指猪腹部多脂肪而松软的肉。

如，“香香，怎么说话呢你，糟践我爸呀！”“不是，我没比喻妥当，修辞没修好，不过你真应该陪你爸去医院查查那～脸，要是得了心脏病可不是玩儿闹的！”“没完了你啊？”

雪糁儿：xuě shēnr

微小的雪粒。

如，“昨天要去医院，一出门儿，天上下起小～，还下得挺紧；今儿要去，路又滑风又大，赶明儿去友谊医院。”“天儿不好打车呀。”“我爸舍不得……”

下饭：xià fàn

以菜肴佐助吃饭，从而吃得香吃得饱。

如，●范公偁《过庭录》，子野正食，罗列珍品甚盛。水生适至，子野指谓生曰：“试观之，何物可下饭乎？”生遍视良久，曰：“此皆未可，唯饥可下饭尔。”

其实我估摸我爸没什么大病。他平时就爱吃素菜，像腌白菜心儿、腌红萝卜英儿、小葱儿拌豆腐……他说吃这些菜才～呢，吃起来嗙儿香，酣畅淋漓。他还说，吃饭不能吃顶嗉，只吃八成儿饱，应常有饥饿感……

☺ 续弦儿：xù xiánr

指男人丧妻再后娶。

如，●《石头记》卷八二，"因托了贾雨村做媒，将你许了你继母的什么亲戚，还说是续弦，所以着人到这里来接你。……黛玉一翻身，却原来是一场恶梦。"

☺ 鲜活：xiān huó

1. 指衣料等物色泽分外鲜艳。

如，她要不疼你自然没有闲钱给你，你瞅她：藕荷的、天蓝的、米黄的……整天穿得多～呀，闲钱都让她穿在身上啦……

2. 指花草菜蔬鲜灵喜人。

如，她刚天过午的年龄，还正是讲穿的时候，你瞧那路边的刺儿玫，开得多～，但一到时候，想开也开不成了，女人的穿戴不也是这样的吗？

"鲜"，在口语中读四声。

☺ 谢顶：xiè // dǐng

指头顶上的头发脱落了。

如，你爸活的也够累的，这不到五十就～了，又中年丧妻，三大不幸之一。小青，说来也苦了你了……

☺ 下剩：xià shèng

其余的，剩余的。

如，"嗯，～的呢？""什么～的？""你这都不懂，下剩的就是剩下的、其余的嘛"。

●《石头记》卷三六，"如今太太房里有四个大的，一个月一两银子的分例，下剩的都是一个月只几百钱。"

☺ 向着：xiàng · zhe

1. 偏护一方。

如，●《石头记》卷四三，“这有些不公道，老祖宗吃了亏了。贾母听了，呵呵大笑道，到底是我的凤丫头向着我。”

“你爸表面上嘻嘻哈哈的，其实，生活中哪里尽是嘻笑哈哈呢！你后妈跟你有了矛盾时，你爸～谁呢？”“我是尽力回避矛盾，到了真躲不开时，我爸既～我又～她……”“能折中还算是不赖了呢！”

2. 朝着，对着。

如，“一次，我～墙角儿掉眼泪……我爸马上就跟她汆了，要揍她……”“你爸行，还可以。”

☺ 下半晌：xià bàn shǎng

下午。

如，“昨儿个～我还瞅见你爸在楼底下擦车呢，他怎么常歇工呢？”“啊，只要给公司完成一项任务，效益好，就可以歇几天。”

义同“下半天儿”“后半晌”“后晌午”。

☺ 瞎了：xiā · le

指事情黄了，不成了。

如，让我看，不是说不行，就冲曲阿姨那爱捯饬劲儿，就是我爸愿意管，我姨妈知道了也得～，我瞅悬……

☺ 行行好：xíng xíng hǎo

指发慈心，做善事。

如，你先甭管悬不悬，小青，求你啦，你～，行不？

☺ 歇菜：xiē cài

算了。

如，大锣，你还想倒卖古董？～吧你，那是一门儿大学问，让我说，你买进十件得有十件是打眼货！

☺ 小不禁由：xiǎo · bu jīn yóu

1. 一般的，小打小闹儿的。

如，付爷，我知道，现在先干些～的，赔、赚都没多大戏，先慢慢捣鼓，长见识，攒经验呗！

2. 或多或少。

如，"副处干吗去啦？""不是号召为灾区捐款呢吗，我到物业那儿～捐两张儿。""那还少哇，四套班子中有的才捐一张儿，您是退下来的一个副处，还说是～的呐？"

3. 小事一桩。

如，老爸，在楼道里放垃圾袋儿的事，您甭跟那种人怄气，不值！好多是头一次开窍儿住楼房，忒农村。再说，乱放垃圾袋儿等一些～的，物业都不管，忍忍吧……都怪儿子没本事，不然，咱们买座别墅，远离那些没素养的垃圾！

☺ 稀松二五眼：xī sōng èr wǔ yǎn

不重要的、可以凑合的。

如，●老舍《我这一辈子》，记得有位教官，头一天教我们操法的时候，忘了叫"立正"，而叫了"闸住"。用不着打听，这位大爷一定是位拉洋车出身。有人情就行，今天你拉车……叫"闸住"也没关系，谁敢笑教官一声呢！这样的自然是不多，可是有这么一位教官，也就可以叫人想到巡警的操法是怎么稀松二五眼了。

☺ 闲置：xián zhì

1. 闲放。指不动产一类没有被利用。

如，“您西直门外那六间平房不能老～着，不住人会影响房子的使用寿命。”“三环外有块二亩多菜地，前年电机厂把它买下了，可一直～着，变成荒地了。我正和他们联系，打算用那六间房换那块地呢……”“我瞧换成换不成，等不了多久，你都要因为六间房而发了！”

2. 指人没事可干。

如，嗨，那个电机厂啊，我还了解一些情况，它一倒闭，各科室的人大都～起来，工人更甭说了……

3. 机器、工具等没有被利用。

如，厂内，除了汽车外，一切生产机械也自然全～下来，最近正和一个台商谈拍卖的事呢，你用房换地的事，让我看是瞎掰……

☺ 瞎话流星：xiā huà líu xīng

说话随意，话不可靠。

如，你听鲁长的，那天说他那辆三蹦子一天蹦了一百八，你信吗？满嘴跑马，～，连他媳妇莜二姐也吹，说每天都能剩百八十的，真是夫唱妇和！

☺ 行事：xíng shì

即做事，侧重生活中与人打交道的事。

如，最近鲁长在胡同口儿把一个外地四岁男孩儿撞倒并从那孩子的大腿上蹿过去了，人家孩子父母找到了莜二姐，她当时说得好，但随后又不认账了，你说那两口子会～么？一碰到钱的事儿连人味儿都没了！

●《石头记》卷十，“尤氏夸秦可卿，他这为人行事，哪个亲戚、哪个长辈不喜欢他？”

☺ 小眼子包皮子：xiǎo yǎn · zi bāo pí · zi

心胸狭窄、眼光浅薄。

如，咳，那个莜二姐，她呀，见钱儿眼开，～见过什么呐？是个气别人有、笑人家无的主儿。

☺ 细活儿：xì huór

指需要细心与耐心的工作。

如，"听她说在家里搞刺绣呢。""听她的？她是买点儿成品，想搞锦上添花儿。你想，她是个大粗人，而手工刺绣那是～，大冬天的，她的手又粗大，经常扎手，半个月也添不上一朵花儿……"

☺ 歇脚儿：xiē jiǎor

指脚走累了，需要休息休息。

如，●《石头记》卷六十，"柳家的便回到厨房内，正吃茶歇脚儿。"

柳家的一边喝茶一边想：这两口子倒能摽在一起过日子，鲁长每天回家～的时间也没准儿，下雨下雪也出去蹦嘣蹦，莜二姐带个孩子是屋里屋外瞎忙活，也不知什么叫～，但他们活得好像还自在还快活……

"歇"后常嵌入"个"等词儿。如，那天我路过鲁长家门口儿，在他那儿歇个脚儿，和莜二姐聊了会儿。

☺ 歇歇儿：xiē · xier

休息。常指干活儿干累了，中间短暂的小憩。

如，●《石头记》卷八六，"宝玉说着，便站起来道，当真的妹妹歇歇儿罢，明儿我告诉三妹妹和四妹妹去。"

莜二姐也像宝玉疼黛玉那样疼鲁长，常嘱咐："没活儿就在大树下～。""那可不，不～也没辙呀，没活儿老嘣嘣到处跑费油哇……"

☺ 心不在肝上：xīn bù zài gān shàng

常比喻心不在焉，心中另有他事(多为烦心事)。

如，他还很讲究很谨慎，有时遇上了熬头事，心里烦，～，即使这时有活儿，他宁可在树底下歇着他也不拉，怕因～而出事……

☺ 像话：xiàng huà

言行合于情理，应该。常用于否定式。

如，“鲁长虽说辛苦，但他为人素质太差，要撒尿，就站在路边儿上对着电线杆儿尿，也忒不～了！”“有的暴发户更不～，从饭店里打着饱嗝儿出来，就在门旁空调外机那儿哗哗哗……”“哎，这就是一些国人的素质现状哦，改变这种素质，可不是三天两早晨的事。”

☺ 降：xiáng

管，镇，束缚。

如，鲁长没念过书，从小儿野惯了，他的毛病只有莜二姐能～住他，叫他撅着他不敢趴着，这就叫一物～一物，媳妇能～丈夫……

☺ 须头麻脑儿：xū tóu mǎ nǎor

常指一些吃物生长的先天不足，或质量不好，没什么价值。

如，莜二姐是不好惹，一次，鲁长的大哥看他兄弟时带来一蛇皮袋儿白薯，她打开一看，马上汆儿了：“你送不起就甭送，来了怎么着我也得管你一顿饭吃，瞧你这口袋儿里都是什么呀，尽是一些～的，哪儿有一个大的顺溜的呀……”鲁长大哥的嘴也不饶人：“我说他婶儿，今年的老天爷就给长那个样儿，就凑合着吃呗。五一时我来了，你给我炒了一桌子菜，一共用半斤肉了吗，一盘虾还是白洋淀的小草虾米儿，还不都是些～的，甭说了就……”

☺ 欻：xū

多指手部突然被蒸锅里或开水壶里的热气所熏(而很疼痛)。

如，晚上二姐择了些须头麻脑儿的白薯，刚蒸到八成儿熟，鲁长说爱吃硬点儿的，他左手掀开锅盖，右手刚伸进锅里，就一边唏溜着一边缩回了手，嘴里说：嚯，真～着我了……二姐说：～死你，哪儿那么嘴急呀你……

☺ 闲杂儿：xián zár

1. 闲事儿。

如，夏琪住的是南房，最近白日也老拉着窗帘儿，弄得屋里黑不老影的。她愣说对面儿新搬来的那男的老窥视她家的隐私，你说她怎么那么多～呢？都住一个大杂院儿，家家儿都一样儿，有什么可偷着瞧的呢？

2. 没用的话。

如，她婆婆常跟人说，她没成水，她说话～多，她这边儿说，你上那边儿听去，甭较真儿。

3. 指不干正事儿的人。

如，都说她们单位～多。她们那个头头儿，是70年代初中生。进入80年代买了张大专文凭。他本身就是个～，是个有仗腰子的不学而混的基层小混混儿！

☺ 小人：xiǎo rén

指品德低下，专会明里暗里使坏踩踩他人的人。

如，谁不知李小混混儿是阴险奸诈的～？心眼小，胆子大，一肚子坏水，对这样的～，还是躲着点好。

☺ 擤：xǐng

指用手指捏住鼻子或用手指堵住一个鼻孔，将鼻涕排出。

如，天狗说，今儿真丧气，我骑车正骑到一个小子旁边，他突然一侧脸儿，"刺"地一下，把鼻涕正好～在我嘴巴子上，我急了，说："哎，你小子往哪儿～啊你？"他还硬矫情说没看见，我用车别住他，说："你再矫情我抽你大爷的，要不我～了抹你丫脸上……"

☺ 醒眼：xǐng // yǎn

1. 明显，一眼就能看出。

如，到了前边路口儿，因那绿灯的指示数字模糊，不～，我正骑到马路中心，右前方一辆捷达"蹭"地一下蹿起来了，它后面的就都跟上了……交警过来止住我前边的车，我才过去了。有的地界儿，红绿灯虽然～，可你骑到马路第二车道时，停在边儿上的违章车"蹭"地就蹿起来，常有把你扔在马路中间那儿的情况……

2. 惹人眼目，刺眼。

如，一天，我刚骑过十字路口儿，让一辆倍儿绿、特别～的小王八盖子车把我剐倒了，从车上下来个披金挂银的年轻女人。我说："你开车不会是二把刀吧？你拐弯儿急什么呢，我这棉袄这么红，多～呐，你愣往我身上贴？"她说："对不起，你棉袄～管我什么呢，我色盲……"我一听，说："嘿，您真有一门，那多～的标志对您老人家来说也是盲人点灯白费油哇……"

☺ 血：xiě

记性。

如，第二天，还是在那十字路口儿，一个三十多岁的妈妈数落儿子："瞧车！你有～没～呀，你没见那小绿盖子又过来了，还找贴呀你？"

☺ 学舌：xué // shé

1. 指小孩儿学话，叙说（事情）。

如，这孩子妈心里准有不称心的事。这孩子忒小，看来还不会～呢，怎么怪他呢？

2. 又指大人传话，有意拨弄是非。

如，●《石头记》卷十九，“黛玉说宝玉，便是舅舅看不见，别人看见了，又当奇事新鲜话儿，去学舌讨好。”

“学舌”的“学”，旧时口语中大都说“xiáo。”

☺ 旋：xuàn

马上，临时（做）。

如，招弟儿说：“小闹儿，今儿你家里没人，都中午了，干脆咱俩去那家儿吃碗卤煮算了，不然你回去还得～做，下午还得上补习课呢。”“不，～做就～做呗，反正是一个人的饭，好凑合。”

☺ 懈松语：xiè sōng yǔ

泄气的话。

如，吃着饭，招弟儿给小闹儿打气：你张口儿就说考不上，你可不能听别人的～，你自个儿要没信心，别人的～就该真起作用了。人争一口气，佛争一炉香！

☺ 献勤儿：xiàn // qínr

1. 将他人的勤快、手脚儿麻利、能干的长处认为是故意显摆。

如，老三媳妇韩冷回到婆婆家里，因眼里有活儿，干起来又麻利干脆，婆婆从心眼里喜欢她。可有人说韩冷会～……

2. 把在人前会说话儿，嘴儿又甜，讨人喜欢的优点看成是故作姿态。

如，“人家韩冷人儿天生快性，一说话有老有小，该叫人儿时叫人儿，说话还总说在根节儿上，让人服，这怎能叫爱～呢？这都是老二媳妇金桂儿给人家往外臭斥的……”“咳，在妯娌当中，老家儿喜欢谁谁就是能～呗。”

●《石头记》卷八三，“他是来久了的，知道姑娘的心事，又会献勤儿，我是新来的，又不会献勤儿，如何拿我比他？”

“勤儿”，在口语中读成了“齐儿”。

Y

☺ 一抠星儿：yī kōu xīngr

形容一点点儿，极少。

如，小孩子们都管二丫儿叫～。她哄孩子说：来，给你把落生豆儿吃。她用手一抓，看起来抓得龇牙咧嘴的一大把，其实她的手心儿是空的。就那么～几个，孩子张开手捧着接时，她就说，你撑开兜儿给你装兜儿里，当孩子一摸兜儿时，原来兜儿里就几个，说：敢情你就抓那么～啊……

☺ 爷：yé

旧时"爷"有多种意味儿。

1. 称颂有钱有势的权贵。含恭维义。

如，呦，～您驾到了……茶汤李我开在您的大树下，借～的福庇，生意还行，挺好，请～里边坐……

●《石头记》五三，"贾琏说乌进孝身子骨儿还硬朗，乌进孝笑道，不瞒爷说，小的们走惯了。"

2. 称谓人们畏惧与厌恶，但不愿意沾惹的人。恭维之中含厌恶。

如，～，您大名鼎鼎，天桥儿这块地界儿，谁不知道您呢？以后还得请～多关照，您有事需要帮忙儿时，～只管吩咐！

3. 在不得已的情况下，为了不吃亏而央求对方的称呼。恭维中饱含无奈与憎恶感。

如，他实在是有眼无珠，～，您就把他当作个屁，把他给放了吧！这也怪我对他管教得不够，～，回头我叫他好好孝敬您……

4. 也常见自称的。

如，行，我可以饶了他，但三日之内必须叫他三妹来见我，～我做梦都常梦见他三妹子，不然～我借机让他折进去十年八年的……

也常重叠使用。如，嗨，你还甭净来嘴儿甜的，～～我是说到做到的。

有时前边加姓氏，如王～，李～；有时前边加排行数字，如二～，六～；或加“大”“小”，如大～，小～。称谓“大爷”时，意义不同于现在的“大爷”的称呼。这些称谓，情绪色彩复杂。

☺ 要干：yào gàn

1. 多指人要结束生命，不行了。

如，金奶奶这回恐怕是～，多个器官出现衰竭。医院从左安、协和请来专家也没什么好办法，钱倒没少花，真是病不起呀！

2. 也指动物要死。

如，金奶奶走了不久，她家的巴儿狗也～，道都走不了，整天在那倒气呢，你说这真是……

☺ 一窝儿蜂：yī wōr fēng

形容人多声杂，有如群蜂一拥而至。

如，●《西游记》二八，“那些小妖，就是一窝蜂，齐齐拥上。”

这话让我想到在八王坟总站等车的情形：等汽车刚一动窝儿，有些年轻人便～似的拥了过去，汽车也只能就地停下，经常出现俩人在车门儿口儿卡脖子，这种～的抢座现象，将北京“首善”一词已涂抹得一干二净……

☺ 引荐：yǐn jiàn

给从未见过面的双方介绍关系。

如，“我来～一下，这位是贵公司的阿迪艳小姐，这位就是我们的马局马三脚先生。”“感谢艳小姐的抛头露面啦！”“不是抛头露面，是抛砖引玉呀!”“艳小姐果真口才超凡,不,是人才,是闭月羞花啦!”“二位真是一见如故,你们慢慢谈,我就先失陪了……”“事成我一定要感谢你这～人啦,不,是月下老吧?哈哈……”

☺ 压根儿:yà gēnr

一向,从来。

如,“老邱,你别看我妈是老北京,可～还没去过故宫、颐和园呢!赶明儿你抽空儿拉我妈去一趟十三陵怎么样?”“等我没应酬的时候再说吧。”

☺ 痒痒腔儿:yǎng · yang qiāngr

不直说,从侧面把话说到对方的痛痒之处。多为有意刺激对方而为之。

如,“喂,老邱,你在宏观楼饭庄给人家小费的那个洋女人,令人联想到好莱坞女星桑德拉·布洛克,是风情是迷人,啊?”“你少说～话,我爱给她,还后悔给少了呢,明儿个我还去给!”

☺ 丫头养的:yā · tou yǎng · de

这是个带羞辱、鄙薄、憎恨色彩,而寿命又长的典型京骂。其中“头”字有时听不出来。丫头,古因女孩儿头上梳着双髻,有如树的丫杈,故名之。年纪幼小的,多在“丫头”前冠以“小”字;到了可婚年龄直至未婚之前,均可谓之“丫头”。刘禹锡《寄赠小樊》诗:“花面丫头十三四,春来绰约向人时。”传统观点:既为“丫头”所生,足见其人不光彩,故以“丫头养的”骂人,以求一时痛快。

如,“哎,老邱,你～,撒泡尿照照你的影子,瞧你那块臭揍性,洋女人跟你笑,是让你给她掏钱,你以为呢?”“你姥姥的,臭～骂谁呢?找扇呢是不是?”“咳,你扇哪,也让二奶我开开窍,就怕你～不敢!”

☺ 硬眼子：yìng yǎn·zi

性情偏执、言行倔犟。所谓一根儿筋。

如，"得，二奶今儿个真叫上板了，这回三青子算是遇上个～，看鹿死谁手。""死谁手哇，老邱不敢，二奶要给他搂落出来，他就得折进去，所以他不敢惹～，除非他是不知死的鬼儿，硬嘬噜！"

☺ 眼子：yǎn·zi

特指钱、物的花费不当，吃了亏。

如，"本来么，一落座儿，先给女招待员一张，说是小费。其实结账时你还得照付十分之一的服务费啊。你说他～不～？再说，出了门，人家认得你是谁呀？""以后再去呀！""再去，说不定第二天那洋女人就鸟枪换炮了，老邱真晕头，～货！""他～的事儿多啦，前一阵子，他回月亮村别墅，一到门口儿，咦，里外门儿都开着呢，但见屋里有人走动，就在门口儿报警；两辆警车开到门口儿，老邱就先进了屋子，一瞅那人，就回来跟警察说：哥们儿，对不起，你们甭管了，我们自个儿私了了……后来人们议论说，老邱真～，这种～的事什么时候是头儿呢……"

☺ 悠着：yōu·zhe

1. 主观上不要过度用力。

如，"大伙儿～点儿干，天太热，干一阵儿就歇会儿。""谢谢经理的关照。"

2. 稳，慢。

如，道儿不平，经理您～点儿开，慢点儿，～来，不急。

☺ 爷儿：yér

男性晚辈和长辈合在一起时称用。

如，●《石头记》卷八五，"贾赦、贾政带了贾珍、贾琏、宝玉去与北静王拜寿……那太监道，王爷叫请进去呢。于是爷儿五个，跟着那太监，进入府中。”

女性则称“娘儿”，如，赵姨娘说：把我们～俩外开着，我们～属于杂牌儿……

☺ 妖蛾子：yāo é zi

1. 与众不同的思路、办法。含贬义。

如，老孔老有绝招儿，这回他又想出～治老杨——专等老杨不在家的时候去看老杨，老杨想挑礼还没招儿。

2. 也指能出各色主意的人。含贬义。

如，老二，歇菜吧你，出什么馊主意，充什么～呀？老杨反过头儿来也会再治你，合得着吗？

☺ 眼力见儿：yǎn lì jiànr

脑子聪明、灵敏，能见机行事。

如，“您别看我女儿小，很有～。她一看我往脚盆里倒热水，就知道我要洗脚，就去把擦脚巾给我拿来……”“我这回请的这个保姆就很有～，眼里出活儿，很可心，所以准备再给她加点儿钱，这事还不知道我爷们儿同不同意。”

☺ 爷们儿：yé · menr

1. 常用于岁数有一定差距的男性之间，一般是岁数小的称谓岁数大的（不管认识与否）。

如，“我说～，您甭跟他这小半大儿的较劲儿，不值得，您说呢？”“哎，我说～，别净拣软的捏，干吗拿老爷子开涮呐？谁没老的时候？你就永远年轻？～，要学会尊重自己！”

2. 年轻的男性称谓类似叔伯年纪的。

如，～，您看在大侄子的面儿上，让大邱交俩钱儿，叫他把车取回去算了，他买车的钱还没还完呢！

3. 年轻的媳妇称谓自己的男人。

如,妈,他是您儿子您可以数落他,可他是我～啊,我就不能说他几句啦?

有时在“爷们儿”前边冠以“老”“大”“大老”等,这时,含义上则有特别强调“爷们儿”的意味儿。如,哎,你一个老爷们儿,眼看着自己的媳妇跟那个男的走了,你就没一点儿气性?一个大爷们儿家不知道什么叫脸皮,连锅盖都顶不起来,还叫什么大老爷们儿!

☺ 又来了:yòu lái · le

特指在某种情况下某种表现(事情或问题)的重复与继续。颇含感叹色彩。

如,●《石头记》卷七九,“黛玉叫宝玉干正事去,宝玉托词不去。黛玉道,又来了!我劝你把脾气改改罢!”

“妈,最不能让我容忍的是他外边有个二奶!”“瞧,你～是不是?你一看电视,就触景生情……”“可电视里总有那玩意儿,也真叫人没辙……”

☺ 有一搭无一搭:yǒu yī dā wú yī dā

1. 肤皮蹭痒儿,没话搭拉话儿。

如,●《石头记》卷十九,“宝玉说着,复又倒下,黛玉也倒下,用手帕盖上了脸。宝玉有一搭无一搭的说些鬼话。黛玉只不理。”

2. 来不来皆可,做不做皆行。

如,宝玉说:你要不搭茬儿,我还来你这儿干什么呢?黛玉说:你来不来都是～的事儿。宝玉说:这不是你真心话,哄谁呢!我真两天不来,你还不把眼哭肿喽!

3. 可有可无,无所谓。

如,二宝问:哎,你还配镜子不配啦?美玉道:其实我看配不配都是～了,左右都是2.0嘛,要配,还不是装潢自个儿。我又不是为了让别人看……

☺ 眼时：yǎn shí

目前，当前。

如，让我和老伴儿操心的是飞飞，她结婚五年了，总推托～不能要孩子，研究瘦身茶要紧，莫非想加入丁克族哇！这不要孩子总不是一个完整的家庭呀。

也说“眼下”。

☺ 营生儿：yíng · shengr

即差事，工作。

如，●《石头记》卷五六，“他们里头却也得些小补，这些没营生的妈妈们，也宽裕了。”

“如今三十郎当岁儿，成天家出来进去的啃老族可不少。”“想必是找不到合适～呗，有适合的～干，谁愿意出来进去的还靠父母养活哇？”

☺ 硬气：yìng · qi

形容理直气壮。

如，●《石头记》卷八十，“薛姨妈听了金桂句句挟制儿子的话，感到十分可恨，无奈儿子偏不硬气，已是被他挟制软惯了。”

☺ 应名儿：yìng // míngr

名义上的，虚名。

如，●《石头记》卷六十，“柳家的为了五儿，知宝玉房中丫鬟，差轻人多，且又闻得宝玉将来都要放她们，故如今要送到那里去应名。”

钱多又说，别看是～，可没人敢惹我……现在～是两口子的海了去了，谁管得了哇？民不举，官不究，休什么呀休？让她做个～夫妻，她有她的功劳哇……

☺ 一水儿：yī shuǐr

没别的，一色(shǎi)儿的。

如，钱多在未庄租了五百五十亩地，种的是～红高粱，到八月份儿，从远处看去，那一片赏心悦目的红彤彤村野风光，着实令人陶醉忘返，有人说，这儿就是没有莫大作家啊！

☺ 冤大头：yuān dà tóu

多指不该破费的钱财被破费掉了，一般是自愿的。

如，每年他都要带领四套班子的主要头目参观他的一水儿的红艳艳及他投资办的咸亨酒厂，并赠送参观者每人两箱"女儿红"品尝留念，未庄百姓，有的认为钱多眼子，是～，而他只是哈哈大笑而已……

☺ 丫头：yā · tou

女孩儿。幼小的常在"丫头"前加"小"字；对于可婚而未婚的称之为"丫头"；对于出阁后的，除身份重的长者，一般则不再以此称谓之。

如，●《石头记》卷三，"黛玉只带了两个人来，一个是自幼奶娘王嬷嬷，一个是十岁的小丫头，亦是自幼随身的，名唤作雪雁。贾母见雪雁甚小，一团孩气，王嬷嬷又极老，料黛玉皆不遂心省力的，便将自己身边的一个二等丫头，名唤鹦哥者予了黛玉。"

☺ 一溜儿：yī liùr

1. 指成排的。

如，马路东边是～茶叶批发店，马路西边是～丝绸批售商，整齐划一。

2. 比喻关系密切，同一伙的人。

如，那些茶商大都来自福建，出门在外便成了～的，后来相关部门的劳心者就采取了给他们掺沙子的办法……

3. 指某个地方。一般面积不是很大。

如,玲珑巷那～住的大都是南方人,情况还是比较好的。

☺ 眼儿热:yǎnr rè

眼巴巴极想得到,亦即眼红。

如,●《石头记》卷四六,"鸳鸯骂她嫂子,……一家子都成了小老婆了,看的眼热了,也把我送到火坑里去!"

她那手机是海尔的,才八九百块钱,你甭～,等下个月我的绿茶售完,给你买个三千多的三星 E708,一下把她给镇了!她也就不跟你臭显摆了。

与"眼馋"义近。

☺ 漾:yàng

1. 婴儿吃奶吃得过饱,吃完又吐出。

如,伍静,你看孩子又～了,快给他擦擦,以后别让他吃得顶嗓子眼儿啦!

2. 也指水等液体溢出。

如,浴缸里的水都要～出来啦!这又是伍静干的吧,你怎么干什么都毛手毛脚的呀,不知道水又涨价了啊?

☺ 一程子:yī chéng·zi

指一个时段。

如,●《石头记》卷二十,"索性今儿没了规矩,闹一程子,讨个没脸,强似受那娼妇的气!"

我母亲已和我闹了～啦,她说来京住了～就住够了,说出大天来也得回去,嫌这儿忒闹得慌。她说在马路上看到的比电视里看到还要花哨,不如老家那青山绿水调养人的眼神儿。

☺ 夜游神：yè yóu shén

指在夜间出去活动的人。

如，海涛是个～，三天两头晚上开车出去，半夜以后才回来，也不知是去哪儿泡去了。这也是母亲要回老家的一个原因，她说，眼不见为净，她不愿意亲眼看～让警察带走。……

☺ 窑姐儿：yáo jiěr

旧指(窑子)妓院里的职业卖淫女。

如，她老人家观察了这一程子感慨地说：现在没有窑子了，可是～还有，还是整治不到位，就不能给这些～一点生存的土壤！

☺ 丫头片子：yā · tou piàn · zi

指懂事了，但尚未出嫁的女孩儿。

如，她老人家还说，如今，满京城内外，尽是～，磕头碰脑，琳琅满目。你说这些～小小年纪就出来打拼，也是够不容易的。

☺ 业障：yè zhàng

原指由于过去作恶而导致了后来的恶果。在如今的口语中演变成从现状出发而表示怜悯。"业、孽"音近。

如，●《石头记》卷六二，"平儿又笑道，也须得把彩云和玉钏儿两个孽障叫了来，问准了他方好。"

哎，她们也没老岳～啊，儿子闺女都说困难着呢……结果三个和尚没水吃，靠街坊邻居给点儿吃的瞎凑合，这老岳也够～的，你说这儿女们……

☺ 咬吃：yǎo · chi

盯准某人某事，散布或诉说心中对其不平的理由。

如，岳悦老～爱美，说爱美跟她干的是同样工作，爱美也没有比她特殊的地方，为什么年终奖却比她多三万八？傻帽儿不是？人家爱美嘛！你～她就等于你跟马头儿过不去，照这样，岳悦的岗位该动窝喽！不信咱们就骑驴看唱本儿……

●老舍《我这一辈子》，当过巡长再降下来，派到哪里去都不吃香，弟兄们咬吃，喝！你这做过巡长的……

☺ 云山雾罩：yún shān wù zhào

1. 指说话没谱儿，近于胡说八道。

如，“二愣子说话～，他说他每月能挣五千多……”“你听他的！我这副主任医师才开多少哇？”

2. 也指办事儿昏头昏脑，飘飘然。

如，你不知道，二愣子靠关系干上了特工，随后他买辆二手捷达，晚上凭身份去趴活儿，怎么会挣不了那个数呢？不过好景不长，没干仨月，处里就知道了，你说他～不？

☺ 咽气：yàn qì

1. 指人停止呼吸。

如，三儿子没到之前，老人一直捯气儿，等三儿子到了，才～。你不承认人的这种精神支撑作用不行。

2. 有时“咽气”中间可嵌入某些词，即“咽……气”比喻人难以忍受的气愤或难以排解的委伍。

如，二儿媳妇是个连畜生都不如的混蛋篓，老人去世时竟不照面儿，说什么感冒了不舒服。把人气得实在难以咽下那口气！

☺ 央个：yāng · ge

即央求。

如，不去就不去，第二天再说，你甭～他，你越～他越拿捏你！现在市场经济，给钱、办事，谁也不～谁。

☺ 一五一十：yī wǔ yī shí

原原本本，不藏不掖，把事情如实详详细细说出。

如，●《儒林外史》一，"翟买办飞奔下乡，到秦老家，邀王冕过来，一五一十向他说了。"

老谭想，那是八竿子都打不着的当家子，托他瞎掰。再者现今靠法规运作，已无力回天，还是～地和盘托出，得个态度好，兴许还会从轻处理。

☺ 有一门：yǒu · yi mén

1. 表示对某种言行不可思议，含感慨、责怪情绪。

如，雪梅，你真～，网上聊的朋友可以信赖吗？头一次见面你就上支乐的住处去，让我看，你纯粹是只飞蛾！

2. 有某种本事，含褒奖色彩。

如，支乐把雪梅带到他的住地，刚一动手对她那个，不料雪梅还真～，一伸胳膊一抬腿，就把支乐给撂倒在地了，原来她幼年曾师承少林大法师，有功夫！

☺ 有鼻子有眼儿：yǒu bí · zi yǒu yǎnr

1. 编派、中伤人说得非常逼真。

如，蓝老爷子要糟改谁就能把谁说得～，不怕你不信，所以你别看他这不为人注意的小瘦老头儿，知底的人对他都敬而远之。

2. 传言时有梗儿添叶儿，异常生动。

如，蓝老爷子看楼门口站着几个聊天的，就出来跟大伙儿说：没安防护网的赶紧安。昨儿黑下 1 点 15 分，我刚想关上窗户睡觉，嘿，一瞧那窗户刚被拉开，那小偷儿一身儿黑打扮，脸上是黑色面具，手上是黑手套，正要迈进外飘窗栏杆……我"噌"地从床上坐起，准备抱着毯子扑他，嗨，你猜怎么着，他出溜一下没影儿了……悬呐，多悬呐！再晚 10 秒钟，得，我就要破财免灾喽！有的人说：你说得这么～，还真瘆身慌，别是遇上时迁的徒孙儿了吧？……那你安不安呢？安啦，得安。那我给给我安的那主儿打个电话。也有人说，他说得～，没准儿他和安防护网的勾着……托儿呀……

3. 把事情原原本本地说出。

如，蓝老爷子得罪了桑葚，桑葚到派出所把蓝老爷子在小区里鬼鬼祟祟的来龙去脉讲得～。派出所再一了解，还真差不离儿，随后，就有个片儿警到蓝老爷子家里去拜访……

☺ 一枝根儿：yī zhī · genr

1. 指夫妻各自一方的由近及远的亲戚。

如，今儿个来的这位叫白林的是大明媳妇梨花儿那～的，管大明叫姑夫。其实是八竿子都打不着的，这都是梨花儿趁钱招的……

2. 在派系斗争中指某一派。

如，白林所在那个厂子是在"深挖洞"时从东北迁来的，厂里原先分派，原班人马大都是厂长那～的，称为嫡系部队；其他后续进厂的则自谑为杂牌儿军。白林是嫡系那～的，因为能干而受排挤，杂牌军则趁机策反，他便成了杂牌军的二号头领……

☺ 有门儿：yǒu // ménr

有了希望。

如，这书出版～了。主任看了书稿的样儿章后说，知识性很强，很有价值。不过，现在上报，得等三月份才能批下来。我说，那就等吧。

与之相对的是"没门儿"。

☺ 有门子：yǒu // mén · zi

有途径，有靠山。

如，现今这单位招人也有其为难之处，～的关系户一大堆，不能都得罪了，还得照顾。

☺ 一百一：yī bǎi yī

1. 做事有能耐，非常棒，呱呱叫。

如，人家刘春喜局长真是～，凡事率先身体力行，平易近人，从不居功自傲；平时，既原则又灵活，局里职工心底由衷地佩服，在本系统是顶呱呱～的主儿！

2. 为人品行高洁，有口皆碑。

如，刘大婶儿受丈夫影响，人们一提起也都伸大拇指，都说没说的～！在鸡爪子胡同住了几十年，虑论起来，没人不伸大拇哥。

3. 彼此之间相互了解，交情深厚，互相信任。

如，●老舍《赵子曰》第十二，莫大年说："老赵，你我是一百一的好朋友，你爱欧阳，不必强迫我！"

☺ 冤：yuān

1. 委屈。

如，宛容感到非常～，根本就没有那么回事儿，而那些嚼舌的却说得有鼻子有眼儿。路嫂说，糟改我闺女，把我闺女编派得忒～，想让我闺女成为当代的窦娥呀，姥姥！

2. 欺骗。

如，路嫂在街上碰到一个野小子，那个小子掏出两个手机，说是什么叫解诺急牌儿，新产品，内销的，三百块一个，最后六十块钱让给路嫂，路嫂拿回家去，儿子一看，说您让人～了，这是玩具手机……

3. 心怀仇恨。

如，今儿个路嫂在偌大西单商场竟然碰上那个骗子了，真是～家路窄！她假装没看见他，尾随到两个保安跟前，大声喊：你们哥儿俩赶紧抓住那小子……

☺ 一帮：yī bāng

1. 称成群的牲畜一类。

如，出了外研所大门，我见迎面来了～羊，它们根本无视于我，我刹住车，它们像凯旋大军，满不在乎地蹭着车身两侧稀里呼噜地过去了。

2. 一群，一伙子。

如，我经过建行前边时，马路边上站着～人，原来是一辆尼桑的车门玻璃叫人给砸开了，车里的手包被拿走了……

☺ 匀：yún

1. 分出，让给。

如，擎天，你们去京东大峡谷，碰到便宜的山珍野味儿多买点儿，回来～给我一些。

2. 个儿大小对等。

如，"四婶，那儿没什么土产，我们买了一箱山里红和一箱柴鸡蛋，您要就匀给您一些。""呦，这山里红个儿倒不小哎，还挺～溜哎……"

3. 形容播撒或掺和东西均匀。

如，咳，别提了，我说给我闺女送几斤山里红去，在米市大街下电车时被人把塑料袋挤掉了，你瞧这地上唧哩嗗碌到处滚，洒了个～实……

☺ 有两下子：yǒu // liǎng xià · zi

1. 有能耐。

如，大头真～，一个月内，他抓了七个偷自行车的小贼儿。

2. 表示对某种言行的感慨或反感。

如，大头抓住窃贼与失主儿凡小姐当面对质时，那姐们儿真～，她竟然吞吞吐吐、支支吾吾，整个缺素质，多让大头寒心呐！

☺ 也倒是：yě dào shì

表示同意他人的意见。

如，●《石头记》卷七七，“王夫人想了一想，说这也倒是的，快办了这一件，再办咱们家的那些妖精。”

义同“倒也是”。

☺ 迤逦拉拉：yǐ lǐ—lā lā

1. 指人连续不断。

如，从早八点半到中午，进出石花儿洞的～，就没断过。司机小赵儿建议，在良乡吃饭，他请客，然后往北，一溜边光去戒台寺、橝柘寺……

2. 指物类顺沿撒将开去。

如，车往北开，经过一个村子时，满街～尽是羊屎，像是谁在路上晒的黑枣儿……

☺ 硬骨头：yìng gú · tou

1. 性情偏执，倔。

如，平时，人们总认为大棒子的～劲儿上来，你一头牛也拽不动他，可是当日寇妄图吞占中国时，大棒子的～劲儿得到了升华弘扬，凝聚成中华民族不可侮、全民不屈不挠奋起抗击日寇的一种伟大的民族精神！

2. 刚强不屈。

如，在西方战场，同样，苏联人民以崇高的爱国主义～精神，首先赢得卫国战争的伟大胜利！

☺ 硬朗：yìng · lang

专指老年人身体健康结实。

如，●《石头记》卷五三，“贾珍命人拉起他来，笑说你还硬朗。乌进孝笑道，不瞒爷说，小的们走惯了。”

眼下公园儿里、街道上的老人腿着遛弯儿的真多，他们都相互勉励说：不管官大官小，财多财少，身子骨儿～比什么都好。

也说“硬硬朗朗儿”。如，他对大家说：大家都好好儿活着，活得硬硬朗朗儿，活得精精神神儿的……

☺ 牙硬：yá yìng

1. 目睹了腐烂物，心里很不舒服。

如，我说这两天狗怎么老往河滩的野草丛里跑呢？随后我到那儿一看，唦，原来有一具根本分不出模样的女尸！六月的天气，再加上嗡嗡的苍蝇和疙疙瘩瘩的蛆……哎，瞅着，真够～的慌！

2. 想起来心里就恶心的 。

如，回来，一想起女尸身上苍蝇飞来飞去的，身上的蛆一堆一堆、疙瘩疙瘩地爬，心里就犯～！

☺ 眼泪八岔：yǎn lèi bā chà

形容伤心掉泪。

如，明月这两天总是～的，原来被害的那个女孩，是她的田园伙伴儿……不过，不管怎么说，她总算从恶魔爪下逃出来了……

☺ 牙碜：yá·chen

1. 所吃的东西有沙子之类，令人不能再嚼。

如，扭妮，你这米饭不能吃，有沙子忒～，从哪儿买的米呀你？找他去！

2. 引申为所说的是人难以启齿或令人难以入耳的。

如，●《石头记》卷四六，“只听山石背后，哈哈地笑道，好个没脸的丫头，亏你不怕牙碜！二人听了，不觉吃了一惊。”

☺ 眼里不揉沙子：yǎn lǐ bù róu shā · zi

比喻眼里容不下东西，说明视觉敏锐、能洞察秋毫之末，把事儿看得十分清楚。

如，●《石头记》卷六九，“秋桐朝尤二姐甩闲话，奶奶宽宏大量，我却眼里揉不下沙子去。让我和这娼妇做一回，他才知道呢！”

☺ 野：yě

1. 说话不近情理，没礼貌。

如，大爷，胡龙从小儿爹妈就飞了，是奶奶把他拉扯大的，缺管教，齁儿涎脸，说话～，您就只当他放屁呢，甭跟他一般见识。

2. 心散，爱玩儿，不着家(多指青少年)。

如，●《石头记》卷八一，“代儒听了贾政的介绍，说，为什么不念书，只是心野贪玩。诗词一道，不是学不得的，只要发达了，以后再学。”

胡弄说：他是贾宝主，我是～孩子，能比吗？

3. 比喻没人管教的。

如，他奶奶数落他：你整天不着家，我也不知你在外边都干了什么，这年头儿外面挺花哨的，你成了～小子啦！我放心吗？

4. 任性骂人打人。

如，城管的也不管管这些嘣子，人行道儿全让它们给占严了，城管一说他们，他们要三青子，撒～冲着城管就打。城管叫来110，说：去医院照CT，没商量！他们不干。警察说：不干不行，现在是法制社会，要按法办事。

☺ 油子：yóu zi

1. 指精通某种门道。

如，●《老舍散文精编》里说，“到如今我醒悟过来，我永远成不了牌油子。”

2. 为人油滑有心计(过去有京油子卫嘴子的说法。卫嘴子指天津人能说)。

如,"你一个京～,怎么就成不了牌油子呢?""谁是京～啊,要不是刽子手是我铁哥们儿,我不是就被昏官错斩了吗?我是捡来一个小命儿!"

☺ 油:yóu

1. 只想占便宜,不吃亏。

如,王森、崔宁两个合开一个汽车修理部,时间长不了,两个人都那么～,针尖儿对麦芒儿!

2. 处世圆滑,不得罪人。

如,"老黑真～,他看王森、崔宁两个说碴了,便像屁股着火一样,噌地站起,赶忙溜出办公室,心想,你们爱干架不干架呢。""他是有名的～科座啊!"

3. 耍滑头,油腔滑调,不办真事儿。

如,你别听老黑说得好,他～着呐,除非你黑下十点钟去他家里……

☺ 有贺儿:yǒu // hèr

有门儿,有希望。

如,喂,思思,马路消息:听说咱们那片儿贫民窟拆迁～啦!

☺ 一溜边光:yī liù biān guāng

沿途,沿岸,沿线。

如,有贺儿固然好,可是秀美那条街,～过去,都得拆呀,穷家难舍,故土难离的滋味也不好受,更何况秀美这条街,～尽是卖穿戴的,老外也常去光顾,多繁荣,拆了心里自然要空荡荡的,真是繁华过去成一梦哦……

☺ 一准儿：yī zhǔnr

一定。

如，“今儿晚七点，在北大街克罗地海酒吧，乌娣她～来。”“你别以为她会～来，她的朋友满古成，大晚上的，又不定在哪儿霜满天呢！”

☺ 眼馋：yǎn chán

眼热，喜欢，很想得到。

如，秋天去山里野游，乌娣忽然喊：“哇，每家院里都有柿子树嗨，树上的大柿子就像一个个小红灯笼，真让人～！”站在门口儿的一位大妈说：“那东西涩，还不能吃，不信我给你摘两个你尝尝……”“别，别，那多少钱一个呀……”

☺ 噎：yē

1. 形容说话生硬，呛人，使人尴尬。

如，“那值不了仨瓜俩枣儿，不要钱，以后见了我们乡下人，别捂鼻子就得了……”“呀，大妈，您说话真冲，别这么～人啊，您跟谁学的呀？”

●《石头记》卷三二，“史湘云道，你不说你的话咽人，倒说人性急。”

2. 一般指吃东西吃得狼虎，食物堵在喉咙一时下不去。此处指柿子不熟，涩，到了嗓子眼儿不往下走。

如，呀，这柿子怎么这么～人呐，哇……喂，谁还有矿泉水啊……

☺ 延嚥：yán yàn

多指小孩子吃饱后继续细嚼慢咽地贪吃情景。

如，哎，乌娣，噎人就扔了吧，你怎么还一个劲儿～啊？没吃过呀，够现眼的你……

☺ 牙花：yá huā

牙垢。

如，“李力，给你矿泉水，多少再给我留点儿……”“呦，小苑，你没刷牙啊，你牙上尽是～，这水你留着喝吧，我可不要啦，忒……”

☺ 眼真儿：yǎn zhēnr

亲眼所见。

如，“胡吣什么呢你？谁不天天刷牙？”“你让蔡红瞅瞅，～是一嘴黄牙嘛！”“李力你真眼尖，那是嘎巴在牙上的柿子瓤儿，你想，涩呀……”

☺ 眼尖：yǎn jiān

视力好。指一眼就看清楚(别人所不注意的)。

如，●《石头记》卷七七，“只见一个人影儿往屋里一闪，柳家的素知这媳妇子不妥，只打谅是她的私情人，看见晴雯睡着了，连忙放了，带这五儿往外走，谁知五儿眼尖，早已见是宝玉。”

☺ 仰八脚子：yǎng bā jiǎo · zi

身体仰面朝天。多指仰面摔倒的情形。

如，李力拽着仇苑往下坡一跑，脚下被一个烂柿子一滑，一出溜，一下滑了个大～，小苑差点儿踩着他的脑袋瓜子。

☺ 眼眉前儿：yǎn méi qiánr

1. 跟前，近前(指距离)。

如，这时路边那女的瞅着～滑倒的李力，说：“哎呀，这不是李力吗？”“你是谁呀？”“我是……我，我是你姨儿啊！”

2. 目前，眼前(指时间)。

如，真不认识啦，哎，也难怪，这也不是～的事了……

☺ 一忽儿：yī hūr

一会儿。

如，哇，李力，怎么～的工夫，你眼皮儿底下又出来个姨儿哪……

☺ 眼底下：yǎn dǐ xià

特指眼前。

如，李力还是傻愣着。"怎么了你，连你～的小姨儿也不敢认啦？"

☺ 一小儿：yī xiǎor

打小，从小。

如，咱们是一个胡同的呀，我是麦荞，我们～在盆儿胡同长大的，我头几年从农大毕业……

☺ 眼拙：yǎn zhuō

1. 认不准。谓缺乏知识，眼界有限。亦作"拙眼"、"拙目"。

如，●陆游《剑南诗稿》，"观人如观玉，拙眼喜讥评。"

哦……想起来了，你可别挑礼，我～，一时也真想不到……

2. 认不出，不识货。

如，"你方才喊麻叶菜，那哪儿是呀，那是车钱子，没瞅清吧你？""是我～，从书上学的不是。"

☺ 一溜歪斜：yī liù wāi xié

1. 形容人走路不稳。

如，走，去我家歇歇儿，瞧你～的，摔着腰了吧？我搀扶你点儿吧……

2. 指道路等弯曲不直。

如，"这山路～，还磕磕绊绊的，你们小心点儿……""知道了您呐，放心吧，再～也摔不着我们。"

☺ 野杂种：yě zá · zhong

指非亲父所生之子。骂语。

如，●《石头记》卷四八，"平儿咬牙骂道，都是那什么贾雨村，半路途中，哪里来的饿不死的野杂种，认了不到十年，生了多少事出来！"

李力捂着嘴小声儿说："你怀的是～，小苏不脑袋瓜子疼？准得让你打掉了……""我能理解，自动打了，可心里真不是滋味儿……"

☺ 秧：yāng

1. 种植。

如，小苏在东四有三间老房，是他爸的产业；这儿是他原籍，我去年就在这儿租了八十亩山地，～了些山里红、海棠等果树苗儿，琢磨再弄个养鱼池……

2. 一些植物露在地面的茎蔓儿。

如，地里的热蔓草～儿忒囔实，我用火把它烧了，我这是看着野火呢……

☺ 一顺儿：yī shùnr

按一定顺序(排开)。

如，"你小心别把别人的柿子树给烧着喽。""没事儿，刮小西北风儿，火苗儿都～朝东南倒，待会儿用扫帚一拍打就得了。"

☺ 一事：yī shì

一块儿的，一码事儿，合伙的或相关联的。

如，"那边不就有个鱼池吗？""对，那是～，养的是鲟鱼，收入还不错。"

☺ 影：yǐng

1. 遮挡。

如，瞅，那老头子来了，我在你们后边，你们～着我点儿……

2. 藏匿。

如，老头儿来了，～着身子干什么呢？

☺ 阳蹦：yáng bèng

1. 喻人失势后又得势。

如，这老头子叫盖帽儿，他爸是这儿的老地主，有二三百亩山地，"文革"时叫贫下中农硬给批斗死了……到了八○年，盖帽儿的儿子当了村支书，先是有名的养鸡专业户，随后搞运输，有二三十部大卡……嚯，这盖帽儿一见到路上的大小汽车就说：瞅，那准是我儿子的车！一些人就说：瞧，人家盖帽儿又～起来啦！

2. 指人患病恢复健康。

如，去年老妹妹儿的得血栓了，住进县医院高干病房，村里的人都去医院看过他，就是我没去，等他出院～起来后，瞅见我就拿拐棍戳兑我，说：你的小命儿在谁手里攥着呢？你琢磨好了告诉我儿子一声儿！

☺ 约：yāo

用秤称。

如，要不就说，你也不～一～你有几钱重，有我儿子一根儿汗毛重没有……

☺ 言语：yán・yu

1. 说话，吭声。

如，咳，听你这么一说，就知道他是愚昧无知的老糊涂。他说他的，你不～不就得了吗？

●《石头记》卷一〇〇，“探春听着毫无道理，只低头做活，一句也不言语。赵姨娘见她不理，气忿忿儿自己走了。这里探春……也不过自己掉泪而已。”

2. 说。

如，有一次，他儿子表现得很开通、有水平，说，我们老爷子常说几十年前的话，你们实在听不过去了，就跟我～一声，我有工夫说说他。

☺ 晕菜：yūn cài

即晕头转向、晕了之意。新流行语。

如，有人说，好日子让老东西过得～了，谁没事吧唧愿意跟他熬气呀！

与“完菜”“瞎菜”义近。

☺ 一早儿：yī zǎor

1. 与“起早儿”“早清儿”同义。

如，“苏掌柜的呢？”“他也不拉洋车啦，今儿～就开车进城，东四那边三间房靠临街，出租了，我曾劝他别出租了，那才能弄几个子儿……”

2. 当初，尽快。

如，哪儿如用那房子～开个花儿店呢？可他缺少超前意识，前些时也后悔说～没听我的，得少挣几十万……这不，花儿店上个月刚试营业，收入很可观……

☺ 眼气：yǎn qì

见人比自己强而生气。

如，我们一有钱，这不，还当上了区政协常委，什么私企协会副主任。这就有小眼包皮子的人～，背后说我们会拍，他们就忘了发展经济是中心的道理。再说，那衔儿是虚的，届时往外支持、赞助、慈善掏钱是实的。再说了，就那扒着别人肩膀儿往上蹿的多了！这年头儿你

～得过来吗？整天价～还不得跳迪拜塔去呀！

☺ 应景儿：yìng jǐngr

走过场，走形式，应付一下。

如，●《石头记》卷三八，"说着，史湘云仍入了席。凤姐和李纨，也胡乱应个景儿。"

一般的会议，小苏只是去～，该说两句就来上不疼不痒的两句，能脱身就脱身儿，那主要头头儿都内耗惯了。那是人家的差事，当然不可能是～去。

☺ 一头儿：yī tóur

1. 指事情的一端，一个方面。

如，他兼顾两头儿，在我这～忙活些天，再顾那～，大概其明儿个回来……

2. 同伙，一伙。

如，他虽不拉车了，可他那～的铁哥们儿还真想他，经常打电话约他去什刹海烤肉季那儿去吃烧烤，老起哄说他走了桃花儿运……他们撺掇小苏，说：再欺负人告那老妹妹儿的！可是，你告得动吗？咱们硬不过人家那～的。

☺ 硬棒：yìng · bang

1. 指吃的格外地硬。

如，盖帽儿牙口儿特好，爱吃～东西，喝酒时常就油酥豆儿，嘴里嘎嘣嘎嘣地响；还爱吃秋桃儿，一咬特～，他还说，这才叫有嚼头儿……

2. 质地硬的木料。

如，他的家具还是紫檀一类～木头做的老式样的，据说是新加坡进口的……

3. 指地很瓷实。

如，老东西沿着我这地边儿，一天三个往返遛食儿，时间一长，竟给踩出一条二尺宽的哢儿～的小道儿，我哪儿敢说什么哪！

4. 比喻身体结实。

如，我的地让他踩得越瓷实，老东西的身子骨儿也越～，他手中的梨木龙拐纯粹是做样子，摆谱儿，显摆身份，给人看的……

☺ 应典：yìng // diǎn

事实与过去流传的说法一致。

如，人们一瞅盖帽儿那神气，就说，盖帽儿过去做梦也没想到他会有今天，这真是～了"三十年河东，三十年河西"，你知哪股云彩有雨呦！

☺ 阴：yīn

特指人坏、用心险恶。

如，"他儿子为人怎么样啊？""表面上看不出什么，可有人说他特～，但也有人明着大迈治他，在春节那天早清儿给他门口儿摆放一口纸糊的棺材……他儿子除了打发白道儿的还得打发黑道儿的，吃势的专门儿吃他，反正也不敢忒～了……"

☺ 有日子：yǒu rì · zi

1. 指有一段时间。

如，"仇苑，走，让麦荞领咱们顺便问问模范支书，他要不要咱们林学院的毕业生。""你们今儿甭去，我们～没瞅见他了，听说上海南了……"

2. 有了一定的时候。

如，"明年该选举了，他这样的还不给选下去，看来他也是～的了。""你呀，真是的，操这些心干嘛……"

☺ 眼皮子浅：yǎn pí·zi qiǎn

形容没见过什么，目光短浅。

如，●《石头记》卷五二，“平儿说了掩蔽坠儿的事，麝月听了道，这小娼妇，也见过些东西，怎么这样眼浅！”

我看这样，你们先到我家，我那儿有两盒儿家乡原装的普洱生态茶——其实那是药材，你们拿去给盖帽儿。他老妹妹儿的～，连故宫都不知在哪儿，哪儿知道什么是普洱生态茶呢，他儿子回来他一定为你们打圆场……

☺ 药：yào

毒害，导致人死。

如，●《石头记》卷一〇三，“宝蟾便哭着来揪香菱，说她把药药死了奶奶了。我看香菱也不是这么样儿的人。再者，他病得起还起不来，怎么能药人呢？”

☺ 圆场：yuán // chǎng

帮助说好话，使事情结局圆满。

如，李力说：麦荞，盖帽儿倘能打个～，事成了，今后你我又能常在一起，多棒啊……不过，你的招儿挺绝的，这个磁儿套得好哇！

☺ 阴招儿：yīn zhāor

阴险狡诈的办法、手段。

如，麦荞说：我不会玩儿～，要阴的我可不是苏卿的个儿，但他不乱用～治人，除非是你把他害苦了。

☺ 眼馋肚饱：yǎn chán dù bǎo

1. 肚子虽已吃饱，但见了好吃的依然想吃。

如，说起所好(hào)，他这人就爱吃炸臭豆腐，明明儿刚吃饱肚子，见了炸臭豆腐的就走不动了。我常说他：你怎么～哇你……京城炸臭豆腐的都让他吃到了，但他说假的海了去了……

2. 比喻男人对女人垂涎贪婪。

如，●《石头记》卷十六，"贾琏惊赞香菱长得漂亮。凤姐道，呀，往苏杭走了一次回来，也该见些世面了，还是这样眼馋肚饱的。你要爱她，不值什么。我拿平儿去换了她来如何？"

☺ 油脂抹滑：yóu zhī · ma huā

形容衣、物上油渍很多。

如，你衣服上～的，跟卖肉的一样，脱下来，我先给你用热水好好泡一泡……

☺ 油花儿：yóu huār

漂浮在水面上的油星儿。

如，邬颜，你瞅，刚泡一会儿，这水面上就是一层～，够炒盘儿菜用的啦！

☺ 油水：yóu shuǐ

比喻非正当的额外所得。

如，您也忒夸张了吧。当初我二姨劝我说，在屠宰场工作～大，下班时把猪肠子往腰上一缠，要不就把心、肝、腰子装在兜儿里带回家，可以开个卤煮店铺，……原来她说的是十年动乱时期呀……

●老舍《我这一辈子》，"巡夜呢，不过是绕着宅子走两圈，准保遇不上贼；墙高狗厉害——大贼找退职的官儿去偷，既有油水，又不至于引起官面儿严拿。"

☺ 拽：yè

1. 形容劳苦，指为生活而劳碌、奔波。

如，干吗和他们比呀，人家是先富起来的那部分，是劳心者，咱是劳力的，哎，细想起来，我刚 19 岁，照这样～下去～到什么时候是头儿呢？

2. 用肩膀使劲用力拉（拽 zhuài）东西。

如，生活苦多乐少。你呀，生活的夹板刚刚套在肩膀上，往后你就～吧，什么时候～不动了什么时候就算～到头了……

☺ 一来二去：yī lái èr qù

慢慢地，逐渐地。

如，说实的，开始干这种差事，整天拿刀在大白猪身上练功夫，腌不臜，腥气不拉唧，我也熬头，后来～的也就那么回事了……

☺ 掖：yē

1. 塞，将东西塞在某处。

如，●《石头记》卷五一，"你来把我这边的被掖一掖罢！晴雯听说，便上来掖了一掖。"

人家说的是～被子，弄风情；可气的是，前天听说小白脸儿晴雀编派我，说我出车间时往兜里～个猪腰子。我今天去质问她，她说：哪个浪娘儿们传老婆舌？谁爱～什么不～什么，我管得着吗？

2. 掩藏。

如，●元，邓玉宾《仕女圆社气毬双关》曲，"屦跟儿掩映着真圈套，裹勾儿藏掖着深窟窿。"

～窟窿不～窟窿那是老辈子的事了。你们瞧，小谌从厕所出来连腰带都没～好，就一跷腿骑起车就颠儿了。

3. 比喻说及某事，不直接说出事实，话语犹抱琵琶半遮面。

如，她又说，我说话从来不会夹带藏～，～着藏着不是我的性格，如果我说了，我绝不躲躲闪闪，敢做敢当，这是哪个长舌头给咱们拢对儿呢？

4. 比喻将某事隐藏在心里，不露端倪。

如，有人劝小谌先把事儿～起来，要较真儿，通过小雀去托他姐，自能弄出个水落石出。小谌说：我天生就～不住事儿！

☺ 眼生：yǎn shēng

指不曾见过的或生疏而没有印象的。

如，●《石头记》卷七七，"王夫人又满室里搜检宝玉之物，凡略有眼生之物，一概命收卷起来。"

对了，小白脸儿像想起什么似的又说：有个打扮得很怯的女的，我很～，昨天还见她从你们车间出来，转转悠悠的，别人也说，这人怎么这么～啊……听说是厂里的巡视员，没准是她黑上你了……

☺ 尾巴：yǐ · ba

即动物的尾巴。

如，听人说，头两天，她在车间外边捡了个猪～，她还说，拿也甭拿猪～，吃那东西，人爱摇晃脑袋瓜儿。

☺ 秧打了：yāng dǎ · le

比喻人没精神，像绿色植物着霜打了的状态，蔫头耷脑的。

如，有人说，对，这几天是有个挺眼生的像～的女人出来进去的，她在别处不定受了什么刺激给弄到咱这儿来了……

☺ 一路货：yī lù huò

借指同属一类人。颇具反感鄙薄色彩。

如，看样子，可能跟周矬子～，属于小阴扇子那种，以后得贼着她点儿。

☺ 一遭儿烂：yī zāor làn

1. 所用的东西，从一开始到最后不能再用的全过程。

如，"我戴的这块几十块钱的表，就是你叔给的，戴了十来年了，又皮实，走得又准。""这种东西是～，到了坏了的时候，你修也白搭，也不值……”

2. 所穿的从一开始到最后不能再穿的全过程。

如，他呀，以前是不修边幅，一双鞋一上脚就是～，不～决不下脚的邋遢鬼；现在还是邋里邋遢，长的又尖嘴猴儿腮的，顾面儿的本地的女的，大都一谈就吹；外来的，他又怕人唧他一家伙颠儿了，所以一直骑袒着。

☺ 一色儿：yī shǎir

一律，全。

如，他的铁哥们儿净瞎起哄，就不可能是～美的，人嘛，又不是《石头记》里所说的物件儿。

●《石头记》卷二九，“况且是端阳节间，因此凡动用的什物，一色儿(shǎir)都是齐全的。”

☺ 硬靠人：yìng kào rén

1. 指家庭中主要劳力，能挑生活重担的人。

如，常其一家四代同堂，老的老小的小，十一口人全靠他一个人维持生活，别人都说，如果家里再有个～就好多了……

2. 某单位中能力强、能挑大梁或说话算话、拿事的人。

如，常其是林业局高级工程师，局里人不少，但真正的～就是他和刘局长他们两个，目前为扑杀美国白蛾，忙得连家都顾不上回了……

☺ 有两刷子：yǒu liǎng shuā · zi

有点儿本事。

如，瞧你说的，凌云没～？听说要从市政调来个技术员，姓古，人虽年轻，还真～呢！也有人说，那人有靠山，玩儿政治很～……他来了先任科长，是准备来接刘局长班儿的……

与“有一门”“有两下子”有义近之处。

☺ 阴扇子：yīn shàn · zi

1. 比喻暗地里鼓动他人伤害自己心中的目标。

如，他的一个大学同学跟别人抖落他的包袱底儿，说这古天杨曾说他看了一本研究心术的书，说背地里扇阴风点鬼火，动用～手段整人那是当今提升自己的大艺术，他说特别是对于不学无术的人来说，真该好好钻研钻研……

2. 也代指心怀诡诈，很会钻营的人。

如，古天杨还说过，如今官府的～最吃香，你得学，学不会也得装，像老韩那愣愣磕磕的傻头儿，就吃不开。

☺ 一模棱儿：yī mú léngr

一层儿（指水上、衣物、食品等表面儿上在某种条件下生成的一种轻浮物）。

如，云霞带着小升初的闺女荞荞去北海散心，游艇开到边沿儿处，闺女指着水面儿上的～绿的问：老妈，为什么边儿上才有那～绿的呀？那是什么呢，云霞说：中间尽是船……咳，中间也备不住有，那叫蓝藻，也厉害着呢……

☺ 一马勺坏一锅：yī mǎ sháo huài yi guō

因为一点儿而影响了全部，个别的影响了全局（整体）。

如，荞荞说，咱们躲开这地方吧，怪熬头的，真是～，大杀北海风景！云霞说，你把～用在这儿，有点儿勉强。妈妈参加高考阅卷工作，每次都是看作文。作文有字数要求，比如要求写 700 字，个别考生头脑忒机械，他就在 700 字那儿画句号。结果因为最后一段有两三句车轱辘话，影响了全篇文章的成绩，这才叫～呢。其实只要语言好，多几句少两句是无所谓的。

☺ 一托包儿：yī tuō bāor

一总，一下子。

如，我饿了老妈，咱们去仿膳坊开开眼吧。云霞说，呦，得了吧你，以前打车花一二十还总犯嘀咕，嘬牙花，现在你爸一咬牙，为你～花十几万买辆现代，以后好接送你上学呀，这他也不犯心疼啦，咱已够奢侈的喽，回头让你凤姨儿请你开斋吧……

☺ 一溜烟儿：yī liù yānr

1. 形容快跑，跑得快。

如，●《石头记》卷八七，"宝玉也没法儿，只得且吃饭，三口两口忙忙地吃完，漱了口，一溜烟往黛玉房中去了。"

小红说，你方才不是还在餐厅那里等着吃饭呢吗？小宝说，填补了两嘴我就撒丫子～奔这儿来了。小红说，瞧你把自个儿形容的，刚才过去一辆小卧车，那才叫～呢，贼快，跟流星似的！

2. 形容车马跑起来时带起的一路浮尘。

如，小宝说，我说的呢。那准是对门他们新买来的那辆劳斯莱斯。我也得买辆林肯，那东西是棒，一撒欢儿只留下～就没影儿啦，多得(děi)劲儿！小红又说，怕是要先望尘莫及了。老板放出话儿了，说今年效益不好，年终奖怕是要吹了，你还买那～的？

☺ 眼见得：yǎn jiàn de

1. 眼睁睁地看到。

如，小宝说，我～那报上说今年要大涨工资啊，我们怎么会少呢？小红说，瞧你的傻劲儿，那涨工资才有多少啊？

此义也说"眼真儿"。如，不假，好多人都眼真儿看见那条消息了。

2. 分明，显然。

如，小红说，今年生意难做倒是真的，～有的企业说倒就倒了。你再看老板，～白发多了不少。

☺ 眼神儿：yǎn shénr

从眼里传达出的神情、信息。

如，至于吗，小宝，～都呆愣了。不就是一辆车吗，你急什么，有钱了再买呗。

☺ 有病：yǒu // bìng

比喻言行令人费解，不可思议。

如，我和老品遛弯儿，有三个小伙子问，大爷，进城的地铁站在哪儿？我用手往西一指说，过了前边的红绿灯，再往前走 200 米就是。咳，他们没说声"谢谢"，就扬长而去。我说，你看这问路的，多怪。老品说，～！

☺ 要不说：yào bu shuō

表示赞同的意思。

如，他问路，你好心好意告诉他了，他却来个南辕北辙。老品说，～呢，现在的好生活把一些人撑得晕晕乎乎。

☺ 晕晕乎乎：yūn yun——hū hū

头脑不清醒，晕菜的意思。

如，老品说，咱们往回溜达吧，我的脑袋有点儿～的。是不是脑缺血呢？按理不会，头仨月去医院，我照了脑 CT，没事儿。

☺ 一杆子：yī gān zi

即一枝根儿。指亲戚中有某一血统关系的人。

如，"人说区医院有个照片子很有两刷子的大夫，听说是你儿媳妇那～的。""哪儿呀，是儿媳妇一个远房小姨儿的兄弟，是做 B 超的。"

☺ **油嘴滑舌：**yóu zuǐ huá shé

能说，但话语轻浮而油滑。

如，她大哥那个人嘴上没有把门儿的。拆迁他得了两套两居，还给他一百三十万。我儿媳妇跟他说，我也不多要，你得给我那三十万零头儿。结果他～今儿应明儿，明儿应后儿，硬拖着不给。我儿媳妇说，不管你怎么～，到时连利息你都得给我，反正我有我的一定之规……

☺ **一定之规：**yī dìng zhī guī

一定的想法，一定的见解。

如，儿子康雄跟儿媳妇说，咱们有咱们的～，今年五一给他下最后通牒。等十一他还不给，老二康健交了个女法官朋友，不行咱们跟他走法院……

☺ **晕头：**yūn tou

常指晕晕乎乎吃亏而不自觉的人。

如，一只野兔百十来块？你纯粹是～！有钱就会胡抡，还野味儿十足呢！

☺ **野味儿：**yě wèir

将非家养的禽兽做成肉食品的味道。

如，如今，人们都喜欢吃～，但政府禁止打猎，有人没事儿就去农村树林子里打麻雀，拔了毛烧烤或油炸……

☺ **野菜：**yě cài

能吃的野生植物。

如，过去，一到春天，一些人就到田间地头儿去挑箘麻菜将它洗净蘸酱或暴腌儿，就窝头或贴饼子吃，倍儿来劲儿。还有些人开车到河北农村去找～吃。如今，环境污染得忒厉害，真不敢吃～了。

☺ 洋车：yáng chē

两个轱辘的，由人拉的人力车。

如，楚天高拉了四十年的～，他说，北京的四城区，特别是南城，到处都有他的脚印儿。他说，过去拉～都是小跑儿，脚掌子上的膙(jiǎng)子得有铜子儿厚。现在蹬三轮儿的比那时拉～的轻松多了……

☺ 一星半点儿：yī xīng bàn diǎnr

形容很少。

如，过去，坐车的，有的抠门儿，有的富有同情心，看我拉着车小跑儿，一个汗珠子掉在地上摔八瓣儿，下车时～就不要了，多给个毛儿八分的……

☺ 眼珠子：yǎn zhū zi

眼球，常比喻最亲爱的人。

如，我一个人拉洋车，养活四口人，难啊！闺女考上私立志诚中学后，又越级考上燕京大学。闺女成了我的～，不管怎么累，也得让她把大学拿下来呀……

☺ 有盼儿：yǒu // pànr

有了希望。

如，那时，老妈也常给我鼓劲儿，说，天高哇，总算～啦，闺女一有事儿做了，你就立马儿能喘口气啦……

Z

☺ 抓尖儿：zhuā // jiānr

抢先讨好。

如，●《石头记》卷六五，“兴儿议论凤姐，或有好事，她就不等别人去说，她先抓尖儿；或有不好的事，或他自己错了，他便一缩头，推到别人身上来。”

☺ 张八样儿：zhāng bā yàngr

形容言行不稳重。

如，你呀，说话总是把不住边儿，无非是说陈人儿能，他是个可怜可悲的官儿迷、小爬虫，又没真能耐，最后，被对手挤对到局里去当跟班儿的去了。这你也大惊小怪，喊爷爷，什么时候改改你那～，说话做事，让人心里不起疑？

☺ 睁半拉眼合半拉眼儿：zhēng bàn lǎ yǎn hé bàn lǎ yǎnr

干事不认真较真儿，得过且过。

如，对于凤姐什么事都要抓尖儿、显勤儿，王夫人心里明镜儿似的，只是她～，贾府这么大，能省心就省心，不愿多喘气儿。

☺ 坐月子：zuò yuè zi

指妇女生孩子及其产后一个月里调养身体。

如，呦，忘了一件事，小棋要～了，她妈让我先跟您说一声，让您过去帮忙照顾一下月子。

准谱儿：zhǔn pǔr

一定的，确定了的，可靠的(大多用在“有”或“没有”的后边)。

如，咳，小棋妈说话也是没有～，随后她又说不用麻烦您，用她姐姐，你说这……

抓破脸儿：zhuā pò liǎnr

因故双方心里较劲儿而发生口角，关系开始紧张，及至没有和好的可能。

如，●《石头记》卷六一，“小厮让柳妈顺便给偷几个杏儿吃。柳妈道，今年还比往年？把这些东西，都分给了众嬷嬷了，一个个的都像抓破了脸的出，打树底下一过，两眼就像那鬣鸡似的，还动他的果子？”

与“撕破脸儿”同义。

滋芽儿：zī yár

发芽儿。

如，搞承包好，她们不但看得紧，还充分利用闲地秧苗儿，种下的桃核儿，有的已经～了，桃三杏四，再过两年就该结桃儿了。

争竞：zhēng · jing

争吵，争论。

如，这柳妈，嘴上说偷果子难，怎么还跟一个老嬷嬷子～起来了呢？

爪子：zhǎ zi

禽兽有尖甲的脚。

如，“呦，柳妈，您的手背怎么有两道儿捋唇？方才还和那老嬷嬷抓挠起来了？”“不是，是刚才出门儿前让猫～刀了我一下。”

这会子：zhè · hui zi

表示时间较长了。

如，一个小厮说，瞧，有一道儿捋唇都冒血津儿了。出门儿时让那作死的猫刀的，怎么～那捋唇还没下去呐？

这，口语中读 zhèi 音。

作死：zuō sǐ

有意无意地做起不利于自己的事，甚至是危及生命的。

如，●《石头记》卷三五，“鹦鹉见黛玉来了，嘎的一声，扑了下来，倒吓了一跳，因说道，你作死呢，又扇了我一头灰。”

早起来：zǎo qǐ · lai

即早晨。

如，每天～他不起。盼弟儿说，老爷儿都晒屁股啦，还不起？他眨巴眨巴眼说，～睡觉才最香呢，去，别搅我，干你的活儿去！

眨巴：zhǎ · ba

上下眼皮一睁一闭。

如，一天，盼弟儿把粥熬好了，叫他起来吃饭。他～一下眼皮说：去，再搅我，我抽你！盼弟儿有时掉着眼泪儿说：他整天价抡掇我，这以后叫我怎么办哪，我已有了啊……

支使：zhī · shi

使唤。

如，盼弟儿掉着眼泪说，我生了个闺女，他连瞧一眼都不瞧，我还能～他服侍我？我爸不愿看见他。我爸又心疼我，常过来伺候我和孩子……

☺ **杂毛儿：zá máor**

毛色不同。对于人则指黑头发中有了白发。

如，我爸让他给气得常有病，白头发越来越多。他有时就管我爸叫～，我说，你就是个活畜生！你再管我爸叫～，别说我跟你小子拼了，泥人儿还有个土性呢！

☺ **转向儿：zhuàn xiàngr**

不能辨别方向。

如，因为头天没睡好，上了大街一时～，分不清东西了，在热心人的指引下才找对了方向。

☺ **主心骨儿：zhǔ xīn gǔr**

主见、主意，可依靠的人或集体。

如，盼弟儿说，有人埋怨我没～，其实，事到如今，我已准备豁出去了！

☺ **宰：zǎi**

用刀杀。

如，盼弟儿说，自从有了孩子后，他越发不是东西了，恨得我～了他的心思都有！但一想到我那年幼的闺女，就都忍了。

☺ **走板儿：zǒu bǎnr**

言行离了谱儿。

如，盼弟儿跟一个年轻时曾是相好的说了自己的想法。这个当年曾热恋过她的人不同意她的做法，说她钻了牛角尖儿，～了，为那混蛋娄儿搭上一条命，忒不值了，不能干嘬瘪子的事……

☺ 嘬瘪子：zuō // piě · zi

比喻自找理亏，使自己陷于被动境地。

如，你还气儿了呢？气儿了也不能干～的事！你砸二毛的车灯，万一叫别人瞧见呢？记住，那～的事咱们决不干！

也说“找瘪子嘬”。如，有理说理，咱们不能没事儿找瘪子嘬，干那丢人现眼的事！

☺ 真格的：zhēn gé · de

1. 心里的，真正的，实在的。

如，二毛说：娜娜，今儿说～，你到底打算不打算和我结婚，今个儿咱们一锤子定音，老这么绷着对谁都没好处。

2. 硬的，治人的。

如，你还逼娜娜说真格的呢？赶紧托人吧你，听说公安局对你要动～啦！

☺ 照顾主儿：zhào · gu zhǔr

特指常去某店铺买东西的顾客。

如，二毛常去华光私人小超市，有时拿盒假中华换一盒真的，店员竟不知道。有时进去拿根儿冰棍儿就吃，吃完，说声记账就走。人家喊他，他说，～嘛，人熟不讲理，明儿个给，准给……

☺ 折进去：zhē jìn qù

被抓，关押起来。

如，二毛不但是超市的照顾主儿，也是派出所的照顾主儿。不久，他又～了。娜娜跟一个南方来的红鸡冠子头的结婚了。

☺ 转：zhuǎi

特指说话时故意卖弄文言字眼儿或典故。

如，咳咳咳，毛子，得了吧您，您别～了，什么“金玉在外，腐败其中”啊，您喝多少墨水我们知道。～什么哪你，歇菜去吧你！

与“转文”义近。

☺ 着三不着两：zháo sān · bu zháo liǎng

言行有失分寸。说的不中听，做的不让人认可。

如，●《石头记》卷四八，“我前日还和你哥哥说，文杏又小，着三不着两的。莺儿一个人，不够服侍的。”

☺ 抓瞎：zhuā // xiā

事前缺乏准备，临事着急，慌忙应对。

如，1966 年 7 月末，听说造反的要抄家，心想，天也黑了，明早儿一起来先把房契等值钱的转移到闺女家去。哏，哪知刚睡觉，那帮子就砸门，这下可～了，我刚把被子往枕头上一堆，谁知一个家伙真贼，他随即将被子拽开，抻起枕头说，你这破枕头那股酸味儿，真呛鼻子，扔外头去！我跟着他，他消失在黑乎乎的院子里了。天呐，那里边就有我的房契和 5800 块钱啊……现在干～，没了房契，跟谁去要房产呀？

☺ 作脸：zuò // liǎn

争气，光彩。

如，“陶然，你别不嫌丢人，在外边干那不～的事，有能耐去跑咱的房产去！”“妈，1980 年省建设厅是登报了，像您这独生女儿是应该给您一套楼房，可是说是说，做是做，落实不了。”

☺ 褶子：zhě · zi

本指衣服、纸张一类表面不平，有皱纹。常用来比喻面临某种情况而没有了办法。

如，陶然，我常嘱咐你别吊儿郎当，要好好干。你总当作耳边风，今儿人家辞了你，这回～了吧？

☺ 中道不着：zhōng dào · bu zháo

多指说话着三不着两。言行令人不佩服。

如，他们家的陶然，一张嘴儿就常说些～的话，工夫一长，同事一见他就管他叫"～"，你说头儿怎能不辞他呢？

☺ 着穿：zháo chuān

指平时穿的，与"省穿"相对。

如，"陶然，今儿怎么穿一身西服哇，还扎一条红领带？""嗨，别提了，听说今儿高老儿聘闺女，我妈说，你今儿也打扮打扮，别穿这～的啦，把你那身省穿的西服穿上，再扎条领带，也让那座席的唐三见识见识咱这现代人多么的精神儿！"

☺ 栽：zāi

跌倒。常用来比喻在他人面前丢了面子，很不光彩。

如，"陶然，没想到咱们爷们儿今儿～到她手里，小臭娘们儿，蔫坏！不行，这口气贵贱得出！""咳，大丈夫能折能弯，等机会，～在哪儿再从哪儿爬起来！""我看～就～了吧，还是海阔天空的好。"

☺ 杂种：zá zhong

骂人的话，所骂的对象一般为青少年。

如，陶然，你们别骂这个孩子小～，这样欺侮孩子很不对，他知道什么？再说，如今这样的～也忒多了。你们不也净跟小～的妈咪飞眼儿吗？你们不也是小～的制造者嘛！

☺ 砸锅了：zá // guō · le

比喻事情没有成功或干坏了。

如，陶然感慨地说，“这次的老牌港星演唱会办～，因为牌子毕竟老了嘛！”“看得出，给人的感觉是小鸡儿吃黄豆——犟努儿。还说什么再过一年来相会呢！”“……按理，应该有～的感觉呀”“即便感觉明显，也不能说这次～，‘随意春芳歇，王孙自可留’吧！”

与“崴泥”义同。

☺ 在行：zài háng

懂行，行家。

如，●《石头记》卷十六，“贾琏将贾蔷打量了一回，笑道，你能够在行么……贾蓉在身旁灯影下，悄拉凤姐的衣襟，凤姐会意，因笑道，……偏你又怕他不在行了，谁都是在行的。”

“二叔，咱不是吹，一听您这尼桑的声音，我就知道这车有没有毛病。”“行，蔷儿，高，高家庄，你摆弄车子这么多年了，敢情是正像你婶子所说，不～也得～了！真不能小瞧你。”

☺ 扎眼：zhā yǎn

特指非常显眼，引人注目。

如，“嚯，好莱坞女星桑德拉·布洛克可真风光，比三点式还三点式！多～啊！”“扎什么眼呐？那是人家把动物的生理本能看得很透的缘故，代表人类进步的走势。你呢，不～，还抱着琵琶遮掩呢，比六点式还六点式！”

☺ 仗着胆子：zhàng · zhe dǎn · zi

鼓起胆量、勇气。

如，“夜间，那个地下过街道儿里的路灯都被砸了，黑得对面不见人。哎呦，我可真是～过去的……”“呦，那你可真是贼大胆儿，也够运气的，听说前天夜里有个女的～从那儿过，就在那儿遭殃了……”

☺ 贼顾：zéi · gu

1. 形容眼光不安分。

如，我一看他那双小母狗眼儿忒～，就知道他贼上你了，真是个癞蛤蟆，撒泡尿也不照照他的影子！

2. 以闪电式眼光儿到处踅摸。

如，那小子既好色又贪财，你来看，现在正到处～，不定踅摸什么呢？你们要瞜着他点儿，该出手时就出手，别让他得逞！

☺ 揍：zòu

1. 动手打。

如，●《官场现形记》四九，“要是有人说话，标下亦不答应他，一定揍他。”

2. 把器皿类打碎。

如，“小齐，贾珍扬言要剋你呢，你赶快躲躲吧！”“我躲他？他那天撒酒疯儿，把我的手机、茶具全～了，我正找他跟他算账呢！”

3. 为人棘手，不好对付。

如，你跟他算账？他可不是好鸟儿，翻脸不认人，难～着呐！

4. 骂语。

如，“小齐，贾珍就不是人～的！我劝你，算了吧。”“大叔，他越不是人～的我越不能轻饶他，我就专爱跟这种不是人～的较劲儿，他姥姥儿的，把我手机摔坏了就算完了？门儿也没有！”

☺ 正经八百：zhèng · jing bā bǎi

正宗的，世人所公认的。

如，“这儿卖的是～的六必居酱菜，您老把心装在肚子里买，没错儿。”“您说得对，我一闻味儿就知道是～六必居的。”“老爷子，行啊您，我这爆肚孙的牌子您也一定门儿清了？”“您别逗了，恕我直言，您的爆肚儿哪儿挂得上号哇？咱北京城老辈子有名儿的～的，就那么几家儿：像天桥的满家，门框胡同的杨家啦，其中的魁首，当属东安市场西德顺儿的爆肚王啦！”

☺ 走运：zǒu // yùn

1. 遇到令人惊喜的事，运气好。

如，那天我骑到四季青道口儿变了红灯，捏住闸，又往回倒了一步，这时一阵风儿把一张一百元儿吹到我脚下，嘿，今个儿真～！管它是从哪儿刮来的呢，咱先来它个闷得儿秘！回去搬它一箱二锅头，把酒问苏君子瞻：既然月有阴晴圆缺时，人呢，自有～不～之说……

2. 也说走红运，运气。

如，子瞻君，嫂夫人这种～可不一定是好～哦，我劝你别千里共婵娟啦，还是咫尺共夫人吧！

☺ 走嘴：zǒu // zuǐ

说话不严密，把不该说的说了。

如，坏了，一动情，说多了，说～了，真是言多语失。这要引起苏先生他们俩口子的不和，多不合适呀！

☺ 脏拉吧唧：zāng · la bā jī

1. 东西上不洁净。

如，大姐，您给换一张吧，这张饼上～的。

2. 人身上或穿着脏。

如，这孩子，你那手黑赤裂光，脸上～的，怎么不洗洗就吃烙饼呐！

3. 处所不干净。

如，你瞅你，连吃带拉拉(lá la)，掉了一地，别往脚上踩啦，～的！

☺ 嘴独：zuǐ dú

有了好吃的，只顾自己吃，不给他人吃。

如，这大闯从小儿就～，有了好的，恨不得一口吃进自个儿嘴里，可没起色了。

☺ 走眼：zǒu // yǎn

1. 一时看错了。

如，●《石头记》卷四八，“宝钗道，买的（丫头）不知底里，倘或走了眼，花了钱事小，急的淘气……”

2. 没看清。

如，“哎，紫姐，给我拿那件带格的雅戈尔。”“啊？我姓雪……你……那不是雅戈尔，是香港的皮尔卡丹。”“嗨，今儿怎么啦？总是看～哪……对不起，对不住……”“哎，小雪，那人有病呢，还是想跟你套磁儿？”

☺ 揍性：zòu · xing

指人的形象不好或通过外表显现出不良品行。含鄙视色彩。

如，哎，颜玉，你别糟践我啊，看他那～样儿，管我叫什么紫姐，我就那么老？

与“德性”义近。

☺ 糟践：zāo jiàn

1. 使……受羞辱。

如，哎呀，我能～紫姐吗？别介意，和你逗着玩呢……

2. 浪费。

如，就他那个土鳖佬儿，还想穿雅戈尔、红豆儿呢，穿在身上也是～名牌儿。

3. 弄(脏)。

如,你瞧那小子,鞋上带着挺多泥,还边走边吐唾沫,在这儿转了一圈儿,瞅这地让他给～得多腌臜,来,快把这儿拖拖吧!

☺ 辙:zhé

常用来比喻办法,主意。

如,"颜玉,你新手上路还开得那么鲁,你一辆小奥拓,追尾欧宝,这下傻眼了,没～了吧?赶快给他打电话,让他给你想想～呀!""他知道,又该呲儿我是祸水了……"

☺ 走动:zǒu dòng

(亲朋之间的)来往。

如,●《石头记》卷六,"刘姥姥道,我也知道,只是许多时不走动,知道他如今是怎样,这说不得的了。"

☺ 滋润:zī rùn

比喻人活得很自在很舒适。

如,刘老太靠给人疏通关系,后来又常做红娘,可没少得外快。她如今雇了个保姆,一天到晚有人伺候。因为日子过得很～,比以前年轻多了。

☺ 支应:zhī ying

1. 介绍、说明关系。

如,"妈,您给～一下呀,我该怎么称呼哇?""他是咱们店里新来的,你就称呼四爷吧。"

2. 应付。

如,得,四爷,我回去了,下班后有什么事,您先给～着;要紧的,您就打我手机。

☺ 琢磨：zuó · mo

思考，反复推敲。

如，四爷，头一个月给您 200 奖金，以后一般不会少于这个数儿，您～行不行，不行您早点儿打个招呼。四爷说：行，你妈是我侄女，～什么呢。

●老舍《赵子曰》第十四，赵子曰唱完独角戏，问：“诸位，怎样？”“好极了！你算把古人的举动态度琢磨透了！”

常叠用。如，你好好～～，是不是这理儿。

☺ 嘴乖：zuǐ // guāi

称呼人好听，说人喜欢的话，即会说话儿。

如，●《石头记》卷三十五，“贾母跟宝玉议论人嘴乖嘴笨说，你姨娘可怜儿的，不大说话，和木头似的，在公婆跟前就不献好儿。凤姐嘴乖，怎么怨的人疼他？”

美子，可别小看这～，谁待见那木头人儿？记住：在家靠父母，出外靠朋友。给人打工，～一点儿，逢人送顶高帽子，～没亏吃，礼多人不怪嘛！

☺ 轴：zhóu

人的性情执拗，不服人劝。做事不灵活。

如，队里的人都说严冬太～，真跟木头人儿似的，没成什么事。跟他介绍了那么多对象，都是因他处事太～，全吹了。

☺ 找茬儿：zhǎo // chár

蓄意挑剔、寻衅。

如，他可是个没事～的主，躲他远点，省得麻烦。

☺ 装蒜：zhuāng // suàn

故意装糊涂(用以应对)。

如，还有个年轻人说：真是什么鸟儿都有，那东西头也不回，别人知道你喊谁呢？他大爷的，真会～，白活几十岁了，给当年的老插丢脸！

☺ 抓挠：zhuā · nao

1. 手指曲伸的动作。

如，苏美，红鼻子那儿的米不太干净，投米的时候多～～。

2. 多指女人动手打架。

如，她们俩又～起来了，红鼻子把桃花儿的脸都给～破了。

3. 比喻通过劳动有了收获。

如，红鼻子看最近桃花儿～得不善，这月～了四千多，她眼气！

☺ 咂摸：zā · mo

1. 想，思考。

如，像你这年纪、这长相、这戳个儿，到我这儿来，我保证你能成个大红人！怎么样，你再～～，定了告诉我……

2. 辨别(话味儿、滋味儿)。

如，我一～她这话的后音儿，她一定是个老鸨儿；再一～，她还带正宗老鸨的味道儿……

常叠用。如，她虽说让我～～，其实她是盯上我了，看来，我想溜也不是件易事，不行，我得赶快想个金蝉脱壳之计……

☺ 杂七杂八：zá qī zá bā

1. 形容人的身份混杂多样。

如，她那大院儿里住的～，三教九流，干什么的都有，但有的是她的耳目……

2. 粮食、物类混杂多样。

如，我听说她爱吃杂粮，就跟她手下一个心腹说：廊垡头条有个山西人开的粮食批发店，净豆子就不下十种，～全乎得很。那儿的老板是我二姨夫，我去弄些绿豆之类，孝敬给老板娘，回报她对我的关照……

☺ 糟改：zāo gǎi

1. 特指用语言编造他人的是非。含诬蔑、糟蹋的意思。

如，老秃子，你诚心～我是不是？你把我当作你啦，本人是凭出卖劳动力挣几个大钱的，活得虽说有点儿累，但乐此不疲，心里踏实；你趁，但我从没～过你，也没张手跟你借过钱，干吗老跟我过不去呢？

2. 以话语戏弄。

如，干吗呀你，别净转着弯儿～我，我要买得起汽车，那你还不坐上火箭到黑洞里逛去了！

☺ 中不溜儿：zhōng · bu liūr

1. 用来形容人的高矮适中。

如，老太太说，刚才碰上的那个调包儿的小子有三十来岁，～的个儿，挺肥的，肉滚子，好认。

2. 指某些东西个头儿不大不小，适中。

如，“卖瓜的，给我挑个～的就行啦！”“老太太，这是从关中引来的三白瓜，内沙外甜，干吗非要～的呢，大的也一样杀口甜，多来两个吧，不然，等您吃上甜头儿了，还没地方找我去了呢！”

也说“中溜儿、中溜个儿”。如，你就给我来个中溜个儿的吧 ，回家就吃，真像你说的那样，马上让我老头子骑小三轮儿来买……

☺ 支招儿：zhī // zhāor

从旁给人出主意。

如，“喂，你怎么老多嘴儿？观棋不语真君子。人家下棋，你总爱给～，其实，你也是个臭棋娄子！”“我给你～让你别他马腿，你不听啊，输了，赖我呀，得，我老伴儿叫我回去吃西瓜呢，还不多嘴儿了呢。”

支嘴儿：zhī // zuǐr

1. 即从旁支招儿，出主意。

如，人家两个儿子吵架，你给老二～干什么，怎么那么没水平呢！

2. 不该搭茬而搭茬儿，即多嘴儿。

如，老闺女，你甭～，有你爸呢，天塌不下来！

针头线脑儿：zhēn tóu xiàn nǎor

比喻细微琐碎的。

如，“要是计较那些～的，那还有个完，老得抬杠，和气不了。”“二丫，居家过日子，～的都用得着，平时不能甩大鞋！”

争嘴：zhēng zuǐ

爱吃，争着总想多吃些。

如，“三丫起小就爱～，一不如意就闹脾气。今儿个你甭争，姐姐我用头一个月的工资给你买了盒德芙巧克力。”“good 姐姐，谢姐啦！”“得啦，别转（zhuǎi）啦！”

纵：zòng

1. 纵容，使人养成不良习惯或作风。

如，●《石头记》卷五九，“婆子懂得这理儿，便说道，姑娘你不知道，别管我们闲事，都是你们纵的，还管什么，说着，便又赶着打。”。

2. 积久成性，已习以为常。

如，那小燕便直奔宝玉跑去，见宝玉拉起小燕的手。宝玉妈干瞪眼，她知道宝玉惯会护着女孩儿，已是～久了，哪儿还敢吭气儿。

☺ 窄巴：zhǎi · ba

1. 狭窄。

如，我们家的房子是～点儿，住六口人虽然够挤的，可是这教育口的房子就是这样儿，宽绰也好～也罢，好歹都是自个儿家。

2. 比喻日子过得不宽裕。

如，“你爸是困难时期毕业的，1988年评的高级，现在的退休费也就那点……”“嗨，妈，咱们的日子虽说有些～，但全家人都挺乐和的，黑夜不做噩梦，康宁乐陶陶哇！”

☺ 这程子：zhèi chéng · zi

指最近一段时间。

如，“嗨，小区里～怎么没有收废品的啦？他们也势利眼啊！”“也别说，咱们总跟他们争斤掰两的，最近～他们都往园林别墅、白领儿园区跑，那儿给俩钱就让拉走……”

☺ 准稿子：zhǔn gǎo · zi

一定的，准谱儿。

如，瞧你说的，他们收废品的哪儿有什么～呀，今儿这儿明儿那儿的……

☺ 浞：zhuó

1. 雨淋。

如，那天贾桂来跟我借钱，我说，“真不凑巧，买一辆捷达，还捅了八千的窟窿呢……”之后，没三分钟，他站起来就走，我说，“你先待会儿，外边雨下大了，不怕雨～啊！”

2. 人的脾气倔强。

如，咳，他没吭气儿，我赶紧塞给他一件塑料雨衣，结果他一出门儿，一甩手就给我扔回来了，你说他这脾气多～，真不顾面儿……

☺ 皱脑门子：zhòu // nǎo mén・zi

遇到不可心、但又一时解决不了的事时的发愁、皱眉状态。

如，老太太问他，“干吗～，又怎么了你？”

与“皱眉头子”同义。“皱”后常加“什么”“着”之类的。如，有事说事儿，皱什么脑门子呢？皱着脑门子就能解决问题了？

☺ 整脸子：zhěng liǎn・zi

不苟言笑，一脸的严肃。

如，老贾几天没回家，他媳妇彩花又是个～人，一时把老太太弄得晕头转向，以为儿子在外边捅了大娄子了呢……

☺ 㤘：zhòu

性情执拗。

如，邻居们说，这老贾的～劲儿上来，一辆斯太尔也拽不动他，拧着呐！

☺ 拽：zhuài

1. 拉，牵，扯（指向前的动作）。

如，您说的也忒夸张了，甭说斯太尔，就是一头小毛驴儿也把他～跑了哇！

2. 拉，扯（指向后的动作）。

如，我说的不玄乎，前天老贾出去借钱，她媳妇彩花怕碰钉子不让他去，她劲儿够足的吧？哈，手都～疼了，就愣没～住他，反叫老贾把她拽一个趴虎儿！

☺ 拽：zhuāi

砍，投。

如，彩花爬起来，顺手抄起一个小凳子就朝老贾～去，嗨，愣没～

着他，白把小板凳腿儿摔折(shé)了……

☺ 扎耳朵：zhā ěr·duo

形容声音尖，刺耳难听。

如，彩花给老精神介绍对象，说："哎，说别的是老谣，你瞧小吒吒怎么样？"老精神一咧嘴说："我的妈，那主儿一言语就唧啦喳啦～，一天到晚不聒死你。您还是让我耳朵清静会儿吧！""哏，你嫌她说话～，她还嫌你老没精神儿呢！"

☺ 嘴尖：zuǐ // jiān

1. 挑食，爱吃可口的。

如，彩花～，老贾倒不在意，出门儿还常给老妈、媳妇买点儿可口的。

2. 嘴损，嘴不饶人。

如，谁都知道彩花～，嘎巴起人来真让你无地自容，急了，对老贾也来这套。

☺ 嘴损：zuǐ // sǔn

话语尖刻，专挖人隐讳。

如，这次老贾碰了个钉子，深知媳妇～，特意给老妈买了二斤猕猴桃，给她买了半斤开心果来堵她的嘴。

☺ 仗腰子：zhàng yāo·zi

因具备某种条件，遇事能壮胆儿，硬撑着。

如，●《石头记》卷四五，"凤姐说李纨，我竟不知道平儿有你这一位仗腰子的人，可知就有鬼拉着我的手，我也不敢打他了。"

☺ 龇牙咧嘴：zī yá liě zuǐ

多用来形容疼痛难忍。

如，彩花吃得急了一点儿，一口咬着了腮帮子，疼得她～，跟老贾桂说：哎哕，得咬下二两肉……老贾说：你缺少肉吃吗？那么下嘴！瞧你那～的样儿，快含口凉水漱漱嘴呀……

☺ 走色儿：zǒu // shǎir

指衣服掉色儿。

如，彩花说：瞧你那破牛仔裤儿，还真～，白龇咧的，用早先买的那块儿尼龙料儿给你做裤子吧，咖啡色不难看……

☺ 装裹：zhuāng · guo

人死时穿的衣裳。

如，●《石头记》卷一〇九，"贾母咽气之前，王夫人急忙使眼色，叫鸳鸯过来，叫他把老太太的装裹衣服，预备出来。"

☺ 折腾：zhē · teng

1. 戏闹。

如，你们这些孩子别在窗子前边～了，让我清静会儿吧！

2. 指一个劲儿地忙乎或来回反复地忙碌。

如，我说蓝眼儿你出来进去的～什么呢？烦不烦呐，把那些孩子们都给我领走！

☺ 缺儿：zhǎir

1. 指盆、碗等器皿或水果上受损的痕迹。

如，"你给换一个，这个盆沿儿上有～。""您自个儿挑吧老太太，都有点～儿，不然，为什么便宜两块钱呢。""你说这～儿是怎么碰的呢？""来回倒腾的呗，瞧您买的那梨上不也多少都有～儿吗？一样的道理嘛！”

2. 比喻人在特定的社会时段被认定为不好的言行(即劣迹)。

如，“老太太，像您这岁数的人也该知道人有～是什么意思吧？”“咳，别提这个了，1972年，我老伴儿因为工宣队长胡说八道，他给那王八蛋一个嘴巴，就被扣上反工人阶级的帽子，被民兵小分队给圈起六个月，出来后，有些人见了他躲着走，说他是有～的人，那是什么年月啊？”

3. 比喻彼此之间有嫌怨、裂痕，甚至互相仇恨。

如，这弯儿的人都知道我们和黄小辫儿一家子有～，其实这～就是那时形成的。黄小辫和那胡说八道的工宣队长是八竿子都打不着的一担子挑……

☺ 择：zhái

1. 去掉青菜中不能吃的。

如，翠珠儿，你把我上午摘的那捆豇豆～一～，回头吃凉拌豇豆。

2. 比喻摆脱嫌疑或是非。

如，“大妈，您丢豇豆可没我什么事儿……这事儿不大，但我得～落清楚。”“你～落什么，没人怀疑你！”

☺ 搌：zhǎn

用绵软物吸去液体。

如，“呦，这破猫把我手背挠了一道口子，瞧，开始冒血津了……”“来，我给你用药棉～一～，抹点儿碘酒，这猫爪子忒脏……”

☺ 侧歪：zhāi wai

侧斜。

如，你别～着身子躲它啦，你越～它越欺负你，猫嘛，你给鼻子它就上脸，把它扒楞一边儿去！

☺ 招：zhāo

1. 惹。

如，这狗进出家门时总叫唤，出了楼门儿常在人家的大葱或白菜上撒尿，到处拉屎，～得邻居翻白眼儿，～人不待见。可你大侄女非养它不可，爱带着它出去看公狗追它撂撂儿……

2. 招引。

如，那个带着牧羊犬的女人俩眼贼不溜湫的，不是什么好货，我瞅她老想找褶溜子来串门儿，你可别～她……

3. 使，令。

如，是，她老爱跟大老爷们一块儿扎堆儿，净说些荤啦吧唧～人笑的事儿……有人说她：你干吗老爱跟老爷们儿一块儿凑哇？她反说：他们老爱逗我，～我乐儿嘛……

☺ 乍猛儿的：zhà měngr・de

猛不丁儿，突然。

如，热热一进门儿冲着我连喊两个大姨，他～一叫，真把我叫愣了，心想，哪儿来的这个半大小子……随后，他妈一露面儿，我这时才想起敢情是热热呀……

此义也说"乍么实儿"。如，这小子够愣的，他乍么实儿喊叫，真吓人一跳。

☺ 诈尸：zhà // shī

此语为深含责怪的气话。迷信传说，死人躺在挺尸床上骤然坐起叫"诈尸"。常用来比喻发出使人突然一惊的叫喊，因而令人气恼与厌恶。

如，他妈没跟我打招呼，就气呼呼斥责她儿子：你一惊一乍的～呢！你这么叫你姨儿，还不把人吓死！有这么叫人的吗？

☺ 怎的：zěn · de

1. 怎么。表示疑问。

如，今儿是礼拜一，热热～没上学呀？

2. 怎样，怎么着。表示疑问。

如，我带他来就是想让你们帮我数落数落他，这小子刚上初二就不想念啦，一说就是"念书又能～？听说，有的大本还找不到工作呢！"

☺ 折：zhē

1. 头朝下，脚朝上，身体翻转的动作。

如，大姨，你劝劝我妈，干脆让我去武校学武术吧，我现在给你～几个跟头，再拿个大顶，你瞜瞜，瞧我是那块料儿不是？

2. 倒换，将东西或太烫的水、稀粥类用器皿倒来倒去。

如，●《石头记》卷九一，"宝蟾把脸红着，并不答言，只管把果子折在一个碟子里，端着就走。"

"嚯，大姨，这水怎的这么烫啊！""你不会用杯子把它～一～嘛，真笨！""咳，不'笨'(奔)吃什么呐？"

☺ 主儿：zhǔr

1. 主人。

如，"咦，大姨，这手机上爆腾得尽是尘土，准是没～了，没～就给我吧！""那是老式三星，是没～啦，你要它不是白浪费你妈的钱呀！"

2. 不指名点姓，暗指某个人。一般含反感色彩。

如，●《石头记》卷二五，"赵姨娘说，我只不伏这个主儿，一面说，一面伸出两个指头。……了不得了，不要提起这个主儿……"

也常在"主儿"前加"那"或"那个"。如，那主儿爱占小便宜，常吃大亏。

☺ 嘴甜：zuǐ // tián

爱叫人儿，说话能讨人喜欢。

如，来时，我妈还说，到那儿你～点儿，像这主儿你嘴再～，抹上蜂蜜也白搭！

☺ 整儿：zhěngr

整数。

如，三儿，你嘟哝什么呢？你以为我耳沉呐，我听见啦，心说：原想他走时给他一个～，算了，半张儿也不给了，这样的贫拉吧唧的孩子也忒没成水，成不了器……

☺ 咋唬：zhà・hu

1. 说话大声像小喇叭，且用手比比画画。

如，二虎，你大早起来的，在楼下穷～什么呢？狗叫唤已经够讨厌的啦！

2. 说些玄的，表示自己能行，借以镇唬他人。

如，你～什么呀你？你去～生人去吧！谁不了解你二虎吃几碗干饭？无非是个睁眼儿瞎你！

☺ 睁眼儿瞎：zhēng yǎnr xiā

特指不认识字。

如，贾老太太说："一个女孩儿家，念几天书，识几个字，不是～就行啦。""听她的！她居庙堂之高，腰疼了有芬必得，有人给她贴狗皮膏药，所以说什么～不～、风扇不着舌头的话。如今，中国高性能计算机十年就提升两万倍！举子水平都算～了，就是金陵十二钗怕也是～的水平啦……"

☺ 糟害：zāo hài

即糟践，损害（多指自然的或难能抵御的）。

如，“一场雹子把地里的西瓜砸得一个个龇牙咧嘴，这老天爷把瓜农～得不浅！”“路边儿那棵树上的枣儿才刚发白，就被路人～得差不多了。”“我呢，正打算收山坡上的老玉米呢，嗨，谁知一宿的工夫让野猪就给～得乱七八糟，随后，几头野猪又来到山坡下去拱老赵家的门，老赵一家子呜呼喊叫，一下子炸窝了……”

☺ 炸窝：zhà // wō

比喻事情突发时乱作一团的情形。

如，饭店里的婚宴正在高潮时，有个小子出现在门口儿，大喊：“这楼里放定时炸弹啦，快绕（rāo）哇！……”于是人们～了，稀里糊拉都往外跑，有的被踩成重伤……之后，那个恶作剧的就被防暴警抓了。

☺ 着补：zháo · bu

补缺，增补。

如，“你不是刚坐完席吗，怎么又吃呀？”“妈，方才让那恶作剧的小子搅和得没吃好，我再～点儿，您真是的。”“你吃完去找小汪，跟他说，那砖缝儿他媳妇勾得太糙，叫小汪把活茬儿再好好～～，不然，就说我要扣他的工钱。”“妈，还～什么呀？又不是什么大事，能用就行啦！

●老舍《我这一辈子》里的一个巡警说：“那名巡警似乎看出来我的傻气，低声找补了一句：赶开那些拾东西的，大令下来了！”

常叠用。也说“填补”，与“添补”义近。

☺ 嘴硬：zuǐ yìng

1. 坚持己见（不一定就是事实或正确的），态度生硬，似乎没有调和余地。

如，在人证物证面前，你还～。你大本毕业，应该知道法律是以事实为据的,你这证据是齐全完整的～没用!

2. 在生活中,也常指幼者以话顶撞长者。

如,当初我就说那小蓝领儿靠不住,他还～,皱脑门子,如今怎么样?

☺ 装傻充愣:zhuāng shǎ—chōng lèng

1. 故意做出傻态,装糊涂。

如,“秀秀来啦,怎么今儿个提个大蛋糕啊?”“哥,你真会～!”“我怎么啦?”“今儿是妈的生日!”“啊?”

2. 有意做出鲁莽、无知样子。

如,哎,要说～,李佩钟那家伙是真有一门。一天闲逛商场,他走到卖酱牛肉的柜台前,在问多少钱一斤的同时,早伸手捏起两片肉扔到嘴里了。那个店员先是一怔,接着惊讶道:“啊,你真能～! 这,这还有尝的呐? 啊?”

☺ 真是的:zhēn shì · de

1. 表示不耐烦。

如,您呀,～,她的话都快挑明了,你怎么还没听出她的意思呢!

2. 表示责怪他人。

如,离就离,您～,也太小瞧儿子了,我明儿个离了她,出不了一个月,我就能给您领回一个国色天香来,不信,咱们娘儿俩赌点什么?

3. 表示自责,遗憾。

如,妈,说起来也～,都怪我没把您的话往心上搁,存折落在她手里了,愣说丢了。她知道密码儿,这回算瞎了,妈妈的,～! 嗨,话说回来,反正就是几千,便宜了那厮吧!

此外,还可表示其他的感叹等情绪。

☺ 嘴杂：zuǐ // zá

形容人多而说什么的都有。多指说些互相拨弄是是非非之类的。

如，医院里人多～，无风三尺浪。她们爱说你什么就让她说去，气极了时，抓个领头儿的，嫌告她麻烦，就抽她大嘴巴，叫她告去，反正告状的一般都沾不了光……

☺ 做了：zuò・le

一般指把人弄死，属黑道儿用语。

如，"不行，黄哥，量小非君子，无毒不丈夫！留着那个娘们儿终究是个祸害，不如把她～！""一边儿去！就知道～～，你要把我们都搭进去呀，我还不想死呢！"

☺ 嘬牙花：zuō ‖ yá・hua

1. 指生活中遇到让人感到非常棘手的事时的矛盾心态。

如，黄哥，其实要做了她我也有点儿～，可想起来又真恨人呐！

2. 遇到需要破费钱财时，虽然几经煞费心计，而终又必须付出的迫不得已的狠心心态。

如，"这娘们儿也忒狠了，不就是给你按摩一次吗？讹人呐，瞧你是名人是怎么着？甭说是你，这个价儿，就是个中产阶级也得～！""算了，照这样没完没了的，咱抻不过她，～不～的，只当这十万让绑票儿的绑了吧，不过，这总不是什么好兆头儿，刚退下来就让人讹一头子……"

☺ 兆头儿：zhào・tour

一种异常现象的出现预示某种情况即将发生。即征兆之意，有吉凶之分。

如，●《石头记》卷七七，"宝玉就晴雯蒙冤被赶出贾府一事道，今年春天已有兆头的，袭人忙问何兆。宝玉道，这阶上好好的一株海棠花，竟无故死了半边，我就知道有坏事，果然应在他身上。”

☺ 摘借：zhāi jiè

多指暂借钱物。

如，她爸是上发薪，我常在月底跟别人～百八十块来接短儿，我们就这样凑合着过，要不是白雪儿争气考上了宏志班，日子会更紧绷！

☺ 龇：zī

直立，显露。

如，白雪儿，你脖颈子上那撮发根老～着，不好看，来，妈我用推子给你把它推掉。

☺ 着：zhāo

1. 引来，着惹。

如，领班，叫人把门外边吣的那一摊赶快用水清理掉，你看那～苍蝇劲儿！

2. 经，接触。

如，这包子铺一～老姚的手，首先是卫生太差，里里外外脏拉吧唧！其次是有的女服务员妖媚顾客，男的中也有拉皮条儿的；今儿先把那两个给我开了，也不能让老姚～手这餐馆儿了。

3. 传染。

如，她拉你你就去？她不要钱也不能去，～上花柳病怎么办？还得花钱上医院！要是～上艾滋，去医院花钱事儿小，人嗝儿屁了事大！

☺ 左不列：zuǒ · bu liē

即左撇子。

如，“刘能儿，回头座席时，你和三禧儿拉开点儿距离，她是～，不然，你们俩的筷子该打架了。”“嘿，巧哩，我也是～，再说，我和她本来就离得很远啊！”

☺ 宗：zōng

1. 引申为追求、聚集。

如，栓子这一拿冠，得，那女孩子就像苍蝇嗡嗡地全～上他了！于是他公开表态：有耐性的等几年再说！这样一来，一下就把～他的那些女人心气儿给扪回去了。

2. 样儿、件儿、条儿一类的意思。

如，●《石头记》卷三五，"贾母道，嘴乖的也有一宗可嫌的，倒不如不说的好。"

嘴乖倒不好？这头一～是谁有那么耐心法儿等啊，等几年等空了，浪费黑头发呀，这第二～更……

☺ 钻师傅：zuǎn shī · fu

指对某种技能不懂、不会，但硬抠哧、硬摆弄的人，含贬义。

如，"在数字化时代，不懂科技知识的～想搞什么科技发明，那纯粹是白日做梦！""我有个同年，国军撤退时，他曾在路边捡了个手雷，拿回家后，想琢磨琢磨它的构成，便用锉锉它的'屁股门儿'，谁知锉着锉着'轰'的一声……好在铁渣子是往上飞，把～的脑门儿给扫荡了一下……此人现在还挂像呢。""运用科学与～的蛮干，风马牛不相及！"

☺ 奘：zhuǎng

形容树木一类的直径长，圆而又粗的形状。

如，"嚯，中山公园里两个人合抱都抱不过来的～得惊人的千年松柏，真令人念天地之悠悠，独怆然而涕下！""那位钻师傅每天在古松古柏滋润下，他的腰罗粗罗～，活赛相扑手！"

☺ 扎堆儿：zhā // duīr

1. 指人凑在一起。

如，我们这片儿修成大马路了，原来这儿胡同里一些爱～儿、一块儿说笑的年轻人，也随平房的消失而猢狲散了。

2. 禽兽集中到一块儿。

如，猢狲就是猕猴呀，猕猴吃东西爱～，大抵是抢着吃才吃得香的缘故吧。

遮羞脸儿：zhē xiū liǎnr

常指摆脱某种尴尬境遇的借口。

如，她说，那井盖儿是她在草坪上捡的，显然，她说的是～的话，有那么捡的吗？

真章儿：zhēn zhāngr

1. 解决问题的根本措施。

如，前些年没有过硬的～，甭说是黑下偷井盖儿，就在傍晚时候，一个外地男人公然扛着一个梯形的公交车的站牌铁架子，沿路迈着八字步，去了废品收购站也没人管，这没～真不行。

2. 法规。

如，“现如今这京城有的人素质还是忒差。对此，单靠教化不行，在一些大凡有损国格方面的，应该拿出些硬性的～把那些人给治住。”“唉，你甭瞎操心，招儿多着呢，～会有的，只管当顺民吧你！”

正经：zhèng · jing

1. 为人正派，声名好。

如，●《石头记》卷七七，“宝玉列举了孔子庙前桧树及王昭君坟前的长青草等事例后，袭人听了这篇痴话道，那晴雯是个什么东西？就费这样心思，比出这些正经人来。”

2. 正，真正的。

如，●《石头记》卷七九，“黛玉说宝玉，不必乱改了，快去干正经事罢。”

3. 名副其实。合乎标准的。

如，你听，在那个社会，黛玉才是～大家子碧玉呐！

也常说“正正经经”。如，在男女关系上，我看贾府没有一个正正经经的。

嘴碎：zuǐ suì

爱唠叨，常说些没用的，惹人厌烦。

如，●《石头记》卷六二，“宝玉议论薛姨妈，二则姨妈老人家嘴碎，饶这么样，我还听见常说你们不知过日子。”

褶溜子：zhě liū · zi

避免是非或摆脱尴尬的理由。

如，三和尚说电话叫他赶快回家有急事，纯粹是找～脱身，其实他是害怕李翠莲那张蒸不烂、煮不熟的铁口钢牙绯闻嘴……

糟蹋：zāo · ta

1. 祸害，指将某处弄脏。

如，●《石头记》卷十九，“李嬷嬷来瞧宝玉，见宝玉不在家，丫鬟们只顾玩闹，十分看不过，因叹道：宝玉是丈八的灯台，照见人家，照不见自己的，嫌人家肮脏。这是他的屋子，由着你们糟蹋，越不成体统了。”

2. 指把物类浪费或弄坏。

如，●《石头记》卷十九，“宝玉才要说话，袭人便忙笑说道，原来是留的这个……他吃了倒好，搁在这里白糟蹋了，我只想风干栗子吃，你替我剥栗子。”

3. 侮辱，践踏。

如，你甭说，李翠莲儿那张嘴是够能～人的。当着她的面儿得摩挲摩挲她，别惹着她……

与“糟践”义近。

☺ 转腰子：zhuàn // yāo·zi

1. 转悠，闲溜达。含自嘲或厌恶他人的色彩。

如，“老孙，干吗去啦？”“有什么事呀，天天出来～遛食儿挣扎呗！”

2.（来回地）寻找。

如，我今儿个可不是没事儿～，找孙子呢。这孩子今儿跟我出来溜达，走到这儿，一转眼不见了，你瞧让我围绕芳草地这片儿这个～呦！

有时在“转”后加“什么”一词。如，我说你在这儿来回转什么腰子呢？

☺ 撮：zuǒ

1. 少许而集中地下垂或其他形状的毛状物。

如，他今儿个将头发分成几～梳成小辫儿，明儿个又改成什么鸡冠子头，那脑袋头发不够他摆弄的了！

2. 成缕的胡须。

如，他要是榭顶了，不留那～胡子，还真有点儿像弗拉基米尔呢。

☺ 找不到北：zhǎo bù dào běi

形容兴奋过度而晕头转向。

如，哎呀，人的动物生理天性真不得了，蕉蕉同意跟狄狄去“只一处”吃饭了，嗨，你瞧把狄狄高兴得简直是～了。激动之时，竟给我们小不点儿买了个蛋卷儿，我们小不点儿也沾他～的光了……

☺ 子儿：zǐr

特指钱。

如，蕉蕉自然是不花一个～啦，就那样狄狄乐得狗颠屁股，不但连北都找不到，夜里还得做南柯梦呢！

坐蜡：zuò // là

多指言行陷入被动，处于难堪境地。

如，咳，甭提啦，狄狄～啦，怪现眼的！他红着脸对蕉蕉说：真糟糕蕉蕉，钱在夹克上衣兜儿里，可我忘了穿那上衣了……

自打：zì dǎ

自从。表示时间起点。

如，蕉蕉慢条斯语地说：我～同意和你出来吃饭时起，就把钱准备好了，因为我并不真了解你……

扎杀：zhā shā

1. 多指因有所感叹，两手自然向前摊开的状态 。

如，●《石头记》卷六二，“宝玉不知有何话说，扎杀着两只泥手，笑嘻嘻的转来，问作什么？”

你干吗呀你？没带钱就没带钱，～着两只手干什么？

2. 头发、皮毛之类伸直状态。

如，一见面儿，瞧你头发棕黄、～着，其实很多女孩儿并不喜欢那种时尚……

3. 形容野草、树枝一类直立生长形态。

如，你的头发就像～着的一棵扎蓬；皮鞋呢，擦得锃光瓦亮，真叫人得少吃二两！

锃光瓦亮：zèng guāng wǎ liàng

形容非常光亮。

如，当然，审美观不同，你以为一脑袋扎杀着的黄头发，和脚上～的皮鞋很和谐，其实让我瞅，正暴露了你的弱点……

☺ 滋：zī

1. 喷射。

如，你平时一定很疯，那天车从地安门大街经过时，我见你正拿着矿泉水瓶子追着两个女孩儿～人家……

2. 找，惹。

如，你下班后不抓空儿进修大专，没事儿和几个小玩儿闹满街上去～事，不怕给你爸妈惹祸啊！

☺ 坠子：zhuì · zi

即耳坠。

如，蕉蕉，我一时忙个颠儿的忘穿那件夹克了，其实我那兜儿里装着一千六百多元呢，本打算吃完饭再去菜百给你买副～，算是让你知道我爱你有多深……

☺ 造化：zào · hua

福气，福分，幸运。

如，●《石头记》卷十九，"宝玉感叹袭人的姨妹。袭人道，他虽没这造化，倒也是娇生惯养的。"

哎哟喂，你倒够倍儿早的，头一次答应和你吃顿饭，你就给我买什么坠子，得了吧你！我也没那～，我也不会稀罕有空儿不着家、在外边瞎胡闹的人的任何东西！

☺ 着家：zháo jiā

回家，在家。

如，谁说我有空儿不～啦，你别听那些猴崽子的，有的是眼儿热你跟我好，硬栽赃，那是"羡慕嫉妒恨"！

☺ 崽子：zǎi · zi

称幼小动物，有厌弃色彩。常以此代指男性青少年，亦含同样情绪。

如，"你当着我的面儿骂人～，又是谁给你栽的赃呢？""真的，蕉蕉，那几个猴……哎……月亮代表我的心！"

☺ 贼：zéi

1. 特别，非常。

如，我说蕉蕉，你眼睛真～尖，坐着车都扫见我了，服了你了……

2. 狡猾。

如，你不知道，那两个女的特～，死不要脸，欠我五百块钱，总今儿应明儿、明儿应后儿地拖着不还……

☺ 作：zuō

1. 找麻烦。

如，谁知阿A知道后，要找狄狄玩儿命，说蕉蕉是他的！我当时就说：阿A你～什么呀你？可他根本听不进我的话。你说人的动物生理本能多疯狂啊！

2. 找死。

如，随后，听说阿A把一瓶硫酸泼在狄狄脸上，狄狄成了当代的宋丹萍！你说阿A干这事不是紧～吗？多漂亮的女人一过那十几年儿不也就没新鲜的了，怎么就解不开这理儿呢！

☺ 转悠：zhuàn · you

1. 寻找。

如，"喂，你那儿～什么呢？""我找阿A扔的硫酸瓶子呢，他说他就扔在这块草坪上了，怎么没有呢？""老帽儿不是？早叫警察拿走啦，那是判刑的证据啊！"

2. 闲溜达。

如,阿义,阿 A 已经犯法了,你净憋在屋里发愁管什么呀?走,外边～～去,凡事要往开里想,该吃吃,该喝喝,该～还得～,身体要紧……

☺ 作实:zuō · shi

1. 家具,建筑物之类很结实很牢固。

如,"这个电视柜～是～,就是式样太老了。""我们这座筒子楼里住的,家里多数是旧家具,不过,这 20 世纪 70 年代盖的楼就是～,能抗七级地震!"

2. 形容摔倒或打人等动作的着力点实实在在。

如,筒子楼里的灯泡儿憋了,老张脚下一滑,咕咚摔了个大屁股蹲儿,摔得那叫～,疼得他一个劲儿唏溜……

有时叠用为"作作实实"。如,他无名火起,回到屋里,便作作实实给他儿子一大巴掌,打得他儿子蒙头转向……

☺ 支会:zhī huì

1. 介绍。

如,我先走一步,随后谁来了小茜你给～一下,要把关系拉住。

2. 应酬,对付。

如,小钱,老黄那老家伙就甭说了,其他的,特别是咱们以后用得着的,见了面你～～,桌面上膏粱觥筹,推杯换盏,充分发挥糠姐的威力,全靠你了,总之,要让他们找不到北。

3. 通知,告知。

如,还有,你回头～一下有关科室,凡是参加上午婚宴的,下午按时上班,不得借故请假。

☺ 作鲁：zuō lǔ

找事儿，冒险。

如，柏森，听说上半年你参与了一起偷窃，你是诚心～是不是？你妈我还不想去八宝山呢！这事要让怨春知道了，不吹灯等什么？人家近几年，披金挂玉，一路走来，左顾右盼，寻寻觅觅，舍弃了寒水和月笼沙，最后定位你，可是你居然竟敢～，怎么不让她心里凄凄惨惨呢！

☺ 作雷：zuō léi

指鲁莽、不顾后果地去冒险。

如，“你今儿要给我当面表态，你今后还～不～？不然，我今儿就一头撞在墙上给你看！”“老妈，以前的事早就烟消云散没事儿啦，打那次从非洲回来我就同他们拜拜洗手不干啦，就因为小春人家是披金挂银的人，我为她才干了那一次～的事，事后我也越想也越后怕……”

与“作死”“作鲁”义近。

☺ 正份儿：zhèng fènr

1. 原本。

如，您知道什么？我～烦她呢！她对我本来就二意思思，后来她常约秦淮，去夜乐酒家，还隔街净唱后庭花……

2. 正好，恰恰。

如，您真是的，我～讨厌她，您还老提她，诚心裹乱，熬头人，怎能不让我心里冷冷凄凄呢……

☺ 砸：zá

坏，没盼头了。

如，“我想，是你把事儿弄～了，还说我诚心熬头你？”“您知道吗，那个秦淮还警告我再不要同怨春藕断丝连了，不然，扬言把我废了……”

与"砸锅"同义。

☺ 扎筏子：zhā fá · zi

1. 有气没地方撒，借题发挥拿人出气。

如，"你一个大老爷们儿，在外边受了气，回到家里怎么拿媳妇～？""妈，您甭说他啦，他的气不撒在我身上往哪儿撒去呀？跟您～行吗？""咳，还是你这黄盖通情达理。"

2. 借助物件出气。

如，你听，又在厨房乒儿乓儿呢，又跟锅碗瓢盆～呢，坏了还得自个儿去买，傻蛋！

3. 抓住某事不放，借题发泄闷气。

如，●《石头记》卷六十，"夏婆子撺掇赵姨娘，快把这两件事抓着理，扎个筏子，我帮助你作证儿，你老人家把威风也抖一抖！"

"扎"后常加"什么"。如，甭听夏婆子的，扎什么筏子，她就会使坏……

☺ 搊：zhōu

1. 用脚踢。

如，一次，歪毛儿刚一出手，我抬脚就～在他的膝盖处，接着，他咕咚一下就撂倒在地了……

2. 将人搀起。

如，我跟那个看热闹儿的说：喂，他起不来，你～他一把怎么样？

3. 把沉重的东西抬起、放倒或翻个过儿。

如，他起来后，我说：你帮我把这石碑～起来，今儿我就算饶了你！

4. 用力推。

如，他不敢不帮忙儿，而且我故意让他费劲儿，说：你在后面给我～着它，不能放倒了！

☺ 直直腰：zhí · zhi yāo

歇会儿。多指弯腰儿或蹲着干活的时间长了，需要短暂的休息。

如，一会儿，歪毛儿顶不住了，央个我说：哥哥吔，您饶了我吧，让我～呗……

☺ 这不结了：zhè bu jié · le

含肯定之意，表示事情了(liǎo)结了。

如，“大婶，是我一时犯混，让我爸妈生气了，我回头给我爸妈赔个不是。”“对喽，～嘛，跟自个儿爸妈认错儿不丢人！”

☺ 杂拉咕咚：zá · la · gu dōng

1. 形容人干什么的都有。

如，弯月酒吧紧靠三环外边，老板大赖子拥有一帮～的人，山南的海北的，黑道儿的白道儿的，～，呼之即来，挥之即去。他媳妇怕他惹事，说他又没用，就自己另起一摊儿，可是大赖子也是老板呐……

2. 店铺里所卖的丰富多样，房屋内堆放得很多很乱。

如，别看大赖子那个超市不大，里边～什么都有。一进大赖子屋里，呵，吃的、穿的、用的、活的、死的、听的、看的……屋里～简直没法儿下脚儿，真是个邋遢鬼的典型环境……

3. 指种的植物样儿多。

如，配合酒吧，大赖在顺义还搞了个小农场，有个三亩大棚也是物如其人，什么高的、矮的、吃的、看的～什么都种……

此词用途较广，含有淡淡的贬义色调。

☺ 照面儿：zhào miànr

1. 指相见相遇时，时间很短，近似一瞥。

如，●《石头记》卷八二，“宝玉又到贾母那边打了个照面儿，赶着出来。”

有一次我去回龙观那儿看房，很巧，我出楼门儿时，她同我匆匆打了个～，听说她这儿有一栋三层小楼，朝阳有一个楼门儿，青岛八大处还有座别墅……

2. 露面儿。

如，此后一年多了，再没见她～。你想，月茹从20世纪80年代起经营世界顶级皮鞋，常飞威尼斯，忒忙；再说，她的落脚点儿也多，想找她，上哪儿堵她去……

☺ 走人：zǒu rén

即走的意思。

如，“她在东单有个意大利威尼斯世界顶级鞋业有限公司，要不进城找找?”“那，咱们～，去东单!”“呀，坏了！这地界儿早拆了……两三年再没来这儿了嘛……”“得，烟柳，这回算是彻底山穷水尽没辙了!”“不，她婆婆在世杰出版社，还是副总编呢。”“真是那样就更好了，～，先去黑土地餐馆照顾咱们的老插，然后去出版社找她婆婆去!”

☺ 掌眼：zhǎng yǎn

买东西时请行家给鉴别真假。

如，我去潘家园旧货市场，有个条桌，我想买。卖家说是紫檀，清末的；我琢磨不好，打电话叫来何三爷给～，何三爷一瞅，说不是檀木，是楸木的，把卖家说得一愣一愣的……

☺ 着活：zhāo · huo

1. 指不客气地吃、喝。

如，晚上我请何三爷去全聚德，嘿，这主儿可真能～，一只228元的烤鸭，还要了俩百八十块的炒菜，他紧～慢～，差不多全让他一个人给～完了……

2. 指能干活。

如，何三原先家在彰仪门内，年轻时是个木工，远近的人都知道他可能～了，一个人一天能干出两个人的活儿来！

3. 勇猛，敢打。

如，附近不三不四的人也都怵他，都知他打起架来也真～，愣往你脑袋上开，谁不怕呢？

4. 跑。

如，一天晚上他从城外溜达回来，走进门洞后，脑袋上让人给着(zhāo)活一闷棍，他醒来后，有人告诉他，说打他那人登时骑起一辆自行车就往关厢方向～下去了，黑不老影的还骑得嗙儿快……

☺ 着吃：zháo chī

指吃的东西吃得过儿，合算。

如，三爷吃着吃着说：这鸭皮儿真叫焦，真叫脆生，挺～的，和一般烤鸭店的比，是棒！鸭架子回头归我喽……我心里说：钱还棒呢！

☺ 做东：zuò dōng

东，东道主。多指充当主人，请人吃饭 。

如，●《儒林外史》十三，“马二先生做东，大盘大碗请差人吃着。”

马二他也没我～的次数多呀。三爷常找我聊闲篇儿，有时就又提起吃烤鸭。我知他又馋了，说：今儿我还～，但不去全聚德，因为我的退休费越来越显得可怜了，咱们去普通的——普通的一套才六七十块，也着(zháo)吃啊！

☺ 走臼：zǒu · jiu

指房屋、家具之类的外形有变。

如，三爷说：垒我这房东墙的瓦工是二把刀，把墙垒拧了，时间不长就～了，裂了缝儿，可这房子的柁、檩的榫绝不会～，那是我和我爸我们爷儿俩干的活儿。还有，那三开的大立柜的门儿有点儿～了，回头得卸下来烤烤，不然，越～越厉害……

☺ 跩：zhuǎi

指人走路时身子一歪一歪的。

如，那天吃喝完了已是晚9点多了，我瞅他一出门儿一～一～的，虽说离家不远，还是打个车把他送到他们楼下……

☺ 在乎：zài·hu

介意，放在心上。

如，那三百多饭钱我一点儿也不～，请他掌眼你能学到好多相关的知识，特别是他喝高兴的时候，什么都不～，问一说十，不带夹带藏掖，全往出抖落，你就听漏儿吧……

☺ 走得近：zǒu dé jìn

比喻双方礼尚往来，关系越来越亲密。

如，此后我和三爷都能以诚相待，人们议论说：山不在高，有仙则名，虽不沾亲带故，可两家儿～乎，不是亲戚胜似亲戚。

☺ 扎帮：zhā bāng

指人往一块儿栖附往一块儿凑。

如，"我说学生，你们骑车怎么爱～啊，你们这么一～，如浮云蔽日，呜呜地来呼呼而去，整个儿辅路全叫你们给占满了……""对，我们就爱～，还浮云蔽日呢，酸不溜丢的，您一边儿转(zhuǎi)去吧！"

义同"扎堆儿"。

☺ 炸刺儿：zhà // cir

1. 吭声儿。

如，到了前边路口，交警用手一指他们，说：骑车别扎帮，拉开点儿距离。这帮子没一个～的。

2. 在没人吱声的情况下敢于叫阵，有意较劲儿。

如，但交警也常碰上敢跟他～的，交警遇上这种硬茬儿时，也没真辙……

☺ 争斤掰两：zhēng jīn—bāi liǎng

比喻较真儿，抠死理儿。

如，警察跟一个夏利司机说："学生不给你让道儿，你就先在他们后头尬悠会儿，你越摁喇叭他们越跟你较劲儿，跟他们～也没意思，咱这有的一些学生就是那样。"司机说："你怎么还帮他们穷矫情呢？""你还甭跟我～的，没用，现在没有这方面的法，我能把他们怎么着？"

☺ 转着弯儿：zhuàn · zhe wānr

想方设法。

如，我看你们警察总是～向着学生，也倒是，年轻的警察刚脱掉学生服；上点儿岁数的，儿女正是学生时，所以～护着学生也在情理之中……

也说"转着圈儿"。

☺ 攥：zuàn

1. 用手指将东西使劲儿往手心里握。

如，满仓生下来两只手的手心掌纹都是"九"字，算命的说：这叫童关手，等他长大了后，要让他～死俩小鸡儿，不然，他大了这手会打死人，要出人命的……

2. 用力紧紧抓住。

如，满仓的爸爸一听，说："你纯粹放屁呢，谁的手不能打死人？蒙事门子你，滚！一分钱不给！"满仓的妈说："说什么呢你？现在到处都是小鸡儿，你是诚心让我儿子学坏、进大狱呀？"算命的说："哎哟，妈呀，这是哪儿跟哪儿啊，真是秀才遇上兵啦……"满仓的爸爸～住算命的手腕子就往出拽。算命的直喊："哎哟哟，你别真使劲儿～

我呀,受不了了啊,您左不过是不想给钱了,得呐,那就甭找茬儿啦……”

☺ 左不过:zuǒ · bu guò

只不过,无非,反正。

如,●《石头记》卷六七,“薛姨妈分析柳湘莲情况后说,靠跟道士,能往哪里远去,左不过是在这方近左右的庙里寺里罢了。”

☺ 招眼:zhāo yǎn

引人注目。

如,“小二,你什么工夫买的靸鞋呀,走起道儿俩膀子还侧(zhāi)楞侧楞的,干吗呀,挺~的,别忘了你是靠吃老外八大胡同游的洋车夫!”“您还真说着了,我这靸还真~,我的活儿就是比别人多,不过,有的老外说我的靸设计得不科学;我管它科不科学呢,能~引来老外坐我的车不就结了吗?”

与“扎眼”义同,但在意义上比“扎眼”要轻淡一些。

☺ 吱猫儿:zī māor

吭声,吭气儿。

如,一天,小二不小心在体校门前剐碰了一个跟人聊天儿的小青年儿,人家喊他你往哪儿贴?他下了车刚往前侧(zhāi)歪两步,对方说,怎么,还想练练?他一听,忽然想到没准儿是体校的学生,没敢~,一抱拳,扭头蹬车便开路了……

☺ 咒磨:zhòu · mo

因心存怨恨,故于心里或嘴上常诅咒对方。

如,小二他爱记仇,因吃过体校一个学生的亏,故路过体校门口时常~那学生早晚让汽车撞了……

☺ 左：zuǒ

1. 不妥，弄巧成拙。

如，去年开春儿，小二他妈去找黎明村村主任，想让二的给村委会开本田，主任答应五一过后再说，随后她给主任送两筒茶叶两条烟，不想竟让支书碰见了，她心想：事情办得～了，崴泥了咋办？有人说他妈：你～了，大水怎能漫过桥去呢？因为这个村是区委书记老申抓的样板儿，支书牛成了市人大代表，他放个屁也把你崩出八丈远……

2. 出了差错。

如，●《元曲选》杨显之《潇湘雨》二，"崔甸士云：'这厮敢听左了。'"

二他妈想，这办～了还得挽回呀。于是又去马连道买了四筒茶叶四条烟，晚上给支书送去了，谁想硬是被支书给退了……有人知道了就说她：砸锅啦！事儿弄～了，你那儿点儿东西不是给人家添熬头吗？人家抽玉溪，一棵一块多呢！人家喝的叫八里香，是张一元的顶级花茶。你一进大门口儿就能闻见香味儿，那茶水喝到没色（shǎir）儿，还是满口儿香……你呀，白成全人家个好名声……

☺ 长脸：zhǎng // liǎn

面子好看，有脸面。

如，可小二不是省油灯，蹬个三轮儿还常招来一通鼻青脸肿，老不给他妈～，媳妇也老荒荒着，他妈一想起来那叫烦，就甭说了……

与"做脸"义同。

☺ 扎：zhā

去，跑，钻。含厌恶色彩。

如，有一天，他夜里一点才回家。她妈没好气儿地问他："你又～到哪儿去了？""谁～到哪儿去了，我去三子家看球赛来着，省得在家里影响你看《大宅门》……”

☺ 真招：zhēn · zhao

指看着清楚，明亮。

如，三子家那个液晶大电视，看着就是痛快，唪儿～，就是棒。咱们家这个破电视，不但不～，也忒小了，起码也该换个42吋的了……

☺ 找齐儿：zhǎo // qír

1. 把相差的部分用他物弥补得一样(一般指价值相等)。

如，“三子家给咱们送一盒台湾寿桃，怎么补他们家的这个情儿呢？干脆你去给他们家送十斤越南红毛丹，不也就把礼儿～了吗？”“不，那样咱们家还吃点儿亏呢，还是给他买海南的吧！”

2. 把相差的用钱弥补得一样多。

如，小二又说，这不要过年了吗，咱们家没孩子，等过年时我在地坛庙会上给他孩子买个风车什么的，再给他儿子50块钱，不也就～了吗？这样显得还更好些。

☺ 走着瞧：zǒu · zhe qiáo

1. 威胁人的话。指心里憋着劲头儿，打算治治对方。

如，还没到春节，三子买辆昌河，小二张嘴儿说借用去姥姥家，三子估计他可能是去拉黑活儿，不借……小二往回走时说：咳，小子，咱们～，什么时候你的车轱辘瘪了可别找我……

2. 心里暗较劲儿，决心超过对方。

如，三子说：“欸，我以为什么能耐呢，敢情就那熊本事，我多怕你呀……”小二回家跟他妈一学说，二的妈也气儿了，说：“实跟你说，妈还有三万多私房钱呢，你就跟三子唱明了，你说咱们～，不出仨月，你要借北斗星找我来！”

☺ 张嘴：zhāng zuǐ

特指向人借钱借物。

如，二的一听，乐得直掴打屁股，说："妈再～跟白老爷子借一万，咱们马上就买！"他妈说："那白老头子黑着呐，我懒得跟他～去借？跟他～，首先你得唱明要打借条儿，要给他算出高于银行的利息……就是借给你了，日后他要是～跟你借车用，你不借给他？"

☺ 诈乎：zhà · hu

把假的当真的，用以刺探(虚实情况)。

如，过了几天，三子碰上二的，绷着脸儿说：我正要找你丫的算账呢，你把我车的后带扎了，你以为我不知道？我一直贼着你来！二的说：你甭～我，我压根儿就没沾你的车边儿，去去去，～别人去！装什么呢你？三子说：你小子整天价围绕着钱算计我干什么呢？

☺ 整天价：zhěng tiān jia

即一天到晚。

如，二的说：你小子揣着明白装糊涂，你说谁不是～围绕着钱转悠？不过，我二的绝不昧着良心去赚人，谁～赚人谁不得好死！

☺ 赚：zuàn

骗，算计。

如，二的又说：你先甭逞能，小心有一天你被人给～了，真在活儿上～了你，不给钱还算不赖呢，别把小命儿丢了你……

☺ 糟老头子：zāo lǎo tóu · zi

糟，有"朽"的意思，指代上了年纪，寿命将尽的人。颇含厌恶色彩。

如，三子说：你说的也是。前些天有个伙计拉个～，～说去峨眉酒家找他闺女去，我们那伙计跟他要 80，那～假装疯魔地说给 60，最后吭哧憋嘟地说给 70。那伙计起根儿就没把～放在心上，谁知车到闹市路口等绿灯时，那～开开车门儿就往回走……愣把我们那伙计给攥了，因为他没法儿下车去追他呀……

☺ 贼：zēi

用眼盯着心里估摸着。

如，人跟人不一样，有人在车里车外老～着活儿，见了活儿就抢着拉？我是先～着人，然后和他拉咕两句，瞧小子不兆头，他给多少钱我不伺候……

☺ 嘴快：zuǐ kuài

心里搁不住话，见机则说。

如，在一旁的老单忙说：你们知道吗？二的心比天高。他最近认识个管劳务输出的，他说他准备去阿联酋盖摩天大楼，叫什么迪拜塔，高 550 多米，顶上还搞塔顶丛林……二的忙打断他的话说：嗨，我说你大爷的怎么那么～呢？这事八字还没一撇儿呢，你先给我往出抖落？你去韩国背死尸的事，你怎么那么嘴紧呢？

☺ 嘴紧：zuǐ jǐn

说话谨慎，不会随便说出不该说的话。

如，老单急哧白赖地忙说：你二大爷的，敢情嘴够损的，我还以为你够～的呢，今儿把我背死尸的事愣往出抡。我还告诉过你，我还给住在纽约的美国歌星罗丝开过观光电梯呢。那楼高百层，她住顶层儿，那阳光就是分外明媚，对这事你怎么～不说呢？诚心臭斥我呀你小子？

☺ 在意：zài yì

小心谨慎，把事搁在心上。

如，●《石头记》卷三，写黛玉进了贾府倍加检点的心态。“多要步步留心，时时在意，不要多说一句话，不可多行一步路，恐被人耻笑了去。”

咳，开始她是这样想，时间一长，她～什么呢？连王熙凤她都“呸”、都损！那不是自掘坟墓吗？最后怎么样？连宝玉也被愚弄得蒙在鼓里……

☺ 咂嘴儿：zā // zuǐr

1. 品尝滋味。

如，黛玉问宝玉：你～尝什么呢？他用舌头捋了一下嘴唇，说：司琪真坏，道儿上碰上她，她蹭了我一嘴唇胭脂……啊？你～尝什么味道哇？嗨，那还用问，无非是女孩子味儿罢了……

2. 表示为难或感慨的动作。

如，他瞅黛玉把脸沉了下来。忙～说：嘁，瞧你，你……司琪硬让我尝，硬是把嘴努了过来，真没法子呀……

☺ 走：zǒu

旧指妇女没了丈夫再嫁。

如，琪琪……也可怜，她妈扔下她又往前～了一步，据说～到京东通县。我说给她扫(sáo)听扫(sáo)听，看她妈幸福不幸福……她说：管她呢，死了这个爷们儿，她再～嘛，让她～～～！一直～进铁烟筒里爬烟囱去。你说这孩子受伤多重。

☺ 咂舌儿：zā // shér

1. 表示惊讶或恐惧的动作

如，雪雁一听，直点儿～说，你别提那爬铁烟筒好吧？黑下我又要做噩梦了！

2. 表示感叹或同情的动作

如，紫鹃接着～说：如今甭老说满街尽是疯丫头，有些老嬷嬷也比着齐儿疯，追喊已走到阿尔卑斯山背后的青春呢！其实呢，过了这个村儿就没那个店儿，这是自然。宝玉也连着～说：人之一生很是不易。时间总是把憾事甩在后边。留下多许治不愈的伤痕。老了，追悔过去，青睐现状，觊觎豆蔻，这是人抗争自然的自然……

后　语

就人类语言而言，全球一体化的结果是强势语言终将替代弱势语言。在我们的社会生活中，这种情形，端倪已见。想到尽管那还是遥远的未来，这对弱势语言无疑是一种惨烈的悲哀，然而这又必将成为不可逆转的事实，除非梦中再回到相对封闭的环境氛围里。

伴随现代社会发展，语言一体化的趋势使人们的语言表达越来越贫乏单一。譬如，在1950年前后北京人的话语里，同样表示“打”的意思的有：打、揍、抽、剋（kēi）、搧、掳（hū）、捶、捋（lū，口语里读作第一声）、揳（xiē）、梆（bāng）、开 等，这些词使用率都很高，其中以“剋、抽、糊”为最，足见当时语言着实丰富多彩。就准确传神的表达效果来说，除了“打、揍、剋”三个词笼统抽象之外，其他各词均形象生动地传达出“打”的方式、着力的部位及其力度。但如今人们多用“打”字，“揍”和“抽”正被人们日益所冷漠，至于那几个同义“兄弟”，业早被遗弃到偏远岑寂的大漠荒洲，我有时似乎隐约听到它们在那里悲凄哀切的啜泣声。虽然如此，谁人也又无力回天。区域性的很多语言流逝速度之快，令人惊讶而又无奈 ，而新创的语词则是零星聊聊。后来人只有从区域性语言编著里，才能看到流逝了的语言曾经有过闪烁斑斓的昔日辉煌。

编　者